Deutsche Gedichte des Mittelalters

Deutsche Gedichte des Mittelalters

Mittelhochdeutsch / Neuhochdeutsch

Ausgewählt, übersetzt und erläutert von
Ulrich Müller
in Zusammenarbeit mit
Gerlinde Weiss

Philipp Reclam jun. Stuttgart

Umschlagabbildung nach einer Miniatur (Burkhart von Hohenfels) der Großen Heidelberger Liederhandschrift (1. Hälfte 14. Jahrhundert)

Universal-Bibliothek Nr. 8849

Gesamtherstellung: Reclam, Ditzingen. Printed in Germany 1993

ISBN 3-15-008849-6

Inhalt

Einleitung

Gedichte

Anhang

[illegible] und Kinder [illegible]

[illegible]

[illegible] Von diesem Form [illegible]
Diese Schattenhande [illegible] Romanes [illegible]

[illegible]

[illegible] Kinder

[illegible]

Vorwort

1. Ziel des vorliegenden Bandes ist es, anhand ausgewählter Texte und der dazugehörigen Übersetzungen einen repräsentativen Überblick über die mittelhochdeutsche Lyrik von ihren Anfängen (um 1100/1150) bis etwa 1500 zu geben. Unter dem modernen, dem Mittelalter nicht geläufigen Begriff »Lyrik« wird hierbei das Folgende verstanden: »In Strophen oder strophenähnliche Abschnitte gegliederte, für den Gesangsvortrag bestimmte oder doch zumindest dafür geeignete, ›liedhafte‹ oder ›liedähnliche‹ . . . Dichtung«.
Der Band dokumentiert also in Auswahl »die gesungene bzw. sangbare Lyrik, die während des Hoch- und Spätmittelalters . . . in deutscher Sprache bzw. in einem der deutschen Dialekte entstanden ist«. Er enthält allerdings nur *eine* Hälfte dieser mittelhochdeutschen Sangverslyrik, nämlich die Texte. Sofern Melodien überliefert sind (was sehr oft leider nicht der Fall ist), wird darauf in den Erläuterungen verwiesen.
2. Die Konzeption und die erste Fassung des Bandes stammen von Ulrich Müller. Zusammen mit Gerlinde Weiss wurden dann gemeinsam die Auswahl, die Übersetzungen sowie Erläuterungen mehrfach durchgearbeitet – und sie zeichnen daher jetzt zusammen dafür verantwortlich.
3. Hinsichtlich der Besonderheiten der mittelhochdeutschen Lyrik, der Forschungsdiskussion, der noch offenen Fragen sowie des eigenen Standpunkts zu alledem sei ausdrücklich verwiesen auf folgende, im Reclam-Verlag erschienene Darstellung (aus der auch die Zitate in Absatz 1 entnommen sind): Ulrich Müller, »Die mittelhochdeutsche Lyrik«, in: Heinz Bergner (Hrsg.), *Lyrik des Mittelalters. Probleme und Interpretationen*, Bd. 2, Stuttgart 1983 (Reclams Universal-Bibliothek, 7897), S. 7–227.
4. Die Auswahl der Texte ist – wie bei allen Anthologien – natürlich in gewisser Weise subjektiv. Sie bemüht sich, gleichmäßig über den Zeitraum hinweg, einen repräsentativen

Querschnitt zu vermitteln. Neben den unverzichtbaren Kerntexten enthält sie auch manches wahrscheinlich weniger Bekannte, das aber nach unserer Meinung für den Gesamteindruck wichtig ist.

5. Die Anordnung der Texte folgt im wesentlichen der mutmaßlichen Chronologie der Autoren und Werke. Sie wird gelegentlich überlagert durch thematisch bedingte Zusammenstellungen. Zu beachten ist, daß viele Texte nicht genau datierbar sind; dies gilt besonders, wenn auch nicht nur, für die Anfangszeit.

6. Die abgedruckten Texte sind normalerweise den jeweils üblichen Editionen entnommen. Wenn verschiedene Ausgaben zur Auswahl standen, wurde diejenige gewählt, die der Überlieferung möglichst nahe steht. Da die zugrunde gelegten Editionen aus verschiedenen wissenschaftsgeschichtlichen Epochen der Germanistik stammen und keineswegs nach den gleichen Prinzipien erstellt wurden, ergeben sich hier Unterschiedlichkeiten: das ist keineswegs ein Nachteil, denn auf diese Weise wird die Forschungssituation sehr getreulich widergespiegelt.

7. Die beigegebenen Übersetzungen wollen Verständnishilfen sein, und sie können niemals die mittelhochdeutsche Version ersetzen. Wenn nicht anders angegeben, stammen die Übersetzungen von den beiden auf dem Titelblatt Genannten (wobei geglückte Formulierungen von anderen selbstverständlich dankbar verwertet und übernommen wurden); doch wurde gelegentlich auch auf bereits bestehende Übersetzungen zurückgegriffen.

8. Die Erläuterungen zu den einzelnen Texten wollen und können nicht mehr als das für das Verständnis des jeweiligen Textes Notwendige bieten sowie weiterführende Hinweise auf möglichst neue Publikationen bringen. Irgendwelche Vollständigkeit war hier gänzlich unmöglich. Daß eigene Arbeiten zur Lyrik, die im Laufe von mehr als zwei Jahrzehnten entstanden sind (siehe Literaturverzeichnis), besonders intensiv verwendet wurden, ist eigentlich selbstverständlich, sei aber dennoch ausdrücklich vermerkt.

9. Die erwähnten Hinweise auf die wissenschaftliche Literatur finden sich so weit wie möglich in den jeweiligen Erläuterungen. An verschiedenen Stellen zitierte wissenschaftliche Literatur wird abgekürzt und ist über die anschließende Bibliographie am Ende des Bandes aufzulösen; ausdrücklich sei angeführt, daß die dort verzeichneten Titel deswegen in keiner Hinsicht als wichtiger oder grundlegender anzusehen sind.

10. Für vielfältige Hilfe und Unterstützung bedanken wir uns bei: Margit Bader, Ingrid Bennewitz, Annemarie Eder, Joseph Feldner, Hildemar Holl, Sirikit Podroschko, Franz Viktor Spechtler und Eva-Maria Weinhäupl (Salzburg), Rolf Bräuer (Greifswald/Berlin), Irene Erfen (Berlin), Eberhard Kummer (Wien), Jürgen Kühnel (Siegen), Helmut Lomnitzer (Marburg) und Reinhold Wiedenmann (Habelsee).

U. M., G. W.

Einleitung

Die Entdeckung des Ichs und der Welt im hohen und späten Mittelalter: Zur Systematik und Entwicklung der mittelhochdeutschen Lyrik

Der Beginn der Moderne im hohen Mittelalter

Seit etwa der Wende vom 11. zum 12. Jahrhundert gab es im lateinisch-christlichen Europa Entwicklungen, die schließlich, auf keineswegs geradlinigen Wegen, zur Herausbildung der modernen westlichen Kultur und Zivilisation führten, also zu dem, was die Soziologen die »Western Dominance« genannt haben. Damit soll nicht behauptet werden, der damals einsetzende moderne »Prozeß der Zivilisation« (Norbert Elias) sei trotz aller unbestreitbaren Fortschritte wirklich eine Entwicklung zum grundsätzlich Besseren gewesen; behauptet soll allerdings werden, daß der Weg zur europäischen Moderne damals begonnen hat, welcher dann über Renaissance/Humanismus und Aufklärung schließlich ins technische Zeitalter und in die Moderne geführt hat. Die Anzeichen für den Beginn einer solchen Entwicklung sind zu jener Zeit allenthalben festzustellen, wobei vielerlei zusammenwirkte und es umstritten ist, was davon Ursache, was Auswirkung ist: Unter maßgeblichem Einfluß von antikem und arabisch-muslimischem Gedankengut, zu wichtigen Teilen vermittelt durch die Araber und Juden in Spanien, über Sizilien/Unteritalien sowie über das griechisch-christliche Byzanz, begannen sich Wissenschaft, Kunst und Kultur ganz allmählich von der Vorherrschaft der christlichen Religion und der Kirche zu emanzipieren. Befördert durch eine zunehmende Entwicklung der feudalen Herrschaftsformen, durch eine allmähliche Formierung territorialer und staatlicher Einheiten, durch neue Formen der Wirtschaft, vor allem in den sich (nach dem Zusammenbruch der antiken Stadtkultur: wieder) formierenden Städten, sowie durch den intensiven Kontakt mit dem Orient bildeten sich weltliche Eliten heraus, die immer selbstbewußter wurden, die der Führungsschicht des Klerus, also Kirche und Kurie, immer stärkere Konkurrenz machten und sie auch als Kulturträger schrittweise ablösten. Die Welt und alles Weltliche wurden als eigener Wert (wie schon in der Antike) angesehen, das Diesseits und die Gestaltung des Lebens in ihm gewannen gegenüber der Fixierung auf Jenseits und Seelenheil an Bedeutung. Individuum und Innerlichkeit wurden ebenso neu entdeckt wie die benachbarte und die ferne Welt, und die Menschen schickten sich an, dies alles in zunehmendem Maße zu erkunden und auch zu erobern.

Ein kleiner Teil in diesen epochalen Entwicklungen war die sich herausbildende neue weltliche Dichtung, die nicht mehr nur Religiöses und die Beziehungen zu Gott thematisierte, sondern auch diejenigen zwischen einzelnen Menschen sowie zur Gesellschaft. In ihr stellten die neuen Führungsschichten ihre Wertvorstellungen, Wünsche und auch Ängste dar oder ließen sie darstellen, und zwar gleichermaßen zur Unterhaltung, Belehrung, Selbstbestätigung und Repräsentanz.

Im Zentrum jener Dichtung standen anfangs längere und kürzere Erzählwerke, teils in sangbaren Strophen (»Sangvers-Epik«: *chanson de geste*, Heldenepik), teils in paargereimten Versen (höfischer Roman, Versnovellen), sowie gesprochene oder gesungene Lyrik (»Sprechvers-Lyrik« / »Sangvers-Lyrik«; zur Definition vgl. Einleitung, Abs. 1). Der gleichen Formen bediente sich auch die Didaxe, die im gesamten Mittelalter eine wichtige Rolle spielte. Dramatische Werke (lange Zeit vorwiegend mit religiösen Inhalten) und Prosa-Dichtung traten erst allmählich hervor. Quantitativ waren allerdings die dichterischen Texte, die immer stärker verschriftlicht wurden, nur ein kleiner Teil des gesamten Schrifttums, in dem Religiöses und Wissenschaftliches, Sach- und Fachtexte weit dominierten und in dem die Volkssprachen, also die verschiedenen ›Muttersprachen‹, sich nur langsam gegenüber der ›Vatersprache‹ des Latein, also der überregionalen Sprache der Kirche, Wissenschaft, Politik und Verwaltung durchsetzen konnten.

Systematik der mittelhochdeutschen Sangvers-Lyrik

Grundsätzliche Eigenarten, methodische Probleme

Die mittelhochdeutsche Sangvers-Lyrik war, anders als die Lyrik späterer Zeiten, ihrer Intention nach *Vortragskunst*: Sie wurde einem zuhörenden Publikum im gesungenen Vortrag vermittelt. Allerdings ist über die genauen Umstände solcher Aufführungen nur wenig Sicheres überliefert, und zwar wohl deswegen, weil solche Selbstverständlichkeiten nicht als unbedingt darstellenswert angesehen wurden. Im späten Mittelalter nahm die Tendenz zur gelesenen Literatur insgesamt zu, und die neue Technologie des Buchdrucks veränderte dann seit Ende des 15. Jahrhunderts den gesamten ›Literaturbetrieb‹.

Kennzeichnend ist des weiteren eine *kontextlose* Überlieferung: Bis weit ins späte Mittelalter kennen wir in den meisten Fällen nur die jeweiligen Texte und gelegentlich die dazugehörigen Melodien; doch fehlen zumeist genauere Informationen zu den Autoren, zur Vortragssituation, zum Verhältnis zum Publikum und zur Wirkung. All dies muß herausinterpretiert werden aus kleinen Informationssplittern sowie vor allem aus den Texten selbst, wobei stets die Gefahr von Zirkelschlüssen besteht.

Wie für fast die gesamte mittelalterliche Literatur, so gilt auch für die Sangvers-Lyrik, daß zwischen dem Entstehen eines Werkes und den uns erhaltenen Handschriften oft ein längerer Zeitraum liegt. Zwar wurden die Texte, und wohl auch die Melodien, von Anfang an auch schriftlich fixiert, aber wir haben meist *keine authentische*, d. h. vom Verfasser überwachte, selbstgeschriebene oder sonstwie autorisierte Überlieferung. Handschriften, die im Auftrag des Verfassers geschrieben wurden, sind erst im 15. Jahrhundert, bei Hugo von Montfort und Oswald von Wolkenstein, erhalten; Lyrik-Autographe dann noch später, nämlich von Michel Beheim, Hans Folz sowie – bereits außerhalb des hier dokumentierten Zeitraums – bei Hans Sachs. Aufgabe der modernen Editionen ist es, diese nicht authentischen und zudem ohne eine normierte Orthographie überlieferten Texte dem heutigen Publikum so zu präsentieren, daß sie zwar gut lesbar sind, daß aber die Problematik ihrer Überlieferung nicht verdeckt wird.

Die Überlieferung

Aus dem bisher Gesagten ergibt sich, daß jede eingehende Beschäftigung mit mittelhochdeutscher Lyrik von dem tatsächlich Überlieferten, also von den auf Pergament oder später Papier geschriebenen Handschriften ausgehen muß. Die Lyrik des 12. bis mittleren 14. Jahrhunderts ist weitgehend in Sammelhandschriften überliefert, die etwa seit 1300 angelegt wurden, und zwar sicherlich jeweils in speziellem Auftrag. Es hat bestimmt auch Sammlungen zu einzelnen Autoren gegeben, aber abgesehen von dem Sonderfall Neidhart, sind solche Handschriften erst seit dem 14. Jahrhundert überliefert (z. B.: Mönch von Salzburg, Muskatblüt), in einigen wenigen Fällen sogar in Form von mehr oder minder authentischen Aufzeichnungen (siehe oben). Ein besonderer Typ von Handschriften des späteren Mittelalters sind die sog. Liederbücher, nämlich Sammlungen im Auftrag und wohl auch für den privaten Gebrauch von Literaturliebhabern aus dem aufstrebenden Bürgertum.

Nicht mehr genau klärbar ist, wieviel der damaligen Lyrik sich überhaupt erhalten hat. Wer sich vor Augen hält, daß etwa zwei Drittel der hochmittelalterlichen Lyrik in nur einer einzigen Sammelhandschrift (etwa der Großen Heidelberger »Manessischen« oder der Jenaer Liederhandschrift) überliefert ist, des weiteren daß es auch für das späte Mittelalter bei vielen uns heute wichtigen Autoren wie dem Mönch von Salzburg, Hugo von Montfort oder Muskatblüt gleichfalls nur eine einzige Haupthandschrift gibt, wird vermutet, daß sich vieles nicht erhalten hat. Zwar wird aus den gegenseitigen Erwähnungen der Sänger geschlossen, daß sich die damalige Lyrik in einer Art ›repräsentativer Vollständigkeit‹ erhalten hat, aber eindeutig ist dies keinesfalls.

Die äußeren Formen: Lied und Leich, Metrik und Musik

Die mittelhochdeutsche Sangvers-Lyrik läßt sich hinsichtlich der äußeren Form gliedern in ›Lied‹ und ›Leich‹. Der ›Leich‹, eine anspruchsvolle und daher vergleichsweise seltene Großform, hat – ebenso wie die damit strukturell vergleichbare lateinische Sequenz der Kirche – seine formalen Wurzeln mutmaßlich in alten Tanz-Strukturen. Er besteht aus formal nicht identischen Strophen bzw. strophenähnlichen Abschnitten (›Versikel‹), die nach bestimmten Prinzipien, und zwar der Wiederholung und zumeist der steigernden Variation, gereiht sind. Diese Lyrik-Form ist in der vorliegenden Anthologie nur durch ein einziges Beispiel vertreten, nämlich einen Tanzleich des Tannhäusers.

Ein ›Lied‹ besteht aus einer – gelegentlich variablen – Reihe von Strophen von gleichem metrischem Bau und derselben Melodie. Das zeigt auch die Geschichte des Wortes: mhd. *daz liet* – eine einzelne Strophe; Plural: *diu liet* – eine Reihe von Strophen, ein ›Lied‹ im nhd. Wortsinn. Die im Deutschen häufigste Strophenform ist die dreiteilige Stollen-Strophe mit der Struktur AAB – in der Terminologie der späteren Meistersinger: Erster und zweiter ›Stollen‹, metrisch und musikalisch identisch, bilden den ›Aufgesang‹, darauf folgt metrisch und musikalisch etwas wenigstens teilweise Neues, der ›Abgesang‹.

Text (*wort*) und Melodie (*wîse*) bilden den ›Ton‹ (*dôn*), und beide zusammen waren zumindest anfangs eine feste Einheit. Diese ist allerdings nicht unbedingt in dem uns heute geläufigen Sinne zu verstehen, daß die Melodie den Text in allen Einzelheiten ausdeutete, auch wenn es natürlich unterschiedliche Melodie-Typen etwa zum Tanz oder zur Didaxe gab. In merkwürdigem Widerspruch zur Wichtigkeit der Musik steht jedoch die Tatsache, daß erheblich viel mehr Texte als Melodien erhalten sind, und dies gilt insbesondere für das hohe Mittelalter, möglicherweise bedingt durch separate Überlieferung. Erst später werden Handschriften üblich, die Text und Musik gemeinsam enthalten. Manche nicht direkt überlieferte Melodien lassen sich erschließen, und zwar weil immer wieder bestimmte Melodien übernommen und neu textiert (kontrafaziert) wurden: So etwa verfuhren Lyriker des 12. Jahrhunderts mit Melodien aus Frankreich, im späten Mittelalter dann die Meistersänger mit den Tönen der »Alten Meister«.

Im Gegensatz zu Frankreich und Italien blieb die deutschsprachige Lyrik bis weit ins späte Mittelalter einstimmig (monodisch). Erst mit dem Mönch von Salzburg (14. Jahrhundert) und vor allem mit Oswald von Wolkenstein (1376/1378–1445), der viele mehrstimmige Sätze ›kontrafazierte‹, fand sie Anschluß an die hochentwickelte Polyphonie der romanischen Länder. Im 16. Jahrhundert kam es dann zu einer Blüte des mehrstimmigen Liedes in den Niederlanden und in den deutschen Ländern; nur der Meistergesang blieb konservativ bei der alten Monodie.

Ein besonderes Problem stellen in diesem Zusammenhang *moderne Aufführungsversuche* dar: Selbst wenn Melodien erhalten oder erschließbar sind, ist jede heutige Aufführung stets nur eine von mehreren, aber nie authentischen Möglichkeiten: Angaben über Rhythmus, Tempo, Stimmlage, Ausdruck oder die Art der instrumentalen Begleitung sind in den Handschriften nicht notiert, da sie sich damals von selbst verstanden. Diese damalige Musizierpraxis, die als Folge der ganz besonderen Entwicklung der europäischen Musik verlorenging, muß heute erst wieder mühsam aus benachbarten Musikkulturen, in denen sie sich erhalten hat, erlernt werden. Wichtige Vorbilder sind: die Araber, deren Instrumente und Musik vor allem über das islamische Spanien für das europäische Mittelalter vorbildhaft waren; bestimmte Formen der Folklore (Balkan, ›Kelten‹); des weiteren altertümliche Kirchenmusik, z. B. von jüdisch-orientalischen Gemeinden, von christlichen Kirchen des Orients und aus der byzantinischen ›Tradition‹, aber auch des sog. Gregorianischen Chorals der lateinisch-katholischen Kirche (wo es allerdings auch einen Traditionsbruch gegeben hat). Moderne Aufführungen stellen somit an die heutigen Interpreten und Interpretinnen ganz besondere Anforderungen. Sie unterscheiden sich aufgrund des improvisatorischen Spielraums oft in mehr oder minder starkem Maße, und manchmal ist heute sogar eine Entscheidung über Richtiges oder Falsches nur schwer möglich.

Religiöse Gemeinschaftslyrik

Neben der sich seit etwa 1100 herausbildenden, damals ›modernen‹ weltlichen Lyrik, die die Aussage eines »Ichs«, eines Individuums, formulierte, gab es natürlich das gesamte Mittelalter hindurch eine religiöse Gemeinschaftslyrik. Die Sprache der Kirche und Liturgie war zwar im westlichen und mittleren Europa das Lateinische, aber für paraliturgische Zwecke gab es zunehmend auch Lieder in den Volkssprachen: für Prozessionen, Wallfahrten, religiöse Feiern und private Andachten, im späteren Mittelalter dann offenbar auch in besonderem Maße für Frauenklöster. Zu erwähnen sind hier die »Leisen« (vgl. S. 485), die Bußlieder der »Geißler«, ferner Übersetzungen lateinischer Kirchengesänge (Mönch von Salzburg, Laufenberg, Wolkenstein) sowie einige Weihnachtslieder, wobei letztere offenbar aus dem Umkreis der Mystik und von damit verbundenen Klöstern, möglicherweise von Frauenkonventen, stammen. Alle diese Formen religiöser Gemeinschaftslyrik sind in der Anthologie, zumindest mit einem kennzeichnenden Beispiel, vertreten.

Die neue weltliche Sangvers-Lyrik in deutscher Sprache, also diejenige außerhalb des kirchlichen Bereichs, hat verschiedene Beeinflussungen erfahren: durch volkstümliche Gesänge (von denen nur kleine Reflexe erhalten sind); durch die Lyrik der romanischen Trobadors und Trouvères, deren Wichtigkeit für das Mittelhochdeutsche gar nicht hoch genug eingeschätzt werden kann und die ihrerseits sicherlich von der arabischen Lyrik im damals weitgehend muslimischen Spanien beeinflußt wurde; sowie schließlich durch die lateinische Lyrik der Scholaren und Vaganten, also der klerikal ausgebildeten Wander- und Hofpoeten. Bezüglich dieser mittelalterlichen Lyrik in okzitanischer, nordfranzösischer und mittellateinischer Sprache sei unter anderem auf die parallelen Anthologien des Reclam-Verlages verwiesen.
Die berühmteste Sammlung mittellateinischer Gedichte, wegen einiger volkssprachlicher Texte auch für das Mittelhochdeutsche wichtig, ist die Handschrift der *Carmina Burana* aus dem Beginn des 13. Jahrhunderts: Sie wird heute in München aufbewahrt und trägt ihren modernen Namen nach ihrem Fundort, dem oberbayerischen Kloster Benediktbeuren; zuerst durch die Vertonungen Carl Orffs (1937), jetzt auch durch Aufführungen mit mittelalterlichen Melodien, die aus Parallelhandschriften übernommen oder erschlossen wurden, sind einige Texte daraus wieder bekannt geworden.
Die Grundthemen der weltlichen Sangvers-Lyrik in deutscher Sprache waren: 1. Liebe, 2. Religiöses (außerhalb des kirchlichen Bereichs!), 3. Moral und Ethik, also Fragen der richtigen und falschen Lebensführung, 4. Politik. Ein in späteren lyrischen Systemen häufiger Bereich wie Natur (im modernen Sinne) fehlt fast völlig; die »Natureingänge« der Liebeslyrik (Wald, Wiese, Blumen, Vögel) blieben chiffrenhafte und unindividuelle Zeichen. Natürlich gibt es thematische Mischungen, z. B. in der Kreuzzugslyrik (Liebe/Religiöses), aber auch in vielen Strophen und Liedern über

die Existenzprobleme der Sänger (Moral und Ethik/Politik). Auffällig insgesamt sind die Tendenzen zur Lehrhaftigkeit und zur uneigentlichen, d. h. allegorischen oder symbolischen Aussage. Eine besondere Eigenart ist die Tatsache, daß das lyrische Ich der Lieder in den allermeisten Fällen (zumindest gemäß dem heutigen Wissensstand) keine persönliche, subjektive Selbstaussage macht, sondern in einer Rolle vor das Publikum tritt; es stellt keinen Widerspruch dazu dar, daß viele Sänger-Œuvres dennoch eine ausgeprägte Individualität besitzen und das Sänger-Ich sich immer wieder in eindrucksvollen Ausformungen und Selbststilisierungen darstellt (z. B. Reinmar der Alte, Walther von der Vogelweide; auf der Grenze zur eigentlichen Moderne dann: Oswald von Wolkenstein).

Liebeslyrik und »Minnesang«

Die wohl größte Gruppe bildet die Liebeslyrik mit ihren unterschiedlichen Ausformungen. Sie reichten von allem Anfang an von unverblümter und derbster Erotik bis zur sublimierenden »Wahn-Minne« und »Hohen Minne«, dem ›Minnesang‹ im engeren Sinne: Die sich in der Literatur manifestierende Ideologie der »Hohen Minne« bildet sicherlich nicht die damalige Lebenswirklichkeit ab, sie thematisiert aber offenkundig eine für Publikum und Autoren gemeinsame Existenzproblematik. Die gelegentlich fast masochistischen Züge mancher Lieder, der in ihnen betriebene Kult einer zwanghaften ›weltlichen Askese‹, lassen so etwas wie eine »ekklesiogene Kollektiv-Neurose« innerhalb der literaturtragenden Zirkel vermuten, also einen ›Kompromiß‹-Versuch zwischen den Bedürfnissen der Triebwelt (Es) und den Normen und Vorschriften des Über-Ichs, nämlich von Gesellschaft und Kirche (daher: »ekklesiogen«).
Allerdings kann gar nicht deutlich genug darauf hingewiesen werden, daß jene nicht nur im Deutschen anzutreffende »Entsagungs-Lyrik« nur einen ganz speziellen, wenn auch stark nachwirkenden Teil innerhalb der Liebeslyrik aus-

macht (erinnert sei in der Romania an Petrarca). Das angesichts solcher erzwungener Sublimationen psychologisch geradezu notwendige Gegenteil, nämlich derb und kraß formulierte Erotik, findet sich gleichfalls (der Romanist Pierre Bec sprach hier einprägsam von »Contre-Textes«), wurde aber natürlich seltener verschriftlicht.

Insgesamt brachte diese Lyrik damals etwas radikal Neues, und sie bedurfte daher gelegentlich auch der Verteidigung: Denn sie ist nicht mehr, wie die Literatur der vorangegangenen Zeiten, in erster Linie auf Gott, Jenseits, Sünde und Reue fixiert, sondern sie handelt von den zwischenmenschlichen Beziehungen, von Liebe, Erotik und Sexualität. Sie erhebt in vielen Liedern das Weibliche, »die Frau«, zum höchsten Wert und »vergöttlicht« sie damit im wahrsten Wortsinn. Das kann so weit gehen, daß in manchen hymnischen Liebesgedichten ebenso wie in Texten der Mystik (insbesondere der Frauenmystik) die Grenzen zwischen Erotischem und Religiösem fließend werden; vorbildhaft waren hier das biblische »Hohe Lied« sowie Texte des Bernhard von Clairvaux zur Marienverehrung.

Kennzeichnend für die damals neue Liebeslyrik ist insgesamt, daß sie die Mann/Frau-Beziehungen in den Vorstellungen und Begriffen der feudalen Lehensgesellschaft formuliert (Herr/Herrin, Diener; Dienst, Lohn, Huld, Gnade, Ehre, Treue etc.), ja letztlich gar nicht anders ausdrücken kann. Des weiteren, daß sie das für das Christentum seit Paulus und Augustinus typische ›gespaltene Frauenbild‹ (Heilige/Verführerin = Maria/Eva) widerspiegelt, ein System der doppelten Moral, das offenbar für alle patriarchalisch strukturierten Gesellschaften typisch ist.

»Sangspruch«, Meistergesang, politische Erzähllieder

Für die Lyrik des 12. bis frühen 14. Jahrhunderts war es lange Zeit üblich, zwischen »Minnelyrik« (im doppelten Sinne von Liebeslyrik und den Liedern der »Hohen Minne«) sowie »Spruchdichtung« zu unterscheiden. Dies geht zurück

auf eine von Karl Simrock (1838) vorgeschlagene Unterteilung in »Lied« (gesungene Liebeslyrik, »Minnelyrik«) und »Spruch« (nicht-gesungene Einzelstrophen): Sie wurde in der Forschung heftig diskutiert, erwies sich in vielen Teilen ihrer Begründung als irrig, hat sich aber aus vorwiegend praktischen Gründen gehalten. Insgesamt ist der Forschungsstreit um Lied/Spruch einer der unnötigsten und sinnlosesten, der in der Altgermanistik je geführt worden ist. Heute wird allerdings der Begriff »Spruchdichtung« anders als bei Simrock definiert, und zwar zum einen formal: nämlich als gesungene Lieddichtung (also Sangvers-Lyrik, daher auch die Bezeichnungen: »Spruchlied«, »Sangspruch« und »Spruch-Lied«), deren einzelne Strophen sehr oft in sich abgeschlossen sind, welche dann offenbar situationsbedingt zu Strophenketten verbunden wurden; zum anderen inhaltlich: Sangvers-Lyrik, die nicht von dem Themenbereich Liebe/»Minne« handelt, sondern von Fragen der richtigen und falschen Lebensführung (Moral/Ethik), von der Problematik der Sängerexistenz, von Politik und Religion.
Die dominierende Aussagetendenz der »Sangsprüche« sind Belehrung und Kritik; sie besitzen einen deutlicheren Bezug zur Alltagsrealität und Lebenswirklichkeit des Publikums und der Sänger, d. h. mehr Tagesaktualität als die oft stark stilisierte Liebeslyrik (bei der ein solcher, natürlich gleichfalls vorliegender Bezug nicht immer sofort erkennbar ist). Allerdings gibt es vielerlei Mischformen: einerseits Liebeslieder mit stark didaktischem und/oder zeitkritischem Inhalt, andererseits »Sangsprüche« mit Minne-Thematik.
In der unmittelbaren Tradition der »Sangspruchdichtung«, der sogenannten »Alten Meister«, steht der Meistergesang des späten Mittelalters: Hier handelt es sich um städtische Handwerker, die sich zum Zweck des Dichtens, Komponierens und zur Pflege der ›alten Lyrik‹ in zunftmäßig organisierten Meistersinger-Gesellschaften zusammenschlossen; besonders wichtig waren die Meistersinger-Gesellschaften in Nürnberg (Hans Folz, Hans Sachs), Augsburg, Straßburg und Breslau. Ihr gesamter Kunstbetrieb war durch Vor-

schriften reguliert – Richard Wagner hat sie in seiner Oper *Die Meistersinger von Nürnberg* (Uraufführung 1868) gleichzeitig karikiert und verherrlicht. Zwischen der Mitte des 14. Jahrhunderts, dem mutmaßlichen Beginn des Meistergesangs (der Sage nach in Mainz), und dem Jahr 1788 (in dem in Memmingen das jüngste Meisterlied gedichtet wurde, das bekannt ist) sind fast 15 000 Meisterlieder entstanden, bei weitem die meisten allerdings erst nach demjenigen Zeitraum, den die vorliegende Anthologie umgreift. Es handelt sich hierbei um einen fast unübersehbaren Text- und Melodienbestand, der erst in jüngster Zeit allmählich aufgearbeitet wird. Thematisch handeln die meisten, wenn auch nicht alle Lieder von religiösen Themen, und viele Meistersinger unterstützten mit Bibelparaphrasen auch die neue Bewegung der Reformation. Hinsichtlich der poetischen und musikalischen Konstruktion war der Meistergesang sehr konservativ: Die Musik war stets einstimmig und ohne Instrumentalbegleitung, d. h. sie verweigerte sich allen neuen Trends und Entwicklungen.

Seit etwa 1300 bildete sich im Deutschen eine Form der politischen Lyrik heraus, die für das gesamte Spätmittelalter und die frühe Neuzeit kennzeichnend war und die in Resten, nämlich in Form der Moritat, bis in die Gegenwart nachlebte: das politische Erzähllied, das in balladenhafter Weise und unter Verwendung bestimmter Darstellungstechniken einzelne politische Ereignisse, insbesondere Schlachten und Kämpfe, aus einer sehr stark parteilichen Sicht berichtet.

Autoren und Publikum

Ein Merkmal der gesamten mittelalterlichen Sangvers-Lyrik ist die Personalunion von Dichter, Erfinder der Melodien (um den modernen Ausdruck »Komponist« zu vermeiden) sowie vortragendem Sänger. Konstitutiv war der ständige Kontakt mit einem oft wechselnden Publikum, die Rücksicht auf dessen Wünsche, Ängste und Empfindlichkeiten. In der europäischen Lyrik-Geschichte findet sich Vergleichbares später erst wieder bei den französischen Chansonniers, den angelsächsischen Song-Writers und den deutschen Liedermachern; und da auch die soziale Lage, die Abhängigkeiten vom Publikum sowie die Funktion der öffentlich vorgetragenen Gesellschaftskritik durchaus Vergleiche zulassen (die von heutigen Liedermachern/innen immer wieder auch betont werden), ist es durchaus nicht irreführend, den modernen Begriff des ›Liedermachers‹ auch für das Mittelalter zu verwenden.

Im Gegensatz zur mittelalterlichen Lyrik in Frankreich und Italien sind bis heute im Deutschen keine Lied-Autorinnen, etwa vergleichbar den okzitanischen Trobairitzas, nachweisbar: die Mystikerin Mechthild von Magdeburg schrieb keine Lieder im eigentlichen Sinn, wohl aber lyrik-ähnliche Texte, und sie ist daher auch mit einigen Beispielen und als herausragender Sonderfall in dieser Anthologie vertreten.

Eigenarten der Überlieferung (Unterschiede im Wortlaut, in der Anzahl und Reihenfolge der Strophen) hängen sicherlich mit den Vortragssituationen und der Rücksicht auf Publikum und Mäzene/innen zusammen. Auch ist wenigstens theoretisch zu unterscheiden zwischen der ›Uraufführung‹ eines Liedes, späteren Reprisen durch den Autor und eventuellen Übernahmen durch andere Musiker (auch wenn es im konkreten Einzelfall heute so gut wie nie mehr nachvollziehbar ist).

Das Publikum war wohl dasselbe wie das der sonstigen weltlichen Literatur, ist also an den verschiedenen großen und kleinen Höfen, daneben in Klöstern und zunehmend auch in den Städten zu suchen; Vortragsorte wie Wirtshäuser, städtische Plätze und dörfliche Anger sind nicht auszuschließen. Während sich in der Liebeslyrik neben dem Berufssänger häufig der Typ des finanziell unabhängigen adligen Liebhaber-Sängers findet, dominieren in der Sangspruchlyrik fast vollständig die fahrenden Berufssänger, die von der Freigebigkeit (*milte*) der Herren, Herrinnen und des Publikums abhängig waren und welche Image-Pflege (*êre*) gegen Bezahlung (*lôn*) anbieten und liefern mußten: Ihre aktuelle und

engagierte Lyrik galt bei den hohen Herren ganz offenkundig als nicht standesgemäß. Eine große Ausnahme ist der Adlige Oswald von Wolkenstein, der politische Lieder für eigene Zwecke verfaßte.
Mit der existentiellen Abhängigkeit von Publikum und Mäzenen hängt das Konkurrenzdenken zusammen, das bei den »Sangspruch«-Autoren besonders stark festzustellen ist. Es zeigt sich in der reichlichen Polemik, welche die Texte in dieser Hinsicht aufweisen, in boshaften Äußerungen über und gegen Kollegen, die sich bis zu ganzen Ketten von gegenseitigen Streitgedichten auswachsen konnten. Ganz sicherlich ist der sog. Wartburgkrieg, also der durch Richard Wagners *Tannhäuser*-Oper (Uraufführung 1845) der Neuzeit vermittelte »Sängerkrieg auf der Wartburg«, ein Reflex dieser Lebenswirklichkeit: Allerdings ist unklar, ob diese Geschichte auf dichterischer Fiktion, also auf Wunsch-(oder Angst-)Projektionen, oder aber auf historischer Realität beruht; doch die dort vorgeführte Mischung von Herrscherlob und Sängerwettkampf verweist in jedem Fall auf wesentliche, vielleicht sogar die wesentlichsten Momente damaliger Autoren-Existenz. Die meisten Berufssänger strebten wohl den Status eines finanziell gesicherten Hofsängers an; aber nur von wenigen, wie etwa Walther von der Vogelweide, Frauenlob oder Michel Beheim, ist bekannt oder erschließbar, daß sie wenigstens zeitweise diese Ziele erreicht haben.

Die vier ›Epochen‹ der deutschen Sangvers-Lyrik des Mittelalters – ein kurzer Überblick

1. Die frühesten erhaltenen Beispiele mittelhochdeutscher Sangvers-Lyrik sind einige religiöse Gemeinschaftslieder sowie einige nur splitterhaft greifbare Reflexe weltlicher Lyrik. Diese setzt dann Mitte des *12. Jahrhunderts* ein mit der »Donauländischen Liebeslyrik«, darunter dem Kürenberger als erstem namentlich bekannten Liedautor; dann mit den aus der Romania beeinflußten Sängern aus *Minnesangs*

Frühling (so benannt nach der bis heute grundlegenden Edition für jene Epoche), z. B.: Friedrich von Hausen, Graf Rudolf von Fenis, Heinrich von Veldeke; sowie dem frühesten Sangspruch-Autor (Spervogel). Einen ersten Höhepunkt der gesamten mittelhochdeutschen Lyrik bringen Ende des 12. Jahrhunderts Autoren wie Albrecht von Johansdorf, Heinrich von Morungen, Reinmar der Alte, Hartmann von Aue und Wolfram von Eschenbach; sowie zwei Lyriker *um 1200 und zu Beginn des 13. Jahrhunderts*: Walther von der Vogelweide als *der* qualitativ herausragende deutschsprachige Lyriker des hohen Mittelalters und der ›Gegensänger‹ Neidhart, der neben jenem wohl erfolgreichste Liedermacher dieser Zeit.

2. Im *13. und frühen 14. Jahrhundert* findet sich eine zunehmende Anzahl von Sängern unterschiedlicher Ausprägung und Qualität, die sich in verschiedenster Weise mit der inzwischen etablierten Tradition der Liebeslyrik und des »Sangspruchs« auseinandersetzen. Etwa 5000 Liedstrophen von ungefähr 150 namentlich bekannten Sängern sind überliefert, und zwar vor allem in den großen Sammelhandschriften A, B, C, D, J. Die Sammlung und Herstellung dieser Handschriften zu Beginn des 14. Jahrhunderts dokumentiert, daß es damals durchaus den Eindruck einer Epochengrenze gab. In Anbetracht vieler eindrucksvoller, teils im besten Sinn konventioneller Lieder wie auch innovatorischer Texte wäre es ungerecht, einzelne Autoren davon namentlich hervorzuheben – die Anthologie bietet dazu einen breiten Querschnitt. Am Endpunkt jener Entwicklung stehen die süddeutschen Sänger Konrad von Würzburg und Johannes Hadlaub, der Mitteldeutsche Heinrich von Meißen, genannt Frauenlob, sowie – im äußersten Norden – Wizlaw von Rügen; Konrad und vor allem Frauenlob blieben als »Alte Meister« für die Folgezeit vorbildhaft.

3. Kennzeichen des *14. Jahrhunderts* ist die starke Zunahme der gesprochenen Reimreden (Heinrich der Teichner, Peter Suchenwirt, »Minnereden«: als »Sprechvers-Lyrik« in der Anthologie nicht vertreten); sie stellen teilweise ähnliche

Inhalte dar wie die gesungene Lyrik, und zwar vor allem die »Sangsprüche«. Im Bereich der gesungenen Lyrik entstehen damals zunehmend politische Erzähllieder, insbesondere über die Kämpfe zwischen den Habsburgern und den Schweizerischen Eidgenossen. Eine besondere Blüte erlebt die religiöse Lyrik, und zwar mit zahlreichen Marienliedern und verschiedenartigen Formen christlicher Gemeinschaftslieder (»Geißler-Lieder«). Herausragende Autoren jenes Zeitraumes sind der norddeutsche Kleriker Eberhard von Cersne sowie zwei Hofdichter: der gelehrte Heinrich von Mügeln (zeitweise in Prag und Wien) sowie der Mönch von Salzburg. Unter dessen weltlichen Liedern sind erstmals mehrstimmige Liedsätze überliefert.

4. Im *15. Jahrhundert* nimmt die Zahl der Sprechverslyrik wieder ab. Kennzeichnend für die gesungene Lyrik sind: die weitere Zunahme anonym überlieferter Lieder; das Sammeln von Liedern in ›Liederbüchern‹ im Auftrag und für den Gebrauch von Stadtbürgern (Liederbuch der Clara Hätzlerin, Lochamer-Liederbuch, Rostocker Liederbuch u.a.); sowie die allmähliche Entwicklung des Meistergesangs. Als wichtige Autoren sind zu nennen: der Hochadlige Graf Hugo von Montfort, der Kleriker Heinrich Laufenberg, die beiden fahrenden Berufsdichter Muskatblüt und Michel Beheim sowie der Meistersinger Hans Folz. Ein Autor vieler Superlative ist der Tiroler Oswald von Wolkenstein (vgl. S. 577 f.).

Mittelalterliche Lyrik und die Jahrhunderte danach: Vom 16. Jahrhundert bis zur Gegenwart

Im 16. Jahrhundert setzt sich dann endgültig der Buchdruck durch, und er erreicht durch Einblattdrucke, Heftchen und Bücher jetzt ein ungleich größeres Publikum als früher die Manuskripte. Obwohl die alten Themen in verwandelter Form durchaus weiterleben, schafft nur ein ganz kleiner Teil der mittelhochdeutschen Lyrik-Autoren den Sprung in die neue Technologie, insbesondere Neidhart (und zwar in der Schwank-Kette um *Neithart Fuchs*).

An den fürstlichen Hofkapellen (z. B. in Innsbruck) greifen die Musiker Anregungen der niederländischen Polyphonie auf und übertragen sie auf das Lied in deutscher Sprache. Damit setzt eine für Literatur und Musik folgenreiche Entwicklung ein, indem sich diese beiden in der mittelhochdeutschen Sangvers-Lyrik so intensiv verbundenen Teilkünste auseinanderentwickeln: Musik und Dichtung entwickeln völlig neue Paradigmen – das »Mittelalter« ist zu Ende.

Nach einer langen Zeit des weitgehenden, wenn auch nicht vollständigen Vergessenseins wurden die Texte der mittelhochdeutschen Lyrik in der Aufklärung (Bodmer, Breitinger) und vor allem in der Romantik dann wieder entdeckt. Wie die übrige mittelalterliche Literatur galten sie als Dokumente vergangener kultureller Bedeutung und Größe. Ebenso wie das *Nibelungenlied* wurde im späteren 19. und in der ersten Hälfte des 20. Jahrhunderts auch Walther von der Vogelweide zu nationalen, ja nationalistischen Zwecken verwendet. Nach dem Zweiten Weltkrieg setzt auch zunehmend Interesse an der nunmehr besser erforschten Musik-Überlieferung ein, und die Liedermacher/innen berufen sich auf die alten Sänger, die einigen wichtigen von ihnen (etwa Franz Josef Degenhardt oder Joana, aber auch Wolf Biermann [Villon]) als ferne Vorfahren und auch Vorbilder gelten. Ihre Texte werden zum Teil auch in der Öffentlichkeit wieder beachtet (Peter Rühmkorf und vor allem: Dieter Kühn; Romane von Eberhard Hilscher, Horst Stern, Waldtraut Lewin u. a.). Immer mehr Musik-Gruppen führen mittelalterliche Lieder auf, z. B.: »Studio der frühen Musik« / Thomas Binkley; »Capella Antiqua«, München; »Sequentia«; »Clemencic-Consort«; »Bärengäßlin«; Augsburger »Ensemble für frühe Musik«; Sänger wie Wolfram, Eberhard Kummer und Reinhold Wiedenmann / Osvaldo Parisi; oder sie vertonen die alten Texte neu, z. B.: »Ougenweide«, »Dulamans Vröudenton«. Im Rahmen des sog. Mittelalter-Booms der siebziger und achtziger Jahre gewinnen einige mittelhochdeutsche Lyriker (vor allem Walther, Neidhart, Mönch von Salzburg, Oswald von Wolkenstein) wieder etwas an allgemeinerer Bekanntheit.

Mittelhochdeutsche Lyrik und Epik werden, wie das gesamte Mittelalter, als längere Zeit verschütteter, ja geradezu verdrängter Teil der eigenen kulturellen Vergangenheit wenigstens in Ansätzen neu entdeckt, und zwar als Erinnerung an jene ferne Zeit, die einerseits von der unsrigen so sehr verschieden ist, in der aber gleichwohl unsere heutige Moderne ihre ersten Anfänge hatte.

Gedichte

1

Anonym

Christ der ist erstanden

Christ der ist erstanden
von der marter alle,
des sull wir alle fro sein,
Christ sol unser trost sein.
    Kyrieleis.

2

Anonym

In gotes namen fara wir

In gotes namen fara wir,
seiner genaden gara wir.
nu helf uns die gotes kraft
und das heilig grab,
da got selber inne lag.
    Kyrieleis.

3

Anonym

Sys willekomen heirre Kerst

Sys willekomen heirre Kerst,
want du onser alre heirre bis,
sys willekomen lieve heirre,
her in ertriche also schone.
    Kirieleis.

1

Anonym

Christ ist auferstanden

Christ ist auferstanden
von all seinen Martern.
Darüber sollen wir alle fröhlich sein,
Christus soll unser Trost sein.
Kyrieleison!

2

Anonym

In Gottes Namen ziehen wir

In Gottes Namen ziehen wir,
seine Gnade begehren wir.
Nun helfe uns Gottes Kraft
und das Heilige Grab,
in welchem Gott selbst gelegen ist.
Kyrieleison!

3

Anonym

Sei willkommen, Herr Christ

Sei willkommen, Herr Christ,
denn Du bist unser aller Herr;
sei willkommen, lieber Herr,
süßer Herr über die Erde.
Kyrieleison!

4

ANONYM

Mariensequenz aus Muri

Ave, vil liehte meres sterne

1 Ave, vil liehter meres sterne,
ein lieht der cristenheit, Maria, aller magede ein lucerne.

2a Fröwe dich, gotes zelle,
beslozzeniu cappelle.
dô du den gebaere,
der dich und al die welt gescuof,
nu sich wie reine ein vaz du maget dô waere.

2b Sende in mîne sinne,
des himeles küniginne,
wâre rede süeze,
daz ich den vater und den sun
und den vil hêren geist gelouben müeze.

3a Iemer maget ân ende,
muoter âne missewende,
frouwe, du hâst versüenet daz Eve zerstôrte,
diu got überhôrte.

3b Hilf mir, frouwe hêre:
troest uns armen dur die êre,
daz dîn got vor allen wîben ze muoter gedâhte,
als dir Gabriel brâhte.

4a Dô du in vernaeme,
wie du von êrste erkaeme!
dîn vil reiniu scam
erscrac von disem maere,
wie maget âne man
iemer kint gebaere.

4

ANONYM

Mariensequenz aus Muri

Ave, hell-lichter Meeres Stern

1 Ave, hell-lichter Meeres Stern,
Du Licht der Christenheit, Maria, aller Mägde Lucerne.

2a Freue Dich, Gottes Zelle,
Verschlossene Kapelle.
Da Du den gebarest,
Der Dich und all die Welt erschuf,
Nun sieh, welch reiner Kelch, o Magd, Du warest.

2b Send in meinen Sinn,
Du Himmelskönigin,
Wahrer Rede Linde,
Daß ich an Vater und an Sohn
Und an den Heiligen Geist den Glauben finde.

3a Immer Magd unverwandelt,
Mutter unmißhandelt,
O Frau, Du hast gesühnt, was Eva zerstörte,
Die Gott überhörte.

3b Hilf mir, Frau, Du hehre:
Tröst uns Arme um die Ehre,
Daß Gott als seiner Mutter Dein gedachte,
Und Gabriel Botschaft brachte.

4a Wie Du erst von Dir kamest,
Da Du ihn vernahmest!
Wie Du voll reiner Scham
Erschrakest ob der Märe,
Wie die Magd ohne Mann
Je ein Kind gebäre.

4b Frouwe, an dir ist wunder,
muoter und maget dar under:
der die helle brach,
der lac in dîme lîbe,
unde wurde iedoch
dar under niet ze wîbe.

5a Du bist allein der saelde ein porte.
jâ wurde du swanger von worte:
dir kam ein kint,
frouwe, dur dîn ôre,
des cristen, Juden und die heiden sint,
und des genâde ie was endelôs.
aller magede ein gimme,
daz kint dich ime ze muoter kôs.

5b Dîn wirdecheit diun ist niet kleine.
jâ trüege du maget vil reine
daz lebende brôt:
daz was got, der selbe
den sînen munt zuo dînen brüsten bôt
und dîne brüste in sîne hende vie.
owê, küniginne,
waz gnâden got an dir begie!

6a Lâ mich geniezen, swenne ich dich nenne,
daz ich, Maria frouwe, daz geloube und daz an dir erkenne,
daz nieman guoter
mac des verlougen dune sîest der erbarmde muoter.

6b Lâ mich geniezen des du ie begienge
in dirre welt mit dîme sune, sô dun mit handen zuo dir vienge.
wol dich des kindes!
hilf mir umb in: ich weiz wol, fruowe, daz dun senften vindes.

4b Frau, Du bist das Wunder,
Mutter und Magd jetzunder:
Der die Hölle bricht,
Der lag in Deinem Leibe,
Du aber wurdest nicht,
Jetzunder nicht zum Weibe.

5a Allein Du bist der Seligkeiten Pforte.
Wahrlich Du schwanger von dem Worte:
Fraue, durch Dein Ohr,
Kam Dir ein Kind,
Des Christen, Juden und die Heiden sind,
Und dessen Gnade nie zu Ende führt.
Du aller Mägde Schmuck,
Das Kind zu seiner Mutter Dich erkürt.

5b Wie ist Deine Tugend ungemeine.
Wahrlich Du trugest, Du Reine,
Das lebendige Brot:
Das war Gott. Er der
Selbst seine Lippen Deinen Brüsten bot
Und Deine Brüst' in seine Hände ließ.
O weh, Königinne,
Was Gott an Gnaden Dir erwies!

6a Laß mich genießen, wenn ich je Dich nenne,
Daß ich, Maria Frau, das glaub und stets von Dir bekenne,
Keiner der Frommen
Vergessen dürfe, Du seist als Mitleids-Mutter kommen.

6b Laß mich genießen, was Du Dir erringest,
Als Du den Sohn hier in der Welt mit Deinen Händen
fingest.
Wohl Dir des Kindes!
Hilf mir um ihn: wirst Frau, ich weiß, ihn freundlich
finden.

7a Dîner bete mac dich dîn lieber sun nie mêr verzîhen:

7b Bite in des, daz er mir wâre riuwe müeze verlîhen;

8a Und daz er dur den grimmen tôt,
den er leit dur die mennischeit,
sehe an menniscl̂iche nôt;

8b Und daz er dur die namen drî
sîner cristenen hantgetât
gnaedic in den sünden sî.

9 Hilf mir, frouwe, sô diu sêle von mir scheide,
sô kum ir ze trôste:
wan ich geloube daz du bist
muoter unde maget beide.

5

Anonym

Ubermuot diu alte

Ubermuot diu alte
diu rîtet mit gewalte,
untrewe leitet ir den vanen.
girischeit diu scehet dane
ze scaden den armen weisen.
diu lant diu stânt wol allîche en vreise.

7a Deiner Bitte tut sich Dein lieber Sohn nimmer entziehen:

7b Bitt ihn darum, mir werde wahre Reue verliehen.

8a Und daß er um den grimmen Tod,
Den er litt um die Menschenwelt,
Ansehen woll' menschliche Not.

8b Und daß er um der Namen Drei
Seiner christeigenen Hände Werk
Gnädig in den Sünden sei.

9 Hilf mir, Fraue! wann die Seele will entweichen,
Komm ihr zu Troste:
Denn sieh, ich glaube, daß Du bist
Mutter und Magd insgleichen.

5

ANONYM

Die alte Superbia

Die alte (Frau) Superbia
reitet mit einem Heer (zum Kampf);
Untreue trägt ihr die Fahne.
Habgier geht auf Raub,
den armen Waisen zum Schaden.
Die Lande sind alle in Schrecken.

6

ANONYM

Tief vurt truobe

Tief vurt truobe
und schône wîphuore
sweme dar wirt ze gâch,
den gerûit iz sâ.

7

ANONYM

Dû bist mîn, ich bin dîn

Dû bist mîn, ich bin dîn.
des solt dû gewis sîn.
dû bist beslozzen
in mînem herzen,
verlorn ist daz sluzzelîn:
dû muost ouch immêr darinne sîn.

8

ANONYM

Waere diu werlt alle mîn

'Waere diu werlt alle mîn
von deme mere unze an den Rîn,
des wolt ich mich darben,
daz chunich von Engellant
laege an mînem arme.'

6

Anonym

Eine tiefe, trübe Furt

Eine tiefe, trübe Furt
und Abenteuer mit schönen Frauen,
wer sich da voreilig hineinstürzt,
den wird es bald reuen!

7

Anonym

Du bist mein, ich bin dein

Du bist mein, ich bin dein,
dessen sollst du sicher sein.
Du bist beschlossen
in meinem Herzen,
verloren ist das Schlüsselein,
du mußt immer drinnen bleiben.

8

Anonym

Wäre die ganze Welt mein

»Wäre die ganze Welt mein,
vom Meer bis an den Rhein,
darauf würde ich verzichten,
falls der König von England
in meinen Armen läge.«

Tougen minne diu ist guot

Tougen minne diu ist guot,
sî chan geben hôhen muot.
der sol man sich vlîzen.
swer mit triwen der nit pfliget,
deme sol man daz wîzen.

9

Der von Kürenberg

»Ton II«

(1) 'Leit machet sorge, vil liebe wünne.
eines hübschen ritters gewan ich künde:
daz mir den benomen hânt die merker und ir nît,
des mohte mir mîn herze nie vrô werden sît.'

(2) 'Ich stuont mir nehtint spâte an einer zinne,
dô hôrt ich einen rîter vil wol singen
in Kürenberges wîse al ûz der menigîn.
er muoz mir diu lant rûmen, alder ich geniete mich sîn.'

(3) Jô stuont ich nehtint spâte vor dînem bette,
dô getorste ich dich, vrouwe, niwet wecken.
'des gehazze got den dînen lîp!
jô enwas ich niht ein eber wilde', sô sprach daz wîp.

(4) 'Swenne ich stân aleine in mînem hemede,
unde ich gedenke an dich, ritter edele,
sô erblüet sich mîn varwe, als der rôse an dem dorne tuot,
und gewinnet daz herze vil manigen trûrigen muot.'

Heimliche Liebe ist die richtige

Heimliche Liebe ist die richtige,
sie kann in Hochstimmung versetzen,
sie soll man suchen.
Wer nicht auf solche Weise zuverlässig liebt,
den soll man dafür streng tadeln.

9

Der von Kürenberg

»Ton II«

(1) »Leid bringt Sorge, große Liebe (aber) Freude.
Ich habe einen höfischen Ritter kennengelernt:
Die Aufpasser und ihre Mißgunst haben ihn mir weggenommen,
und deswegen kann mein Herz nie mehr froh werden.«

(2) »Ich stand gestern abend spät allein auf der Zinne.
Da hörte ich, wie ein Ritter im Ton des
Kürenbergers schön sang, mitten aus der Menge.
Der muß meine Lande verlassen, wenn ich ihn nicht zum Liebhaber gewinne.«

(3) Wahrhaftig, ich stand gestern abend spät an deinem Bett.
Doch ich wagte nicht, Herrin, dich zu wecken.
»Gott soll dich dafür immer hassen!
Wahrhaftig, ich war doch kein wilder Eber«, sagte die Frau.

(4) »Immer wenn ich in meinem Hemd einsam dastehe,
und wenn ich an dich denke, edler Ritter,
dann erblüht die Farbe (meiner Wangen) so, wie es die Rose im Dornengebüsch tut,
und mein Herz wird sehr traurig.«

(5) 'Ez hât mir an dem herzen vil dicke wê getân,
daz mich des geluste, des ich niht mohte hân
noch niemer mac gewinnen. daz ist schedelîch.
jône mein ich golt noch silber: ez ist den liuten gelîch.'

(6) 'Ich zôch mir einen valken mêre danne ein jâr.
dô ich in gezamete, als ich in wolte hân,
und ich im sîn gevidere mit golde wol bewant,
er huop sich ûf vil hôhe und vlouc in anderiu lant.

(7) Sît sach ich den valken schône vliegen,
er vuorte an sînem vuoze sîdîne riemen,
und was im sîn gevidere alrôt guldîn.
got sende sî zesamene, die gelieb wellen gerne sîn!'

(8) 'Ez gât mir vonme herzen, daz ich geweine:
ich und mîn geselle müezen uns scheiden.
daz machent lügenaere. got der gebe in leit!
der uns zwei versuonde, vil wol des waere ich gemeit.'

(9) Wîp vil schoene, nû var dû sam mir.
lieb unde leide daz teile ich sant dir.
die wîle unz ich daz leben hân, sô bist du mir vil liep.
wan minnestu einen boesen, des engan ich dir niet.

(10) Nu brinc mir her vil balde mîn ros, mîn îsengewant,
wan ich muoz einer vrouwen rûmen diu lant,
diu wil mich des betwingen, daz ich ir holt sî.
si muoz der mîner minne iemer darbende sîn.

(5) »Es hat mir sehr oft im Herzen weh getan,
daß mich danach verlangte, was ich nicht haben konnte
und auch nie bekommen kann. Das bereitet
Schmerzen!
Jedoch meine ich damit nicht Gold oder Silber: es
handelt sich vielmehr um einen Menschen!«

(6) »Ich erzog mir einen Falken länger als ein Jahr.
Nachdem ich ihn gezähmt hatte, so wie ich ihn haben
wollte,
und ihm dann sein Gefieder mit Gold schön
geschmückt hatte,
da schwang er sich auf und flog weg.

(7) Anschließend sah ich den Falken prachtvoll fliegen.
Er trug an seinem Fuß seidene Bänder,
und sein Gefieder war ihm ganz rotgolden.
Gott bringe diejenigen zusammen, die sich gerne lieben
wollen.«

(8) »Es kommt mir aus dem Herzen, daß ich weinen muß:
ich und mein Geliebter sollen uns trennen.
Das verursachen Lügner: Gott sende ihnen Leid!
Wenn jemand uns zwei wieder zusammenbrächte, dann
wäre ich darüber sehr froh.«

(9) Schönste Frau, bleibe bei mir.
Liebe und Leid teile ich mit dir.
Solange ich lebe, so lange will ich dich sehr lieben.
Aber wenn du einen Unwürdigen liebst, dann erlaube
ich es dir nicht.

(10) Jetzt bring mir ganz schnell mein Pferd und meine
Rüstung her,
denn wegen einer Dame muß ich diese Lande verlassen.
Die will mich dazu zwingen, daß ich ihr zu Willen sei.
Aber sie muß auf meine Liebe für immer verzichten.

(11) Der tunkel sterne der birget sich,
als tuo dû, vrouwe schoene, sô du sehest mich,
sô lâ du dîniu ougen gên an einen andern man.
sôn weiz doch lützel ieman, wiez under uns zwein ist getân.

(12) Aller wîbe wunne diu gêt noch megetîn.
als ich an sî gesende den lieben boten mîn,
jô wurbe ichz gerne selbe, waer ez ir schade niet.
in weiz, wiez ir gevalle: mir wart nie wîp als liep.

(13) Wîp unde vederspil diu werdent lîhte zam.
swer sî ze rehte lucket, sô suochent sî den man.
als warb ein schoene ritter umbe eine vrouwen guot.
als ich dar an gedenke, sô stêt wol hôhe mîn muot.

10

Spervogel

Aus dem »Ersten Ton«

Sô wê dir, armuot!

(10) Sô wê dir, armuot! dû benimest dem man
beide witze und ouch den sin, daz er niht kan.
die vriunt getuont sîn lîhten rât,
swenne er des guotes niht enhât.

(11) So wie der verdämmernde Stern sich verbirgt,
so mache es auch du, schöne Herrin: wenn du mich triffst,
dann richte deine Augen auf einen anderen Mann.
Denn dann weiß doch niemand, wie es zwischen uns beiden steht.

(12) Die schönste aller Frauen, die ist noch ein junges Mädchen.
Ich sende (nur) meinen lieben Boten zu ihr,
aber ich würde gerne selbst um sie werben, wenn ihr das nicht schaden würde.
Ich weiß nicht, wie es ihr recht ist: ich habe noch nie eine Frau so geliebt.

(13) Frauen und Jagdvögel, die werden auf einfache Weise zahm:
Wenn jemand sie richtig lockt, dann fliegen sie auf den Mann.
So warb ein schöner Ritter um eine edle Dame.
Wenn ich daran denke, dann werde ich hochgemut.

10

Spervogel

Aus dem »Ersten Ton«

Weh dir, Armut!

(10) Weh dir, Armut! Du nimmst dem Mann
Klugheit und Verstand, so daß er nichts mehr weiß.
Die Freunde (und Verwandten) kümmern sich nicht um ihn,
wenn er keinen Besitz mehr hat.

si kêrent ime den rugge zuo und grüezent in wol trâge.
die wîle daz er mit vollen lebet, sô hât er holde mâge.

Swer den wolf ze hirten nimt

(16) Swer den wolf ze hirten nimt, der vât sîn schaden.
ein wîser man der sol sîn schif niht überladen.
daz ich iu sage, daz ist wâr:
swer sînem wîbe dur daz jâr
volget und er ir richiu kleit über rehte mâze koufet,
dâ mac ein hôchvart von geschehen, daz sîm ein stiefkint toufet.

11

Spervogel

Aus dem »Zweiten Ton«

Wan seit ze hove maere

(1) Wan seit ze hove maere,
wie gescheiden waere
Kerlinc unde Gebehart.
sie liegent, sem mir mîn bart.
Zwêne bruoder die gezürnent
und underziunent den hof,
si lânt iedoch die stigelen unverdürnet.

(2) Mich müet daz alter sêre,
wan ez Hergêre
alle sîne kraft benam.
ez sol der gransprunge man

Sie drehen ihm den Rücken zu und grüßen ihn kaum.
Solange er aber im vollen lebt, hat er ergebene
Verwandte.

Wer den Wolf zum Hirten nimmt

(16) Wer den Wolf zum Hirten nimmt, der holt sich damit
Schaden.
Ein kluger Mann soll sein Schiff nicht überladen.
Was ich euch sage, das ist wahr:
Wenn jemand seiner Frau das Jahr hindurch nachgibt
und ihr in übertriebener Weise kostbare Kleider kauft,
so kann daraus solche Hoffart werden, daß sie ihm ein
uneheliches Kind zur Taufe bringt.

11

Spervogel

Aus dem »Zweiten Ton«

Man erzählt sich bei Hof

(1) Man erzählt sich bei Hof,
daß Kerling und Gebhart
geschiedene Leute wären.
Sie lügen, bei meinem Bart!
Auch wenn zwei Brüder streiten
und den Hof mit einem Zaun trennen,
so lassen sie doch die Verbindungswege offen.

(2) Mich plagt das Alter sehr,
denn es hat dem Herger
alle seine Kraft genommen.
Derjenige, dem der Bart erst keimt,

Bedenken sich enzîte,
swenne er ze hove werde leit,
daz er ze gwissen herbergen rîte.

(3) Wie sich der rîche betraget!
sô dem nôthaften waget
dur daz lant der stegereif.
daz ich ze bûwe niht engreif,
Dô mir begonde entspringen
von alrêst mîn bart,
des muoz ich nû mit arbeiten ringen.

(4) Weistu, wie der igel sprach?
'vil guot ist eigen gemach.'
zimber ein hûs, Kerlinc.
dar inne schaffe dîniu dinc.
Die hêrren sint erarget.
swer dâ heime niht enhât,
wie maneger guoter dinge der darbet.

(5) Swie daz weter tuo,
der gast sol wesen vruo.
der wirt hât truckenen vuoz
vil dicke, sô der gast muoz
Die herberge rûmen.
swer in dem alter welle wesen
wirt, der sol sich in der jugent niht sûmen.

Er ist gewaltic unde starc

Er ist gewaltic unde starc
der ze wîhen naht geborn wart.
daz ist der heilige Krist,
jâ lobt in allez, daz dir ist,
Niwan der tievel eine.
dur sînen grôzen übermuot
sô wart im diu helle ze teile.

soll beizeiten dafür Vorsorge treffen,
daß er, wenn er bei Hof unbeliebt wird,
in eine sichere Behausung reiten kann.

(3) Wie gut der Reiche doch lebt!
Dem Armen aber wackelt
der Steigbügel beim Reisen.
Weil ich nicht für ein Haus sorgte,
als mir der Bart
zu sprießen begann,
deswegen muß ich jetzt mit der Not kämpfen.

(4) Weißt du, was der Igel gesagt hat?
»Sehr gut ist ein eigenes Dach!«
Darum baue ein Haus, Kerling.
Dort drinnen erledige deine Angelegenheiten.
Die Herren sind geizig geworden.
Wer kein Heim hat,
der muß viele gute Dinge entbehren.

(5) Wie auch das Wetter ist,
der Gast muß früh auf sein.
Der Hausherr bleibt oft trockenen Fußes,
wenn der Gast
die Unterkunft räumen muß.
Wer im Alter Hausherr sein will,
der muß sich in der Jugend beeilen.

Der ist mächtig und stark

Der ist mächtig und stark,
der in der Heiligen Nacht geboren wurde:
Es ist der Heilige Christ,
und wahrlich alle Lebewesen loben ihn,
ausgenommen allein der Teufel:
Wegen seines großen Hochmutes
ist dem die Hölle zuteil geworden.

12

Meinloh von Sevelingen

Aus »Ton I«

Sô wê den merkaeren!

(7) 'Sô wê den merkaeren! die habent mîn übele gedâht,
si habent mich âne schulde in eine grôze rede brâht.
si waenent mir in leiden, sô sî sô rûnent under in.
nu wizzen alle gelîche, daz ich sîn vriunde bin
Âne nâhe bî gelegen, des hân ich weiz got niht getân.
stechent si ûz ir ougen:
mir râtent mîne sinne an deheinen andern man'.

Mir erwelten mîniu ougen

(8) 'Mir erwelten mîniu ougen einen kindeschen man.
daz nîdent ander vrowen; ich hân in anders niht getân,
wan ob ich hân gedienet, daz ich diu liebeste bin.
dar an wil ich kêren mîn herze und al den sin.
Swelhiu sînen willen hie bevor hât getân,
verlôs si in von schulden,
der wil ich nû niht wîzen, sihe ich si unvroelîchen stân'.

12

Meinloh von Sevelingen

Aus »Ton I«

Wehe den Aufpassern!

(7) »Wehe den Aufpassern! Die haben mir übel mitgespielt:
sie haben mich ohne mein Verschulden in großes Gerede gebracht.
Sie glauben, mich von ihm zu trennen, wenn sie untereinander tuscheln.
Jetzt sollen alle gleichermaßen wissen, daß ich seine Freundin bin,
ohne daß ich mit ihm geschlafen habe: das habe ich, bei Gott, nicht getan.
Und wenn sie noch so bös schauen:
Meine Sinne raten mir zu keinem anderen Mann.«

Mir haben meine Augen

(8) »Mir haben meine Augen einen jungen Mann erwählt.
Dies neiden (mir) andere Damen. Nichts anderes habe ich ihnen getan,
als daß ich es mir verdient habe, daß ich seine Liebste bin.
Darauf will ich mein Herz und all meinen Sinn setzen.
Derjenigen, die ihm früher zu Willen gewesen ist,
der will ich, falls sie ihn durch ihre eigene Schuld verloren hat,
keinen Vorwurf machen, wenn ich sie unglücklich dastehen sehe.«

Ich sach boten des sumeres

(9) Ich sach boten des sumeres, daz wâren bluomen alsô rôt.
weistu, schoene vrowe, waz dir ein ritter enbôt?
verholne sînen dienest; im wart liebers nie niet.
im trûret sîn herze, sît er nu jungest von dir schiet.
Nu hoehe im sîn gemüete gegen dirre sumerzît.
vrô wirt er niemer,
ê er an dînem arme sô rehte güetlîche gelît.

13

Dietmar von Aist

Aus »Ton III«

Ich bin dir lange holt gewesen

(2) Ich bin dir lange holt gewesen, vrowe biderbe unde guot.
vil wol ich daz bestatet hân! du hâst getiuret mînen muot.
swaz ich dîn bezzer worden sî, ze heile müez ez mir ergân.
machest dû daz ende guot, sô hâst du ez allez wol getân.

Ûf der linden obene

(4) Ûf der linden obene dâ sanc ein kleinez vogellîn.
vor dem walde wart ez lût. dô huop sich aber daz herze mîn

Ich sah Boten des Sommers

(9) Ich sah Boten des Sommers, nämlich leuchtend rote Blumen.
Weißt du, schöne Dame, was dir ein Ritter angeboten hat?
Heimlich seinen Dienst! Niemals war ihm etwas lieber!
Sein Herz ist ihm traurig, seitdem er vor kurzem von dir geschieden ist.
Nun mache ihn in diesem Sommer glücklich.
Nicht eher wird er froh,
bevor er nicht so richtig liebevoll in deinem Arm liegt.

13

Dietmar von Aist

Aus »Ton III«

Ich bin dir schon lange untertan

(2) Ich bin dir schon lange untertan, edle und gute Dame.
Damit habe ich Glück gehabt! Denn du hast mir den Sinn edler gemacht.
Worin ich durch dich auch immer besser geworden bin, das soll mir (alles) zum Heil dienen.
Machst du (auch) das Ende gut, dann hast du in allem gut gehandelt.

Droben auf der Linde

(4) Droben auf der Linde sang ein kleiner Vogel,
vor dem Wald rief er laut. Da erhob sich mein Herz erneut

an eine stat, dâ ez ê dâ was. ich sach dâ rôsebluomen stân,
die manent mich der gedanke vil, die ich hin zeiner vrouwen hân.

Ez dunket mich wol tûsent jâr

(5) 'Ez dunket mich wol tûsent jâr, daz ich an liebes arme lac.
sunder âne mîne schulde vremedet er mich menegen tac.
sît ich bluomen niht ensach noch enhôrte der vogel sanc,
sît was mir mîn vröide kurz und ouch der jâmer alzelanc.'

14

Dietmar von Aist

Ez stuont ein vrouwe alleine

Ez stuont ein vrouwe alleine
und warte über heide
unde warte ir liebes,
sô gesach si valken vliegen.
'sô wol dir, valke, daz du bist!
du vliugest, swar dir liep ist,
du erkiusest dir in dem walde
einen boum, der dir gevalle.
alsô hân ouch ich getân:
ich erkôs mir selbe einen man,
den erwelten mîniu ougen.
daz nîdent schoene vrouwen.
owê, wan lânt si mir mîn liep?
joch engerte ich ir dekeines trûtes niet!'

zu einer Stätte, wo es vorher schon einmal gewesen war.
Ich sah dort Rosenblüten stehen,
die erinnern mich an die vielen Gedanken, die ich auf eine Dame richte.

Es kommt mir wie vor tausend Jahren vor

(5) »Es kommt mir wie vor tausend Jahren vor, daß ich im Arm des Liebsten lag.
Ganz ohne meine Schuld meidet er mich die ganze Zeit.
Seither bemerkte ich die Blumen nicht mehr, noch hörte ich das Singen der Vögel,
seither war mir meine Freude kurz und statt dessen der Jammer allzu lang.«

14

Dietmar von Aist

Eine Dame stand allein

Eine Dame stand allein
und schaute über die Waldwiese,
und sie schaute nach ihrem Liebsten:
da sah sie einen Falken fliegen.
»Wohl dir, Falke, daß du so bist!
Du fliegst, wohin du willst,
und du suchst dir im Wald
denjenigen Baum aus, der dir gefällt.
So habe auch ich gehandelt:
ich suchte mir (nämlich) selbst den Mann aus,
den mir meine Augen erwählt hatten.
Das neiden mir aber (andere) schöne Damen.
Ach, warum lassen sie mir nicht meinen Liebsten?
Ich begehrte doch auch keinen ihrer Geliebten!«

15

Dietmar von Aist

Slâfest du, vriedel ziere?

1 'Slâfest du, vriedel ziere?
wan wecket uns leider schiere;
ein vogellîn sô wol getân
daz ist der linden an daz zwî gegân.'

2 "Ich was vil sanfte entslâfen,
nu rüefestû, kint, wâfen.
liep âne leit mac niht sîn.
swaz dû gebiutest, daz leiste ich, vriundîn mîn."

3 Diu vrouwe begunde weinen:
'du rîtest hinnen und lâst mich eine.
wenne wilt du wider her zuo mir?
owê, du vüerest mîne vröide sant dir!'

16

Kaiser Heinrich

Ich grüeze mit gesange

1 Ich grüeze mit gesange di süezen,
die ich vermîden niht wil noch enmac.
daz ich sie von munde rehte mohte grüezen,
ach leides, des ist manic tac.
Swer nu disiu liet singe vor ir,
der ich sô gar unsenfteclîch enbir,
ez sî wîp oder man, der habe si gegrüezet von mir.

15

Dietmar von Aist

Schläfst du, schöner Geliebter?

1 »Schläfst du, schöner Geliebter?
Man weckt uns leider (zu) bald.
Ein schönes Vöglein
ist auf den Zweig der Linde geflogen.«

2 »Ich war so sanft eingeschlafen.
Nun rufst du, Mädchen, ›gib acht!‹
Liebe ohne Leid kann es nicht geben.
Was du verlangst, das tue ich, meine Freundin.«

3 Die Dame begann zu weinen:
»Du reitest weg und läßt mich einsam zurück.
Wann wirst du wieder zu mir kommen?
Ach, du nimmst meine Freude mit dir fort!«

16

Kaiser Heinrich

Mit meinem Lied grüße ich

1 Mit meinem Lied grüße ich die Schöne,
von der ich weder lassen kann noch will.
Daß ich sie persönlich in geziemender Weise grüßen konnte,
das ist – welch ein Leid! – schon viele Tage her.
Wer nun dieses Lied singt vor ihr,
die ich so schmerzlich vermisse,
es sei Frau oder Mann, der soll sie von mir gegrüßt haben.

2 Mir sint diu rîche und diu lant undertân,
swenne ich bî der minneclîchen bin;
unde swenne ich gescheide von dan,
sô ist mir al mîn gewalt und mîn rîchtuom dâ hin;
Wan senden kumber, den zel ich mir danne ze habe.
sus kan ich an vröiden stîgen ûf und ouch abe
und bringe den wehsel, als ich waene, durch ir liebe ze grabe.

3 Sît daz ich si sô gar herzeclîchen minne
und si âne wenken zallen zîten trage
beide in herze und ouch in sinne,
underwîlent mit vil maniger klage,
Waz gît mir dar umbe diu liebe ze lône?
dâ biutet si mirz sô rehte schône;
ê ich mich ir verzige, ich verzige mich ê der krône.

4 Er sündet, swer des niht geloubet,
daz ich möhte geleben manigen lieben tac,
ob joch niemer krône kaeme ûf mîn houbet;
des ich mich ân si niht vermezzen mac.
Verlur ich si, waz het ich danne?
dâ tohte ich ze vreuden weder wîben noch manne,
und waer mîn bester trôst beide ze âhte und ze banne.

2 Mir sind die Reiche und die Länder untertan,
immer wenn ich bei der Geliebten bin;
aber wenn ich von ihr scheide,
dann ist alle meine Macht und mein Reichtum dahin:
nur sehnsüchtigen Kummer zähle ich dann noch zu meinem Besitz.
So steige ich in der Freude auf und ab,
und ich vollführe diesen Wechsel, so glaube ich, aus Liebe zu ihr bis zu meinem Tod.

3 Da ich sie so aus ganzem Herzen liebe
und sie ohne Wanken alle Zeit
in meinem Herzen und meinem Sinn trage,
und das immer wieder mit vielen Klagen:
Was gibt mir die Liebste dafür zum Lohn?
Sie bietet mir das höchste Glück.
Bevor ich auf sie verzichte, verzichte ich eher auf die Krone.

4 Der versündigt sich, der nicht glaubt,
daß ich noch viele schöne Tage leben könnte,
auch wenn niemals die Krone auf mein Haupt käme.
Das könnte ich aber nicht behaupten, wenn ich jene nicht hätte:
Verlöre ich sie, was hätte ich dann noch?
Dann taugte ich weder Frauen noch Männern zur Freude,
und mein höchstes Glück wäre in Acht und Bann.

17

Friedrich von Hausen

Ich sihe wol, daz got wunder kan

1 Ich sihe wol, daz got wunder kan
von schoene würken ûz wîbe.
daz ist an ir wol schîn getân,
wan er vergaz niht an ir lîbe.
Den kumber, den ich lîde,
den wil ich gerne hân,
ze diu daz ich mit ir belîbe,
und al mîn wille sül ergân.
  min vrouwe sehe, waz sî des tuo!
  dâ stât dehein scheiden zuo.

2 Si gedenke niht, daz ich sî der man,
der sî ze kurze wîlen minne.
ich hân von kinde an sî verlân
daz herze mîn und al die sinne.
Ich wart an ir nie valsches inne,
sît ich sî sô liep gewan.
mîn herze ist ir ingesinde
und wil ouch staete an ir bestân.
  mîn vrowe . . .

17

Friedrich von Hausen

Ich sehe gut, daß Gott wahre Wunder

1 Ich sehe gut, daß Gott wahre Wunder
an Schönheit bei einer Frau bewirken kann.
Das ist an ihr sichtbar geworden,
denn er vergaß nichts bei ihrem Aussehen.
Den Schmerz, den ich erleide,
den will ich gerne ertragen,
dafür, daß ich bei ihr bleiben kann
und alle meine Wünsche sich erfüllen.
Meine Herrin soll darauf achten, wie sie das ermögliche!
Da gibt es keine Ausflucht.

2 Sie soll nicht denken, daß ich ein solcher Mann bin,
der sie nur zur Kurzweil liebt.
Ich habe seit meinen jungen Jahren mein Herz
und alle Sinne ihr überlassen.
Ich habe an ihr nie einen Fehler entdeckt,
seitdem ich mich so in sie verliebt habe.
Mein Herz ist ihre Dienerin
und will unverbrüchlich bei ihr bleiben.
Meine Herrin . . .

18

Friedrich von Hausen

Wâfenâ, wie hat mich minne gelâzen!

1 Wâfenâ, wie hat mich minne gelâzen!
diu mich betwanc, daz ich lie mîn gemüete
an solhen wân, der mich wol mac verwâzen,
ez ensî daz ich genieze ir güete,
Von der ich bin   alsô dicke âne sin.
mich dûhte ein gewin,   und wolte diu guote
wizzen die nôt, diu wont in mînem muote.

2 Wâfenâ, waz habe ich getân sô ze unêren,
daz mir diu guote ir gruozes niht engunde?
sus kan si mir wol daz herze verkêren.
daz ich in der werlte bezzer wîp iender vunde,
Seht, dêst mîn wân.   dâ vür sô wil ichz hân,
und wil dienen   mit triuwen der guoten,
diu mich dâ bliuwet vil sêre âne ruoten.

*

1 Waz mac daz sîn, daz diu welt heizet minne,
und ez mir tuot sô wê ze aller stunde
und ez mir nimet sô vil mîner sinne?
ich wânde niht, daz ez iemen enpfunde.
Getorste ich ez jehen,   daz ich ez hête gesehen,
dâ von mir ist geschehen   alsô vil herzesêre,
sô wolt ich dar an gelouben iemer mêre.

18
Friedrich von Hausen

Zu Hilfe, wie hat mich die Liebe behandelt!

1 Zu Hilfe, wie hat mich die Liebe behandelt!
Sie, die mich gezwungen hat, daß ich mein ganzes Denken
auf einen solchen Wahn richtete, der mich ohne weiteres verderben kann,
außer ich erfreue mich der Gunst von derjenigen,
durch die ich so oft ohne Verstand bin.
Mir käme es als Gewinn vor, wenn die Gute (wenigstens)
das Leid zur Kenntnis nähme, das in meinem Herzen wohnt.

2 Zu Hilfe, was habe ich so Ehrloses getan,
daß mir die Gute ihren Gruß verweigert?
Damit kann sie mir durchaus das Herz brechen.
Daß ich in der Welt nirgendwo eine bessere Frau finden werde –
seht, darin besteht mein Wahn. Dafür (jedoch) will ich sie halten,
und ich will der Guten in Treue dienen,
ihr, die mich ohne Ruten so stark schlägt.

*

1 Was kann das sein, das die Welt ›Liebe‹ nennt
und das mir allezeit so weh tut
und das mir so sehr meinen Verstand raubt?
Ich habe bisher nicht geglaubt, daß das jemand (ebenso) fühlen kann.
Könnte ich sagen, daß ich dasjenige gesehen hätte,
von dem mir so viel Herzeleid zugefügt wurde,
dann (erst) würde ich für immer daran glauben.

2 Minne, got müeze mich an dir rechen!
wie vil dû mînem herzen der vröiden wendest!
und möhte ich dir dîn krumbez ouge ûz
gestechen,
des het ich reht, wan du vil lützel endest
An mir sölhe nôt, sô mir dîn lîp gebôt.
und waerest du tôt, sô dûhte ich mich rîche.
sus muoz ich von dir leben betwungenlîche.

19

Friedrich von Hausen

Mîn herze und mîn lîp

1 Mîn herze und mîn lîp die wellent scheiden,
die mit ein ander wâren nû manige zît.
der lîp wil gerne vehten an die heiden,
iedoch dem herzen ein wîp sô nahen lît
vor al der werlt. daz müet mich iemer sît,
daz si ein ander niht volgent beide.
mir habent diu ougen vil getân ze leide.
got eine müeze scheiden noch den strît.

2 Sît ich dich, herze, niht wol mac erwenden,
dune wellest mich vil trûreclîchen lân,
sô bite ich got, daz er dich geruoche senden
an eine stat, dâ man dich wol welle enpfân.
owê, wie sol ez armen dir ergân,
wie getorstest eine an solhe nôt ernenden?
wer sol dir dîne sorge helfen wenden
mit triuwen, als ich hân getân?

2 Liebe, Gott soll mich an dir rächen!
Wie viele Freuden nimmst du meinem Herzen weg!
Könnte ich dir dein böswilliges Auge ausstechen,
so wäre ich im Recht damit, denn du bringst bei mir kaum
dieses Leid zu Ende, das du mir auferlegt hast.
Wärst du aber tot, dann käme ich mir reich vor.
So aber muß ich, deiner Gewalt unterworfen, weiterleben.

19

Friedrich von Hausen

Mein Herz und mein Körper

1 Mein Herz und mein Körper, die wollen sich trennen,
die so lange Zeit beisammen waren.
Der Körper will gern gegen die Ungläubigen kämpfen,
mein Herz aber hat sich eine Frau erwählt
mehr als alles in der Welt. Es quält mich seither immer,
daß sie einander nicht mehr folgen.
Mir haben die Augen viel Leid zugefügt.
Gott allein wäre noch imstande, den Zwist zu beenden.

2 Da ich dich, Herz, sicherlich nicht davon abbringen kann,
daß du mich in großer Trauer allein läßt,
so bitte ich Gott, daß er dich dorthin senden
möge, wo man dich (gut) aufnehmen wird.
Aber ach, wie wird es dir Armem ergehen?
Wie getraust du dich, allein solche Not auf dich zu nehmen?
Wer soll dir helfen, deine Sorge mit solcher Treue
abzuwenden, wie ich es getan habe?

3 Ich wânde ledic sîn von solher swaere,
dô ich daz kriuze in gotes êren nan.
ez waer ouch reht, daz ez alsô waere,
wan daz mîn staetekeit mir sîn verban.
ich solte sîn ze rehte ein lebendic man,
ob ez den tumben willen sîn verbaere.
nû sihe ich wol, daz im ist gar unmaere,
wie ez mir süle an dem ende ergân.

4 Niemen darf mir wenden daz zunstaete,
ob ich die hazze, die ich dâ minnet ê.
swie vil ich si geflêhte oder gebaete,
sô tuot si rehte als ob siz niht verstê.
mich dunket rehte wie ir wort gelîche gê,
rehte als ez der sumer von Triere taete.
ich waer ein gouch, ob ich ir tumpheit haete
für guot. ez engeschiht mir niemer mê.

20

Heinrich von Veldeke

Der blîdeschaft sunder riuwe hât

1 'Der blîdeschaft sunder riuwe hât
mit êren hie, der ist rîche.
daz herze, dâ diu riuwe inne stât,
daz lebet jâmerlîche.
Er ist edel unde vruot,
swer mit êren
kan gemêren
sîne blîtschaft, daz ist guot.'

3 Ich glaubte, daß ich keine solche Beschwernis hätte,
als ich das Kreuz zu Gottes Ehre nahm.
Es wäre auch ganz zu Recht, daß es so wäre,
wenn mir nicht meine Beständigkeit das mißgönnte.
Ich würde, wie es richtig ist, ein vollständiger Mann sein,
wenn (das Herz) seine törichte Absicht aufgäbe.
Doch ich sehe jetzt, daß es ihm ganz gleichgültig ist,
wie es mir am Ende ergehen wird.

4 Niemand soll mir das zur Unbeständigkeit verdrehen,
wenn ich diejenige hasse, die ich einst geliebt habe.
Wie viel ich sie auch anflehte und bat,
sie tut genau so, als ob sie es nicht verstünde.
Mir kommt es vor, als ob sich ihr Wort so verhielte,
genau wie es der Sommer in Trier tut.
Ich wäre ein Trottel, wenn ich ihr dummes Benehmen
für etwas Gutes ansähe. Damit ist es bei mir vorbei!

20

Heinrich von Veldeke

Wer hier Freude ohne Leid . . . hat

1 »Wer hier Freude ohne Leid
(und) in Ehren hat, der ist reich.
Das Herz, in dem das Leid wohnt,
das lebt jammervoll.
Er ist edel und klug,
wer in Ehren
seine Freude
vermehren kann: das ist gut.«

2 Diu schoene, diu mich singen tuot,
si sol mich sprechen lêren,
dar abe, daz ich mînen muot
niht wol kan gekêren.
  Sî ist edel unde vruot,
  swer mit êren
  kan gemêren
  sîne blîdeschaft, daz ist guot.

21

Heinrich von Veldeke

Des bin ich wol getroestet

Des bin ich wol getroestet iemer mêre,
daz mich die nîdigen nîden.
nît und al boesiu lêre
daz müeze in daz herze snîden,
sô daz si sterben und deste ê.
ich wil leben mit den blîden,
die ir zît vroelîche lîden;
ich wil durch ir nîden
mîne blîdeschaft niht vermîden.

2 Die Schöne, die mich zum Singen bringt,
die soll mich (auch) sprechen lehren,
und zwar davon, daß ich meinen Sinn
nicht mehr gut ändern kann.
Sie ist edel und klug,
wer in Ehren
seine Freude
vermehren kann: das ist gut.

21

Heinrich von Veldeke

Darüber bin ich für immer getröstet

Darüber bin ich für immer getröstet,
daß mich die Neidigen beneiden:
Neid und alle böse Absicht,
die sollen ihnen (nämlich) so in das Herz schneiden,
daß sie sterben, und das möglichst bald.
Ich will mit den Frohen leben,
die ihre Zeit fröhlich verbringen;
wegen des Neids von jenen (anderen)
will ich von meiner Freude nicht lassen.

22

Rudolf von Fenis

Minne gebiutet mir, daz ich singe

1 Minne gebiutet mir, daz ich singe
unde wil niht, daz mich iemer verdrieze,
nu hân ich von ir weder trôst noch gedinge
unde daz ich mînes sanges iht genieze.
Si wil, daz ich iemer diene an sölhe stat,
dâ noch mîn dienst ie vil kleine wac,
unde al mîn staete niht gehelfen mac.
nu waere mîn reht, moht ich, daz ich ez lieze.

2 Ez stêt mir niht sô. ich enmac ez niht lâzen,
daz ich daz herze von ir iemer bekêre.
ez ist ein nôt, daz ich mich niht kan mâzen:
ich minne sî, diu mich dâ hazzet sêre,
Und iemer tuon, swie ez doch dar umbe mir ergât.
mîn grôziu staete mich des niht erlât,
unde ez mich leider kleine vervât.
ist ez ir leit, doch diene ich ir iemer mêre.

3 Iemer mêre wil ich ir dienen mit staete
und weiz doch wol, daz ich sîn niemer lôn gewinne.
ez waere an mir ein sin, ob ich dâ baete,
dâ ich lônes mich versaehe von der minne.
Lônes hân ich noch vil kleinen wân.
ich diene ie dar, da ez mich kleine kan vervân,
– nu liez ich ez gerne, moht ich ez lân –
ez wellent durch daz niht von ir mîne sinne.

22

Rudolf von Fenis

Liebe befiehlt mir, daß ich singe

1 Liebe befiehlt mir, daß ich singe,
und sie will nicht, daß es mich jemals verdrieße.
Nun habe ich (aber) von ihr weder Trost noch Hoffnung,
daß ich von meinem Singen Nutzen habe.
Sie will, daß ich immer dort diene,
wo mein Dienst bislang immer sehr wenig wog
und meine ganze Beständigkeit nichts helfen kann.
Es wäre nun mein Recht, wenn ich könnte, daß ich davon ließe.

2 Es steht (aber) um mich nicht so. Ich kann nicht zulassen,
daß ich jemals mein Herz von ihr abwende.
Es ist ein Jammer, daß ich nicht mehr vernünftig sein kann:
Ich liebe die, welche mich dort sehr haßt,
und ich werde das immer tun, wie es mir deswegen auch ergeht.
Meine große Beständigkeit läßt mich damit nicht aufhören,
obwohl es mir leider nichts nützt.
Auch wenn es ihr leid ist, diene ich ihr doch für immer.

3 Für immer will ich ihr mit Beständigkeit dienen,
obwohl ich doch weiß, daß ich dafür niemals Lohn bekomme.
Es wäre sinnvoll von mir, wenn ich dort meine Bitte ausspräche,
wo ich Lohn für die Liebe erwarten kann.
Doch habe ich bislang kaum eine Hoffnung auf Lohn.
Ich diene ihr immer dort, wo es mir wenig nützen kann,
– ich würde gerne damit aufhören, könnte ich aufhören –
und dennoch wollen meine Gedanken nicht von ihr weg.

4 Mîne sinne wellent durch daz niht von ir scheiden,
swie si mich bî ir niht wil lân belîben.
sî enkan mir doch daz niemer geleiden:
ich diene ir gerne und durch sie allen guoten wîben.
Lîde ich dar under nôt, daz ist an mir niht schîn.
diu nôt ist diu meiste wunne mîn.
sî sol ir zorne dar umbe lâzen sîn,
wan si enkan mich niemer von ir vertrîben.

23

Albrecht von Johansdorf

Swaz ich nû gesinge

1 Swaz ich nû gesinge,
daz ist allez umbe niht; mir weiz sîn niemen danc.
ez wiget allez ringe,
dar ich hân gedienet, dâ ist mîn lôn vil kranc.
Ez ist hiure an gnâden unnaeher danne vert
und wirt über ein jâr vil lîhte kleines lônes wert.

2 Wie der einez taete,
des vrâge ich, ob ez mit vuoge muge geschehen,
waer ez niht unstaete,
der zwein wîben wolte sich vür eigen geben,
Beidiu tougenlîche? sprechent, herre, wurre ez iht?
"wan solz den man erlouben unde den vrouwen niht."

4 Meine Gedanken wollen deswegen nicht von ihr
weggehen,
obwohl sie mich nicht bei ihr bleiben lassen will.
Aber sie kann mich niemals davon abbringen:
ich diene ihr gerne und um ihretwillen allen schönen
Frauen.
Erleide ich dabei Not, so wird das an mir nicht sichtbar:
Diese Not ist meine größte Wonne.
Sie soll deshalb von ihrem Unwillen ablassen,
denn sie kann mich niemals von ihr wegtreiben.

23

Albrecht von Johansdorf

Was ich jetzt auch singe

1 Was ich jetzt auch singe,
das ist alles für nichts: niemand weiß mir Dank dafür.
Es wiegt alles gering,
(denn) wo ich gedient habe, da ist mein Lohn sehr klein.
Es gibt in diesem Jahr weniger Gnade als im letzten Jahr
und wird in einem Jahr vielleicht (nur noch) ganz kleinen
Lohn wert sein.

2 Danach frage ich: Wie der sich verhielte,
der, sofern es mit Anstand geschehen könnte
und sofern es nicht Unbeständigkeit zeigte,
zwei Frauen sich zu eigen geben würde,
und zwar beiden heimlich? Sagt, Herr, wäre das sehr
schlimm?
»Man soll es den Männern erlauben, aber nicht den
Frauen.«

24

Albrecht von Johansdorf

Ich vant si âne huote

1 Ich vant si âne huote
die vil minneclîche eine stân.
jâ, dô sprach diu guote:
'waz welt ir sô eine her gegân?'
"Vrowe, ez ist alsô geschehen."
'sagent, war umbe sint ir her? des sult ir mir verjehen.'

2 "Mînen senden kumber
klage ich, liebe vrowe mîn."
'wê, waz sagent ir tumber?
ir mugent iuwer klage wol lâzen sîn.'
"Vrowe, ich enmac ir niht enbern."
'sô wil ich in tûsent jâren niemer iuch gewern.'

3 "Neinâ, küniginne!
daz mîn dienst sô iht sî verlorn!"
'ir sint âne sinne,
daz ir bringent mich in selhen zorn.'
"Vrowe, iuwer haz tuot mir den tôt."
'wer hât iuch, vil lieber man, betwungen ûf die nôt?'

4 "Daz hât iuwer schoene,
die ir hânt, vil minneclîchez wîp."
'iuwer süezen doene
wolten krenken mînen staeten lîp.'
"Vrowe, niene welle got."
'wert ich iuch, des hetet ir êre; sô waer mîn der spot.'

24

Albrecht von Johansdorf

Ich traf die Schöne

1 Ich traf die Schöne, wie sie ohne
Aufpasser alleine dastand.
Ja, und da sagte sie:
»Was kommt Ihr denn so alleine hergegangen?«
»Herrin, das fügte sich eben so.«
»Sagt, warum seid Ihr hier? Ihr solltet mir das gestehen.«

2 »Meinen sehnsuchtsvollen Schmerz
beklage ich, meine liebe Herrin.«
»Ach, was sagt Ihr da so unbesonnen?
Ihr könntet Eure Klage auch unterlassen.«
»Herrin, ich kann nicht auf sie verzichten.«
»Dann will ich auch in tausend Jahren Euch nicht erhören.«

3 »Nein, meine Königin!
Daß mein Dienst so nutzlos sein kann!«
»Ihr seid von Sinnen,
daß Ihr mich so erzürnt.«
»Herrin, Eure Abweisung tötet mich.«
»Wer hat Euch, lieber Mann, in solche Not gestürzt?«

4 »Das tat die Schönheit,
die Ihr habt, liebreizendste Frau.«
»Eure verführerischen Töne
wollten meine Standhaftigkeit ins Wanken bringen.«
»Herrin, keineswegs, bei Gott.«
»Würde ich Euch erhören, so hättet Ihr Anerkennung; mir bliebe die Mißachtung.«

5 “Sô lânt mich noch geniezen,
daz ich iu von herzen ie was holt.”
‘iuch mac wol verdriezen,
daz ir iuwer wortel gegen mir bolt.’
“Dunket iuch mîn rede niht guot?”
‘jâ si hât beswaeret dicke mînen staeten muot.’

6 “Ich bin ouch vil staete,
ob ir ruochent mir der wârheit jehen.”
‘volgent mîner raete,
lânt die bete, diu niemer mac beschehen.’
“Sol ich alsô sîn gewert?”
‘got der wer iuch anderswâ, des ir an mich dâ gert.’

7 “Sol mich dan mîn singen
und mîn dienst gegen iu niht vervân?”
‘iu sol wol gelingen,
âne lôn sô sult ir niht bestân.’
“Wie meinent ir daz, vrowe guot?”
‘daz ir dest werder sint unde dâ bî hôchgemuot.’

25

Heinrich von Morungen

In sô hôher swebender wunne

1 In sô hôher swebender wunne
sô gestuont mîn herze ane vröiden nie.
ich var, als ich vliegen kunne,
mit gedanken iemer umbe sie,
Sît daz mich ir trôst enpfie,
der mir durch die sêle mîn
mitten in daz herze gie.

5 »So laßt mich doch noch Nutzen davon haben,
daß ich Euch von Herzen immer untertan war.«
»Dessen werdet Ihr noch überdrüssig werden,
mich so mit gedrechselten Worten zu bombardieren.«
»Stört Euch das, was ich sage?«
»Ja, denn es bringt meine Standhaftigkeit in Gefahr!«

6 »Ich bin auch sehr standhaft,
falls Ihr geruhen würdet, mir die Wahrheit zu sagen.«
»Folgt meinen Ratschlägen,
und laßt die Bitte, die künftig unterbleiben soll.«
»So werde ich also erhört?«
»Gott möge Euch anderswo gewähren, was Ihr jetzt von mir wünscht.«

7 »So hat also mein Singen und mein Dienst
bei Euch keinen Erfolg?«
»Ihr sollt durchaus etwas davon haben,
ohne Entlohnung braucht Ihr nicht zu bleiben.«
»Wie meint Ihr das, schöne Herrin?«
»Daß Ihr dadurch edler und gleichzeitig hochgemut werdet.«

25

Heinrich von Morungen

In so hochfliegender Wonne

1 In so hochfliegender Wonne
war mein von Freude erfülltes Herz noch nie.
Ich kreise, als ob ich fliegen könnte,
mit meinen Gedanken ständig um sie,
seitdem ich ein ermutigendes Zeichen von ihr bekommen habe,
das mir durch meine Seele
mitten in das Herz gedrungen ist.

2 Swaz ich wunneclîches schouwe,
daz spile gegen der wunne, die ich hân.
luft und erde, walt und ouwe
suln die zît der vröide mîn enpfân.
Mir ist komen ein hügender wân
und ein wunneclîcher trôst,
des mîn muot sol hôhe stân.

3 Wol dem wunneclîchen maere,
daz sô suoze durch mîn ôre erklanc,
und der sanfte tuonder swaere,
diu mit vröiden in mîn herze sanc,
Dâ von mir ein wunne entspranc,
diu vor liebe alsam ein tou
mir ûz von den ougen dranc.

4 Saelic sî diu süeze stunde,
saelic sî diu zît, der werde tac,
dô daz wort gie von ir munde,
daz dem herzen mîn sô nâhen lac,
Daz mîn lîp von vröide erschrac,
und enweiz von liebe joch,
waz ich von ir sprechen mac.

26

Heinrich von Morungen

Von den elben

1 Von den elben wirt entsehen vil manic man,
sô bin ich von grôzer liebe entsên
von der besten, die ie dehein man ze vriunt gewan.
wil aber sî der umbe mich vên

2 Alles, was ich Wonnevolles sehe,
soll sich in der Wonne widerspiegeln, die ich empfinde.
Luft und Erde, Wald und Wiese
sollen die Zeit meiner Freude begrüßen.
Ich habe eine frohe Hoffnung
und eine wonnevolle Zuversicht gewonnen:
Deswegen wird mein Mut hochsteigen.

3 Heil der wonnevollen Nachricht,
die so süß in meinem Ohr erklang,
und dem wohltuenden Schmerz,
der freudenvoll in mein Herz hineinsank:
Daraus entsprang mir eine Wonne,
die mir vor lauter Liebe wie Tau
aus meinen Augen herausdrang.

4 Gepriesen sei die selige Stunde,
gepriesen sei die Zeit, der herrliche Tag,
da jenes Wort aus ihrem Mund kam,
das meinem Herzen so nahe ging,
daß mein ganzer Körper vor Freude erzitterte
und ich vor Liebe nicht mehr weiß,
was ich über sie sagen soll.

26

Heinrich von Morungen

Von den Elben

1 Von den Elben werden viele Männer verzaubert,
(und) so bin ich von großer Liebe verzaubert worden,
(und zwar) von der Besten, die jemals ein Mann zur Geliebten gewann.
Will sie mir deswegen

Und ze unstaten stên,
mac si danne rechen sich
und tuo, des ich si bite. sô vreut si sô sêre mich,
daz mîn lîp vor wunnen muoz zergên.

2 Sî gebiutet und ist in dem herzen mîn
vrowe und hêrer, danne ich selbe sî.
hei wan muoste ich ir alsô gewaltic sîn,
daz si mir mit triuwen waere bî
Ganzer tage drî
unde eteslîche naht!
sô verlür ich niht den lîp und al die maht.
jâ ist si leider vor mir alze vrî.

3 Mich enzündet ir vil liehter ougen schîn,
same daz viur den durren zunder tuot,
und ir vremeden krenket mir daz herze mîn
same daz wazzer die vil heize gluot.
Und ir hôher muot
und ir schoene und ir werdecheit
und daz wunder, daz man von ir tugenden seit,
daz wirt mir vil übel – oder lîhte guot?

4 Swenne ir liehten ougen sô verkêrent sich,
daz si mir aldur mîn herze sên,
swer dâ enzwischen danne gêt und irret mich,
dem muoze al sîn wunne gar zergên!
Ich muoz vor ir stên
unde warten der vröiden mîn
rehte alsô des tages diu kleinen vogellîn.
wenne sol mir iemer liep geschên?

feind sein und schaden,
dann kann sie sich an mir rächen
und soll es auch tun, darum bitte ich sie. Damit bereitet
sie mir solche Freude,
daß ich vor Wonne vergehen werde.

2 Sie gebietet und ist Herrin in meinem Herzen
und ist (dort) mächtiger als ich selbst.
Ach könnte ich so viel Macht über sie haben,
daß sie in Ergebenheit
volle drei Tage
und viele Nächte bei mir wäre!
Dann würde ich nicht Leib und Leben verlieren.
Aber, leider, sie ist mehr als frei von mir.

3 Der strahlende Glanz ihrer Augen entzündet mich
wie das Feuer den dürren Zunder,
und ihre Abwesenheit tut meinem Herzen weh
wie das Wasser dem Feuer.
Und ihre Hochstimmung
und ihre Schönheit und ihr Wert
und die Wunder, die man über ihre guten Eigenschaften
berichtet,
all das bedeutet für mich Schlimmes – oder vielleicht
doch Gutes?

4 Wenn ihre strahlenden Augen sich einmal so verirren,
daß sie mir bis in mein Herz hineinsehen:
wenn dann jemand dazwischentritt und mich stört,
so soll ihm sämtliche Freude vergehen!
Denn ich muß dann vor ihr stehen
und auf meine Freude warten,
genau so wie die kleinen Vögel auf den Tag.
Wann wird mir jemals Freude zuteil werden?

27

Heinrich von Morungen

Vrowe, wilt du mich genern

Vrowe, wilt du mich genern,
sô sich mich ein vil lützel an.
ich enmac mich langer niht erwern,
den lîp muoz ich verlorn hân.
Ich bin siech, mîn herze ist wunt.
vrowe, daz hânt mir getân
mîn ougen und dîn rôter munt.

28

Heinrich von Morungen

Vrowe, mîne swaere sich

Vrowe, mîne swaere sich,
ê ich verliese mînen lîp.
ein wort du spraeche wider mich:
verkêre daz, du saelic wîp!
Du sprichest iemer neinâ neinâ nein,
neinâ neinâ nein.
daz brichet mir mîn herze enzwein.
maht dû doch eteswenne sprechen jâ,
jâ jâ jâ jâ jâ jâ jâ?
daz lît mir an dem herzen nâ.

27

Heinrich von Morungen

Herrin, wenn du mich retten willst

Herrin, wenn du mich retten willst,
so schaue mich doch ein bißchen an.
Ich kann mich nicht mehr länger wehren,
bald werde ich mein Leben verloren haben.
Ich bin krank, mein Herz ist verwundet.
Herrin, das haben mir meine Augen
und dein roter Mund angetan.

28

Heinrich von Morungen

Herrin, schaue meine Not an

Herrin, schaue meine Not an,
bevor ich sterbe.
Ein einziges Wort hast du zu mir gesagt:
Verkehre es ins Gegenteil, du herrliche Frau!
Du sagst immer nein – nein – nein –
nein – nein – nein.
Das zerbricht mir das Herz.
Kannst du nicht manchmal sagen ja –
ja – ja – ja – ja – ja – ja – ja?
Daran hängt mein ganzes Herz.

29

Heinrich von Morungen

Owê, – Sol aber mir iemer mê

1 Owê, –
Sol aber mir iemer mê
geliuhten dur die naht
noch wîzer danne ein snê
ir lîp vil wol geslaht?
Der trouc diu ougen mîn.
ich wânde, ez solde sîn
des liehten mânen schîn.
Dô tagte ez.

2 'Owê, –
Sol aber er iemer mê
den morgen hie betagen?
als uns diu naht engê,
daz wir niht durfen klagen:
'Owê, nu ist ez tac',
als er mit klage pflac,
dô er jungest bî mir lac.
Dô tagte ez.'

3 Owê, –
Si kuste âne zal
in dem slâfe mich.
dô vielen hin ze tal
ir trehene nider sich.
Iedoch getrôste ich sie,
daz sî ir weinen lie
und mich al umbevie.
Dô tagte ez.

29

Heinrich von Morungen

Ach, wird mir jemals wieder

1 Ach,
wird mir jemals wieder
durch die Nacht leuchten,
noch weißer als Schnee,
ihr wundervoller Leib?
Der täuschte meine Augen:
Ich glaubte, es wäre
der Glanz des hellen Mondes –
da tagte es.

2 »Ach,
wird er jemals wieder
den Morgen hier erwarten können?
Und zwar so, daß wir, wenn uns die Nacht vergeht,
nicht mehr zu klagen brauchen:
›Ach, nun ist es Tag‹,
so wie er klagte,
als er das letzte Mal bei mir schlief:
da tagte es.«

3 Ach,
sie küßte mich unzähligemal
im Schlafe.
Da fielen
ihre Tränen nieder.
Ich gab ihr Trost,
so daß sie ihr Weinen ließ
und mich eng umarmte:
da tagte es.

4 'Owê, –
Daz er sô dicke sich
bî mir ersehen hât!
als er endahte mich,
sô wolt er sunder wât
Mîn arme schouwen blôz.
ez was ein wunder grôz,
daz in des nie verdrôz.
Dô tagte ez.'

30

Heinrich von Morungen

Vil süeziu senftiu toeterinne

Vil süeziu senftiu toeterinne,
war umbe welt ir toeten mir den lîp,
und ich iuch sô herzeclîchen minne,
zwâre vrouwe, vür elliu wîp?
Waenent ir, ob ir mich toetet,
daz ich iuch iemer mêr beschouwe?
nein, iuwer minne hât mich des ernoetet,
daz iuwer sêle ist mîner sêle vrouwe.
sol mir hie niht guot geschehen
von iuwerm werden lîbe,
sô muoz mîn sêle iu des verjehen,
dazs iuwerre sêle dienet dort als einem reinen wîbe.

4 »Ach,
daß er sich so oft
an mir festgesehen hat.
Als er mich aufdeckte
da wollte er ohne Bekleidung
meine Arme ganz nackt sehen.
Es war ein großes Wunder,
daß er davon nicht genug bekommen konnte:
da tagte es.«

30

Heinrich von Morungen

Ihr süße, sanfte Mörderin

Ihr süße, sanfte Mörderin!
Warum wollt Ihr mich morden,
obwohl ich Euch doch so innig liebe,
glaubt es mir, Herrin, über alle anderen Frauen?
Glaubt Ihr etwa, wenn Ihr mich mordet,
daß ich Euch dann niemals mehr anschaue?
Nein, die Liebe zu Euch hat mich dazu gezwungen,
daß Eure Seele die Herrin meiner Seele ist.
Werde ich hier von Euch,
edle Frau, nicht erhört,
dann muß Euch meine Seele versichern,
daß sie Eurer Seele dort (im Himmel) dienen wird wie
einer unbefleckten Frau.

31

Reinmar der Alte

Ich wirbe umbe allez, daz ein man

1 Ich wirbe umbe allez, daz ein man
ze weltlîchen vröiden iemer haben sol.
daz ist ein wîp, der ich enkan
nâch ir vil grôzem werde niht gesprechen wol.
Lobe ich si, sô man ander vrouwen tuot,
daz engenimet si niemer tac von mir vür guot.
doch swer ich des, si ist an der stat,
dâs ûz wîplîchen tugenden nie vuoz getrat.
daz ist in mat!

2 Alse eteswenne mir der lîp
durch sîne boese unstaete râtet, daz ich var
und mir gevriunde ein ander wîp,
sô wil iedoch daz herze niender wan dar.
Wol ime des, daz ez sô rehte welen kan
und mir der süezen arbeite gan!
doch hân ich mir ein liep erkorn,
deme ich ze dienst – und waer ez al der welte zorn –
wil sîn geborn.

3 Unde ist, daz mirs mîn saelde gan,
daz ich abe ir wol redendem munde ein küssen mac versteln,
gît got, daz ich ez bringe dan,
sô wil ich ez tougenlîchen tragen und iemer heln.
Und ist, daz sîz vür grôze swaere hât
und vêhet mich durch mîne missetât,
waz tuon ich danne, unsaelic man?

31

Reinmar der Alte

Ich bemühe mich um alles, was ein Mann

1 Ich bemühe mich um alles, was ein Mann
als Gipfel weltlichen Glücks jemals haben kann:
Das ist eine Frau, deren hohen Wert
ich mit Worten nicht ausdrücken kann.
Lobe ich sie so, wie man es bei anderen Damen macht,
so nimmt sie das von mir niemals für etwas Gutes.
Doch schwöre ich: Sie steht auf einer Stelle,
von wo sie nie einen Fußbreit aus weiblicher
Vollkommenheit gewichen ist.
Das ist für die anderen ein ›Matt‹!

2 Wenn mir gelegentlich mein Leib
in seiner bösen Unbeständigkeit den Rat gibt, daß ich
hingehe
und eine andere Frau zur Geliebten suchen soll,
dann will jedoch das Herz nirgendwo hin als dort.
Gepriesen sei es, daß es so richtig zu wählen vermag
und mir den süßen Schmerz vergönnt!
Ich habe mir doch eine Liebe erwählt,
für deren Dienst ich geboren sein will
– und wäre es zum Ärger der ganzen Welt.

3 Und geschieht es, daß mir mein Glück es vergönnt,
daß ich von ihrem so schön redenden Mund einen Kuß
stehlen kann,
und gewährt es Gott, daß ich den Kuß wegtragen kann,
dann will ich ihn heimlich (bei mir) tragen und immer
verbergen.
Und geschieht es, daß sie es für eine schlimme Untat hält
und mich wegen meines Vergehens befeindet,
was mache ich dann, ich unglückseliger Mann?

dâ nim eht ichz und trage ez hin wider, dâ ichz dâ nan,
als ich wol kan.

4 Si ist mir liep, und dunket mich,
wie ich ir vollecliche gar unmaere sî.
waz darumbe? daz lîde ich:
ich was ir ie mit staeteclîchen triuwen bî.
Nu waz, ob lîhte ein wunder an ir geschiht,
daz sî mich eteswenne gerne siht?
sâ denne lâze ich âne haz,
swer giht, daz ime an vröiden sî gelungen baz:
der habe im daz.

5 Diu jâr diu ich noch ze lebenne hân,
swie vil der waere, ir wurde ir niemer tac genomen.
sô gar bin ich ir undertân,
daz ich niht sanfte ûz ir gnâden mohte komen.
Ich vröiwe mich des, daz ich ir dienen sol.
si gelônet mir mit lîhten dingen wol,
geloube eht mir, swenne ich ir sage
die nôt, die ich an dem herzen trage
dicke an dem tage.

Da nehme ich ihn und trage ihn wieder dorthin, wo ich ihn weggenommen habe
– so gut ich es eben kann.

4 Sie ist mir lieb, aber ich glaube,
daß ich ihr völlig gleichgültig bin.
Was soll's? Das ertrage ich:
ich habe mich stets in beständiger Treue um sie bemüht.
Was aber, wenn vielleicht ein Wunder mit ihr geschieht,
so daß sie mich manchmal gerne sieht?
Dann werde ich demjenigen nicht neidig sein,
der behauptet, ihm sei eine noch größere Freude zuteil geworden:
Soll's ihm doch!

5 Wie viele Jahre es auch sein mögen, die ich noch
zu leben habe: ihr soll kein (einziger) Tag davon genommen werden.
Ich bin ihr so vollständig untertan,
daß ich nicht so leicht aus der Herrschaft ihrer Gnade kommen kann:
Ich freue mich darüber, daß ich ihr dienen darf.
Sie lohnt es mir gut mit kleinen Dingen,
(und) sie soll mir glauben, wenn immer ich ihr
von dem Schmerz berichte, den ich
oft am Tag im Herzen trage.

32

Reinmar der Alte

Swaz ich nu niuwer maere sage

1 Swaz ich nu niuwer maere sage,
des sol mich nieman frâgen: ich enbin niht frô.
Die friunde verdriuzet mîner klage,
swes man ze vil gehoeret, dem ist allem alsô.
Nû hân ich sîn beidiu, schaden unde spot.
waz mir doch leides unverdienet, daz erkenne got,
und âne schulde geschiht!
ichn gelige herzeliebe bî,
ez hât an mînen fröiden nieman niht.

2 Die hôchgemuoten zîhent mich,
ich minne niht sô sêre, als ich gebâre, ein wîp.
Siu liegent und unêrent sich:
si was mir ie gelîcher mâze sô der lîp.
Nû getrôste si darunder mir nie den muot.
der ungenâden muoz ich und des si mir noch getuot
erbeiten als ich mac.
mir ist eteswenne wol geschehen –
gewinne aber ich nû niemer guoten tac?

3 Sô wol dir, wîp, wie reine ein name!
wie senfte du ze nennen und zerkennen bist.
Ez wart nie niht sô rehte lobesame,
dâ du ez an rehte güete kêrest, sô du bist.
Dîn lop mit rede nieman wol vol enden kan.
swes du mit triuwen pfligest, wol ime, der ist ein
saelic man

32

Reinmar der Alte

Was ich jetzt Neues zu sagen habe

1 Was ich jetzt Neues zu sagen habe,
danach braucht mich niemand fragen: ich bin nicht fröhlich.
Die Freunde verdrießt mein Jammern:
was man zu viel hört, mit dem ist es immer so.
Jetzt habe ich deswegen beides, Schaden und Spott.
Was mir doch an Leid unverdient, weiß Gott,
und ohne mein Verschulden geschieht!
Wenn ich nicht mit meiner Herzallerliebsten schlafen kann,
dann hat niemand irgendwelche Freude von mir.

2 Die Frohgesinnten werfen mir vor,
ich würde jene Frau nicht so sehr lieben, wie ich behaupte.
Sie lügen und verletzen (damit) ihre eigene Ehre:
Sie war mir immer so (wert) wie mein eigenes Leben.
Aber sie hat mir niemals Trost gespendet.
Ihre Ungnade und das, was sie mir sonst noch antut,
muß ich (geduldig) erwarten, so gut ich es kann.
Früher manchmal ist es mir gut ergangen:
werde ich dagegen jetzt nie wieder einen guten Tag erleben?

3 Gepriesen seist du, Frau: welch ein edles Wort!
Wie angenehm du doch auszusprechen und zu erkennen bist.
Es gab niemals etwas so zu Recht Lobenswertes,
wenn du das Richtige und Gute tust, wie es deine Art ist.
Dein Lob kann niemand in Worten ausreichend preisen.
Wen du in Treue liebst, wohl ihm: der ist ein glückseliger Mann

und mac vil gerne leben.
du gîst al der werlte hôhen muot,
maht ouch mir ein wênic fröide geben?

4 Ich hân ein dinc mir fürgeleit,
daz strîtet mit gedanken in dem herzen mîn:
Obe ich ir hôhe werdekeit
mit mînem willen wolte lâzen minre sîn,
Alde ob ich wolte, daz si groezer sî
und si vil reine saelic wîp stê mîn und aller manne frî.
siu tuont mir beidiu wê,
ich enwirde ir lasters niemer frô,
vergêt si aber mich, daz klage ich iemer mê.

(5/C) Des einen und dekeines mê
wil ich ein meister sîn, al die wîle ich lebe:
daz lop wil ich, daz mir bestê
und mir die kunst diu werlt gemeine gebe,
Daz nieman sîn leit alsô schône kan getragen.
dez begêt ein wîp an mir, daz ich naht noch tac niht kan gedagen.
nû hân eht ich sô senften muot,
daz ich ir haz ze vröiden nime.
owê, wie rehte unsanfte daz mir doch tuot!

(6/C) Ez tuot ein leit nâch liebe wê;
sô tuot ouch lîhte ein liep nâch leide wol.
swer welle, daz er vrô bestê,
daz eine er dur daz ander lîden sol
Mit bescheidenlîcher klage und gar ân arge site.
zer welte ist niht sô guot, daz ich ie gesach, sô guot gebite.

und der kann in Freude leben.
Du gibst der ganzen Welt hochgemute Gesinnung:
Kannst du nicht auch mir ein bißchen Freude geben?

4 Einen Fall habe ich mir zur Entscheidung vorgelegt,
der streitet nun mit Argumenten in meinem Herzen:
Ob ich (1) der Anlaß sein soll,
daß ihr hoher Wert vermindert würde,
oder ob ich (2) wollte, daß jener noch zunehme
und daß sie, die reine und hochzupreisende Frau, frei bleibe von mir und allen Männern.
Beides bringt mir Schmerz:
Über ihre Schande (1) wäre ich niemals froh;
aber wenn sie mich (2) übergeht, so klage ich immer darüber.

(5/C) In einem und nichts anderem mehr
will ich Meister sein, solange ich lebe:
von dem Lob will ich, daß es mir zukomme
und daß mir alle Welt einstimmig die Kunst darin zuspreche,
daß nämlich niemand (anderer) sein Leid mit so schöner Haltung zu tragen weiß.
Eine Frau verursacht mir, daß ich weder nachts noch tags schweigen kann.
Nun aber habe ich einen so sanften Sinn,
daß ich ihre Feindseligkeit als Freude nehme.
Ach, wie großen Schmerz bereitet mir das doch!

(6/C) Es tut Leid nach Liebe weh,
und so tut vielleicht auch Liebe nach Leid gut.
Wer wolle, daß er froh bleibe,
der muß das eine für das andere erleiden,
mit einsichtiger Klage und ganz ohne schlechtes Benehmen.
Auf der Welt ist nichts, was ich je sah, so gut wie geziemendes Warten.

swer die geduLteclîchen hât,
der kam des ie mit vröiden hin.
alsô dinge ich, daz mîn noch werde rât.

33

Reinmar der Alte

Lieber bote, nu wirp alsô

1 'Lieber bote, nu wirp alsô,
sich in schiere und sage ime daz:
vert er wol und ist er vrô,
ich lebe iemer deste baz.
Sage ime durch den willen mîn,
daz er iemer solhes iht getuo,
dâ von wir gescheiden sîn.

2 Des er gert, daz ist der tôt
und verderbet manigen lîp;
bleich und eteswenne rôt,
alse verwet ez diu wîp.
Minne heizent ez die man
unde mohte baz unminne sîn.
wê ime, ders alrêst began.

3 Ê daz du iemer ime verjehest,
daz ich ime holdez herze trage,
sô sich, daz dû alrêst besehest,
und vernim, waz ich dir sage:
Mein er wol mit triuwen mich,
swaz ime danne muge zer vröiden komen,
daz mîn êre sî, daz sprich.'

Wer das in Geduld zeigt,
der kam damit stets mit Freuden voran.
So hoffe auch ich, daß mir noch Hilfe zuteil wird.

33

Reinmar der Alte

Lieber Bote, mache es so

1 »Lieber Bote, mache es so,
gehe sofort zu ihm und sage ihm dieses:
Wenn es ihm gut geht und er frohgestimmt ist,
so lebe ich immer um so besser.
Sage ihm um meinetwillen,
daß er niemals etwas tun solle,
durch das wir getrennt würden.

2 Was er begehrt, das ist der Tod,
und es richtet viele Leute zugrunde.
Bleich und manchmal rot
macht es die Frauen.
›Liebe‹ heißen es die Männer,
obwohl es besser ›Unliebe‹ heißen sollte.
Weh demjenigen, der zuerst damit begann!

3 Bevor du ihm jemals sagst,
daß ich ihm von Herzen zugetan bin,
so schaue zuerst prüfend hin
und achte darauf, was ich dir sage:
Wenn er mich aufrichtig liebt,
dann sage (ihm alles) das, was ihm Freude machen könnte
und was meine Ehre nicht beeinträchtigen würde!«

34

Reinmar der Alte

Went ir hoeren

1 Went ir hoeren, einen gemellîchen strît
hât ein alter man mit sînem wîbe.
vil dicke greif er nider unde zuht ein schît.
si sprach: ‘trutz, diu rede von iu belîbe.
Ir hânt mir leides dicke vil gesprochen:
ich sach iuch ein âbenttückelîn begân;
ein tumber gouch, daz ist noch ungerochen.

2 Mîn alter man der zürnet und ist ime leit,
ob ich einen jungen gerne minne.
doch dar umbe lâze ich niht, in sî gemeit.
ich hân an in bewendet mîne sinne,
Daz ich dur sîn grînen nien enlâze.
stôze eht ich in vor mir ûz, waz wirret daz,
lît ein alter griuzinc an der strâze?

3 Got der sende an mînen leiden man den tôt,
daz ich von dem ülven werde enbunden!
selker vlüeche waer mir zallen zîten nôt.
solde ein wîp vor leide sîn verswunden,
Daz waer ich vor einem halben jâre.
ich beswenke in lîhte, daz ers niene weiz.
enruoche eht er, wie tûze ich mich gebâre.’

4 Got gebiete mîner vrouwen, daz si sî
senftes muotes und ân argen willen!
zwâre, ê ich ir laege lasterlîchen bî,
ê liez ich mich schern unde villen.

34

Reinmar der Alte

Wollt ihr hören

1 Wollt ihr hören, wie ein alter Mann
einen komischen Streit mit seiner Frau hatte!
Oft griff er hinunter und packte ein Holzscheit.
Sie sprach: »Nur zu, diese Worte sollt Ihr sein lassen!
Ihr habt mir oft viel Böses gesagt:
Ich sah Euch ein abendliches Bubenstück begehen.
Dummkopf, das ist noch nicht vergolten!

2 Mein alter Mann zürnt und ärgert sich,
daß ich gerne einen jungen liebe.
Doch deswegen lasse ich davon nicht ab, daß ich
lebenslustig bin.
Ich habe meinen ganzen Sinn auf ihn gerichtet,
so daß ich, nur weil jener murrt, niemals davon ablasse.
Werfe ich ihn aus dem Haus: Was macht das,
wenn ein alter Grausling auf der Straße liegt?

3 Gott möge meinem leidigen Mann den Tod senden,
damit ich von dem Tölpel erlöst bin!
Auf solche Weise müßte ich immer fluchen.
Würde eine Frau aus Leid sterben (können),
dann wäre ich bereits vor einem halben Jahr gestorben.
Ich überliste ihn leicht, so daß er es niemals merkt.
Er soll sich nur nicht darüber wundern, wie sanft ich
mich verhalte.«

4 Gott befehle es meiner Herrin, daß sie
sanftmütig und ohne bösen Willen sei!
Fürwahr, bevor ich mit ihr unter schandbaren
Umständen schlafen würde,
ließe ich mich eher scheren und schinden.

In gesach nie wîp mit senfter güete.
sî sol dur mich lâzen, daz ir laster sî:
ich enkan ir anders niht gehüeten.

35

Hartmann von Aue

Maniger grüezet mich alsô

1 Maniger grüezet mich alsô
– der gruoz tuot mich ze mâze vrô –:
"Hartmann, gên wir schouwen
ritterlîche vrouwen."
mac er mich mit gemache lân
und île er zuo den vrowen gân!
bî vrowen triuwe ich niht vervân,
wan daz ich müede vor in stân.

2 Ze vrowen habe ich einen sin:
als sî mir sint, als bin ich in;
wand ich mac baz vertrîben
die zît mit armen wîben.
swar ich kum, dâ ist ir vil,
dâ vinde ich die, diu mich dâ wil;
diu ist ouch mînes herzen spil.
waz touc mir ein ze hôhez zil?

3 In mîner tôrheit mir beschach,
daz ich zuo zeiner vrowen gesprach:
"vrowe, ich hân mîne sinne
gewant an iuwer minne."
dô wart ich twerhes an gesehen.

Ich habe nie eine Frau gesehen, die sanftmütiger und
besser ist.
Sie soll um meinetwillen (auch ihrerseits) unterlassen,
was ihr Schande bringt:
auf andere Weise kann ich nicht auf sie aufpassen!

35

Hartmann von Aue

Mancher begrüßt mich so

1 Mancher begrüßt mich so –
und über diesen Gruß freue ich mich nur mäßig:
»Hartmann, auf, hofieren wir
die vornehmen Damen.«
Er soll mich in Ruhe lassen
und (alleine) zu den Damen eilen!
Bei Damen traue ich mir nichts zuwege zu bringen
als lustlos vor ihnen zu stehen.

2 Über die Damen habe ich folgende Meinung:
So wie sie zu mir sind, so bin ich zu ihnen.
Denn ich kann besser meine Zeit
mit Frauen verbringen, die nicht von Stand sind.
Wo ich auch hinkomme, da gibt es viele von ihnen,
und da finde ich diejenige, die auch mich will:
die ist dann auch die Freude meines Herzens.
Was nützt mir ein zu hochgestecktes Ziel?

3 In meiner Unerfahrenheit passierte es mir,
daß ich zu einer Dame sagte:
»Herrin, ich habe mein ganzes Sinnen
auf Eure Liebe gerichtet.«
Da wurde ich aber schief angesehen!

des wil ich, des sî iu bejehen,
mir wîp in solher mâze spehen,
diu mir des niht enlânt beschehen.

36

Hartmann von Aue

Ich var mit iuweren hulden

1 Ich var mit iuweren hulden, herren unde mâge.
liut unde lant die müezen saelic sîn!
ez ist unnôt, daz ieman mîner verte vrâge,
ich sage wol vür wâr die reise mîn.
Mich vienc diu minne und lie mich varn ûf mîne sicherheit.
nu hât si mir enboten bî ir liebe, daz ich var.
ez ist unwendic, ich muoz endelîchen dar.
wie kûme ich braeche mîne triuwe und mînen eit!

2 Sich rüemet maniger, waz er dur die minne taete.
wâ sint diu werc? die rede hoere ich wol.
doch saehe ich gern, daz sî ir eteslîchen baete,
daz er ir diente, als ich ir dienen sol.
Ez ist geminnet, der sich durch die minne ellenden muoz.
nu seht, wie sî mich ûz mîner zungen ziuhet über mer.

Darum will ich, das sei euch klar gesagt,
nach Frauen von solcher Art suchen,
die mich nicht auf diese Weise behandeln.

36

Hartmann von Aue

Ich ziehe auf Fahrt mit eurer Erlaubnis

1 Ich ziehe auf Fahrt mit eurer Erlaubnis, Herren und Verwandte.
Leute und Land sollen gesegnet sein!
Es ist nicht nötig, daß mich jemand über meine Fahrt ausfragt,
denn ich gebe offen Auskunft über meine Reise:
Die Liebe hat mich gefangengenommen und ließ mich dann auf Ehrenwort frei.
Nun hat sie mir, wenn ich sie nicht verlieren will, geboten, daß ich die Fahrt antrete.
Es ist nicht mehr zu ändern, ich werde unbedingt dorthin gehen.
Keinesfalls würde ich mein Versprechen und meinen Eid brechen!

2 Viele brüsten sich damit, was sie aus Liebe alles tun würden.
Wo sind die Taten? Die Worte (nur) höre ich deutlich.
Doch sähe ich es gerne, wenn sie einen von jenen bitten würde,
daß er ihr so dient, wie ich ihr dienen werde.
Denn das heißt Liebe, wenn einer aus Liebe in die Fremde geht.
Nun seht, wie sie mich aus meiner Heimat übers Meer zieht.

und lebte mîn her Salatîn und al sîn her
dien braehten mich von Vranken niemer einen vuoz.

3 Ir minnesinger, iu muoz ofte misselingen,
daz iu den schaden tuot, daz ist der wân.
ich wil mich rüemen, ich mac wol von minnen singen,
sît mich diu minne hât und ich si hân.
Daz ich dâ wil, seht, daz wil alse gerne haben mich.
sô müest aber ir verliesen underwîlent wânes vil:
ir ringent umbe liep, daz iuwer niht enwil.
wan müget ir armen minnen solhe minne als ich?

37

Hartmann von Aue

Swelch vrowe sendet ir lieben man

Swelch vrowe sendet ir lieben man
mit rehtem muote ûf dise vart,
diu koufet halben lôn dar an,
obe sî sich heime alsô bewart,
Daz sî verdienet kiuschiu wort.
sî bete vür siu beidiu hie,
sô vert er vür siu beidiu dort.

Auch wenn Herr Saladin und sein ganzes Heer noch lebten,
diese brächten mich niemals einen Fußbreit aus Franken fort.

3 Ihr Sänger der Liebe, ihr werdet oft Mißerfolg haben:
denn was euch Schaden zufügt, das ist eure unbegründete Hoffnung.
Ich will mich rühmen, daß ich gut von Liebe zu singen verstehe,
weil nämlich mich die Liebe hat und ich sie.
Was ich will, seht, das will ebenso gerne auch mich haben.
Ihr dagegen werdet immer wieder viel von euren leeren Hoffnungen verlieren:
Ihr bemüht euch um einen Partner, der euch nicht will.
Warum könnt ihr armen Toren nicht eine solche Liebe finden wie ich?

37

Hartmann von Aue

Die Frau, die ihren lieben Mann

Die Frau, die ihren lieben Mann
in der richtigen Gesinnung auf diesen Kreuzzug sendet,
die erkauft damit halben Lohn,
wenn sie sich zu Hause so bewahrt,
daß sie es verdient, züchtig genannt zu werden.
Sie soll hier für beide beten,
er aber zieht für beide dorthin (über See).

38

Wolfram von Eschenbach

Den morgenblic

1 Den morgenblic bî wahtaeres sange erkôs
ein vrouwe, dâ si tougen
an ir werden vriundes arm lac.
dâ von si der vreuden vil verlôs.
des muosen liehtiu ougen
aver nazzen. sî sprach: 'ôwê tac!
Wilde und zam daz vrewet sich dîn
und siht dich gern, wan ich eine. wie sol iz mir ergên!
nu enmac niht langer hie bî mir bestên
mîn vriunt. den jaget von mir dîn schîn.'

2 Der tac mit kraft al durch diu venster dranc.
vil slôze sî besluzzen.
daz half niht; des wart in sorge kunt.
diu vriundîn den vriunt vast an sich dwanc.
ir ougen diu beguzzen
ir beider wangel. sus sprach zim ir munt:
'Zwei herze und ein lîp hân wir.
gar ungescheiden unser triuwe mit ein ander vert.
der grôzen liebe der bin ich vil gar verhert,
wan sô du kumest und ich zuo dir.'

3 Der trûric man nam urloup balde alsus:
ir liehten vel, diu slehten,
kômen nâher, swie der tac erschein.
weindiu ougen – süezer vrouwen kus!
sus kunden sî dô vlehten
ir munde, ir bruste, ir arme, ir blankiu bein.
Swelch schiltaer entwurfe daz,

38

Wolfram von Eschenbach

Den ersten Morgenstrahl

1 Den ersten Morgenstrahl, als der Wächter sang,
nahm eine Dame wahr, als sie heimlich
in den Armen ihres edlen Freundes lag.
Dadurch verlor sie all ihr Glück.
Deshalb mußten sich ihre hellen Augen
wiederum mit Tränen füllen. Sie sagte: »Ach, Tag!
Alle Lebewesen freuen sich über dich und
sehen dich gerne – nur ich nicht. Was soll mit mir werden?
Denn nun kann er nicht länger hier bei mir bleiben,
mein Geliebter. Den treibt dein Licht von mir weg.«

2 Der Tag drang kraftvoll durch die Fenster.
Viele Riegel hatten sie geschlossen.
Doch nützte ihnen das nichts; sie kamen dadurch in Sorge.
Die Geliebte umarmte den Geliebten fest.
Ihre Tränen machten die
Wangen von ihnen beiden naß. Das sagte sie zu ihm:
»Zwei Herzen, aber nur einen Körper haben wir.
Unsere treue Liebe begleitet uns untrennbar überall.
Liebe und Glück sind mir geraubt,
außer wenn du zu mir kommst und ich zu dir.«

3 Der betrübte Mann verabschiedete sich entschlossen,
und zwar so: Ihre hellen und glatten Körper
kamen zueinander, obwohl der Tag herankam.
Weinende Augen – um so süßer der Kuß der Herrin!
So konnten sie sich ineinander verflechten mit
Mund, Brust, Armen und bloßen Beinen:
Wenn ein Maler das darstellen wollte,

geselleclîche als si lâgen, des waere ouch dem genuoc.
ir beider liebe doch vil sorgen truoc,
si pflâgen minne ân allen haz.

39

Wolfram von Eschenbach

Der helden minne

1 Der helden minne ir klage
du sunge ie gên dem tage,
Daz sûre nâch dem süezen.
swer minne und wîplîch grüezen
alsô enpfienc,
daz si sich muosen scheiden, –
swaz dû dô riete in beiden,
dô ûf gienc
Der morgensterne, wahtaere, swîc,
dâ von niht sinc.

2 Swer pfliget oder ie gepflac,
daz er bî lieben wîben lac,
Den merkaeren unverborgen,
der darf niht durch den morgen
dannen streben.
er mac des tages erbeiten.
man darf in niht ûz leiten
ûf sîn leben.
Ein offeniu süeze wirtes wîp
kan sölhe minne geben.

wie sie vereinigt dalagen, das wäre zu schwierig für ihn.
Ihre Liebe war zwar von Sorgen beschwert,
dennoch liebten sie sich ohne jede Einschränkung.

39

Wolfram von Eschenbach

Klagen über die Liebe

1 Klagen über die Liebe, die sich verstecken muß,
hast du immer bei Tagesanbruch gesungen,
vom Bitteren nach dem Süßen.
Wer Liebe und Gunst einer Frau
(nur) so empfing,
daß die beiden sich trennen mußten –
woran du sie mahntest,
als der Morgenstern
aufging –: Darüber, Wächter, schweig,
davon sing nicht!

2 Wer es so einrichtet oder jemals so eingerichtet hat,
daß er bei seinen Geliebten lag
und sich vor den Aufpassern nicht zu verstecken
brauchte,
der braucht nicht am Morgen
davonzugehen.
Er kann (vielmehr) den Tag erwarten.
Ihn muß man nicht hinausführen,
unter Gefahr für sein Leben.
Eine öffentlich angetraute liebreizende Ehefrau,
die kann solche Liebe geben.

40

Anonym

Ich was ein chint so wolgetan

1 Ich was ein chint so wolgetan
virgo dum florebam;
do brist mich diu werlt al,
omnibus placebam.
  Hoy et oe!
  maledicantur thylie
  iuxta viam posite.

2 Ia wolde ih an die wisen gan
flores adunare,
do wolde mich ein ungetan
ibi deflorare.
  Hoy et oe . . .

3 Er nam mich bi der wizen hant
sed non indecenter,
er wist mich diu wise lanch
valde fraudulenter.
  Hoy et oe . . .

4 Er graif mir an daz wize gewant
valde indecenter,
er fuorte mich bi der hant
multum violenter.
  Hoy et oe . . .

5 Er sprach: "vrowe ge wir baz!
nemus est remotum."
dirre wech der habe haz!
planxi et hoc totum.
  Hoy et oe . . .

40

Anonym

Ich war einmal ein braves Mädchen

1 Ich war einmal ein braves Mädchen,
als ich noch Jungfrau war;
des Lobes voll war alle Welt,
wie wurde ich gepriesen.
  Oje oje!
  Verdammte Linden
  dort am Weg!

2 Einst wollt ich in die Wiesen gehn,
um Blumen dort zu pflücken,
da wollt ein roher Flegel frech
das Blümelein mir knicken.
  Oje oje . . .

3 Er nahm mich bei der weißen Hand,
jedoch nicht ohne Anstand;
er führte mich den Rain entlang
voll böser List und Tücke.
  Oje oje . . .

4 Er griff mir an mein weißes Kleid,
jetzt ohne jeden Anstand,
nahm meine Hand und zog mich fort
mit großem Ungestüm.
  Oje oje . . .

5 Er sagte: »Mädchen, laß uns gehn,
der Wald ist ziemlich weit!«
Verflucht, verwünscht sei dieser Weg,
ich hab es sehr bereut!
  Oje oje . . .

6 “Iz stat ein linde wolgetan
non procul a via,
da hab ich mine herphe lan
timpanum cum lyra.”
Hoy et oe . . .

7 Do er zu der linden chom,
dixit: “sedeamus!”
– diu minne twanch sere den man –
“ludum faciamus!”
Hoy et oe . . .

8 Er graif mir an den wizen lip
non absque timore.
er sprah: “ich mache dich ein wip,
dulcis es cum ore.”
Hoy et oe . . .

9 Er warf mir uof daz hemdelin
corpore detecta,
er rante mir in daz purgelin
cuspide erecta.
Hoy et oe . . .

10 Er nam den chocher unde den bogen:
bene venabatur.
der selbe hete mich betrogen:
“ludus compleatur!”
Hoy et oe . . .

6 »Es steht ein schöner Lindenbaum
nicht weit vom Wege ab.
Dort ließ ich meine Harfe stehn,
Psalterium und Lyra.«
Oje oje . . .

7 Als er zu der Linde kam,
sprach er: »Laß dich nieder«
– Liebe hat ihn hart bedrängt –,
»treiben wir ein Spielchen!«
Oje oje . . .

8 Er griff mir an den keuschen Leib,
wenn auch ein wenig schüchtern;
er sprach: »Ich mache dich zum Weib,
wie süß ist doch dein Mündchen.«
Oje oje . . .

9 Er schob das Hemdlein mir hinauf,
entblößte meine Glieder,
erstürmte meine kleine Burg
mit aufgestelltem Spieß.
Oje oje . . .

10 Er nahm den Köcher und den Bogen,
da wurde gut gejagt!
Doch dann hat er mich doch betrogen:
»Jetzt ist der Spaß zu Ende!«
Oje oje . . .

41

WALTHER VON DER VOGELWEIDE

Swer giht daz minne sünde sî

Swer giht daz minne sünde sî,
der sol sich ê bedenken wol.
Ir wont vil manic êre bî,
der man durch reht geniezen sol,
Und volget michel staete und dar zuo saelikeit.
daz iemer iemen missetuot, daz ist ir leit.
die valschen minne meine ich niht; diu möhte
unminne heizen baz.
der wil ich iemer sîn gehaz.

42

WALTHER VON DER VOGELWEIDE

In dem dône: »Ich wirb umb allez daz ein man«

Ein man verbiutet âne pfliht

1 Ein man verbiutet âne pfliht
ein spil, des im nieman wol gevolgen mac.
Er gihet, swenne ein wîp ersiht
sîn ouge, daz si sî sîn ôsterlîcher tac.
Wie waere uns andern liuten sô geschehen
solten wir im alle sînes willen jehen?
ich bin der imez versprechen muoz:
bezzer waere mîner frouwen senfter gruoz.
deist mates buoz.

41

Walther von der Vogelweide

Wer auch immer behauptet, daß Liebe Sünde sei

Wer auch immer behauptet, daß Liebe Sünde sei,
der soll sich das vorher gut überlegen.
Sie enthält vieles, was Ansehen bringt
und wovon man zu Recht Nutzen haben soll,
und daraus entstehen viel Treue und Glück.
Daß jemand irgendwann Schlechtes tut, das will sie nicht.
Die falsche Liebe meine ich damit nicht: diese kann man
besser als ›Unliebe‹ bezeichnen,
und sie werde ich stets hassen.

42

Walther von der Vogelweide

In (Reinmars) Ton: »Ich wirb umb allez daz ein man«

Ein Mann reizt gegen die Regeln

1 Ein Mann reizt gegen die Regeln so hoch
in einem Spiel, daß ihm niemand mehr folgen kann.
Er sagt (nämlich), wenn sein Auge jene Dame sieht,
daß sie seine österliche Auferstehung sei.
Wohin kämen wir anderen Leute,
wenn wir alle ihm hier zustimmen würden?
Ich bin derjenige, der ihm widersprechen muß:
Besser wäre es, meiner Dame, und zwar zurückhaltend,
zu huldigen.
Das ist der Gegenzug zum ›Matt‹!

2 'Ich bin ein wîp dâ her gewesen
sô staete an êren und ouch alsô wol gemuot:
Ich trûwe ouch noch vil wol genesen,
daz mir mit solhem stelne nieman schaden tuot.
Swer küssen hie ze mir gewinnen wil,
der werbe ez mit fuoge und ander spil.
ist daz ez im wirt iesâ,
er muoz sîn iemer sîn mîn diep, und habe imz dâ
und anderswâ.'

43

Walther von der Vogelweide

Lange swîgen des hât ich gedâht

1 Lange swîgen des hât ich gedâht:
nu muoz ich singen aber als ê.
Dar zuo hânt mich guote liute brâht:
die mügen mir wol gebieten mê.
Ich sol singen unde sagen,
und swes sie gern, daz sol ich tuon: sô suln sie mînen kumber klagen.

2 Hoeret wunder, wie mir ist geschehen
von mîn selbes arebeit:
Mich enwil ein wîp niht an gesehen;
die brâht ich in die werdekeit,
Daz ir muot sô hôhe stât.
jon weiz si niht, swenn ich mîn singen lâze, daz ir lop zergât.

2 »Ich bin bisher eine Frau von untadeligem Ruf
und entsprechendem Sinn gewesen:
Ich getraue mir, mich auch künftig dessen zu erwehren,
daß mir jemand mit einem solchen Diebstahl Schaden
zufügt.
Wer immer einen Kuß von mir gewinnen will,
der soll darum mit Anstand und einem anderen Spiel
werben.
Verschafft er sich diesen auf der Stelle,
so sehe ich ihn für immer als Dieb an mir an und
behandle ihn dementsprechend, hier
und auch anderswo.«

43

Walther von der Vogelweide

Lange zu schweigen hatte ich beabsichtigt

1 Lange zu schweigen hatte ich (zwar) beabsichtigt,
doch werde ich jetzt wieder wie früher singen.
Dazu überredeten mich liebe Freunde,
und sie können gut mehr von mir verlangen.
Ich werde singen und sagen,
und was sie wünschen, das werde ich tun: denn dann
werden sie mein Leid beklagen.

2 Hört das Erstaunliche, das mir aufgrund
meiner Bemühungen zuteil wurde:
Mich will jene Frau nicht ansehen!
Sie, der ich solchen Ruhm brachte,
daß sie so hochgestimmt ist.
Sie begreift noch nicht, daß, sobald ich mit Singen
aufhöre, (auch) ihr Ruhm vergeht.

3 Herre, waz si flüeche lîden sol,
swenn ich nu lâze mînen sanc!
Alle die nu lobent, daz weiz ich wol,
die scheltent danne ân mînen danc.
Tûsent herzen wurden frô
von ir genâden, dius engeltent, scheide ich mich von ir alsô.

4 Dô mich dûhte daz si waere guot,
wer was ir bezzer dô dann ich?
Dêst ein ende: swaz si mir getuot,
sô mac si wol verwaenen sich:
Nimet si mich von dirre nôt,
ir leben hât mînes lebennes êre: sterbet si mich, so ist si tôt.

5 Sol ich in ir dienste werden alt,
die wîle junget si niht vil.
So ist mîn hâr vil lîhte alsô gestalt,
dazs einen jungen danne wil.
Sô helfe iu got, her junger man,
sô rechet mich und gêt ir alten hût mit sumerlaten an.

3 O Gott, was wird sie sich Verwünschungen anhören müssen,
wenn ich nun mit meinem Singen aufhöre!
Alle, die sie jetzt loben, werden sie – das weiß ich genau –
dann tadeln, und das ohne meine Veranlassung.
Tausend Herzen wurden fröhlich,
als sie mir gewogen war, und diese haben es zu büßen,
wenn ich mich so von ihr lossage.

4 Solange ich glaubte, daß sie (mir) gut wäre,
wer tat damals mehr für sie als ich?
Damit ist Schluß: Was sie mir auch antut,
sie kann sich bestimmt (auf folgendes) gefaßt machen:
Befreit sie mich aus diesem Leid,
dann erntet sie den Ruhm, mir das Leben gerettet zu haben:
Bringt sie mich zum Sterben, dann ist (auch) sie tot.

5 Muß ich in ihrem Dienst alt werden,
so wird sie währenddessen auch nicht gerade jünger.
Vielleicht ist mein Haar dann so beschaffen,
daß sie einen jungen Mann will.
Dann helfe Euch Gott, Herr Jung-Mann,
rächt mich und macht Euch mit jungen Ruten an ihr altes Fell.

44

Walther von der Vogelweide

Si wunderwol gemachet wîp

1 Si wunderwol gemachet wîp,
daz mir noch werde ir habedanc!
Ich setze ir minneclîchen lîp
vil werde in mînen hôhen sanc.
Gern ich in allen dienen sol:
doch hân ich mir dise ûz erkorn.
ein ander weiz die sînen wol:
die lobe er âne mînen zorn;
hab ime wîs unde wort
mit mir gemeine: lobe ich hie, sô lobe er dort.

2 Got hâte ir wengel hôhen flîz:
er streich sô tiure varwe dar,
Sô reine rôt, sô reine wîz,
hie roeseloht, dort liljenvar.
Ob ichz vor sünden tar gesagen,
sô saehe ichs iemer gerner an
dan himel oder himelwagen.
ouwê waz lob ich tumber man?
mach ich sie mir ze hêr,
vil lîhte wirt mîns mundes lop mîns herzen sêr.

3 Si hât ein küssen, daz ist rôt:
gewunne ich daz für mînen munt,
Sô stüende ich ûf ûz dirre nôt
und waere ouch iemer mê gesunt.
Dem si daz an sîn wengel legt,
der wont dâ gerne nâhe bî:
ez smecket, sô manz iender regt,
alsam ez allez balsme sî.

44

Walther von der Vogelweide

Diese wunderschönste Frau

1 Diese wunderschönste Frau,
daß mir doch noch ihr Dankeschön zuteil werde!
Denn ich preise ihre Schönheit
doch hoch in meinen Lobliedern.
Gerne würde ich allen dienen,
doch habe ich mir (nun einmal) diese auserwählt.
Ein anderer kennt die Seine gut:
diese lobe er, und ich habe nichts dagegen.
Er soll sogar Melodie und Text
mit mir gemeinsam haben: Ich singe mein Loblied hier,
er soll es dort singen.

2 Gott hat sich mit ihren Wangen sehr angestrengt:
er bemalte sie mit so kostbarer Farbe,
mit so reinem Rot und reinem Weiß,
hier wie die Rose, dort wie die Lilie.
Selbst auf die Gefahr einer Sünde hin wage ich zu sagen,
daß ich sie für immer lieber ansehe
als den Himmel und den Wagen am Himmel.
Aber ach, ich Tor, was lobe ich sie so?
Erhebe ich sie mir zu hoch,
so wird leicht das Lob aus meinem Mund zum Leid für
mein Herz.

3 Sie hat ein ›Bett-Polster‹ von roter Farbe:
Bekäme ich das an meinen Mund,
so würde ich von dieser Krankheit aufstehen
und wäre auch für immer gesund.
Wem sie das an seine Wange legt,
der möchte dort gern nahe daran bleiben:
es hat, wenn man es berührt,
reinsten Balsamgeschmack.

daz sol si lîhen mir:
swie dicke sô siz wider wil, sô gibe ichz ir.

4 Ir kel, ir hende, ietweder fuoz,
daz ist ze wunsche wol getân.
Ob ich da enzwischen loben muoz,
sô waene ich mê beschouwet hân.
Ich hete ungerne 'decke blôz!'
gerüefet, do ich sie nacket sach.
si sach mîn niht, dô si mich schôz,
daz mich noch sticht als ez dô stach.
ich lobe die reinen stat
dâ diu vil minneclîche ûz einem bade trat.

5 Ir houbet ist sô wunnenrîch,
als ez mîn himel welle sîn.
Wem solde ez anders sîn gelîch?
ez hât joch himelischen schîn.
Dâ liuhtent zwêne sternen abe:
dâ müeze ich mich noch inne ersehen,
daz si mirs alsô nâhen habe!
sô mac ein wunder wol geschehen:
ich junge, und tuot si daz,
und wirt mir gernden siechen seneder sühte baz.

Das soll sie mir ausleihen,
und so oft sie es zurück will, so oft gebe ich es ihr.

4 Ihr Hals, ihre Hände und beide Füße,
sie alle lassen keinen Wunsch offen.
Falls ich dazwischen etwas loben muß,
so glaube ich, daß ich noch mehr gesehen habe.
Ungerne hätte ich »Anziehen!«
gerufen, als ich sie nackt sah.
Sie bemerkte mich nicht, als sie mich so (mit ihrem Pfeil) traf,
daß es mich jetzt noch schmerzt wie es damals schmerzte.
Ich preise den edlen Ort,
wo die Schönste aus dem Bad herausstieg.

5 Ihr Haupt ist so schön,
als ob es mein Himmel wäre.
Wem anders (als diesem) sollte es auch gleichen?
Es besitzt doch das Strahlen des Himmels.
Zwei Sterne leuchten herab:
Darin möchte ich mich spiegeln,
und sie soll mir mit ihnen nahe genug kommen!
Dann kann gut ein Wunder geschehen:
denn tut sie das, dann werde ich jung,
und ich Liebeskranker werde von meiner Sehnsuchts-Krankheit geheilt.

45

Walther von der Vogelweide

Ir sult sprechen willekomen

1 Ir sult sprechen willekomen:
der iu maere bringet, daz bin ich.
Allez daz ir habt vernomen,
daz ist gar ein wint: nu frâget mich.
Ich wil aber miete:
wirt mîn lôn iht guot,
ich sage iu vil lîhte daz iu sanfte tuot.
seht waz man mir êren biete.

2 Ich wil tiuschen frouwen sagen
solhiu maere daz sie deste baz
Al der werlte suln behagen:
âne grôze miete tuon ich daz.
Waz wold ich ze lône?
sie sint mir ze hêr:
sô bin ich gefüege, und bite sie nihtes mêr
wan daz sie mich grüezen schône.

3 Ich hân lande vil gesehen
unde nam der besten gerne war:
Übel müeze mir geschehen,
kunde ich ie mîn herze bringen dar
Daz im wol gevallen
wolde fremeder site.
nu waz hulfe mich, ob ich unrehte strite?
tiuschiu zuht gât vor in allen.

4 Von der Elbe unz an den Rîn
und her wider unz an Ungerlant
Sô mügen wol die besten sîn,
die ich in der werlte hân erkant.

45

Walther von der Vogelweide

Ihr sollt mir Willkommen sagen

1 Ihr sollt mir Willkommen sagen:
(denn) der euch Neuigkeiten bringt, das bin ich!
Alles, was ihr (bisher) gehört habt,
das ist ein Nichts: Mich müßt ihr jetzt fragen!
Allerdings will ich dafür Bezahlung:
fällt mein Lohn zufriedenstellend aus,
dann sage ich euch bestimmt Dinge, die euch gefallen.
Also seht zu, was man mir Ehrenvolles zu bieten hat.

2 Ich will deutschen Damen solche Dinge
sagen, daß sie in der ganzen Welt dadurch
noch höher eingeschätzt werden:
das mache ich ohne große Bezahlung.
Was sollte ich auch zum Lohn erwarten?
Sie stehen ja viel zu hoch über mir,
daher bin ich bescheiden und bitte sie um nichts mehr,
als daß sie mich freundlich grüßen.

3 Ich habe viele Länder bereist
und traf dort (besonders) gerne die Besten.
Unglück soll über mich kommen,
könnte ich mein Herz jemals dazu bringen,
daß ihm fremde Sitten
gut gefallen würden.
Was brächte es mir, wenn ich mich für etwas Falsches
einsetzen würde?
Deutsche Kultur übertrifft sie alle.

4 Von der Elbe bis zum Rhein
und (von dort) wieder hierher bis an Ungarns Grenze,
da leben sicherlich die Besten,
die ich in der Welt angetroffen habe.

Kan ich rehte schouwen
guot gelâz unt lîp,
sem mir got, sô swüere ich wol daz hie diu wîp
bezzer sint danne ander frouwen.

5 Tiusche man sint wol gezogen,
rehte als engel sint diu wîp getân.
Swer sie schildet, derst betrogen:
ich enkan sîn anders niht verstân.
Tugent und reine minne,
swer die suochen wil,
der sol komen in unser lant: da ist wunne vil:
lange müeze ich leben dar inne!

*

Der ich vil gedienet hân
und iemer mêre gerne dienen wil,
Diust von mir vil unerlân:
iedoch sô tuot si leides mir sô vil.
Si kan mir versêren
herze und den muot.
nu vergebez ir got dazs an mir missetuot.
her nâch mac si sichs bekêren.

Sofern ich gutes Benehmen und Schönheit
richtig beurteilen kann,
dann schwöre ich, und Gott sei mein Zeuge, daß die Frauen
hier besser sind als sonst (sogar) die edlen Damen.

5 Deutsche Männer sind hochgebildet,
und wie wahre Engel sehen die Frauen aus.
Wer gegen sie etwas sagt, der ist nicht bei Verstand:
anders kann ich ihn nicht verstehen.
Wer (höchste) Tüchtigkeit und
reine Liebe suchen will,
der muß in unser Land kommen: da gibt es alle Herrlichkeit.
Möglichst lange möchte ich darin leben!

*

Sie, der ich so viel gedient habe
und der ich für immer gerne dienen will,
die gebe ich keinesfalls frei:
und das, obwohl sie mir so viel Leid zufügt.
Sie versteht sich darauf,
mir Herz und Sinn zu verletzen.
Gott möge ihr jetzt vergeben, was sie an mir Böses tut.
Künftig kann sie diese Einstellung (ja vielleicht) ändern.

46

Walther von der Vogelweide

Müget ir schouwen

1 Müget ir schouwen waz dem meien
wunders ist beschert?
Seht an pfaffen, seht an leien,
wie daz allez vert.
Grôz ist sîn gewalt:
ine weiz obe er zouber kunne:
swar er vert in sîner wunne,
dân ist nieman alt.

2 Uns wil schiere wol gelingen.
wir suln sîn gemeit,
Tanzen lachen unde singen
âne dörperheit.
Wê wer waere unfrô?
sît diu vogelîn alsô schône
schallent mit ir besten dône,
tuon wir ouch alsô!

3 Wol dir, meie, wie du scheidest
allez âne haz!
Wie wol du die boume kleidest,
und die heide baz!
Diu hât varwe mê.
'du bist kurzer, ich bin langer,'
alsô strîtents ûf dem anger,
bluomen unde klê.

4 Rôter munt, wie du dich swachest!
lâ dîn lachen sîn.
Scham dich daz du mich an lachest
nâch dem schaden mîn.
Ist daz wol getân?

46

Walther von der Vogelweide

Könnt ihr sehen

1 Könnt ihr sehen, was dem Mai
an Wunder geschenkt worden ist?
Seht alle Leute an,
wie es ihnen geht.
Groß ist seine Macht:
Ich vermute, er kann zaubern,
denn wohin er mit seiner Herrlichkeit kommt,
da sind alle wieder jung.

2 Uns wird bald alles glücken.
Wir werden fröhlich sein,
werden tanzen, lachen und singen,
aber ohne bäurische Derbheit.
Ach, wer kann jetzt noch traurig sein?
Seitdem doch die Vögel so schön
ihre besten Weisen singen –
machen wir es ihnen nach!

3 Gelobt seist du Mai, daß du
alles so harmonisch schlichtest!
Wie schön du die Bäume bekleidest,
und noch schöner die Wiese:
Sie zeigt jetzt mehr Farben.
»Du bist kleiner, ich bin größer«,
so streiten sich auf der Wiese
Blumen und Gras.

4 Roter Mund, wie du dich verziehst!
Höre auf, mich auszulachen!
Schäme dich, daß du mich verspottest,
jetzt, wo ich den Schaden schon habe.
Ist das etwa richtig gehandelt?

ouwê sô verlorner stunde,
sol von minneclîchem munde
solch unminne ergân!

5 Daz mich, frouwe, an fröuden irret,
daz ist iuwer lîp.
An iu einer ez mir wirret,
ungenaedic wîp.
Wâ nemt ir den muot?
ir sît doch genâden rîche:
tuot ir mir ungnaedeclîche,
sô sît ir niht guot.

6 Scheidet, frouwe, mich von sorgen,
liebet mir die zît:
Oder ich muoz an fröuden borgen.
daz ir saelic sît!
Müget ir umbe sehen?
sich fröut al diu werlt gemeine:
möhte mir von iu ein kleine
fröudelîn geschehen!

47

Walther von der Vogelweide

Under der linden

1 'Under der linden
an der heide,
dâ unser zweier bette was,
Dâ muget ir vinden
schône beide
gebrochen bluomen unde gras.
Vor dem walde in einem tal,
tandaradei,
schône sanc diu nahtegal.

Ach wie schade um die vertane Zeit,
wenn aus einem liebenswerten Mund
solche Lieblosigkeit kommt!

5 Was mir, Herrin, die Freude verdirbt,
das seid allein Ihr!
Denn nur Ihr macht mich unglücklich,
grausame Frau!
Wie kommt Ihr auf so etwas?
Ihr seid doch sonst freigebig:
erweist Ihr mir jetzt keine Gnade,
dann seid Ihr nicht gut.

6 Befreit mich, Herrin, von meinen Sorgen
und schenkt mir schöne Tage:
Anderenfalls müßte ich mir sonstwo Freude besorgen.
Schenkt doch Glück!
Könnt Ihr Euch (nicht) umsehen?
Die ganze Welt freut sich:
könnte mir da nicht von Euch wenigstens ein
Stückchen Freude zuteil werden!

47

Walther von der Vogelweide

Unter der Linde

1 Unter der Linde,
auf der Wiese (am Wald),
dort wo das Bett von uns zweien war,
da könnt ihr sehen,
liebevoll gebrochen,
Blumen und Gras.
Vor dem Wald in einem Tal,
tandaradei,
sang schön die Nachtigall.

2 Ich kam gegangen
zuo der ouwe:
dô was mîn friedel komen ê.
Dâ wart ich empfangen,
hêre frouwe,
daz ich bin saelic iemer mê.
Kuster mich? wol tûsentstunt:
tandaradei,
seht wie rôt mir ist der munt.

3 Dô het er gemachet
alsô rîche
von bluomen eine bettestat.
Des wirt noch gelachet
inneclîche,
kumt iemen an daz selbe pfat.
Bî den rôsen er wol mac,
tandaradei,
merken wâ mirz houbet lac.

4 Daz er bî mir laege,
wessez iemen
(nu enwelle got!), sô schamt ich mich.
Wes er mit mir pflaege,
niemer niemen
bevinde daz, wan er und ich.
Und ein kleinez vogellîn:
tandaradei,
daz mac wol getriuwe sîn.'

2 Ich kam gegangen
zu der Wiese:
Mein Geliebter war schon vor mir da.
Und so begrüßte er mich –
Heilige Jungfrau! –
daß ich darüber für immer glücklich bin.
Ob er mich küßte? Sicherlich tausendmal:
tandaradei,
seht, wie rot mein Mund ist.

3 Er hatte aus
Blumen ein herrliches
Bett (für uns) hergerichtet.
Darüber wird sich jeder von Herzen
freuen,
der dort vorübergeht.
An den Rosen kann er noch gut,
tandaradei,
erkennen, wo mein Kopf gelegen ist.

4 Daß er mit mir schlief,
wüßte das jemand
(nein, bei Gott!), dann schämte ich mich.
Was er mit mir tat,
niemand jemals soll das
wissen außer ihm und mir –
und jenem kleinen Vogel:
tandaradei,
der wird sicherlich verschwiegen sein.

48

Walther von der Vogelweide

Hie vor, do man so rehte

1 Hie vor, do man so rehte minneclîchen warp,
do wâren mîne sprüche fröiden rîche:
sît daz diu wunneclîche minne alsô verdarp,
sît sanc och ich ein teil unminneclîche.
iemer als ez danne stât,
also sol man danne singen.
swenne unfuoge nû zergât,
sô sinc aber von höfschen dingen.
noch kumt fröide und sanges tac:
wol ime, der's erbeiten mac!
der'z gelouben wolte,
so erkande ich wol die fuoge, wenne und wie man
singen solte.

2 Ich sanc hiute vor den frowen umbe ir blôzen gruoz:
den nam ich wider minnelobe ze lône.
swâ ich geltes sô vergebene warten muoz,
da lobe si ein ander, den si grüezen schône.
swâ ich niht erwerben kan
einen gruoz mit mîme sange,
dar wend ich vil hêrscher man
mînen nac oder ein mîn wange.
daz kît: "mir ist umbe dich,
rehte als dir ist umbe mich."
ich wil mîn lôp kêren
an wîp, die danken kunnen: waz hân ich von den
überhêren?

48

Walther von der Vogelweide

Früher, als man noch auf richtige Weise

1 Früher, als man noch auf richtige Weise um Liebe geworben hat,
da waren meine Worte voll Freude.
Seit die herrliche Liebe so zugrunde gegangen ist,
seitdem sang auch ich teilweise in Art der Unliebe.
Wie es immer gerade steht,
so soll man auch jeweils singen.
Wenn schlechtes Benehmen jetzt verschwindet,
dann singe auch wieder von höfischen Dingen!
Irgendwann kommen die Freude und der Tag des Singens wieder:
Wohl dem, der das noch erleben wird!
Man möge es mir glauben:
Dann wüßte ich gut (wieder) die Regel, wann und wie man singen muß.

2 Ich habe vor den Damen heute für einen bloßen Gruß von ihnen gesungen:
den nahm ich als Lohn für den Lobpreis der Liebe.
Wo ich aber auf die Belohnung so vergebens warten muß,
da soll sie ein anderer lobpreisen, den sie freundlich grüßen.
Wo ich mit meinen Liedern
keinen Gruß verdienen kann,
dort zeige ich (zwar Diener, aber wie ein) Herr
meinen Rücken oder meine Seite.
Es heißt: »Wie du mir,
so ich dir!«
Ich werde meinen Lobpreis an diejenigen Frauen richten,
die sich aufs Danken verstehen: Was nützen mir die Hochnäsigen?

3 Ich sage iu, waz uns den gemeinen schaden tuot:
diu wîp gelîchent uns ein teil ze sêre.
daz wir in also liep sîn übel als guot,
seht, daz gelîchen nimet uns fröide und êre.
schieden uns diu wîp als ê,
daz och sî sich liezen scheiden,
daz gefrumt uns iemer mê,
mannen unde wîben beiden.
waz stêt übel, waz stêt wol,
ob man uns niht scheiden sol?
edele wîp, gedenket,
daz ouch die man waz kunnen: gelîchen s'iuch,
ir sît gekrenket.

4 Wîp muoz iemer sîn der wîbe hôhste name
und tiuret baz denne frowe, als ich ez erkenne.
swa nû deheiniu sî, diu sich ir wîpheit schame,
diu merke disen sanc und kiese denne.
under frowen sint unwîp,
under wîben sint si tiure.
wîbes name und wîbes lîp,
die sint beide vil gehiure.
swie'z umbe alle frowen var,
wîp sint alle frowen gar.
zwîvel lop daz hoenet,
alse underwîlen frowe: wîp, daz ist ein lop, daz si
alle kroenet.

3 Ich sage euch, was uns allen zusammen schadet:
Die Frauen schätzen uns teilweise zu sehr gleich ein.
Daß wir ihnen ohne Unterschied lieb sind, ob wir nun böse oder gut seien,
seht, diese gleiche Einschätzung nimmt uns Freude und Ansehen.
Wenn die Frauen zwischen uns Unterschiede machen würden wie früher,
so daß man (umgekehrt) auch bei ihnen Unterschiede machen könnte,
das würde uns für immer nützen,
sowohl den Männern wie auch den Frauen.
Was ist eigentlich böse, was ist gut,
wenn man bei uns keine Unterschiede mehr machen kann?
Edle Frauen, denkt daran,
daß auch die Männer (so) etwas können: schätzen sie euch (alle) gleich ein, dann geht es euch schlecht.

4 »Frau« wird immer der ehrenvollste Name für die Frauen sein,
und er enthält mehr Lob als »Dame«, so meine ich.
Wenn es eine gibt, die sich schämt, zu den »Frauen« gerechnet zu werden,
die achte jetzt auf dieses Lied und treffe dann ihre Wahl.
Unter den »Damen« gibt es (auch) »Un-Frauen«,
aber unter den »Frauen« findet man das nicht.
Die Bezeichnung »Frau« und das Aussehen einer Frau
sind beide etwas Hervorragendes.
Wie es auch um alle Damen bestellt ist,
»Frauen« sind doch alle diese Damen.
Ein zweideutiges Lob bewirkt Hohn,
so wie manchmal »Dame«: »Frau« dagegen ist ein Name, der sie alle krönt.

49

Walther von der Vogelweide

Aus dem »Ersten Philipps-Ton«

Dô Friderîch ûz Ôsterrîche alsô gewarp

Dô Friderîch ûz Ôsterrîche alsô gewarp,
daz er an der sêle genas und im der lîp erstarp,
dô fuort er mîne kranechen trite in derde.
Dô gieng ich slîchend als ein pfâwe swar ich gie,
daz houbet hanht ich nider unz ûf mîniu knie:
nu rihte ich ez ûf nâch vollem werde.
Ich bin wol ze fiure komen,
mich hât daz rîche und ouch diu krône an sich genomen.
wol ûf, swer tanzen welle nâch der gîgen!
mir ist mîner swaere buoz:
êrste wil ich ebene setzen mînen fuoz
und wider in ein hôhgemüete stîgen.

Der in den ôren siech von ungesühte sî

Der in den ôren siech von ungesühte sî,
daz ist mîn rât, der lâz den hof ze Düringen frî:
wan kumet er dar, dêswâr er wirt ertoeret.
Ich hân gedrungen unz ich niht mê dringen mac.
ein schar vert ûz, diu ander in, naht unde tac.
grôz wunder ist daz iemen dâ gehoeret.
Der lantgrâve ist sô gemuot
daz er mit stolzen helden sîne habe vertuot,
der iegeslîcher wol ein kempfe waere.

49

Walther von der Vogelweide

Aus dem »Ersten Philipps-Ton«

Als es mit Friedrich von Österreich dazu kam

Als es mit Friedrich von Österreich dazu kam,
daß seine Seele das Leben und sein Körper den Tod fand,
da nahm er meinen Kranich-Gang mit ins Grab.
Da ging ich schwerfällig wie ein Pfau, wohin ich auch ging,
und ich ließ den Kopf bis auf die Knie hängen.
Jetzt trage ich ihn wieder erhoben, wie es ihm zukommt.
Ich habe einen gastlichen Herd gefunden,
denn das Reich und die Krone haben mich aufgenommen.
Auf denn, wer zur Geige tanzen möchte!
All meiner Last bin ich frei:
endlich werde ich wieder Boden unter den Füßen haben
und voll Freude in die Höhe steigen.

Wer an den Ohren sehr krank ist

Wer an den Ohren sehr krank ist,
dem rate ich, daß er den Thüringer Hof meidet:
denn wenn er dorthin kommt, wird er um den Verstand
gebracht.
Ich habe mich dort herumgedrängt, bis ich nicht mehr
konnte.
Die eine Truppe zieht weg, die andere kommt an, Tag und
Nacht.
Es ist ein großes Wunder, daß dort überhaupt noch jemand
hören kann!
Der Landgraf ist so eingestellt,
daß er mit wackeren Kämpen seinen Besitz durchbringt,
von denen jeder für den Turnierkampf taugte.

mir ist sîn hôhiu fuore wol kunt:
und gulte ein fuoder guotes wînes tûsent pfunt,
dâ stüende doch niemer ritters becher laere.

Ez gienc eins tages

Ez gienc eins tages als unser herre wart geborn
von einer maget dier im ze muoter hâte erkorn,
ze Megdeburc der künec Philippes schône.
Dâ gienc eins keisers bruoder und eins keisers kint
in einer wât, swie doch die namen drîge sint:
er truoc des rîches zepter und die krône.
Er trat vil lîse, im was niht gâch:
im sleich ein hôhgeborniu künneginne nâch,
rôs âne dorn, ein tûbe sunder gallen.
diu zuht was niener anderswâ:
die Düringe und die Sahsen dienden alsô dâ,
daz ez den wîsen muoste wol gevallen.

Mir ist sein aufwendiges Leben gut bekannt:
Selbst wenn eine Wagenladung von gutem Wein ein
Vermögen kosten würde,
so wäre (bei ihm) doch nie der Becher eines Ritters leer.

Es schritt an jenem Tag

Es schritt an jenem Tag, als unser Herr geboren wurde
von einer Jungfrau, die er sich zur Mutter auserwählt hatte,
in Magdeburg der König Philipp in seiner Herrlichkeit
einher.
Da schritt eines Kaisers Bruder und eines Kaisers Sohn
in *einem* Gewand, obwohl es doch drei Personen sind:
Er trug das Zepter des Reiches und die Krone.
Er ging würdevoll und ohne Hast:
Gemessen folgte ihm die hochgeborene Königin nach,
die Rose ohne Dorn, die Taube ohne Galle.
Nirgendwo gab es sonst solchen höfischen Anstand:
Die Thüringer und die Sachsen dienten da so,
daß auch die Weisen damit zufrieden gewesen wären.

50

Walther von der Vogelweide

Aus dem »Reichs-Ton«

Ich saz ûf eime steine

Ich saz ûf eime steine,
und dahte bein mit beine;
dar ûf satzt ich den ellenbogen;
ich hete in mîne hant gesmogen
daz kinne und ein mîn wange.
dô dâhte ich mir vil ange,
wie man zer werlte solte leben:
deheinen rât kond ich gegeben,
wie man driu dinc erwurbe,
der deheinez niht verdurbe.
diu zwei sint êre und varnde guot,
der ietwederz dem andern schaden tuot,
daz dritte ist gotes hulde,
der zweier übergulde.
die wolte ich gerne in einen schrîn.
jâ leider desn mac niht gesîn,
daz guot und werltlich êre
und gotes hulde mêre
zesamene in ein herze komen.
stîg unde wege sint in benomen:
untriuwe ist in der sâze,
gewalt vert ûf der strâze;
fride unde reht sint sêre wunt.
diu driu enhabent geleites niht, diu zwei
enwerden ê gesunt.

50

Walther von der Vogelweide

Aus dem »Reichs-Ton«

Ich saß auf einem Felsenstein

Ich saß auf einem Felsenstein
und schlug ein Bein über das andere;
darauf setzte ich den Ellenbogen;
in meine Hand hatte ich das
Kinn und eine Wange geschmiegt.
So dachte ich eindringlich nach,
auf welche Weise man auf der Welt leben müsse:
Keinen Rat konnte ich aber geben,
wie man drei Dinge so erwerben könne,
ohne daß eines von ihnen zugrunde ginge.
Zwei von ihnen sind Ehre und Besitz,
die einander oft schaden,
das dritte ist Gottes Gnade,
die viel mehr wert ist als die beiden andern.
Diese wollte ich gerne zusammen in *einem* Kästchen.
Aber leider ist es nicht möglich,
daß Besitz und weltliche Ehre
und Gottes Gnade
zusammen in *ein* Herz kommen.
Weg und Steg sind ihnen genommen:
Verrat liegt auf der Lauer,
Gewalt beherrscht die Straße;
Friede und Recht sind schwer verwundet.
Die drei haben keine Sicherheit, bevor die zwei nicht gesund werden.

Ich hôrte diu wazzer diezen

Ich hôrte diu wazzer diezen
und sach die vische fliezen;
ich sach swaz in der werlte was,
velt walt loup rôr unde gras,
swaz kriuchet unde fliuget
und bein zer erde biuget.
daz sach ich, unde sage iu daz:
der deheinez lebet âne haz.
daz wilt und daz gewürme
die strîtent starke stürme,
sam tuont die vogel under in;
wan daz sie habent einen sin:
si diuhten sich ze nihte,
si enschüefen starc gerihte.
sie kiesent künege unde reht.
sie setzent herren unde kneht.
sô wê dir, tiuschiu zunge,
wie stêt dîn ordenunge,
daz nu diu mugge ir künec hât,
und daz dîn êre alsô zergât!
bekêrâ dich, bekêre.
die cirken sint ze hêre,
die armen künege dringent dich;
Philippe setze en weisen ûf, und heiz sie
treten hinder sich.

Ich hörte die Gewässer rauschen

Ich hörte die Gewässer rauschen
und sah die Fische schwimmen;
ich sah alles, was in der Welt war:
in Feld, Wald, Laub, Schilf und Gras,
was kriecht und fliegt
und seinen Fuß auf die Erde setzt.
Das sah ich, und ich sage euch:
Keines davon lebt ohne Feindschaft.
Die wilden Tiere und die Kriechtiere
führen heftige Kämpfe untereinander,
und so machen es auch die Vögel.
Aber darin sind sie sich einig:
Sie würden sich für nichts achten,
wenn sie nicht ein starkes Recht geschaffen hätten:
Sie wählen sich Könige und Gesetz,
sie bestimmen Herren und Knechte.
Dir aber, wehe, deutsches Land,
wie steht es um deine Ordnung,
daß zwar die Biene ihren König hat,
dein Ansehen aber so darnieder liegt!
Ändere dich, ändere das!
Die minderen Kronen sind zu hochmütig,
die kleinen Könige bedrängen dich:
dem Philipp setze die Krone auf und heiße die anderen zurücktreten!

51

Walther von der Vogelweide

Aus dem »Wiener Hof-Ton«

Mit saelden müeze ich

Mit saelden müeze ich hiute ûf stên,
got herre, in dîner huote gên
und rîten, swar ich in dem lande kêre.
Krist herre, lâz an mir werden schîn
die grôzen kraft der güete dîn,
und pflic mîn wol durch dîner muoter êre.
Als ir der heilig engel pflaege,
unt dîn, dô du in der krippen laege,
junger mensch und alter got,
dêmüetic vor dem esel und vor dem rinde
(und doch mit saeldenrîcher huote
pflac dîn Gabriêl der guote
wol mit triuwen sunder spot),
als pflig ouch mîn, daz an mir iht erwinde
daz dîn vil götelîch gebot.

Der hof ze Wiene sprach ze mir

Der hof ze Wiene sprach ze mir
'Walther, ich solte lieben dir,
nu leide ich dir: daz müeze got erbarmen.
Mîn wirde diu was wîlent grôz:
dô lebte niender mîn genôz,
wan künec Artûses hof: sô wê mir armen!
Wâ nu ritter unde frouwen,
die man bî mir solte schouwen?

51

Walther von der Vogelweide

Aus dem »Wiener Hof-Ton«

In Deinem Segen lasse mich

In Deinem Segen lasse mich heute aufstehen,
Gott und Herr, und unter Deinem Schutz gehen
und reiten, wohin im Lande ich mich auch wende.
Christ und Herr, zeige an mir
die große Kraft Deiner Macht,
und nimm Dich meiner um der Ehre Deiner Mutter willen an.
So wie der heilige Engel sie umsorgte
und Dich, als Du in der Krippe lagst,
ein junger Mensch und gleichzeitig ein alter Gott,
in Demut bei Esel und Rind
– wobei mit glückbringendem Schutz
Dich Gabriel, der Gute,
in größter Liebe umsorgte –:
so sorge auch für mich, damit Deine göttliche
Gnade für immer bei mir sei!

Der Wiener Hof sagte zu mir

Der Wiener Hof sagte zu mir:
»Walther, ich sollte dir lieb sein,
doch nun bin ich dir leid: das soll Gott erbarmen.
Früher war mein Ansehen groß:
Da war mir niemand gleich,
ausgenommen der Hof von König Artus: Weh mir Armseligem!
Wo sind nun die Ritter und Damen,
die man bei mir antreffen sollte?

seht wie jâmerlîch ich stê.
mîn dach ist fûl, sô rîsent mîne wende.
mich enminnet nieman leider.
golt silber ros und dar zuo kleider
diu gab ich, unde hât ouch mê:
nun hab ich weder schappel noch gebende
noch frouwen zeinem tanze, ouwê!'

Künc Constantîn der gap sô vil

Künc Constantîn der gap sô vil,
als ich ez iu bescheiden wil,
dem stuol ze Rôme, sper kriuz unde krône.
Zehant der engel lûte schrê
"ouwê, ouwê, zem dritten wê!
ê stuont diu kristenheit mit zühten schône:
Der ist ein gift nu gevallen,
ir honec ist worden zeiner gallen.
daz wirt der werlt her nâch vil leit."
alle fürsten lebent nu mit êren,
wan der hoehste ist geswachet:
daz hât der pfaffen wal gemachet.
daz sî dir, süezer got, gekleit.
die pfaffen wellent leien reht verkêren.
der engel hât uns wâr geseit.

Seht, wie jämmerlich ich dastehe!
Mein Dach hat Löcher, und meine Wände haben Risse.
Mich liebt leider niemand mehr.
Gold, Silber, Pferde und Kleidungsstücke
verschenkte ich früher und hatte dennoch Überfluß:
Jetzt habe ich weder Kränze noch Bänder
noch Damen beim Tanz, o weh!«

König Konstantin schenkte so viel

König Konstantin schenkte so viel
dem römischen Stuhl, ich will es euch genau sagen:
Speer, Kreuz und Krone.
Sofort rief der Engel laut:
»Weh, weh, zum dritten Mal weh!
Früher war die Christenheit in schöner Ordnung:
Ihr ist ein böses Geschenk zugefallen,
ihr Honig ist zu Galle geworden.
Daraus wird der Welt noch großes Leid entstehen!«
Die Fürsten leben jetzt alle in hohem Ansehen,
aber ihr oberster Herr ist jämmerlich:
das haben die Geistlichen mit ihrer Wahl gemacht.
Das sei Dir, liebster Gott, geklagt.
Die Geistlichen wollen weltliches Recht verdrehen.
Der Engel hat uns die Wahrheit gesagt!

52

Walther von der Vogelweide

Aus dem »Ersten Atze-Ton«

Mir hât her Gêrhart Atze

Mir hât her Gêrhart Atze ein pfert
erschozzen zÎsenache.
daz klage ich dem den er bestât:
derst unser beider voget.
Ez was wol drîer marke wert.
nu hoeret frömde sache,
sît daz ez an ein gelten gât,
wâ mite er mich nu zoget.
Er seit von grôzer swaere,
wie mîn pfert maere
dem rosse sippe waere,
daz im den vinger abe
gebizzen hât ze schanden.
ich swer mit beiden handen,
daz sie sich niht erkanden.
ist ieman der mir stabe?

52

Walther von der Vogelweide

Aus dem »Ersten Atze-Ton«

Mir hat Herr Gerhard Atze

Mir hat Herr Gerhard Atze ein Pferd
in Eisenach erschossen:
Darüber erhebe ich Klage bei dem, in dessen
Dienst er steht:
der ist unser beider Gerichtsherr.
Es war mindestens drei Goldmark wert.
Nun hört aber eine seltsame Sache,
mit der er, seitdem es ans Entschädigen geht,
mich hinhalten will.
Er erzählt von einer schweren Untat,
daß nämlich mein bekanntes Pferd
mit demjenigen Gaul verwandt sei,
der ihm den Finger abgebissen und ihn
damit in Schande gebracht habe.
Ich schwöre mit beiden Händen,
daß diese sich nicht gekannt haben.
Wer wird mir den Eid abnehmen?

53

Walther von der Vogelweide

Aus dem »Zweiten Philipps-Ton«

Wir suln den kochen râten

Wir suln den kochen râten,
sît ez in alsô hôhe stê,
daz sie sich niht versûmen,
Daz sie der fürsten brâten
snîden groezer baz dan ê,
doch dicker eines dûmen.
Ze Kriechen wart ein spiz versniten;
daz tet ein hant mit argen siten:
sin möhte ez niemer hân vermiten:
der brâte was ze dünne.
des muose der herre für die tür:
die fürsten sâzen ander kür.
der nu daz rîche alsô verlür,
dem stüende baz daz er nie spiz gewünne.

53

Walther von der Vogelweide

Aus dem »Zweiten Philipps-Ton«

Wir müssen den Köchen einen Rat geben

Wir müssen den Köchen einen Rat geben,
weil es ihnen (andernfalls) teuer zu stehen kommt,
daß sie nämlich darauf achten,
daß sie die Bratenstücke für die Fürsten
größer zuschneiden als früher,
um mehr als eine Daumenbreite.
Bei den Griechen wurde ein Spießbraten aufgeschnitten;
das tat eine geizige Hand:
aber sie hatte keine andere Wahl:
der Braten gab nicht mehr her.
Deswegen wurde der Hausherr vor die Tür gesetzt:
Die Fürsten wählten einen neuen.
Wer jetzt das Reich auf solche Weise verlieren würde,
für den wäre es besser, er hätte nie einen Spießbraten
gehabt.

54

Walther von der Vogelweide

Aus dem »Unmuts-Ton«

Ahî wie kristenlîche

Ahî wie kristenlîche nu der bâbest lachet,
swenne er sînen Walhen seit "ich hânz alsô gemachet:"
(Daz er dâ seit, des solt er niemer hân gedâht)
er giht "ich hân zwên Alman under eine krône brâht,
Daz siez rîche sülen stoeren unde wasten.
ie dar under füllen wir die kasten:
ich hâns an mînen stoc gement, ir guot ist allez mîn:
ir tiuschez silber vert in mînen welschen schrîn.
ir pfaffen ezzet hüener und trinket wîn,
unde lât die tiutschen – – – vasten."

Sagt an, her Stoc

Sagt an, her Stoc, hât iuch der bâbest her gesendet,
daz ir in rîchet und uns Tiutschen ermet unde swendet?
Swenn im diu volle mâze kumt ze Laterân,
sô tuot er einen argen list, als er ê hât getân:
Er seit uns danne wie daz rîche stê verwarren,
unz in erfüllent aber alle pfarren.
ich waen des silbers wênic kumet ze helfe in gotes lant:
grôzen hort zerteilet selten pfaffen hant.
her Stoc, ir sît ûf schaden her gesant,
daz ir ûz tiuschen liuten suochet toerinne unde narren.

54

Walther von der Vogelweide

Aus dem »Unmuts-Ton«

Eijei, wie christlich

Eijei, wie christlich der Papst jetzt lacht,
wenn er zu seinen Welschen sagt: »So habe ich es angestellt«:
(Was er da sagt, das hätte er nicht einmal denken dürfen.)
Er sagt: »Ich habe zwei Alemanni unter eine einzige Krone
gebracht,
damit sie das Reich verwirren und devastieren.
Währenddessen füllen wir unsere Geldkisten:
Ich habe sie an meinen Opferstock getrieben, ihr ganzes
Geld wird mein:
Ihr deutsches Silber fährt in meinen welschen Schrein.
Ihr Geistlichen, eßt Hühner und trinkt Wein
und laßt die Deutschen – – – fasten!«

Sagt an, Herr Opferstock

Sagt an, Herr Opferstock, hat Euch der Papst hergeschickt,
damit Ihr ihn bereichert und uns Deutsche arm und bloß
macht?
Wenn ihm die volle Kasse in den Lateran kommt,
dann wendet er die gleiche Hinterlist an wie früher:
Er sagt uns dann, daß das Reich in Unordnung stünde,
und zwar so lange, bis jenen erneut die Pfarren angefüllt sind!
Ich meine, daß wenig von dem Silber zur Hilfe ins Heilige
Land kommt:
denn große Schätze haben Pfarrer noch nie verteilt.
Herr Opferstock, Ihr seid zum Schaden hergeschickt,
nämlich dazu, daß Ihr unter den Deutschen Närrinnen und
Dummköpfe sucht.

55

WALTHER VON DER VOGELWEIDE

Allerêrst lebe ich mir werde

1 Allerêrst lebe ich mir werde,
sît mîn sündic ouge siht
Daz hêre lant und ouch die erde
der man vil der êren giht.
Mirst geschehen des ich ie bat:
ich bin komen an die stat
dâ got mennischlîchen trat.

2 Schoeniu lant rîch unde hêre,
swaz ich der noch hân gesehen,
Sô bist duz ir aller êre.
waz ist wunders hie geschehen!
Daz ein maget ein kint gebar
hêre über aller engel schar,
was daz niht ein wunder gar?

3 Hie liez er sich reine toufen,
daz der mensche reine sî.
Dô liez er sich hie verkoufen,
daz wir eigen wurden frî.
Anders waeren wir verlorn.
wol dir, sper kriuz unde dorn!
wê dir, heiden! deist dir zorn.

4 Hinnen fuor der sun zer helle
von dem grabe, da'r inne lac.
Des was ie der vater geselle
und der geist, den nieman mac
Sunder scheiden: êst al ein,
sleht und ebener danne ein zein,
als er Abrahâme erschein.

55

Walther von der Vogelweide

Jetzt erst lebe ich richtig

1 Jetzt erst lebe ich richtig,
seitdem mein sündiges Auge
das Heilige Land und die Erde sieht,
von der man so viel Ehrenvolles sagt.
Mir ist zuteil geworden, worum ich immer gebeten habe:
Ich bin an diejenige Stätte gekommen,
wo Gott als Mensch wandelte.

2 Schöne Lande, reich und herrlich,
was ich davon bisher gesehen habe,
die übertriffst du alle weit.
Denn was für ein Wunder ist hier geschehen!
Daß (nämlich) eine Jungfrau ein Kind gebar,
herrschend über alle Engelscharen,
war das nicht ein vollkommenes Wunder?

3 Hier ließ er, obwohl er rein war, sich taufen,
damit auch der Mensch rein sei.
Dann ließ er sich hier verkaufen,
so daß wir Leibeigene frei wurden.
Anderenfalls wären wir verloren gewesen.
Heil dir, Speer, Kreuz und Dornenkrone!
Weh dir, Ungläubiger, daß dir das Zorn bereitet!

4 Von hier fuhr der Gottessohn in die Hölle,
aus dem Grab, in dem er gelegen war.
Immer war der Vater bei ihm,
und auch der Geist, den niemand von diesen
trennen kann: Sie alle sind Eines,
gerade und noch glatter als ein Pfeilschaft,
so wie er (der dreieinige Gott) Abraham erschienen ist.

5 Do er den tievel dô geschande,
daz nie keiser baz gestreit,
Dô fuor er her wider ze lande.
dô huop sich der juden leit,
Daz er herre ir huote brach,
und daz man in sît lebendic sach,
den ir hant sluoc unde stach.

6 In diz lant hât er gesprochen
einen angestlîchen tac,
Dâ diu witwe wirt gerochen
und der weise klagen mac
Und der arme den gewalt
der dâ wirt mit ime gestalt.
wol im dort, der hie vergalt!

7 Kristen juden und die heiden
jehent daz diz ir erbe sî:
Got müez ez ze rehte scheiden
durch die sîne namen drî.
Al diu werlt diu strîtet her:
wir sîn an der rehten ger:
reht ist daz er uns gewer.

5 Nachdem er den Teufel besiegt hatte
– besser als jemals ein Kaiser gestritten hat –,
da kam er zurück auf die Erde.
Und es schmerzte die Juden, daß
er, der Herr, ihre Wache durchbrach und
daß man ihn seitdem als Lebenden sah,
den sie mit ihren Händen geschlagen und durchbohrt
hatten.

6 In diesem Land hat er jenen
furchtbaren Gerichtstag anberaumt,
auf dem (einst) die Witwe gerächt wird
und die Waise und der Arme
Klage erheben können gegen die Gewalt,
die an ihnen verübt wurde.
Der wird dort froh sein, der hier (im Leben) seine Schuld
bezahlt hat!

7 Christen, Juden und Muslime
behaupten, daß dieses Land ihr Erbe sei:
Gott soll dies nach Recht entscheiden
im Namen seiner Dreieinigkeit.
Die ganze Welt streitet hierum:
wir allein verlangen es zu Recht:
Recht ist es, daß er es uns zuerkennt.

56

Walther von der Vogelweide

Owê war sint verswunden

1 Owê war sint verswunden alliu mîniu jâr?
Ist mîn leben mir getroumet oder ist ez wâr?
Daz ich ie wânde, daz iht waere, was daz iht?
Dar nâch hân ich geslâfen und enweiz ez niht.
Nû bin ich erwachet und ist mir unbekant,
daz mir hie vor was kündic als mîn ander hant.
Liute unde lant, dar inn ich von kinde bin erzogen,
die sint mir fremde worden reht als ob ez sî gelogen.
Die mîne gespiln wâren, die sint traege unde alt.
Bereitet ist daz velt, verhouwen ist der walt.
Wan daz daz wazzer fliuzet als ez wîlent floz,
für wâr ich wânde mîn ungelücke wurde grôz.
Mich grüezet maniger trâge, der mich bekande ê wol.
Diu welt ist allenthalben ungnâden vol.
Als ich gedenke an manigen wünneclîchen tac,
die mir sint enpfallen als in daz mer ein slac,
iemer mêre ouwê.

2 Owê wie jaemerlîche junge liute tuont,
den ê vil wünneclîche ir gemüete stuont.
Die kunnen niuwan sorgen, ouwê wie tuont si sô?
Swar ich zer werlte kêre, dâ ist nieman vrô.
Tanzen, singen zergât mit sorgen gar.
Nie kristen man gesach sô jaemerlîchiu jâr.
Nû merkent wie den frouwen ir gebende stât,
Die stolzen ritter tragent dörpellîche wât.

56

Walther von der Vogelweide

O weh, wohin sind ... entschwunden?

1 O weh, wohin sind alle meine Jahre entschwunden?
Habe ich mein Leben nur geträumt, oder ist es wirklich?
Was ich immer glaubte, daß es sei – war das wirklich etwas?
Demnach habe ich geschlafen und weiß es nicht.
Jetzt bin ich erwacht, und ich kenne nicht mehr,
was mir zuvor bekannt war wie eine meiner Hände.
Leute und Land, wo ich von Kind an aufgezogen worden bin,
die sind mir fremd geworden, genau so, als wäre alles erlogen.
Die meine Gespielen waren, die sind jetzt träge und alt.
Felder sind bebaut, der Wald ist gerodet:
Wenn nicht die Gewässer wie früher fließen würden,
fürwahr, dann glaubte ich, daß mein Unglück groß wäre.
Viele grüßen mich kaum mehr, die mich früher gut gekannt haben.
Die Welt ist überall voller Undank.
Wenn ich an die vielen herrlichen Tage denke,
die mir vergangen sind wie ein Schlag ins Wasser –
immerdar o weh!

2 O weh, wie kläglich betragen sich die jungen Leute,
welche früher unbeschwert und froh waren:
Die kennen jetzt nur noch Sorgen: Weh, warum tun sie das?
Wohin ich auf der Welt mich wende, da ist niemand fröhlich,
Tanzen und Singen sind in Sorgen vergangen:
Nie hat ein Christenmensch so jämmerliche Zeiten gesehen.
Seht, welchen Kopfschmuck die Damen haben,
(und auch) die stolzen Ritter tragen unhöfische Kleidung.

Uns sint unsenfte brieve her von Rôme komen.
Uns ist erloubet trûren und fröide gar benomen.
Daz müet mich inneclîchen sêre, (wir lebten ie vil wol)
daz ich nû für mîn lachen weinen kiesen sol.
Die wilden vogel betrüebet unser klage.
waz wunders ist ob ich dâvon verzage?
Waz spriche ich tumber man durch mînen boesen zorn?
Swer dirre wünne volget, der hât jene dort verlorn.
Iemer mêr ouwê.

3 Owê wie uns mit süezen dingen ist vergeben!
Ich sihe die bittern gallen mitten in dem honege sweben.
Diu Welt ist ûzen schoene, wîz, grüen unde rôt,
und innen swarzer varwe vinster sam der tôt.
Swen si nû verleitet habe, der schouwe sînen trôst.
Er wirt mit swacher buoze grôzer sünde erlôst.
Dar an gedenkent, ritter, ez ist iuwer dinc.
Ir tragent die liehten helme und manegen herten rinc,
dar zuo die vesten schilte und diu gewîhten swert.
Wolte got, waer ich der signünfte wert.
So wolte ich nôtic man verdienen rîchen solt.
Joch meine ich niht die huoben noch der herren golt.
Ich wolte selbe krône eweclîchen tragen,
die möhte ein soldenaer mit sîme sper bejagen.
Möhte ich die lieben reise gevarn über sê,
so wolte ich denne singen wol unde niemer mê ouwê,
niemer mêr ouwê.

Zu uns sind unfreundliche Briefe aus Rom gekommen.
Trauer ist uns gestattet, die Freude aber genommen.
Das bekümmert mich tief (früher lebten wir doch so gut),
daß ich jetzt mein Lachen in Weinen umtauschen soll.
Auch die wilden Vögel bekümmert unsere Klage:
Was Wunder, wenn ich darüber alle Freude verliere?
Doch was sage ich törichter Mensch in meinem
schlimmen Zorn?
Wer das Glück der Welt sucht, der hat jenes dort (in der
jenseitigen Welt) bereits verloren.
Immerdar o weh!

3 O weh, wie sind wir mit süßen Sachen vergiftet!
Ich sehe die bittere Galle mitten im Honig schwimmen.
Die Welt ist außen schön, weiß, grün und rot,
innen aber von schwarzer Farbe, dunkel wie der Tod.
Wen sie verführt haben sollte, der kümmere sich um
seine Rettung:
Er wird durch eine geringe Bußleistung von schwerer
Sünde erlöst.
Daran denkt, Ritter, denn es geht um euch.
Ihr tragt die blitzenden Helme und die harten
Panzerringe,
dazu die starken Schilde und die geweihten Schwerter.
Wollte Gott, daß auch ich dieses Sieges (dort) würdig
wäre,
dann wollte ich besitzloser Mann reichen Lohn
verdienen.
Aber ich meine weder Grundbesitz noch das Gold der
Fürsten:
Auch ich selbst wollte (sehr gern) jene Krone für ewig
tragen,
die sich ein Söldner mit seinem Speer erringen kann.
Könnte ich die glückbringende Fahrt übers Meer
antreten,
dann wollte ich singen »Wie gut!«, und niemals mehr
»O weh!«,
niemals mehr »O weh!«

57

Neidhart

Der meie der ist rîche

1 Der meie der ist rîche:
er füeret sicherlîche
den walt an sîner hende.
der ist nû niuwes loubes vol;
der winter hât ein ende.

2 ‘Ich fröwe mich gegen der heide,
der liehten ougenweide
diu uns beginnet nâhen’
sô sprach ein wolgetâniu maget:
‘die wil ich schône enpfâhen.

3 Muoter, lâz âne melde.
jâ wil ich komen ze velde
und wil den reien springen.
jâ ist ez lanc daz ich diu kint
niht niuwes hôrte singen.’

4 “Neinâ, tohter, neine!
ich hân dich alterseine
gezogen an mînen brüsten:
nû tuo ez durch den willen mîn,
lâz dich der man niht lüsten.”

5 ‘Den ich iu wil nennen
den muget ir wol erkennen.
ze dem sô wil ich gâhen:
er ist genant von Riuwental:
den wil ich umbevâhen.

57

Neidhart

Der Mai ist reich

1 Der Mai ist reich (und mächtig):
Er geleitet gewißlich (oder: unter seinem Schutz)
den Wald an seiner Hand herbei.
Der ist nun neu belaubt:
der Winter ist zu Ende.

2 »Ich freue mich auf die
helle Augenweide der Wiese,
die jetzt (wieder) kommt«,
so sprach ein schönes Mädchen,
»die will ich auf richtige Weise willkommen heißen.

3 Mutter, macht kein Getöse!
Ich will unbedingt hinausgehen
und will den Reihen springen:
Es ist doch (sehr) lange her, daß ich die Mädchen
nichts Neues singen hörte.«

4 »Nein, Tochter, und nochmals nein!
Ganz allein habe ich dich
an meiner Brust aufgezogen:
Daher folge mir
und laß es dich nicht nach den Männern gelüsten.«

5 »Den ich Euch jetzt nenne,
den müßtet Ihr gut kennen.
Zu dem will ich hineilen.
Er heißt ›von Reuental‹:
den will ich umarmen.

6 Ez gruonet an den esten
daz alles möhten bresten
die boume zuo der erden.
nû wizzet, liebiu muoter mîn,
ich belig den knaben werden.

7 Liebiu muoter hêre,
nâch mir sô klaget er sêre.
sol ich im des niht danken?
er spricht daz ich diu schoenste sî
von Beiern unz in Vranken.'

58

Neidhart

Ez verlôs ein ritter sîne scheide

1 Ez verlôs ein ritter sîne scheide.
dar umb wart einer frouwen alsô leide:
sî sprach 'herre, ich wil iu eine lîhen,
der wil sich mîn leider man verzîhen;
des ist niht lanc daz ers verwarf.
und kumt er mir der ir bedarf,
wie wol ich in dran handel;
dem gibe ich sî gar âne allen wandel.'

2 "Frouwe, lât mich eine rede wizzen,
ob sî zuo dem orte iht sî verslizzen."
'nein sî ûf mîn sêle und ûf mîn triuwe.
ich gap sî mînem leiden man für niuwe.
sî ist dicke als ein bret,

6 Es grünt (und wächst) so auf den Ästen,
daß das alles fast die Bäume
auf die Erde herunterbricht.
Nehmt zur Kenntnis, meine liebe Mutter,
daß ich mit diesem angesehenen jungen Mann ins
Bett gehe!

7 Liebe und gute Mutter,
er jammert und seufzt nach mir:
soll ich ihm das nicht lohnen?
Er sagt, daß ich die Allerschönste sei
von Bayern bis nach Franken.«

58

Neidhart

Einst verlor ein Ritter seine Scheide

1 Einst verlor ein Ritter seine Scheide.
Das bekümmerte eine Dame sehr.
Sie sagte: »Mein Herr, ich will Euch eine leihen,
die (nämlich) mein leidiger Mann nicht mehr will.
Erst seit kurzem kümmert er sich nicht mehr um sie.
Und kommt jetzt jemand (anderer) zu mir, der sie
benötigt,
wie gut behandle ich ihn dann in dieser Hinsicht:
Dem gebe ich sie ganz fehlerfrei (oder: unbenützt).«

2 »Edle Dame, sagt mir genau,
ob sie am Rande nicht starke Gebrauchsspuren hat.«
»Nein, (das versichere ich) bei meiner Seele und auf
meine Treue!
Ich hatte sie meinem Mann völlig neu gegeben.
Sie ist fest wie ein Brett,

niuwan an der einen stet,
dâ ze dem hengelriemen:
daz enschadet iu noch ander niemen.'

3 Er wolt sîn mezzer in die scheide schieben;
dô begunde sich diu klinge biegen
her wider rehte gegen deme hefte:
doch brâht er sî drin mit sîner krefte.
schiere het er wider gezogen.
»ez habe ein swarziu krâ gelogen:
wer solte des getrûwen?«
'zieht wider: diu würze ist noch niht gebrûwen.'

59

Neidhart

Sumer, dîner süezen weter

1 Sumer, dîner süezen weter müezen wir uns ânen:
dirre kalde winder trûren unde senen gît.
ich bin ungetroestet von der lieben wolgetânen:
wie sol ich vertrîben dise lange swaere zît
diu die heide velwet unde mange bluomen wolgetân?
alsô sint die vogele in dem walde des betwungen daz si ir singen müezen lân.

2 Alsô hât diu vrouwe mîn daz herze mir betwungen
daz ich âne vröude muoz verswenden mîne tage.
ez vervaehet niht swaz ich ir lange hân gesungen.

außer an der einen Stelle,
dort am Hängeriemen.
Aber das schadet weder Euch noch sonst jemandem.«

3 Er wollte nun sein Messer in die Scheide schieben.
Aber da bog sich die Klinge
wieder ganz bis zum Griff zurück.
Doch (schließlich) brachte er sie mit all seiner Kraft hinein.
Sogleich zog er sie wieder.
»Da hat ja wohl eine schwarze Krähe gelogen!
Das ist ja unglaublich!«
»Auf, zieht nochmals: die Soße ist noch nicht gar gekocht!«

59

Neidhart

Sommer, auf dein schönes Wetter

1 Sommer, auf dein schönes Wetter müssen wir jetzt verzichten.
Dieser kalte Winter bringt uns nur Kummer und Schmerz.
(Denn) ich erfahre keinen Trost von der lieben Schönen:
Wie soll ich diese lange und schwere Zeit hinter mich bringen,
welche die Wiese und viele schöne Blumen welk macht?
Daher sind die Vögel im Wald dazu gezwungen, daß sie ihr Singen sein lassen müssen.

2 So (sehr) hat meine Herrin mir das Herz bezwungen,
daß ich freudlos meine Tage verschwenden muß.
Es nützt nichts, was ich ihr (an Liedern) so lange gesungen habe.

mir ist alsô maere daz ich mêre stille dage.
ich geloube niht des daz sî mannen immer werde holt.
wir verliesen swaz wir dar gesingen unde gerûnen, ich
und jener Hildebolt.

3 Der ist nû der tumbist under geilen getelingen,
er und einer, nennet man den jungen Willeher.
den enkunde ich disen sumer nie von ir gedringen,
sô der tanz gein âbent an der strâze gie entwer.
mangen twerhen blic den wurfen sî mich mit den
ougen an,
daz ich sunder mînes guoten willen vor in beiden ie ze
sweime muose gân.

4 Wê daz mich sô manger hât von lieber stat gedrungen
beidiu von der guoten unde ouch wîlent anderswâ.
oedelîchen wart von in ûf mînen tratz gesprungen.
ir gewaltes bin ich vor in mînem schophe grâ.
iedoch sô neic diu guote mir ein lützel über schildes rant.
gerne mugt ir hoeren wie die dörper sint gekleidet:
üppiclîch ist ir gewant.

5 Enge röcke tragent sî und enge schaperûne,
rôte hüete, rinkelohte schuohe, swarze hosen.
Engelmâr getet mir nie sô leide an Vriderûne
sam die zwêne tuont. ich nîde ir phellerîne phosen
die sî tragent: dâ lît inne ein wurze, heizet ingeber.
der gap Hildebolt der guoten eine bî dem tanze; die
gezuhte ir Willeher.

Mir ist das einerlei, so daß ich künftig schweige.
Ich glaube nicht, daß sie Männern jemals wieder gewogen sein will.
Es ist umsonst, was wir ihr singen und zuflüstern, ich und jener Hildbolt.

3 Der ist derzeit der dümmste der kraftstrotzenden Kerle,
er und jener, den man den jungen Willeger heißt.
Den konnte ich diesen Sommer über nie von ihr wegdrängen,
wenn der Tanz abends auf der Gasse hin und her ging.
Viele böse Blicke warfen sie mir aus ihren Augen zu,
so daß ich entgegen meiner Absicht vor den beiden immer das Weite suchen mußte.

4 Ach, daß mich so viele von einem lieben Ort verdrängt haben,
(jetzt hier) von der Schönen und auch schon früher von anderswo!
Widerwärtige Sprünge (beim Tanz) taten sie mir zum Ärger.
Ihre Gewalttätigkeit machte mir zu früh graue Haare.
Dennoch nickte mir die Schöne ein bißchen, (sozusagen) über den Schildrand hinweg, zu.
Gerne könnt ihr hören, wie die Bauernlümmel angezogen sind: Übertrieben sind ihre Kleider!

5 Enge Westen tragen sie und zierliche Mäntelchen,
rote Hüte, Schnallenschuhe, schwarze Hosen.
(Selbst) Engelmar tat mir bei Friederune nie so Böses,
wie es jetzt diese beiden tun. Mich ärgern die Seidenbeutelchen,
die sie tragen: darin liegt eine Wurzel, die heißt Ingwer.
Davon gab Hildbolt der Lieben eine beim Tanz, doch Willeger riß sie ihr wieder weg.

6 Sagte ich nû diu maere wie siz mit ein ander schuofen,
des enweiz ich niht: ich schiet von danne sâ zehant.
manneglîch begunde sînen vriunden vaste ruofen.
einer der schrei lûte 'hilf, gevater Weregant!'
er was lîhte in grôzen noeten dô er sô nâch helfe schrê.
Hildeboldes swester hôrte ich eines lûte schrîen 'wê mir
mînes bruoder wê!'

7 Rädelohte sporen treit mir Fridepreht ze leide,
niuwe vezzel; dar zuo hât er zweier hande kleit.
rucket er den afterreif hin wider ûf die scheide,
wizzent, mîne vriunde, daz ist mir ein herzenleit.
zwêne niuwe hantschuoh er unz ûf den ellenbogen zôch.
mugt ir hoeren wie der selbe gemzinc von der lieben
hiuwer ab dem tanze vlôch?

8 Wâ von sol man hine vüre mîn geplätze erkennen?
hie envor dô kande man iz wol bî Riuwental.
dâ von solde man mich noch von allem rehte nennen:
nust mir eigen unde lêhen dâ gemezzen smal.
kint, ir heizet iu den singen der sîn nû gewaltic sî:
ich bin sîn verstôzen âne schulde: mîne vriunt, nû lâzet
mich des namen vrî.

9 Mîner vînde wille ist niht ze wol an mir ergangen:
wolde ez got, sîn mähte noch vil lîhte werden rât.
in dem lande ze Oesterrîche wart ich wol enphangen
von dem edeln vürsten der mich nû behûset hât.

6 Sollte ich berichten, was sie dann miteinander taten,
so weiß ich es nicht: Denn ich machte mich schnell davon.
Jeder fing an, heftig nach seinen Freunden zu rufen.
Laut schrie einer: »Hilfe, Gevatter Wergant!«
Er war vielleicht in großen Nöten, als er so sehr um Hilfe schrie.
Hildbolts Schwester hörte ich auf einmal rufen: »O weh mir, mein (armer) Bruder, weh!«

7 Radförmige Sporen trägt Friedbrecht, mir zum Ärger,
und einen neuen Schwertgurt; auch trägt er zweierlei Gewand.
Wenn er den Schwertring wieder auf die Scheide zieht,
dann wißt, meine Freunde, daß mir das aus tiefstem Herzen weh tut!
Zwei neue Handschuhe zog er an, die gingen bis zum Ellenbogen hoch.
Wollt ihr hören, wie dieser Gamsbock die Liebste in diesem Jahr mitten im Tanz fluchtartig verließ?

8 Woran soll man künftig mein Geplärre erkennen?
Früher erkannte man es gut an (der Erwähnung) von »Reuental«.
Danach sollte man mich weiterhin mit vollem Recht nennen:
Doch jetzt habe ich dort keinen Eigenbesitz und kein Lehen mehr.
Mädchen, heißt denjenigen singen, der jetzt dort das Sagen hat!
Ich bin ohne Verschulden von dort vertrieben. Meine Freunde, nennt mich also nicht mehr danach!

9 Der böse Wille meiner Feinde hatte für mich keine guten Auswirkungen:
Wollte Gott, so gibt es vielleicht noch dagegen Abhilfe.
Im Land Österreich wurde ich gut aufgenommen
von dem edlen Fürsten, der mir jetzt ein Dach gab.

hie ze Medelicke bin ich immer âne ir aller danc.
mir ist leit daz ich von Eppen und von Gumpen ie ze Riuwental sô vil gesanc.

60

Neidhart

Der veihel

1 Urlaub hab der winter
und auch der kalte snee!
Uns kumt ein sumer linder:
man siht anger unde klee
gar sumerlich bestellet.
Ir ritter und ir frauen,
ir sult auf des maien plan
den ersten veihel schauen,
der ist wunniglich getan.
Die zeit hat sich gesellet.
Ir sult den sumer grússen
und all sein ingesinde.
Er kan wol swere pússen
und fert da her so linde.
So will ich auf des maien plan
den ersten veihel suchen.
Gott geb, das es mir wol muß ergan!
der zeit soll wir gerúchen,
seit sie mir wol gefellet.

2 Do gieng ich hin und here,
unz daz ich fand das blúmelein.
Do vergaß ich aller swere
und begunde da gar frólich sein.

Hier in Mödling (Melk?) bin ich jetzt gegen den Willen
von ihnen allen.
Mir ist es leid, daß ich von Eppe und Gumpe so viel in
»Reuental« gesungen habe.

60

Neidhart

Das Veilchen

1 Leb wohl, Winter
und auch du, kalter Schnee!
Auf uns kommt ein angenehmer Sommer zu:
Man sieht Anger und Klee
in sommerlicher Pracht.
Ihr Ritter und Ihr Damen,
Ihr sollt auf der Frühlingswiese
nach dem ersten Veilchen Ausschau halten;
das ist so schön.
Die Jahreszeit entspricht unseren Wunschvorstellungen:
Begrüßt den Sommer
und seinen Hofstaat!
Er kann sehr gut Ausgleich für alles Leid schaffen
und stellt sich so angenehm ein.
Deshalb will ich auf der Frühlingswiese
das erste Veilchen suchen.
Gott gebe, daß ich Erfolg habe!
Wir sollen alle unsere Sinne auf die beginnende Zeit des
Sommers ausrichten,
da sie mir gut gefällt.

2 Da lief ich hin und her,
bis ich das Blümlein fand.
Da vergaß ich alle meine Sorgen;
mir wurde überaus froh zumute.

Wollaut begund ich singen.
Wann auf die selben blúmen
sturzt ich meinen hut,
das ich mich tórst rúmen,
wann es daucht mich so gut;
mir solt wol gelingen.
Das sah ein vilzgebauer
hindert mir in einem tal.
Es ward im sider zu sauer,
das er treib so reichen schal.
Ich waen, der ungelinke
zucht auf den meinen hut,
und sein bruder Hinke.
Sor er darumb erleidt.
Do begund mich sorge zwingen.

3 Do gieng ich sunder tougen
auf die burg und redt also:
"Die rede ist on lougen,
ir solt alle wesen fro.
Ich han den sumer funden."
Die herzogin von Bayern,
furt ich an meiner handt,
mit pfeiffern, fidlern, flaiern.
Freud was uns wol bekannt
all zu den selben stunden.
Do sprach ich zu der feinen:
"Kniet nider und hebt auf den hut.
Ir lat den summer scheinen,
wann das dunkt uns so gut."
Die minniglich, die reine,
die bot dar ir schneeweise handt,
die stúrzt den hut wolumbe.
sorg sie darunter fandt.
Mein freud, die was verswunden.

Mit schöner Stimme begann ich zu singen.
Alsbald stülpte ich meinen Hut
über diese Blume,
damit ich es wagen konnte, mich (meines Fundes) zu rühmen,
denn es erschien mir so gut;
ich sollte damit Erfolg haben!
Das sah einer dieser lausigen Bauern,
hinter mir in einer Bodenvertiefung (Grube).
Es sollte ihm später noch sauer werden,
daß er so ein Getöse machte.
Ich glaube, der Unglückselige,
unterstützt von seinem Bruder Hinke,
hob meinen Hut auf.
(Was er dann tat), das sollte ihm noch leid tun.
Da kam das Unglück über mich.

3 Ich ging direkt
auf die Burg und sagte:
»Wirklich, ich sage die Wahrheit.
Freut euch alle,
ich habe den Sommer gefunden.«
Ich führte die bayrische Herzogin
an meiner Hand,
begleitet von Pfeifern, Fiedlern und Flötenspielern(?).
Wir freuten uns
alle gemeinsam in diesen Stunden.
Da sprach ich zu der Feinen:
»Kniet Euch hin und hebt den Hut auf.
Ihr laßt uns den Glanz des Sommers sehen,
denn das lieben wir alle!«
Die Liebliche, Reine,
hielt ihre schneeweiße Hand hin.
Sie drehte den Hut um
– und fand Sorge darunter.
Meine Freude war verflogen.

4 Do sprach die herzoginne:
'Neithart, das habt ir getan,
des ich mich wol versinne.
Die schmacheit muß mir nahet gan
und mag euch wol gereuen.
Beï allen meinen tagen
geschah mir nie so leidt.
das ich es torst gesagen,
zu freuden bin ich unbereit.
Mein leid, das will sich neuen.'
So waffen úber mich tummen!
Ich wolt, das ich wer todt.
nu muß ich leiden kumer;
ich kam nie in grosser not.
Die wolgemuten munde
muß ich von schulden clagen,
das ich mich von in kunde.
das leid soll ich alleine tragen:
das habt auf meine treue!

5 An einem lobentanze
gieng Irrenber und Irrenfrid
mit irem rosenkranze.
Roßwin, Goßwin und der schmid,
die wurden faste singen
und der junge Lanze,
und sein bruder Uzenger,
Frisper unde Ranze.
Gevatter Platfuß, nu tritt her,
lat neue sporen klingen!
Ir waren zwen und dreissig,
die verlorn doch ir linkes bein.
Einer, der hiez Wissigk,
wie ser er úbern prúel grein:
"verflucht sei der summer,
den der Neithart erste fandt!

4 Da sprach die Herzogin:
»Neithart, das habt Ihr getan,
das durchschaue ich ganz genau.
Diese Schande muß mir nahegehen,
und Euch wird das noch leid tun.
Noch nie ward mir
ein solcher Schmerz zugefügt.
Daß ich es nur sage:
ich habe keine Lust mehr zu irgendwelchen Ausgelassenheiten.
Der Schmerz übermannt mich aufs neue.«
Ach, ich Idiot!
Ich wünschte, ich wäre tot.
Nun muß ich Schmerz erdulden;
noch nie bin ich in größeres Unheil geraten.
Ich muß zu Recht
die frohgestimmten Lippen beklagen,
daß ich mich (nämlich) durch sie mitgeteilt habe.
Das Leid muß ich allein auf mich nehmen:
das dürft ihr mir glauben!

5 An dem verabredeten Tanz
sprangen Irrenber und Irrenfrid,
beide mit ihrem Rosenkranz.
Roßwin, Goßwin und der Schmied,
die haben laut gesungen,
und der junge Lanze,
sein Bruder Uzenger,
Frisper und Ranze.
Vetter Plattfuß, komm her,
laß deine neuen Sporen klingen!
Es waren zweiunddreißig,
die doch ihr linkes Bein einbüßten.
Einer, er nennt sich Wissigk,
wie laut er doch über den Hügel grölte:
»Verflucht sei das Sommerzeichen,
das der Neithart zuerst gefunden hat!

Nun múß wir leiden kummer;
so der veihel sei geschant!
Nu múg wir nimer springen."

61

Neidhart

Allez daz den sumer her

1 Allez daz den sumer her mit vreuden was,
daz beginnet trûren gein der winderlangen swaeren zît.
sanges sint diu vogelîn geswigen über al.
gar verdorben sint die bluomen und daz gras.
schouwet waz des kalten rîfen oben ûf dem walde lît.
ez ist wol von schulden, ist diu grüene heide val.
daz ist ein gemeiniu klage
diu mich vröuden wendet:
deist an mînem lesten tage
leider unverendet.

2 Sî nimt immer wunder waz diu klage sî
diech durch bezzerunge mînen lieben vriunden hân geseit.
daz wil ich bescheiden, daz ir sprechet 'ez ist wâr'.
in der werlde niemen lebet sünden vrî:
ja ist ez sô ie lenger sô ie boeser in der kristenheit.
mîne tage swindent unde kurzent mîniu jâr.
solde ich dâ bî vröuden phlegen
diu von herzen gienge,
dienest lâzen under wegen
der mich baz vervienge?

Nun müssen wir Schmerz erdulden.
Verflucht sei das Veilchen!
Nie mehr können wir nun tanzen.«

61

Neidhart

Alles, was den Sommer über

1 Alles, was den Sommer über in Freude war,
das zeigt Trauer über die winterlange, schwere Zeit.
Mit ihrem Gesang haben alle Vögel aufgehört,
völlig verwelkt sind Blumen und Gras.
Seht, was an kaltem Reif über dem Wald liegt.
Es hat seinen Grund, daß die grüne Wiese ihre Farbe verloren hat.
Es ist eine allgemeine Klage,
die meine Freude vertreibt:
(und) das wird bis zu meinem letzten Tag
leider nicht aufhören.

2 Sie wundern sich immer darüber, wovon die Klage handelt,
die ich, um eine Verbesserung zu bewirken, vor meinen lieben Freunden ausgesprochen habe.
Ich will es euch erklären, damit ihr dann sagt: »Das ist wahr.«
Niemand auf der Welt lebt ohne Sünden:
So ist es tatsächlich in der Christenheit, und zwar je länger, desto schlimmer.
Meine Tage schwinden dahin und verkürzen meine Jahre.
Sollte ich unter solchen Umständen Freude haben,
die von Herzen käme,
den Dienst mittendrin lassen,
der mir größeren Nutzen brächte?

3 Swenne ich sündehafter in den riuwen baden,
sô wil sî mîn vrouwe deich ir kinden singe niuwen sanc.
sô muoz ich mich ir gewaltes mit verzîhen wern.
sî gedarf mich nimmer mê an sich geladen
in ir dienest: umbe ein scheiden sô stêt aller mîn gedanc.
ich bin in dem willen daz ich wil die sêle nern,
diech von gote geverret hân
mit üppiclîchem sange.
der engel müeze ir bî gestân
und hüete ir vor getwange.

4 Êrelôsiu vrouwe, wê waz welt ir mîn?
lât iu tûsent junge dienen hinne vür an mîner stat.
ich wil einem herren dienen des ich eigen bin.
ich enwil niht langer iuwer senger sîn.
daz ich iu ze dienest ie sô mangen geilen trit getrat,
daz ist mînes heiles, mîner sêle ungewin.
daz ich iuch dô niene vlôch,
daz ist mîn meistiu swaere,
und mich ze herren niht enzôch
des lôn noch bezzer waere.

5 Swenne ich an ein trûren wende mînen muot,
sô kumt einer unde sprichet "guote, singet etewaz.
lât uns mit iu singen. tuot uns vröudehelfe schîn.
swaz man nû gesinget daz ist niht ze guot.
mîne vriunde sprechent, ir gesunget wîlen verre baz,
sî nimt immer wunder war die dörper komen sîn

3 Wenn ich Sündebeladener in Reue und Zerknirschung
eintauche,
dann verlangt sie, meine Herrin, daß ich ihren Kindern
ein neues Lied singe.
Dann muß ich mich gegen ihren Machtanspruch durch
Lossagen erwehren.
Sie braucht mich nie mehr zu sich in ihren Dienst
laden: mein ganzes Denken richtet sich auf die
Trennung von ihr.
Ich habe die Absicht, daß ich meine Seele retten will,
die ich von Gott entfernt habe
mit meinem hochfahrenden und ausgelassenen Singen.
Der Engel soll ihr beistehen
und sie vor Bedrängnis bewahren.

4 Ehrlose Dame, weh, was wollt Ihr von mir?
Laßt Euch von tausend Jungen künftig statt mir
dienen.
Ich will einem Herrn dienen, dessen Untertan ich bin,
ich will nicht mehr länger Euer Sänger sein.
Daß ich für Euch so viele ausgelassene Tanzschritte
machte,
das bringt meinem Heil und meiner Seele den Schaden.
Daß ich Euch nie entflohen bin,
das ist mein schwerster Kummer,
und (ferner), daß ich mir nicht den zum Herrn wählte,
dessen Lohn noch viel besser wäre.

5 Immer wenn ich meinen Sinn ganz aufs Trauern richte,
dann kommt einer und sagt: »Liebe Leute, singt etwas.
Laßt uns mit euch singen, zeigt eure Hilfe für unsere
Freude!
Was man jetzt singt, das bringt nichts Gutes.
Meine Freunde sagen, ihr hättet früher viel besser
gesungen.
Sie wundern sich immer darüber, wohin die Dörper
gekommen sind,

die dâ wâren hie bevor
ûf Tulnaere velde."
ez vert noch einer in ir spor,
des üppekeit ich melde.

6 Erst geheizen rehtes namen Limizûn.
er und einer sîn geselle (derst getoufet Holerswam),
ern ist ninder hie der ie gesaehe ir beider gaten.
des einen hâr ist reide val, des andern brûn.
erst noch toerscher danne der uns Viderûn ir spiegel nam
oder jene die ze Wienne wîlen kouften platen.
ir beider brîsem sint beslagen
wol mit knophelînen,
zweier zîle alumbe den kragen,
dazs ot verre schînen.

7 Ir hüete ir röcke ir gürtel die sint zinzerlîch,
ir swert gelîche lanc, ir schuohe unz ûf daz knie ergânt gemâl:
alsô truogen sîs den sumer ûf den kirchtagen.
üppiclîches muotes sint sî ellentrîch,
daz sî waenent, sî sîn künftic von der Treisem hin ze tal
wie moht mîn vrou Süezel Limezûnen daz vertragen
daz er an ir hende spranc
den reien? von der tschoyen
sîn houpt er zoedeclîchen swanc
gein ir zem turloyen.

*

die früher hier waren
auf dem Tullner Feld.«
Es gibt da noch einen in ihrer Spur,
dessen hochfahrende Üppigkeit ich anzeige:

6 Er heißt mit seinem richtigen Namen Flickenzaun.
Er und einer seiner Gesellen – der wurde auf den Namen Hollerschwamm getauft –:
Es gibt nirgendwo jemand, der jemals ihresgleichen gesehen hätte.
Das Haar des einen ist gelockt und hell, des anderen braun.
Jener ist noch frecher als der, der uns Friederun ihren Spiegel nahm,
oder als jene, die sich einst in Wien Brustplatten kauften.
Die Schnürhemden der beiden
sind mit kleinen Knöpfen versehen,
und zwar in zwei Reihen rund um den Hals,
so daß sie weithin glänzen.

7 Ihre Kopfbedeckungen, ihre Jacken und ihre Gürtel sind elegant,
ihre Schwerter, ebenso lang, reichen wie ihre buntverzierten Schuhe bis zum Knie:
So haben sie sie den Sommer über bei den Kirchweihfesten getragen.
Hochfahrender Stimmung sind sie in ihrem Reichtum,
so daß sie sich einbilden, sie stammten (aus der Gegend) Treisen abwärts.
Wie konnte meine Frau Süßel das dem Flickenzaun erlauben,
daß er an ihrer Hand
im Reigen tanzte? Vor Freude darüber
bewegte er ihr gegenüber seinen Kopf geckenhaft
zum Klang der Musik.

*

Vier und hundert wîse diech gesungen hân
unde niune die der werlte noch niht vollekomen sint
unde ein tagewîse, niht mêr mînes sanges ist.
swaz ich dar an üppiclîchen hân getân,
daz machte wan diu Werlt und ir vil tumberaezen kint.
daz geruoche mir vergeben, herre Jêsus Krist.
sit ich dîner hulde ger,
sô lâz mich hie gebüezen
durch willen dîner marter hêr;
des bitte ich dich vil süezen.

62

Otto von Botenlauben

Waere Kristes lôn niht alsô süeze

1 Waere Kristes lôn niht alsô süeze,
so enlieze ich niht der lieben frouwen mîn,
diech in mînem herzen dicke grüeze:
sie mac vil wol mîn himelrîche sîn,
swâ diu guote wone al umbe den Rîn.
herre got, nu tuo mir helfe schîn,
daz ich mir und ir erwerbe noch die hulde dîn!

2 'Sît er giht ich sî sîn himelrîche,
sô habe ich in zuo gote mir erkorn,
daz er niemer fuoz von mir entwîche.
herre got, lâ dirz niht wesen zorn.
erst mir in den ougen niht ein dorn,
der mir hie ze fröiden ist geborn.
kumt er mir niht wider, mîn spilnde fröide ist gar verlorn.'

Einhundertundvier Lieder, die ich gesungen habe,
und neun, die den höfischen Ansprüchen noch nicht
genügen,
und ein Tagelied: Mehr an Gesang habe ich nicht
vorzuweisen.
Was ich auch immer mit diesen an Hochfahrendem
getan habe,
das verursachten allein (Frau) Welt und ihre
dummdreisten Kinder.
Das wollest Du mir vergeben, Herr Jesus Christus!
Weil ich Deine Gnade suche,
so laß mich hier Buße tun
um Deiner Marter willen!
Darum bitte ich Dich, liebster Gott.

62

Otto von Botenlauben

Wäre die Belohnung durch Christus nicht so süß

1 Wäre die Belohnung durch Christus nicht so süß,
dann verließe ich nicht die liebe Herrin,
die ich in meinem Herzen so oft grüße:
Sie vermag durchaus mein Himmelreich zu sein,
wo immer sich die Schöne auch am Rhein aufhält.
Herrgott, nun erweise mir Deine Hilfe,
daß ich mir und ihr gleichwohl Deine Gnade erringe!

2 »Da er sagt, ich sei sein Himmelreich,
habe ich ihn mir zum Gott erwählt,
damit er keinen Fußbreit von mir weggehe.
Herrgott, zürne mir deswegen nicht.
Denn er ist mir keineswegs ein Dorn im Auge,
der mir hier zur Freude geboren ist.
Kommt er nicht zurück, dann ist meine herrliche
Freude völlig zunichte.«

63

Otto von Botenlauben

Kumt er der mir dâ komen sol

1 'Kumt er der mir dâ komen sol,
der mir bî dem hôhsten eide
lobte er kaeme mir,
sô wirt mir senden wîbe wol:
bluomen unde grüener heide
sanfte ich der enbir.
sô wê dir, arge huote,
dast unsaelic sîst
durch daz du staetem muote
sô vil leides gîst!
daz ist mîner fröide ein slac.
wahter, sô du welles singen, sô sinc ez
sî tac!'

2 Dô diu vil reine frouwe guot
klagte ir leit sô klagelîchen,
schiere wart si frô
und wart geringet ir der muot.
si gienc zem wahter tougenlîchen
unde sprach alsô
'wahtaer, nu lâ dîn singen,
ez ist noch niender tac.
mîn leit daz wil sich ringen
daz mir sô nâhe lac:
guotiu maere ich hân vernomen,
daz ein spiegel aller mîner wunne mir
ist komen.'

63

Otto von Botenlauben

Kommt er, der zu mir kommen soll

1 »Kommt er, der zu mir kommen soll,
der mir mit höchstem Eid
geschworen hat, er käme zu mir,
dann wird mir sehnsuchtsvoller Frau wohl:
Auf die Blumen und die grüne Wiese
verzichte ich dann leicht.
Weh euch, böse Aufpasser,
seid verwünscht,
weil ihr beständiger Liebe
so viel Leid verursacht!
Das ist ein Schlag für meine Freude.
Wächter, wenn du singen willst, dann singe,
es sei (endlich) Tag.«

2 Nachdem die edle schöne Dame
ihr Leid so stark beklagt hatte,
wurde sie plötzlich froh,
und ihr Kummer verschwand.
Sie ging heimlich zum Wächter
und sagte dieses:
»Wächter, nun laß dein Singen,
denn es ist noch keineswegs Tag.
Mein Leid wird verschwinden,
das mir so nahegegangen ist:
Gute Nachricht habe ich vernommen,
nämlich daß der Spiegel aller meiner Freude
gekommen ist.«

64

Burkhart von Hohenfels

Dô der luft mit sunnen viure

1 Dô der luft mit sunnen viure
wart getempert und gemischet,
dar gab wazzer sîne stiure,
dâ wart erde ir lîp erfrischet.
dur ein tougenlîchez smiegen
wart si fröiden frühte swanger.
daz tet luft, in wil niht triegen:
schouwent selbe ûz ûf den anger.
fröide unde frîheit
ist der werlte für geleit.

2 Uns treib ûz der stuben hitze,
regen jagte uns în ze dache:
ein altiu riet uns mit witze
in die schiure nâch gemache.
sorgen wart dâ gar vergezzen,
trûren muose fürder strîchen:
fröide hâte leit besezzen,
dô der tanz begunde slîchen.
fröide unde frîheit . . .

3 Diu vil süeze stadelwîse
kunde starken kumber krenken.
eben trâtens unde lîse,
mengelîch begunde denken
waz im aller liebest waere.
swer im selben daz geheizet,
dem wirt ringe sendiu swaere:
guot gedenken fröide reizet.
fröide unde frîheit . . .

64

Burkhart von Hohenfels

Als die Luft mit dem Feuer der Sonne

1 Als die Luft mit dem Feuer der Sonne
gemodelt und gemischt wurde,
da gab das Wasser seine Hilfe dazu,
und der Leib der Erde wurde erfrischt.
Durch ein heimliches Hinschmiegen
wurde sie schwanger mit Freudenfrüchten.
Dies bewirkte die Luft (des Himmels), ich lüge nicht:
schaut selbst hinaus auf die Wiese.
Freude und Freiheit sind
vor der Welt ausgebreitet.

2 Uns hat die Hitze aus der Stube hinausgetrieben,
doch der Regen jagte uns wieder unters Dach:
Eine alte Frau gab uns den klugen Rat,
wir sollten es uns in der Scheuer bequem machen.
Da vergaßen wir die Sorge,
die Trauer mußte verschwinden:
die Freude hatte den Kummer besiegt,
als der Tanz zu schreiten begann.
Freude und Freiheit ...

3 Diese so süße Tanzmelodie
konnte auch starken Kummer vertreiben.
Sie tanzten gleichmäßig und ohne Hast.
Viele dachten daran,
was ihnen das Liebste wäre.
Wer sich das vorstellen kann,
dem verringert sich die sehnsuchtsvolle Beschwernis:
Frohe Hoffnung ruft Freude hervor.
Freude und Freiheit ...

4 Heinlîch blicken, sendez kôsen
wart dâ von den megden klâren.
zühteclich si kunden lôsen,
minneclîch was ir gebâren.
hôher muot was dâ mit schalle
nâch bescheidenheite lêre.
wunderschoene wârens alle,
. . . .
fröide unde frîheit . . .

5 Sûsâ wie diu werde glestet!
sist ein wunneberndez bilde,
sô si sich mit bluomen gestet:
swer si siht, demst trûren wilde.
des giht manges herze und ougen.
ein ding mich ze fröiden lücket:
sist mir in mîn herze tougen
stahelherteclich gedrücket.
fröide unde frîheit . . .

65

Gottfried von Neifen

Saelic saelic sî diu wunne

1 Saelic saelic sî diu wunne,
saelic sî des wunnebernden meien zît,
saelic sî der vogel singen,
saelic sî diu ouwe, saelic sî der walt!
man siht bluomen manicvalt
durch daz grüene gras ûf dringen,
mêr dann ich erdenken kunne.
tanzen springen suln die jungen widerstrît.

4 Ein heimliches Blicken, ein sehnsüchtiges Kosen
geschah da von den schönen Mädchen.
In allem Anstand verstanden sie zu flirten,
ihr Benehmen zeigte liebliche Eleganz.
Freudige Stimmung war laut zu hören,
aber stets so, wie es sein sollte.
Wunderschön waren sie alle,
. . . .
  Freude und Freiheit . . .

5 Hei, wie die Schöne strahlt!
Sie ist ein freudebringender Anblick,
wenn sie sich so mit Blumen schmückt.
Wer sie ansieht, den verläßt die Trauer.
Das sagen viele Herzen und Augen.
Etwas verlockt mich zu höchster Freude:
daß sie nämlich heimlich, aber mit
stählerner Härte in mein Herz eingedrückt ist.
  Freude und Freiheit . . .

65

Gottfried von Neifen

Gepriesen, gepriesen sei die Freude

1 Gepriesen, gepriesen sei die Freude,
gepriesen sei die freudenbringende Maienzeit,
gepriesen sei das Singen der Vögel,
gepriesen sei die Wiese, gepriesen sei der Wald!
Man sieht vielerlei Blumen aus dem
grünen Gras hervorsprießen,
mehr als ich mir ausdenken kann.
Tanzen und springen sollen die Jungen im Wettstreit.

2 Nieman nieman kan erdenken
waz für senelîchez trûren bezzer sî
danne ein kus von rôtem munde
und dar zuo ein minneclîcher umbevanc.
dâ wirt sendez trûren kranc;
ez fröit ûf von herzen grunde
ermel flehten, bein verschrenken.
in der stunde   wirt diu liebe sorgen frî.

3 Wâfen, wâfen über die Minne!
wâfen wil ich über si schrîen iemer mê.
ich was ir dâ her gebunden:
nû lât sie mich trûreclîche von ir gân.
sie hât übel an mir getân.
sie muoz einem andern wunden
herze muot und al die sinne.
wol befunden   hân ich daz si tuot sô wê.

4 Frouwe frouwe, saelic frouwe,
herzen trût, ir sît mir liep für elliu wîp:
des ich selten hân genozzen:
dâ von ich niht mêre fürbaz singen wil.
ez dûht iuch vil gar ein spil.
iuch hât dicke mîn verdrozzen:
des ich mich vil trûric schouwe.
vor beslozzen   ist mir fröide und iuwer lîp.

5 Wol dir, wol dir, wîbes güete!
wol dir, daz du saelic iemer müezest sîn!
wol dir, dû kanst trûren swachen,
swâ diu Minne ein sendez herze hât verwunt.
dîn vil rôsevarwer munt,
sô der lieplîch wolde lachen,
sam der rôse in touwen blüete
fröide machen   kan dîn spilnder ougen schîn.

2 Niemand, niemand kann sich etwas ausdenken,
das gegen schmerzliche Sehnsucht besser sei
als ein Kuß von einem roten Mund
und eine Umarmung in Liebe.
Davon verschwindet die schmerzliche Sehnsucht;
das Ineinanderschlingen der Arme und das
Verschränken der Beine
bringt Freude aus Herzensgrund.
In diesem Moment wird die Liebe frei von Sorgen.

3 Wehe, wehe über die Liebe!
Wehe will ich immer wieder über sie rufen.
Bisher war ich von ihr gefesselt,
jetzt läßt sie mich auf schmerzvolle Weise frei.
Sie hat schlecht an mir gehandelt.
Sie soll jemand anderem
Herz, Gefühl und Verstand verwunden.
Ich habe genau erkannt, daß sie so sehr weh tut.

4 Herrin, Herrin, gepriesene Herrin,
Herzliebste, Ihr seid mir lieb vor allen Frauen:
Davon habe ich wenig Nutzen gehabt:
Deshalb will ich künftig nicht mehr singen.
Euch kommt das wie ein Spiel vor.
Ihr seid meiner sehr überdrüssig,
deshalb finde ich mich im Schmerz wieder.
Weggeschlossen ist mir die Freude und Eure Gegenwart.

5 Wohl dir, wohl dir, Beste aller Frauen!
Wohl dir, du sollst für immer gepriesen sein!
Wohl dir, du kannst den Schmerz beenden,
wenn irgendwo die Liebe ein sehnsuchtsvolles Herz
verwundet hat.
Dein rosenfarbener Mund,
wenn der liebevoll lächeln würde,
so wie die Rose im Tau aufblüht:
Die (gleiche) Freude kann der Glanz deiner
leuchtenden Augen bereiten.

66

Gottfried von Neifen

Ez fuor ein büttenaere

1 Ez fuor ein büttenaere
vil verre in frömdiu lant.
der was sô minnebaere,
swâ er die frouwen vant,
daz er dâ gerne bant.

2 Dô sprach der wirt maere
zim waz er kunde.
'ich bin ein büttenaere:
swer mir des gunde,
sîn vaz i'im bunde.'

3 Dô truoc er sîne reife
und sînen tribelslagen.
mit sînem umbesweife
kund er sich wol bejagen,
ein guot geschirre tragen.

4 Sînen tribelwegge
den nam sie in die hant
mit sîner slehten egge.
si sprach 'heilant,
got hât iuch har gesant.'

5 Dô si dô gebunden
dem wirte sîn vaz
neben unde ouch unden,
si sprach 'ir sint niht laz.
mir wart nie gbunden baz.'

66

Gottfried von Neifen

Es fuhr ein Faßbinder

1 Es fuhr (einmal) ein Faßbinder
weit fort in fremde Länder.
Der war so liebestüchtig,
daß er überall gerne band,
wo er Damen antraf.

2 Ein Hausherr fragte ihn einst,
was er könne.
»Ich bin ein Faßbinder,
und wer es mir erlaubt,
dem binde ich sein Faß.«

3 Da trug er seine Reifen
und seinen Schlegel her.
Mit seinem Umfang
wußte er sich zu bewähren:
er trug ein herrliches Werkzeug.

4 Sie nahm seinen Schlegel
in die Hand,
und zwar am glatten Ende.
Sie sagte: »Heiland,
Gott hat Euch hergeschickt!«

5 Als sie dem Hausherrn
das Faß gebunden hatten,
und zwar an der Seite und unten,
sagte sie: »Ihr habt Kraft.
Nie ist mir besser gebunden worden!«

Markgraf von Hohenburg

Ich wache umb eines ritters lîp

1 'Ich wache umb eines ritters lîp
und umb dîn êre, schoene wîp:
wecke in, frouwe!
got gebe daz ez uns wol ergê,
daz er erwache und nieman mê:
wecke in, frouwe!
est an der zît, niht langer bît.
ich bite ouch niht wan dur den willen sîn.
wiltun bewarn, sô heiz in varn:
verslâfet er, sost gar diu schulde dîn.
wecke in, frouwe!'

2 "Dîn lîp der müeze unsaelic sîn,
wahtaere, und al daz singen dîn!
slâf geselle!
dîn wachen daz waer allez guot:
dîn wecken mir unsanfte tuot.
slâf geselle!
wahtaere, in hân dir niht getân
wan allez guot, daz mir wirt selten schîn.
du gers des tages dur daz du jages
vil sender fröiden von dem herzen mîn.
slâf geselle!"

3 'Dîn zorn sî dir vil gar vertragen:
der ritter sol niht hie betagen,
wecke in, frouwe!
er gap sich ûf die triuwe mîn:
do enpfalch ich in den gnâden dîn.
wecke in, frouwe!
vil saelic wîp, sol er den lîp
verliesen, sô sîn wir mit im verlorn.

67

Markgraf von Hohenburg

Ich wache um das Leben eines Ritters

1 »Ich wache um das Leben eines Ritters
und für deine Ehre, schöne Frau.
Wecke ihn, (edle) Dame!
Gott gebe, daß es uns glückt,
daß nur er aufwacht und sonst niemand.
Wecke ihn, (edle) Dame!
Es ist Zeit, warte nicht länger.
Ich bitte dich nur deshalb darum, weil er es befohlen hat.
Willst du ihn retten, so heiße ihn gehen:
verschläft er, so ist das nur deine Schuld.
Wecke ihn, (edle) Dame!«

2 »Du und all dein Singen,
Wächter, seien verflucht!
Schlafe, (mein) Geliebter!
Dein Wachen wäre durchaus in Ordnung:
Aber dein Wecken bringt mir Leid.
Schlafe, (mein) Geliebter!
Wächter, ich habe dir nur
Gutes getan, und das vergiltst du mir jetzt nicht.
Du verlangst nach dem Tag, damit du
die Liebesfreude aus meinem Herzen vertreibst.
Schlafe, (mein) Geliebter!«

3 »Dein Zorn ist verständlich:
aber der Ritter darf hier nicht bis Tagesanbruch bleiben.
Wecke ihn, (edle) Dame!
Er vertraute sich meiner Treue an,
und ich übergab ihn in deine Gnade.
Wecke ihn, (edle) Dame!
Schönste Frau, wird er hier sein Leben
verlieren, so sind wir mit ihm verloren.

ich singe, ich sage, est an dem tage,
nu wecke in, wande in wecket doch mîn horn.
wecke in, frouwe!'

68

Bruder Werner

Aus »Ton I«

Man giht, das nieman edel si

Man giht, das nieman edel si
wan der edelichen tuot;
und ist das war, des mugen sich wol genuoge herren schamen,
die niht vor schanden sint behuot,
ja wont in valsch und erge bi:
diu zwei verderbent milte und ere und ouch den edelen namen.
ouwe das er ie guot gewan,
der sich die schande und erge lat von mangen eren dringen!
der solte sehen die armen wol gemuoten an,
wie die nach ganzen wirden kunnen ringen,
ein armer der ist wol geborn, der rehte vuore in tugenden hat,
so ist er ungeslahte gar, swie riche er si, der schanden bi gestat.

Ich singe, ich sage: Es ist bald Tag!
Nun wecke du ihn auf, denn sonst weckt ihn mein Hornruf.
Wecke ihn, (edle) Dame!«

68

Bruder Werner

Aus »Ton I«

Man sagt, daß niemand ein Edelmann sei

Man sagt, daß niemand ein Edelmann sei,
der nicht auch edel handelt.
Und wenn das wahr ist, dann müssen sich viele hohe Herren schämen,
die sich nicht vor einem schlechten Ruf in acht nehmen,
denn in ihnen sind Schlechtigkeit und Geiz:
diese zwei zerstören die Freigebigkeit, das Ansehen und den Ruf, ein Edler zu sein.
Ach, daß der jemals Besitz gewann,
der sich durch die Schändlichkeit und den Geiz von Ruhm und Anerkennung abbringen läßt!
Der sollte sich einmal diejenigen Armen ansehen, die die rechte Gesinnung besitzen,
wie diese großes Ansehen erringen können.
Ein Armer ist dann wohlgeboren, wenn er sein Leben in Anstand führt;
ganz aus schlechtem Haus ist, wie reich er auch sei, wer sich an schändliche Taten hält.

69

Bruder Werner

Aus »Ton VI«

Nieman sol guot vuor mir vuorsparn

Nieman sol guot vuor mir vuorsparn.
sint daz ich gedenke vil der jare
han ich der lande vil durchvaren,
so ken ich ouch der dorfe deste mere.
Ich kan ouch deste baz gesagen,
wa mit der man vuorluoset wirde unde ere,
swar ich daz indert muoz vuordagen,
daz vromet vuor scanden nicht kegen eime hare.
Ich wil ouch unvuorworfen sin;
die wile unde ich geroren mac die zungen,
so tuon ich mit gesange schin,
ob ich ein schelten pruben kan den alten unde den jungen.
Ich meine die alten, die mit scanden haben gelebet von kindes jugent,
dar zuo mein ich die jungen, die da wahsen ane tugent.

69

Bruder Werner

Aus »Ton VI«

Niemand soll an mir sein Geld sparen

Niemand soll an mir sein Geld sparen!
Wenn ich mich an meine vielen Lebensjahre erinnere,
so habe ich viele Lande durchreist,
und ich kenne dadurch besonders viele Dörfer.
Ich kann daher auch besonders gut sagen,
wodurch man Wertschätzung und Ansehen verliert;
wenn ich das irgendwo verschweigen muß,
so hilft das auch nicht das geringste dagegen, daß man in
schlechten Ruf gerät.
Ich will auch furchtlos sein:
Solange ich noch meine Zunge rühren kann,
so mache ich durch meinen Gesang offenbar,
ob ich etwas Tadelnswertes an jung oder alt feststellen kann;
damit meine ich die Alten, die von Kind an in schlechtem
Ruf lebten,
und ich meine ferner diejenigen Jungen, die ohne Wert und
Anstand aufwachsen.

70

Bruder Werner

Aus »Ton II«

Ez wolte ein affe über einen se

Ez wolte ein affe über einen se, do kunder wol geswimmen nicht,
der bat eine schorpen, daz sie in vuorte als die abentiure gicht.
ez satz in of die bulen sin unde vuort in verre in den tich.
Do her quam mitten of den wach, ez sprach: "ich wil zuo grunde gan,
du ne gebist mir daz herze din, oder ich wil dich irtrinken lan."
der affe bot im vuor das herze sine lide gar gelich,
Ez en wolte nicht wen daz herze sin.
daz schorpe vloz dem lande ein teil zuo nahe,
der affe spranc unz an daz lant, dar umme quam die schorpe in pin.
daz sult ir vuor ein bispil ouch vurfan:
der keiser der ist komen uz unde ist gesprungen an den stat,
ir miete gerenden schorpelin, her tuot uch dar umme an selden mat.

70

Bruder Werner

Aus »Ton II«

Es wollte einmal ein Affe über einen See

Es wollte einmal ein Affe über einen See, aber weil er nicht schwimmen konnte,
bat er eine Schildkröte, daß sie ihn hinüberbringe – so lautet die Geschichte:
Sie setzte ihn auf ihren Buckel und führte ihn mitten in den Teich hinein.
Als sie mitten in dem Gewässer angekommen war, sagte sie: »Ich werde jetzt untertauchen
und dich ertrinken lassen, wenn du mir nicht dein Herz gibst.«
Der Affe bot ihr anstelle seines Herzens seine Glieder an,
doch sie wollte nur das Herz.
Die Schildkröte kam (währenddessen) dem Land etwas zu nahe,
und der Affe sprang hinüber zum Ufer: davon kam die Schildkröte in Not.
Dies sollt ihr als ein Exempel verstehen:
Der Kaiser ist herausgekommen und auf festes Land gesprungen;
ihr geldgierigen Schildkröten, damit setzt er euer Glück matt!

71

Reinmar von Zweter

Aus dem »Frau-Ehren-Ton«

Dû sünden blôz

Dû sünden blôz, dû valsches bar,
dû himelvrowe gewaltic   über al der engel schar,
des himels unt der erde   unt swes dîn kint dar inne begriffen hât!
Dû Cristes muoter, reiniu magt,
du erliuhtest vinster naht,   als si mit sunnen sî betagt,
dû gruntvest staeter triuwen,   dû schirmaerinne Gotes hantgetât!
Du süenaerinne Cristen, Juden, heiden,
diu wol daz übel ze guote kan bescheiden,
dû portnaerîn, vor helle banden
gar sünder trôst, dîn helfe ich spür:
dû unt dîn sun, des heiles tür,
sint unser schirm   vor sünden unt vor schanden.

Gelückes rat ist sinewel

Gelückes rat ist sinewel,
im loufet maneger nâch,   doch ist ez vor im gar ze snel
unt lât sich doch erloufen   williclîch, den ez beswîchen wil.
Swer stîget ûf Gelückes rat,
der darf wol guoter sinne,   wie er behalte Gelückes stat,
deiz under im iht wenke: wand ir daz rat hin ab im zucket vil.
Die müezen danne sîgen mit unwerde,

71

Reinmar von Zweter

Aus dem »Frau-Ehren-Ton«

Du Sündenfreie

Du Sündenfreie, Du Fehlerlose,
Du Himmelsherrin, herrschend über die gesamte Schar der Engel,
über Himmel und Erde und alles, was Dein Sohn dort hineingetan hat!
Du Mutter von Christus, reine Jungfrau,
Du erleuchtest die finstere Nacht, so daß sie taghell wird,
Du Fundament unverbrüchlicher Liebe, Du Schirmerin von Gottes Geschöpfen!
Du Versöhnerin für Christen, Juden und Muslime,
die Böses von Gutem genau unterscheiden kann,
Du Pförtnerin, Schutz der Sünder
vor den Fesseln der Hölle, Deine Hilfe erkenne ich:
Du und Dein Sohn, die Türe zum Heil,
Ihr seid unser Schirm vor Sünden und Schanden.

Das Glücksrad ist rund

Das Glücksrad ist rund,
manch einer läuft ihm nach: doch ist es diesem viel zu schnell,
obwohl es sich freiwillig von jenem einholen läßt, den es betrügen will.
Wer auf dem Glücksrad nach oben steigt,
benötigt seinen ganzen Verstand, damit er den Stand auf dem Glück behalte,
so daß es unter ihm nicht schwanke: denn das Rad hat schon viele mit sich hinunter gezogen.
Die müssen dann in übler Weise dahinsinken,

wan sie mit schanden ligen ûf der erde:
Gelücke wenket unbesorget,
ez gît vil manegem ê der zît
unt nimt hin wider swaz ez gît:
ez toeret den, swem ez ze vil geborget.

Diu trunkenheit tuot grôzen schaden

Diu trunkenheit tuot grôzen schaden,
si tuot die sêle sünden unde schanden überladen,
si machet manegen man, daz im Got unt die liute werdent gram.
Diu trunkenheit tuot dannoch mê,
si schadet an dem guote unt tuot dâ bî dem lîbe wê,
si stummet unde blendet, si toeret unde machet manegen lam.
Sît daz si toetet sêle, lîp unt êre
unt benimt daz guot unt prüevet schaden noch mêre,
wie sol man in heizen dannen,
der ir wil volgen zaller stunt?
'her trunkenbolt, her trunkenslunt'
sus heizt er wol von wîben unt von mannen.

Des vater swert unt ouch des suns

Des vater swert unt ouch des suns
diun hellent niht gelîche: daz becrenket si unt uns:
des vater swert âgreifet ûf Hügelîn unt ûf des rîches haz.
Swâ sîn daz rîche hin bedarf,
man enwetzez mit dem golde, anders wirt ez nimmer scharf:

denn sie liegen in Schanden auf der Erde:
Das Glück schwankt unberechenbar,
viele beschenkt es vorzeitig,
und es nimmt wieder weg, was es gegeben hat:
Es macht denjenigen zum Narren, dem es zu viel
geborgt hat.

Die Trunksucht richtet großen Schaden an

Die Trunksucht richtet großen Schaden an,
sie häuft Sünde und Schandbarkeit auf die Seele,
sie macht viele Männer bei Gott und den Leuten verhaßt.
Die Trunksucht tut aber noch mehr:
Sie beeinträchtigt den Besitz, und sie schadet der Gesundheit,
sie macht stumm und blind, sie macht dumm und lahm.
Da sie also Seele, Körper und Ansehen tötet,
den Besitz wegnimmt und noch weiteren Schaden anrichtet,
wie soll man dann denjenigen heißen,
der ihr trotzdem zu aller Zeit anhängt?
»Herr Trunkenbold, Herr Trunkenhals«,
so nennen ihn Frauen und Männer zu Recht.

Das Schwert des Vaters und das des Sohnes

Das Schwert des Vaters und das des Sohnes,
die befinden sich nicht mehr in Harmonie: das schadet ihnen
und uns.
Das Schwert des Vaters trifft daneben, wenn es dem Ugolino
und gegen das Reich dient.
Wenn immer das Reich seiner bedarf,
dann muß man es mit Gold wetzen, denn anders wird es
nicht mehr scharf:

daz selbe swert truoc wîlent der grâwe hêrre Sente Pêter
baz.
Nû treit ez Pêter Hügel mit dem schîne:
dô man Grêgôrjum worhte ûz Pêterlîne,
dô solt er mit dem selben swerte
sich Hügelînes hân erwert,
der noch mit uns nâch schatze vert
an Pêters stat, der niht wan sêlen gerte.

Der triuwen triskamerhort

Der triuwen triskamerhort,
ein ankerhaft der staete, ein vürgedanc ûf ieglich wort,
ein wahter Cristentuomes, Roemischer êren gruntveste
unde grunt,
Ein bilder houbethafter zuht,
ein volliu gruft der sinne, ein sâme saeldebernder vruht,
ein zunge rehter urteil, vrides hant, gewisser worte ein
munt.
Ein houbet, dem nie smit deheine crône
vol machen kunde sîner tugent ze lône,
dem houbet suln wir al gelîche
wünschen lange wernder tage:
wes lîp, wes herze daz lop trage?
des suln wir jehen dem keiser Vriderîche.

Dieses Schwert trug einstmals Sankt Peter, der greise Herr, besser.
Jetzt trägt es Peter Ugolino, der Scheinheilige:
Als man aus dem kleinen Peterlein den Gregorius schuf,
da hätte er (Sankt Peter) sich mit eben diesem Schwert
des Ugolino erwehren sollen,
der nach wie vor nach Schätzen strebt
auf dem Sitz jenes Peter, der nur nach Seelen verlangte.

Schatz in der Schatzkammer der Treue

Schatz in der Schatzkammer der Treue,
Ankergrund der Beständigkeit, Besonnenheit bei jedem einzelnen Wort,
Wächter der Christenheit, Fundament und Grundlage der Ehre Roms,
Bildner der vorzüglichsten Eigenschaften,
Gewölbe voll an Verstand, Same von glückbringender Frucht,
Zunge gerechter Urteile, Hand des Friedens, Mund unverbrüchlicher Worte,
Haupt, dem niemals ein Schmied eine Krone
entsprechend all seinen Vorzügen herstellen könnte,
diesem Haupt sollen wir alle zusammen
ein langes Leben wünschen:
Von welcher Person, von welchem Herz dieses Lob handle?
Das müssen wir zusprechen dem Kaiser Friedrich!

Got, alter unde niuwer Crist

Got, alter unde niuwer Crist,
sît alle crêâtiure   in dîner hant beslozzen ist,
der himel unt diu erde,   wazzer, viur, luft unt alliu
engelschaft;
Den liehten tac, die trüeben naht
mit loufe wol berihtet hât   dîn götelîchiu maht,
diu ie ân anegenge   unt immer ist mit endelôser craft;
Dû angesihticlîchen wunder taete,
dô man dich sach in menschlîcher waete
unt vor den Juden sunderlîche:
lâz uns alrêrst dîn ellen sehen,
des dir die Cristen müezen jehen,
unt widerstant   von Stoufen Vriderîche!

Venediaer die hânt vernomen

Venediaer die hânt vernomen,
daz Roemisch rîche veile sî,   des sint in brieve komen:
nû hânt si sich vermezzen,   si wellen dar zuo gerne ir stiure
geben,
Daz ez noch kome in ir gewalt;
swaz si daz kosten mac,   des sint si willic unde balt:
si jehent, wurde in daz rîche,   si wolden immer deste gerner
leben.
Ir herzog ist ein mehtic kürsenaere,
unt wart ie kürsenaere crônebaere
mit sînem igelvarwen glatze,
sô mac ouch er wol crône tragen:
son darf ouch vürbaz nieman jagen,
der ez nû müge   vergelten baz mit schatze.

Gott, Vater und Sohn

Gott, Vater und Sohn,
da alle Geschöpfe in Deiner Hand beschlossen liegen,
der Himmel und die Erde, Wasser, Feuer, Luft und die ganze Engelschar;
(da) Deine göttliche Macht den Lauf des hellen Tages
und der dunklen Nacht unterschieden hat,
die ohne Anfang und von nie endender Kraft ist;
der Du sichtbare Wunder tatest,
als man Dich in menschlicher Gestalt sah,
und zwar herausgehoben unter den Juden:
Laß uns endlich Deine Macht sehen,
die Dir die Christen zusprechen,
und leiste Widerstand gegen den Staufer Friedrich!

Die Venezianer haben gehört

Die Venezianer haben gehört,
daß das Römische Reich zum Verkauf stünde – das sei ihnen schriftlich berichtet worden:
Nun haben sie es sich herausgenommen, daß sie gerne ihre Mittel dafür einsetzen,
daß es doch noch in ihre Gewalt komme;
was es auch kosten möge, dazu seien sie willig und fähig:
sie sagen, wenn das Reich in ihren Besitz käme, dann würden sie künftig noch lieber leben.
Ihr Herzog ist ein mächtiger Kürschner,
und wurde ein Kürschner mit seiner Igel-Glatze
jemals würdig für die Krone,
so kann er die Krone auch durchaus tragen:
dann braucht künftig niemand mehr nach ihr auf die Jagd zu gehen,
der jetzt imstande wäre, dafür noch mehr Schätze zu bezahlen.

Der wilde Alexander

Hie bevorn do wir kinder waren

1 Hie bevorn do wir kinder waren
und diu zit was in den jaren
daz wir liefen uf die wisen
von jenen her wider ze disen,
da wir under stunden
viol vunden,
da siht man nu rinder bisen.

2 Ich gedenke wol daz wir sazen
in den bluomen unde mazen
welich diu schoeneste möhte sin.
da schein unser kintlich schin
mit dem niuwen kranze
zuo dem tanze.
alsus get diu zit von hin.

3 Seht, do liefe wir ertberen suochen
von der tannen zuo der buochen
über stoc unde über stein
der wile daz diu sunne schein.
do rief ein waltwiser
durch diu riser
'wol dan, kinder, unde get hein!'

4 Wir enpfiengen alle masen
gestern, do wir ertberen lasen;
daz was uns ein kintlich spil.
do erhorte wir so vil
unsern hirten ruofen
unde wuofen
'kinder, hie get slangen vil.'

72

Der wilde Alexander

Damals, als wir noch Kinder waren

1 Damals, als wir noch Kinder waren
und wir in dem Alter waren,
daß wir auf den Wiesen
hin und her liefen,
wo wir manchmal
Veilchen fanden:
Da sieht man jetzt Rinder herumrennen.

2 Ich erinnere mich gut, daß wir
in den Blumen saßen und prüften,
welche die schönste sei.
Damals erstrahlte unsere kindliche Schönheit
unter dem frischen Kranz
beim Tanz:
So vergeht die Zeit!

3 Seht, da liefen wir Erdbeeren suchen
von der Tanne hin zur Buche,
über Stock und Stein,
solange die Sonne schien.
Da rief ein Waldhüter
durchs Gebüsch:
»Auf denn, Kinder, geht nach Hause!«

4 Wir bekamen alle Flecken
gestern, als wir Erdbeeren pflückten;
das war für uns ein kindliches Spiel.
Da hörten wir mehrfach
unseren Hirten rufen
und warnen:
»Kinder, hier gibt es viele Schlangen!«

5 Ez gienc ein kint in dem krute,
daz erschrac und rief vil lute
'kinder, hie lief ein slang in,
der beiz unser phetterlin;
daz enheilet nimmer,
ez muoz immer
suren unde unsaelic sin.'

6 Wol dan, get hin uz dem walde!
unde enilent ir niht balde,
iu geschiht als ich iu sage:
erwerbent ir niht bi deme tage
daz ir den walt rument,
ir versument
iuch und wird iuwer vröude ein klage.

7 Wizzent ir, daz vünf juncvrouwen
sich versumten in den ouwen,
unz der künic den sal besloz?
ir klage unde ir schade was groz;
wande die stocwarten
von in zarten
daz si stuonden kleider bloz.

73

Tannhäuser

Der winter ist zergangen

1 Der winter ist zergangen,
das prüeve ich ûf der heide.
aldar kan ich gegangen:
guot wart mîn ougenweide

5 Es ging (einmal) ein Kind durch das Gras,
das erschrak und rief sehr laut:
»Kinder, hier ist eine Schlange hineingegangen,
die hat unser kleines Taufkind gebissen;
das wird nie mehr gesund,
es muß für immer
krank und unglücklich sein.«

6 Auf denn, geht hinaus aus dem Wald!
Und beeilt ihr euch nicht sehr,
dann geschieht euch, was ich euch vorhersage:
Schafft ihr es nicht, bei Tag
den Wald zu verlassen,
so verspätet ihr euch
und eure Freude wird zur Klage.

7 Erinnert ihr euch, daß fünf Jungfrauen
sich unterwegs verspäteten,
bis der König den Saal zuschloß?
Ihre Klage und ihr Schaden waren groß;
denn die Gefängniswärter
rissen die Kleider von ihnen,
so daß sie nackt dastanden.

73

Tannhäuser

Der Winter ist endgültig vorbei

1 Der Winter ist endgültig vorbei,
die Wiesen beweisen es mir.
Dorthin führte mich ein Spaziergang:
einen erfreulichen Anblick boten mir da

2 Von den bluomen wolgetân.
wer sach ie sô schônen plân?
der brach ich zeinem kranze;
den truog ich mit zhoie zuo den frowen an
dem tanze.
welle ieman werden hôchgemuot,
der hebe sich ûf die schanze!

3 Dâ stât vîôl unde klê,
sumerlatten, camandrê,
die werden zîtelôsen;
ôster cloien vant ich dâ,
die lilien unde die rôsen.
dô wunschte ich, das ich sant mîner frowen
solte kôsen.

4 Si gab mir an ir den prîs,
das ich waere ir dulz âmîs
mit dienste disen meien:
dur si sô wil ich reigen.

5 Ein fores stuont dâ nâhen;
al dar begunde ich gâhen.
dâ hôrte ich mich enpfâhen
die vogel alsô suosse.
sô wol dem selben gruosse!

6 Ich hôrte dâ wol zhantieren,
die nahtegal toubieren.
al dâ muoste ich parlieren
zerehte wie mir waere:
ich was âne alle swaere.

7 Ein rivîere ich dâ gesach:
durch den fores gieng ein bach
zetal über ein plâniure.

2 die bunten Blumen.
Wer sah je eine so prächtige Wiese?
Von diesen Blumen pflückte ich, um einen Kranz zu winden;
den trug ich *avec joie* zu den Damen, die zum Tanze versammelt waren.
Wer froh und glücklich werden will,
der mache sich auf und suche dort seine *chance*!

3 Dort stehen Veilchen und Kleeblumen,
frische Schößlinge, Gamander,
die edlen Krokusse;
und Narzissen fand ich dort,
Lilien und Rosen.
Da wünschte ich mir ein Schäferstündchen mit meiner Dame.

4 Sie vergab die ehrenvolle Auszeichnung an mich,
ihr *doux ami* zu sein
und ihr zu dienen in dieser Maienzeit.
Ihr zuliebe will ich den Reigen tanzen.

5 Da war ein *forêt* in der Nähe;
dorthin eilte ich.
Da hörte ich die Vögel,
wie sie mich mit süßem Gesange empfingen.
Welch ein Gruß!

6 Ich hörte da liebliches *chanter*,
der Nachtigall *tubare*.
Da mußte ich unbedingt *parler*,
wie mir zumute war:
frei war ich von allem Kummer.

7 Eine *rivière* sah ich da:
ein Bach floß mitten durch den *forêt*,
talabwärts, über eine *plaine*.

ich sleich ir nâch, unz ich si vant,
die schônen crêâtiure.
bî dem fontâne sas diu clâre,
diu süesse von faitiure.

8 Ir ougen lieht unde wol gestalt,
si was an sprüchen niht zebalt.
wan mehte si wol lîden.
ir munt ist rôt, ir kele ist blank,
ir hâr reit val, zemâsse lank,
gevar alsam die sîden.
solde ich vor ir ligen tôt,
in mehte ir niht vermîden.

9 Blank alsam ein hermelîn
wâren ir diu ermelîn.
ir persône diu was smal,
wol geschaffen überal.

10 Ein lützel grande was si dâ,
smal geschaffen anderswâ.
an ir ist niht vergessen:
lindiu diehel, slehtiu bein,
ir füesse wol gemessen.
schôner forme ich nie gesach,
diu mîn cor hât besessen:
an ir ist elliu volle.
dô ich die werden êrest sach,
dô huob sich mîn parolle.

11 Ich wart frô
unde sprach dô:
'frowe mîn,
ich bin dîn,
du bist mîn!
der strît der müesse iemer sîn!
du bist mir vor in allen:

Behutsam spürte ich ihr nach, bis ich sie schließlich fand,
die schöne *créature*.
Bei der *fontaine* saß sie, die *claire*,
so lieblich von *faiture*.

8 Ihre schönen Augen leuchteten,
mit Worten war sie nicht so schnell bei der Hand.
Sie mußte einem einfach gefallen.
Ihr Mund ist rot, ihr Hals ist weiß,
ihr Haar blondgelockt, sehr lang
und glänzend wie Seide.
Und wäre es mein Tod gewesen,
ich hätte ihr nicht ausweichen mögen.

9 Weiß wie das Fell eines Hermelins
waren ihre zierlichen Arme.
Sie war eine schlanke *personne*,
insgesamt makellos.

10 An der einen Stelle war sie etwas *grande*,
an anderer Stelle sehr schmal.
Nichts fehlte an ihr:
zart waren ihre Schenkel, gerade ihre Beine,
ihre Füße hatten das rechte Maß.
Nie habe ich eine schönere *forme* gesehen,
von der mein *cors* Besitz ergriffen hat.
An ihr ist alles vollkommen.
Sobald ich die Herrliche erblickte,
begann ich mit meiner *parole*.

11 Freudig erregt
sprach ich:
»Meine Dame,
ich bin dein,
du bist mein!
Nie darf solch gegenseitiges Verlangen enden!
Du stehst für mich über allen anderen:

iemer an dem herzen mîn
muost du mir wol gevallen.
swâ man frowen prüeven sol,
dâ muos ich für dich schallen
an hübsch unde ouch an güete;
du gîst aller contrâte
mit zhoie ein hôchgemüete.'

12 Ich sprach der minneklîchen zuo:
'got unde anders nieman tuo,
der dich behüeten müesse.'
ir parol der was süesse.

13 Sâ neic ich der schônen dô.
ich wart an mînem lîbe frô
dâ von ir salvieren.
si bat mich ir zhantieren
von der linden esten
unde von des meigen glesten.

14 Dâ diu tavelrunde was,
dâ wir dô schône wâren,
dâ was loup, dar under gras;
si kunde wol gebâren.

15 Dâ was niht massenîe mê
wan wir zwei dort in einem klê.
si leiste, das si dâ solde,
unde tet, das ich dâ wolde.

16 Ich tet ir vil sanfte wê;
ich wünsche, das es noch ergê:
ir zimt wol das lachen.
dô begunden wir beide dô ein gemellîches machen:
das geschach von liebe unde ouch von wunderlîchen sachen.

immer wirst du die Favoritin
meines Herzens sein.
Wo immer man den Damen
den Preis der Schönheit und auch der Güte zuerkennen
muß,
da werde ich meine Stimme für dich erheben;
du schenkst der ganzen *contrée*
joie und Glückseligkeit.«

12 Ich sprach zu der Lieblichen:
»Gott – und hoffentlich kein anderer –
möge dich in seine Obhut nehmen!«
Ihre *parole* war süß.

13 Alsbald verneigte ich mich vor der Schönen.
Durch und durch glücklich
machte mich ihr *saluer*.
Sie forderte mich auf,
ihr von den Ästen der Linde
und vom Glanz der Maienzeit zu *chanter*.

14 Die *table ronde*,
zu der wir uns eingefunden hatten,
war unter Bäumen auf dem Rasen ausgebreitet;
sie wußte sich sehr graziös zu geben.

15 Es gab da keine andere Hofgesellschaft
als nur uns beide dort in jenem Kleefeld.
Sie leistete, was von ihr verlangt wurde,
und sie tat, was ich wollte.

16 Ein bißchen weh getan habe ich ihr dabei;
aber ich wünschte, es könnte noch einmal geschehen:
ihr steht das Lachen so gut.
Wir begannen da beide ein ausgelassenes Spiel:
dazu ermunterten uns Zuneigung und ganz seltsame
Dinge.

17 Von amûre seit ich ir;
das vergalt si dulze mir.
si jach, si litte es gerne,
das ich ir taete, als man den frowen tuot dort
in Palerne.

18 Das dâ geschach, dâ denke ich an:
si wart mîn trût unde ich ir man.
wol mich der âventiure!
erst iemer saelig, der si siht,
sît das man ir des besten giht;
sist alsô gehiure.
elliu granze dâ geschach
von uns ûf der plâniure.

19 Ist iemen, dem gelinge bas,
das lâsse ich âne has.
si was sô hôhes muotes,
das ich vergas der sinne.
got lône ir alles guotes!
sô twinget mich ir minne.

20 Was ist das si mir tuot?
alles guot,
hôhen muot
habe ich von ir iemer;
in vergisse ir niemer.

21 Wol ûf, Adelheit!
du solt sant mir sîn gemeit!
wol ûf, wol ûf, Irmengart!
du muost aber an die vart!

22 Diu dâ niht enspringet,
diu treit ein kint.
sich fröwent algemeine,
die dir sint.

17 Von *l'amour* sprach ich zu ihr;
sie hat es mir *doucement* vergolten.
Sie gab offen zu, sie hätte es ganz gerne,
wenn ich das mit ihr machte, was man dort in Palermo
mit den Damen macht.

18 Und was dann geschah, das vergesse ich nie:
sie wurde die Meine und ich ihr Mann.
Glücklich darf ich mich preisen dieser *aventure* wegen!
Der muß immer selig sein, der sie erblickt,
denn nur das Beste kann man von ihr berichten;
sie ist einfach zauberhaft.
Alle *créance* tilgten wir
dort auf der *plaine*.

19 Sollte jemand mehr Erfolg aufzuweisen haben,
bitte, ich gestehe es ihm neidlos zu.
Sie war so großartig,
daß mir die Sinne schwanden.
Gott lohne ihr all das Gute!
Solche Macht hat ihre Liebe über mich.

20 Was hat sie bloß mit mir angestellt?
Alles, was ein Mensch haben kann,
und ein neues Lebensgefühl
habe ich von ihr;
nie werde ich sie vergessen.

21 Auf, Adelheid,
du sollst mit mir fröhlich sein!
Auf, auf, Irmgard,
noch ist es nicht Zeit, sich auszuruhen!

22 Eine, die nicht tanzt und springt,
die trägt ein Kind.
Es freuen sich alle,
die hier sind.

23 Dort hoere ich die flöiten wegen,
hie hoere ich den sumber regen.
der uns helfe singen,
disen reigen springen,
dem müesse wol gelingen
zallen sînen dingen!

24 Wâ sint nu die jungen kint,
das si bî uns niht ensint?
. . . .

25 Saelig sî mîn Künigunt!
solt ich si küssen tûsent stunt
an ir vil rôsevarwen munt,
sô waere ich iemer mê gesunt,
diu mir das herze hât verwunt
vaste unz ûf der minne grunt!

26 Der ist enzwei,
heiâ nû hei!
des videllaeres seite,
der ist enzwei!

23 Dort höre ich, wie man die Flöte bläst,
hier höre ich, wie man die Trommel rührt.
Wer mit uns singen
und diesen Reigen springen will,
dem sei Glück beschieden
in allen seinen Dingen!

24 Wo stecken nur die jungen Dinger,
daß sie nicht hier bei uns sind?
. . . .

25 Selig sei meine Kunigunde!
Könnte ich sie doch tausendmal küssen
auf ihren rosenroten Mund,
ich wäre dann für immer geheilt,
– sie, die mir das Herz so tief verwundet hat
bis auf den untersten Grund der Liebe!

26 Jetzt ist sie gerissen,
heia hei!
jetzt ist des Spielmanns Saite
gerissen!

74

Tannhäuser

Wol im, der nû beissen sol

1 Wol im, der nû beissen sol
zePülle ûf dem gevilde!
der birset, dem ist dâ mit wol,
der siht sô vil von wilde.
Sumelîche gânt zen brunnen,
die andern rîtent schowen;
der fröide ist mir zerunnen.
das bannet man bî den frowen,
Des darf man mich niht zîhen.
ich birse ouch niht mit winden,
in beisse ouch niht mit valken,
in mag niht fühse gejagen,
man siht ouch mich niht volgen
nâch hirzen unde nâch hinden;
mich darf ouch nieman zîhen
von rôsen schappel tragen.
Man darf ouch mîn niht warten,
dâ stêt der grüene klê,
noch suochen in dien garten
bî wolgetânen kinden:
ich swebe ûf dem sê.

2 Ich bin ein erbeit saelig man,
der niene kan belîben,
wan hiute hie, morne anderswan.
sol ich das iemer trîben,
Des muos ich dike sorgen,
swie froelîch ich dâ singe,
den âbent unde den morgen,
war mich das wetter bringe,

74
Tannhäuser

Glücklich der, der jetzt . . . zur Beizjagd gehen kann

1 Glücklich der, der jetzt auf den Gefilden
Apuliens zur Beizjagd gehen kann!
Wer dort auf die Pirsch zieht, der kommt auf seine Kosten,
soviel Wild trifft er dort an.
Da gehen die einen zu den Quellen,
die anderen reiten spazieren;
für mich aber existieren solche Freuden nicht mehr.
Freilich, die Gegenwart höfischer Damen bannt solch freudlosen Zustand,
aber genau das trifft auf mich nicht zu.
Und ich gehe auch nicht mit Windhunden auf die Pirsch,
ich jage weder mit Falken,
noch darf ich auf die Fuchsjagd ziehen,
man sieht mich auch nicht,
wie ich Hirschen und Hinden nachstelle,
und niemand darf von mir behaupten,
ich liefe mit einem Kränzlein aus Rosen herum.
Man kann mich auch dort nicht antreffen,
wo der grüne Klee steht,
noch darf man mich in den Gärten suchen,
bei den hübschen jungen Mädchen:
ich treibe auf dem Meer.

2 Ich bin ein leidgeprüfter Mann,
der nirgends eine Bleibe hat,
heute hier, morgen da.
Daß das möglicherweise immer so gehen wird,
ist meine größte Sorge;
wie fröhlich meine Lieder auch klingen mögen,
ich sorge mich des Abends und des Morgens,
wohin das Wetter mich noch verschlagen wird,

Das ich mich sô gefriste
ûf wasser unde ûf lande,
das ich den lîb gefüere
unz ûf die selben stunt.
ob ich den liuten leide
in snoedem gewande,
sô wirt mir diu reise
mit freise wol kunt.
Daran solde ich gedenken,
die wîle ich mich vermag:
in mag im niht entwenken,
ich muos dem wirte gelten
vil gar ûf einen tag.

3 Wâ leit ie man sô grôsse nôt
als ich von boesem trôste?
Ich was zeKrîde vil nâch tôt,
wan das mich got erlôste.
Mich sluogen sturnwinde
vil nâch zeinem steine
in einer naht geswinde –
mîn fröide diu was kleine.
Die ruoder mir zerbrâchen –
nû merkent, wie mir waere!
die segel sich zerzarten,
si flugen ûf den sê.
die marner alle jâhen,
das si sô grôsse swaere
nie halbe naht gewunnen –
mir tet ir schrîen wê.
Das werte sicherlîchen
unz an den sehsten tag.
in mahte im niht entwîchen,
ich muos es alles lîden
als der niht anders mag.

wie ich mein Leben friste,
zu Wasser und auf dem Lande,
wie ich mich durchschlage,
bis meine Stunde gekommen ist.
Wenn ich den Menschen zuwider bin
in meinem schäbigen Rock,
so wird mir mit Schrecken bewußt,
auf welche Fahrt ich mich eingelassen habe.
Das eine aber sollte ich nicht vergessen,
solange ich meiner Sinne mächtig bin:
ich kann mich ihm nicht entziehen,
ich muß dem Herrn Rechenschaft ablegen,
restlos, am letzten Tag.

3 Wo hat je ein Mann so viel gelitten wie ich,
dessen Hoffnungen bitter enttäuscht wurden?
Bei Kreta wäre ich beinahe ums Leben gekommen,
hätte nicht Gott mich da errettet.
Sturmwinde schleuderten mich
gegen eine Klippe,
bei Nacht, ganz unerwartet –
meine Freude war nicht sehr groß.
Die Ruder zerbrachen mir –
paßt nur auf, wie es mir erging!
Die Segel zerfetzten
und flogen aufs Meer.
Die Matrosen gaben durchweg zu,
daß sie solches Unwetter
nicht einmal eine halbe Nacht lang durchstehen könnten –
mir tat ihr Schreien weh.
Und doch hielt es ungelogen
bis zum sechsten Tag an.
Ich konnte ihm nicht entkommen,
ich mußte alles ertragen, wie einer,
dem keine andere Wahl bleibt.

4 Die winde, die sô sêre waent
gegen mir von Barbarîe,
das si sô rehte unsüesse blaent,
die andern von Türggîe!
Die welle unde ouch die ünde
gent mir grôs ungemüete:
das sî für meine sünde –
der reine got mîn hüete.
Mîn wasser das ist trüebe,
mîn piscot der ist herte,
mîn fleisch ist mir versalzen,
mir schimelget mîn wîn.
der smak, der von der sutten gât,
der ist niht guot geverte:
dâ für naeme ich der rôsen ak,
unde mehte es wol gesîn!
Zisern unde bônen
gent mir niht hôhen muot.
wil mir der hôhste lônen,
sô wirt das trinken süesse
unde ouch diu spîse guot.

5 Ahî, wie saelig ist ein man,
der für sich mag gerîten!
wie kûme mir der gelouben kan,
das ich muos winde bîten!
Der Schrok von Oriende,
unde der von Tremundâne,
unde der von Occidende,
Arsûre von dem plâne,
Der Meister ab den Alben,
der Krieg ûs Rômânîe,
der Levandân unde Ôster,
die mir genennet sint;
ein wint von Barbarîe waet,
der ander von Türggîe,

4 Diese Winde, die mir aus Berberland
so heftig entgegenblasen!
Und die anderen, die aus der Türkei,
daß die so toben müssen!
Wogen und Wellen
bereiten mir großes Unbehagen:
ich nehme es als Buße für meine Sünden –
Gott der Gerechte sei mir gnädig!
Mein Trinkwasser ist brackig,
mein *biscotto* hart,
mein Fleisch versalzen,
der Wein schimmelt mir.
Der ›Wohlgeruch‹, der aus dem Schiffsraum aufsteigt,
ist kein angenehmer Gesell;
ich tauschte gerne den ›Gestank‹ der Rosen dafür ein –
wenn das doch nur möglich wäre!
Kichererbsen und Bohnen
versetzen mich nicht gerade in höfische
Hochstimmung.
Doch will der Höchste mich belohnen,
so wird mein Wasser wieder süß
und meine Speise wieder gut.

5 Wie glücklich ist doch ein Mann,
der vor sich hin reiten kann!
Der wird mir kaum glauben können,
daß ich hier auf Winde warten muß!
Der Schirokko aus dem Orient
und der von Tramontana
und der aus Okzident,
Arsura aus der Wüste,
der Mistral von den Alpen,
der Greco aus der Romania,
der Levantano und der Austro –
die hat man mir genannt;
ein weiterer Wind weht aus Berberland,
ein anderer aus der Türkei,

von norten kumt; der Mezzot, seht,
das ist der zwelfte wint.
Waer ich ûf dem sande,
der namen wisse ich niht:
durch got ich fuor von lande
unde niht dur dise frâge,
swie wê halt mir geschiht.

75

Ulrich von Lichtenstein

Sumervar ist nu gar

1 Sumervar ist nu gar
heide, velt, anger, walt
hie und da, wiz, rot, bla,
gel, brun, grüene, wol gestalt.
wunneclich, vreuden rich
ist gar, swaz diu erde treit;
saelic man, swer so chan
dienen, daz sin arbeit
in liebe leit.

2 Swem got git, daz er lit
liebe, der mac wol sin
sunder leit. im ist bereit
ze aller zit meien schin,
im ist wol, swanne er sol
spiln der minne freuden spil.
freuden leben chan wol geben
werdiu minne, swem si wil:
si hat sin vil.

und wieder einer aus Norden; schließlich der
Mezzodì, seht,
damit sind es genau zwölf Winde.
Wäre ich am sicheren Ufer,
so wüßte ich diese Namen nicht.
Um Gott zu dienen, habe ich das Land verlassen,
und nicht um dieser Erfahrung willen,
so dreckig, wie es mir jetzt geht.

75

Ulrich von Lichtenstein

Sommergefärbt sind nun vollständig

1 Sommergefärbt sind nun vollständig
Wiese, Feld, Anger, Wald,
hier und dort, weiß, rot, blau,
gelb, braun, grün, in schöner Gestalt.
Wonnevoll, freudenreich
ist alles, was die Erde trägt.
Glücklich der Mann, der so dienen kann,
daß seine Bemühungen
Freude bringen.

2 Wem Gott gibt, daß er Freude
erhält, der kann gut
ohne Leid sein. Ihm wird
zu aller Zeit der Glanz des Maien zuteil.
Ihm geht es gut, immer wenn er
das Freudenspiel der Liebe spielen wird.
Freudenvolles Leben kann die herrliche Liebe
geben, wem immer sie will:
sie hat viel davon.

3 Swem ein wip sinen lip
minneclichen umbevaht,
ob der niht saelden giht,
daz ist groz missetat.
im ist geschehen, wil erz jehen,
da von im wirt truren chranc.
sunder meil ist sein heil,
swem von linden armen blanc
wirt ein umbevanc.

4 Saelden hort ist ein wort,
daz in chussen geschiht,
so ir spil wunnen wil
spiln und liep liebe siht.
ob da iht ougen liht
lieplich sehen ein ander an?
ja für war, da wirt gar
minneclichen wol getan
swaz ieman chan.

5 Minnen solt wirt geholt
volleclich, da ein man
und ein wip umb ir lip
lazent vier arm gan.
decke bloz, freude groz
wirt da beidenthalben chunt –
ob da niht mer geschiht?
chleinvelhitzeroter munt
wirt minnen wunt –
dar nach gesunt.

3 Wen immer eine Frau
in Liebe umfängt,
wenn der nicht sein Glück bezeugt,
so ist das eine große Übeltat.
Ihm ist etwas geschehen, sofern er es zugibt,
wovon ihm sein Kummer verschwindet.
Ohne Makel ist dessen Glück,
dem von zarten, weißen Armen
eine Umarmung zuteil wird.

4 Ein Glücksschatz ist jenes Wort,
welches beim Küssen geschieht,
sobald die Liebe ihr Spiel spielen
will und Liebende sich gegenseitig erfreuen.
Ob da nicht etwa Augen
einander voll Liebe ansehen?
Ja, fürwahr, da wird in vollkommener
Liebe das getan,
was jeder vermag.

5 Die Belohnung der Liebe wird in vollem
Maße erlangt, wo ein Mann
und eine Frau sich gegenseitig
mit vier Armen umfassen.
Unbedeckt erfahren sie
beide große Freude –
Ob da nicht noch mehr geschieht?
Der klein-zart-heiß-rote Mund wird (zuerst) von der
Liebe verwundet –
danach aber wieder gesund.

76

Ulrich von Lichtenstein

Eren gernde ritter

1 Eren gernde ritter, lat iuch schouwen
under helme dienen werden vrouwen!
welt ir die zit vertriben
ritterlich, eren rich
wert ir von guoten wiben.

2 Ir sült hochgemuot sin under schilde,
wol gezogen, chüene, blide, milde,
tuot ritterschaft mit sinnen
und sit vro, minnet ho:
so mügt ir lop gewinnen,

3 Gedenchen an der werden wibe grüezen,
wie sich daz chan guoten vriunden süezen.
swen frowen munt wol grüezet,
der ist gewert swes er gert:
sin freude ist im gesüezet.

4 Swer mit schilde sich decken wil vor schanden,
der sol ez dem libe wol enplanden –
des schildes ampt geit ere.
im ist bereit werdecheit,
si muoz aber chosten sere.

5 Manlich herze vindet man bi schilde,
zeglich muot muoz sin dem schilde wilde,
gegen wiben valsch der blecket,
swer in hat, an der stat
da man mit schilden decket.

76

Ulrich von Lichtenstein

Ehren begehrende Ritter

1 Ehren begehrende Ritter, zeigt euch
unter Helmen im Dienst edler Damen!
Wollt ihr die Zeit ritterlich
zubringen, dann werdet ihr
an Ehren reich durch schöne Frauen.

2 Ihr sollt hochgestimmt sein unterm Schild,
gut erzogen, kühn, froh, großzügig,
übt Ritterschaft mit Verstand
und zeigt Freude, richtet eure Liebe nach oben:
dann könnt ihr Lob erringen

3 und an die Grüße der schönen Frauen denken,
wie das lieben Freunden süße Freude bereiten kann.
Denjenigen, den Frauenmund schön grüßt,
dem ist gewährt, was er begehrt:
Seine Freude ist ihm versüßt.

4 Wer mit dem Schild sich vor Schanden schützen will,
der soll sich hart darum bemühen –
denn Schild-Dienst bringt Ehre.
Er erhält hohes Ansehen,
aber sie ist mühsam zu erringen.

5 Männlichen Mut findet man beim Schild:
Feigheit aber soll vom Schild fernbleiben,
denn der entblößt Schlechtes gegenüber den Frauen,
der ihn dort zeigt,
wo man sich mit den Schilden schützt.

6 Tuo her schilt! man sol mich hiute schouwen
dienen miner herzenlichen frouwen,
ich muoz ir minne erwerben
und ir gruoz, oder ich muoz
gar an ir dienst verderben.

7 Ich wil si mit dienste bringen inne,
daz ich si baz danne selben mich minne,
uf mir muoz sper erchrachen.
nu tuo her spera sper!
des twinget mich ir lachen,
daz chan si süeze machen.

77

Wachsmut von Künzich

Sol mir iemer sîn ein wîp

1 Sol mir iemer sîn ein wîp vor allen wîben
unde ich ir doch niht vor einem man,
wer sol danne sende swaere mir vertrîben,
obe ich des erwerben niene kan
unde ich doch von ir, der guoten, niht enscheide
weder herze noch den sin:
liebet sî mir dâ von daz ich ir sô leide,
sô weiz ich daz ich ir tôre bin.

2 Ich muoz durch die übeln valschen merekaere
mîner besten ougenweide enbern;
herre got, du füege in laster unde swaere,
durch dîn êre solt du mich gewern
daz si mîn vergezzen mit ir selber leide
und der lieben frouwen mîn.

6 Bring den Schild! Man soll mich heute sehen,
wie ich meiner liebsten Herrin diene;
ich muß ihre Liebe erringen
und ihren Gruß, oder ich muß
in ihrem Dienst zugrunde gehen.

7 Ich will ihr mit meinem Dienst vermitteln,
daß ich sie mehr liebe als mich selbst;
auf mich sollen die Speere niederkrachen.
Nun her den Speer, her damit!
Dazu zwingt mich ihr Lächeln,
auf das sie sich so schön versteht.

77

Wachsmut von Künzich

Wird mir jemals eine Frau

1 Wird mir jemals eine Frau vor allen Frauen lieb sein,
aber (umgekehrt) ich ihr nicht vor einem (anderen) Mann:
Wer soll mir dann den Liebesschmerz vertreiben,
falls ich dies niemals erreichen kann
– und dies, obwohl ich von ihr, der Guten,
weder Herz noch Verstand abwenden kann.
Ist sie mir deshalb so lieb, weil ich ihr so verhaßt bin,
dann weiß ich, daß ich ihr Narr bin.

2 Wegen der bösen, hinterlistigen Aufpasser muß ich
auf die für mich schönste Augenweide verzichten;
Herrgott, bringe sie in Schande und Not,
um Deiner Ehre willen sollst Du mir gewähren,
daß sie sich aufgrund ihrer eigenen Leiden
nicht mehr um mich und um meine liebe Herrin kümmern.

daz si got von saelden und von êren scheide
die unrehter huote flîzic sîn!

3 Herre got, durch dîner lieben muoter êre
leide sî mir oder liebe ir mich:
in gesach sô herzeliebes nie niht mêre;
dâ von bin ich manger sorgen rîch.
waere sî mir in der mâze als ich ir waere,
sô möht es wol werden rât.
ez enhât nieman sô herzeclîche swaere
sô der herzeleit bî liebe hât.

78

König Konrad der Junge

Ich fröi mich manger bluomen rôt

1 Ich fröi mich manger bluomen rôt
die uns der meie bringen wil.
die stuonden ê in grôzer nôt:
der winter tet in leides vil.
der mei wils uns ergetzen wol
mit mangem wünneclîchen tage:
des ist diu welt gar fröiden vol.

2 Waz hilfet mich diu sumerzît
und die vil liehten langen tage?
mîn trôst an einer frouwen lît
von der ich grôzen kumber trage.
wil sî mir geben hôhen muot,
dâ tuot si tugentlîchen an,
und daz mîn fröide wirdet guot.

Gott soll sie um Glück und Ansehen bringen,
die ständig mit so böser Absicht aufpassen!

3 Herrgott, um der Ehre Deiner lieben Mutter willen
bewirke, daß sie mir leid oder ich ihr lieb werde:
Noch nie habe ich etwas so Herzliebes gesehen;
dadurch bin ich mit vielen Sorgen beladen worden.
Wäre sie so zu mir wie ich zu ihr,
dann gäbe es schnelle Abhilfe.
Niemand hat solchen Kummer im Herzen,
als der, der gleichzeitig Herzeleid und Freude hat.

78

König Konrad der Junge

Ich freue mich über viele rote Blumen

1 Ich freue mich über viele rote Blumen,
die uns der Mai bringen will.
Die standen bisher in großer Not:
der Winter hatte ihnen viel Leid angetan.
Der Mai will uns dafür nun entschädigen
mit vielen herrlichen Tagen:
Darüber ist die Welt voller Freuden.

2 Was nützen mir (aber) die Sommerszeit
und die hellen langen Tage?
Meine ganze Zuversicht liegt bei einer Dame,
derentwegen ich großen Kummer trage.
Will sie mir den Mut erhöhen,
dann handelt sie aus edler Gesinnung so,
daß meine Freude dadurch vollkommen wird.

3 Swann ich mich von der lieben scheide,
sô muoz mîn fröide ein ende hân.
owê, sô stirbe ich lîht von leide
daz ich es ie mit ir began.
ichn weiz niht, frou, waz minne sint.
mich lât diu liebe engelten vil
daz ich der jâre bin ein kint.

79

Ulrich von Winterstetten

Verholniu minne sanfte tuot

1 "Verholniu minne sanfte tuot",
– sô sanc ein wahter an der zinne –
"doch sol sich liep von liebe scheiden.
dar nâch sô wende er sînen muot,
ist ieman tougenlîche hinne;
deswâr sô tuot er wol in beiden.
er sol sorgen   wier von hinnen kêre:
est an dem morgen.   volge er mîner lêre,
sît daz ich in warnen sol;
sô tuot er wol   und sint sîn êre."

2 Der frouwen dienerinne kluoc
erhôrte dâ des wahters singen.
dâ von erschrac diu vil getriuwe.
diu maer si hin zer frouwen truoc.
si sprach "wol ûf und lât iu lingen:
der tac ist komen." dâ huop sich riuwe.
'est ân sünde'   sprach diu tugenderîche,
'der in sô fünde   ligen minneclîche:

3 Sofern ich mich von der Geliebten trenne,
dann wird meine Freude ein Ende haben.
Ach, dann sterbe ich vielleicht aus Leid darüber,
daß ich damit jemals bei ihr begonnen habe.
Ich weiß nicht, Herrin, was Liebe bedeutet.
Die Liebe (Geliebte?) läßt mich stark entgelten,
daß ich an Jahren noch so jung bin.

79

Ulrich von Winterstetten

Heimliche Liebe tut wohl

1 »Heimliche Liebe tut wohl«,
– so sang ein Wächter auf der Zinne –
»doch müssen sich (jetzt) die Geliebten voneinander trennen.
Darauf achte derjenige,
der heimlich hier drinnen sein sollte;
denn wahrhaftig, damit tut er beiden Gutes.
Er soll sich darum kümmern, wie er wegkomme:
Denn es ist bald Morgen. Er möge meiner Aufforderung folgen,
denn ich muß ihn ja warnen;
so handelt er richtig und denkt an seine Ehre.«

2 Die kluge Zofe der Dame
hörte das Singen des Wächters.
Davon erschrak die Treue.
Sie brachte die Nachricht hin zu ihrer Herrin.
Sie sagte: »Auf denn, und beeilt Euch:
der Tag ist gekommen.« Da entstand Kummer.
»Es wäre keine Sünde«, sagte die Vortreffliche,
»wenn man ihn dort fände, wie er in Liebe daliegt.

erst entslâfen, nû sich hie!
in weiz niht wie   er hin entwîche.'

3 Die rede erhôrt der werde gast
dâ er lac bî der minneclîchen
bî liebes brust an blanken armen;
dâ von im slâfes dô gebrast.
er sprach "sol ich von hinnen strîchen,
owê daz müeze got erbarmen."
beider sinne   wurden dâ versêret,
(daz schuof frou Minne)   fröide gar verkêret.
dâ schiet leit der wunnen spil.
der trehene vil   wart dâ gerêret.

80

Ulrich von Winterstetten

Haete mich der winter

1 Haete mich der winter baz verlâzen,
gen dem sumer sunge ich hübschen sanc.
nû muoz ich mich fröidensanges mâzen,
sît mîn hôchgemüete ist worden kranc.
bruoder tôt   birt mir grôze swaere.
wizzet daz ich fröide gar verbaere;
wan daz sterben ist gemeiniu nôt.
  ich bin drîer hande schaden
  vaste überladen.

2 Sost ein ander swaere diu mich twinget,
daz die herren muotes sint sô kranc

Er ist eingeschlafen, sieh doch hin!
Ich weiß nicht, wie er wegkommen soll.«

3 Diese Worte hörte der edle Gast,
während er bei der Liebreizenden,
am Busen der Geliebten in ihren weißen Armen lag;
dadurch wachte er auf.
Er sagte: »Muß ich weggehen,
ach, darüber sollte sich Gott erbarmen!«
Beide kamen ganz von Sinnen
– das bewirkte Frau Liebe –, (ihre) Freude wurde ins Gegenteil verkehrt.
Da beendete Leid das Spiel der Freude.
Viele bittere Tränen wurden da geweint.

80

Ulrich von Winterstetten

Hätte mich der Winter

1 Hätte mich der Winter in besserem Zustand zurückgelassen,
dann sänge ich dem Sommer ein höfisches Lied.
Doch muß ich mich im Freudengesang zurückhalten,
denn meine Hochstimmung ist zunichte geworden.
Des Bruders Tod bringt mir großen Kummer.
Wisset, daß ich gänzlich ohne Freude bin;
denn das Sterben ist eine allen gemeinsame Not.
Ich bin mit dreifachem Verlust
in überstarkem Maße beladen.

2 Es gibt einen zweiten Verlust, der mich beschwert,
nämlich daß die Herren ihre rechte Gesinnung verloren haben

unde ir tugende nieman dar zuo bringet
daz man singe hovelîchen sanc.
hie bî vor was ir danc niht kleine:
nûst ir lôn den leider ungemeine
den ir herze in fröiden swebte enbor.
ich bin . . .

3 Sost der dritte schade mir gar ze swaere:
der ich lange her gedienet hân,
diu tuot rehte als obe ir sî unmaere
swaz ich ir ze dienste habe getân.
waere ir lôn gen mir baz erschozzen,
dienstes waere ich iemer unverdrozzen
unde sunge ir noch vil mangen dôn.
ich bin . . .

/ 4 Obe ich nû verdurbe von der schulde
daz der tôt mir ungenâde tuot
unde ich darbe mîner frouwen hulde,
daz waer gar verzagtes mannes muot,
ald umb daz ich der herren schande
sumelîcher hoere in tiutschem lande.
ich wils elliu driu versuochen baz.
ich bin . . .

und nicht mehr die guten Eigenschaften besitzen,
um jemanden zum Singen höfischer Lieder zu bewegen.
Früher war ihr Dank großzügig:
jetzt aber ist ihr Lohn denjenigen (gegenüber) leider
verschwunden,
denen das Herz sich (beim Singen) in Freude hoch
erhoben hat.
Ich bin ...

3 Der dritte Verlust ist mir viel zu schwer:
Diejenige, der ich lange gedient habe,
die tut jetzt genau so, als ob ihr gleichgültig wäre,
was ich ihr zu Diensten getan habe.
Wäre ihr Lohn mir gegenüber besser ausgefallen,
dann würde mich der Dienst nicht verdrießen
und ich sänge ihr noch viele Lieder.
Ich bin ...

4 Falls ich nun etwa daran zugrunde gehe,
weil der Tod mir Böses zufügt
und weil ich die Gnade meiner Dame entbehre,
so wäre das eine ganz und gar unmännliche Gesinnung;
(und ebenso) deswegen, weil ich von der Ehrlosigkeit
der Herren
in deutschem Land häufiger höre.
Ich will bei allen dreien mich um Besseres bemühen.
Ich bin ...

81

Gedrut

Von Kunzechen hêr Wahsmuot

1 Von Kunzechen hêr Wahsmuot
der minnet sîne frouwen
über tûsent mîle: dannoch was sim gar ze nâhen,
wande ez im sô sanfte tuot
ob er si solde schouwen
ûf eim hôhen turne und daz er danne solde enpfâhen
von ir hant ein vingerlîn: daz kuste er tûsentstunde.
laege er bî der wolgetânen mit ir rôten munde,
er geruorte niemer sî, wand er vor liebe erwunde.

2 Waer aber ich sô saelic daz
ich die vil liebe haete
alters eine an einer stat dâ uns dâ nieman schiede,
wir schieden allez âne haz.
ich weiz waz ich ir taete,
obe ich ir gewaltic waere: ich sagte ir mîne liebe;
ja 'nkuste ich niht daz vingerlîn dazs an ir hende trüege:
ich kustes an ir rôten munt, ich waere als ungefüege:
mich dunket, solde ichs iemer pflegen, michn möhtes
niht genüegen.

81

Gedrut

Herr Wachsmut von Kunzich

1 Herr Wachsmut von Kunzich,
der liebt seine Dame
über tausend Meilen hinweg: dennoch war sie ihm noch viel zu nahe,
weil es ihm so wohltut,
wenn er sie auf einem hohen Turm
sehen und dann aus ihrer Hand
einen Ring empfangen würde: den würde er tausendmal küssen.
Läge er bei der Schönen mit ihrem roten Mund (zusammen im Bett),
er würde sie niemals berühren, denn aus Liebe hielte er sich zurück.

2 Wäre ich hingegen so glücklich, daß
ich die Liebste ganz allein
an einem Ort hätte, wo uns niemand stören würde,
dann würden wir alles ohne Zurückhaltung zu Ende bringen.
Ich weiß, was ich ihr gegenüber tun würde,
wenn ich mit ihr alleine zusammen wäre: ich würde ihr meine Liebe sagen;
ja, ich küßte nicht (nur) den Ring, den sie an ihrer Hand trägt,
sondern ich küßte sie auf ihren roten Mund, und ich wäre so ungestüm,
(daß) es mir vorkommt, daß ich mich damit auf die Dauer nicht zufriedengeben würde.

82

Gedrut / Geltar

Hete ich einen kneht

Hete ich einen kneht der sunge lîht von sîner frouwen,
der müeste die bescheidenlîche nennen mir,
daz des ieman wânde ez waer mîn wîp.
Alram Ruopreht Friderîch, wer sol iu des getrouwen,
von Mergersdorf daz sô die herren effet ir?
waere gerihte, ez gienge iu an den lîp.
ir sît ze veiz bî klagender nôt:
waer ieman ernst der sich alsô nâch minnen senet,
der laeg inner jâres friste tôt.

83

Gedrut / Geltar

Man singet minnewîse dâ ze hove

Man singet minnewîse dâ ze hove und inme schalle:
so ist mir sô nôt nâch alder wât deich niht von frouwen singe.
mir waern viere kappen lieber danne ein krenzelîn.
mir gaebe ein herre lîhter sînen meidem ûz dem stalle
dann obe ich alse ein waeher Flaeminc für die frouwen
dringe.

82

Gedrut / Geltar

Hätte ich einen Knappen

Hätte ich einen Knappen, der möglicherweise von seiner Herrin sänge,
der müßte mir deren Namen genau sagen,
damit niemand meinte, es wäre meine Frau.
Alram, Rupprecht, Friedrich, wer würde euch das zutrauen,
ihr Mergersdorfer, daß ihr mit (euren) Herren so ehrenrührigen Spott treibt?
Wäre jetzt Gerichtstag, dann ginge es euch ans Leben.
(Doch) ihr seid zu wohlgenährt für Liebesklage und Liebesschmerz:
Würde sich jemand ernstlich in solcher Weise (wie ihr es behauptet) nach Liebe sehnen,
der wäre in Jahresfrist tot.

83

Gedrut / Geltar

Man singt am Hof Liebeslieder

Man singt am Hof Liebeslieder, und zwar mit großer Lautstärke:
Ich hingegen benötige so dringend Kleidung (und sei sie auch getragen), daß ich nicht von Damen singe.
Mir wären vier Mäntel lieber als ein Kränzchen.
Eher würde mir ein Herr seinen (kostbaren) Hengst aus dem Stall schenken,
als daß ich wie ein flämischer Kavalier mich an die Damen heranmachte.

ich wil bî dem wirte und bî dem ingesinde sîn.
ich fliuse des wirtes hulde niht, bit ich in sîner kleider:
sô waere im umbe ein überigez hübschen michel leider.
gît mir ein herre sîn gewant, diu êre ist unser beider.
slahen ûf die minnesenger die man rûnen siht.

84

Reinmar der Fiedler

Got welle sône welle

Got welle sône welle, doch sô singet der von Seven
noch baz dan ieman in der werlte. frâget nifteln unde neven,
geswîen swâger swiger sweher: si jehent ez sî wâr.
tageliet klageliet hügeliet zügeliet tanzliet leich er kan,
er singet kriuzliet twingliet schimpfliet lobeliet rüegliet alse ein man
der mit werder kunst den liuten kürzet langez jâr.
wir mugen wol alle stille swîgen dâ hêr Liutolt sprechen wil:
ez darf mit sange nieman giuden wider in.
er swinget alsô hô ob allen meistern hin,
ern werde noch, die nû dâ leben, den brichet er daz zil.

Ich will mich beim Herrn des Hauses und beim Gesinde
aufhalten.
Ich verliere das Wohlwollen des Hausherrn nicht, wenn ich
um seine (abgetragene) Kleidung bitte:
Aber übertriebenes Schöntun (gegenüber den Damen) wäre
ihm sehr viel weniger lieb.
Schenkt mir ein Herr seine (getragene) Kleidung, so ist das
ehrenvoll für uns beide.
Verprügeln wir doch die Schnulzensänger, die man so
heimlich säuseln sieht!

84

Reinmar der Fiedler

Gott möge es wollen oder nicht

Gott möge es wollen oder nicht, der von Seven singt
besser als alle sonst auf der Welt. Fragt Nichten und Neffen,
Verschwägerte, Schwiegersohn, Schwiegermutter,
Schwiegervater: sie bestätigen, daß es wahr ist.
Er kann Tagelieder, Klagelieder, Freudenlieder, Jubellieder,
Tanzlieder, Leichs.
Er singt Kreuzlieder, Bittlieder, Scherzlieder, Loblieder,
Schmählieder, so wie jemand,
der mit edler Kunst den Leuten das lange Jahr kurzweilig
macht.
Wir sollen wohl alle still schweigen, sobald Herr Leuthold
vortragen will:
Im Singen braucht keiner aufzutrumpfen gegen ihn.
Er singt so hoch über alle Meister hinweg,
daß er – sofern nicht noch ein Besserer geboren wird –
derzeit alle Lebenden aussticht.

85

Anonym (Reinmar von Brennenberg?)

Wâ sint nu alle

Wâ sint nu alle die von minnen sungen ê?
sî sint meist tôt, die al der werlde fröide kunden machen.
von Sente Gallen friunt, dîn scheiden tuot mir wê:
du riuwes mich, dîns schimpfes manger kunde wol
gelachen.
Reinmâr, dîns sanges manger gert.
ich muoz dich klagen und mînen meister von der
Vogelweide.
von Niuwenburc ein herre wert
und ouch von Rucke Heinrîch sungen wol von minnen
beide.
von Johansdorf und ouch von Hûsen Friderîch
die sungen wol; mit sange wâren hovelîch
Walther von Metz, Rubîn und einer, hiez Wahsmuot.
von Guotenburc Uolrîch, der liute vil dîn singen dûhte guot.

86

Marner

Aus »Ton XV«

Sing ich dien liuten mîniu liet

Sing ich dien liuten mîniu liet,
sô wil der êrste daz
wie Dieterîch von Berne schiet,
der ander, wâ künc Ruother saz,
der dritte wil der Riuzen sturm, sô wil der vierde
Ekhartes nôt,

85

Anonym (Reinmar von Brennenberg?)

Wo sind jetzt alle

Wo sind jetzt alle, die früher von Liebe gesungen haben?
Sie sind zumeist tot, die der Welt Freude zu bereiten wußten.
Freund von Sankt Gallen, dein Scheiden tut mir weh:
Ich trauere um dich, denn deine fröhlichen Lieder machten viele heiter.
Reinmar, nach deinem Gesang sehnen sich viele:
auch dich muß ich beklagen sowie meinen Meister von der Vogelweide.
Sowohl der edle Herr von Neuenburg
wie auch Heinrich von Rugge sangen schön von Liebe;
auch der von Johansdorf und Friedrich von Hausen
sangen schön; in ihren Liedern waren höfisch
Walther von Metze, Rubin und einer namens Wachsmut.
Ulrich von Gutenburg: Viele Leute schätzten dein Singen!

86

Marner

Aus »Ton XV«

Singe ich den Leuten meine Lieder

Singe ich den Leuten meine Lieder,
so wünscht der erste (zu hören),
wie Dietrich von Bern (ins Exil) ging,
der andere, wo König Rother saß;
der dritte möchte vom Russen-Kampf (hören), der vierte Eckharts Not,

Der fünfte wen Kriemhilt verriet,
dem sehsten taete baz
war komen sî der Wilzen diet.
der sibende wolde eteswaz
Heimen ald hern Witchen sturm, Sigfrides ald hern
Eggen tôt.
Sô wil der ahtode niht wan hübschen minnesanc.
dem niunden ist diu wîle bî den allen lanc.
der zehend enweiz wie,
nû sust nû sô, nû dan nû dar, nû hin nû her, nû dort nû hie.
dâ bî haete manger gerne der Nibelunge hort.
der wigt mîn wort
ringer danne ein ort:
des muot ist in schatze verschort.
sus gât mîn sanc in manges ôre, als der mit blîge in
marmel bort.
sus singe ich unde sage iu, des iu niht bî mir der künec enbôt.

87

Henneberger

Aus »Ton I«

Swer da gerne ritter wirt

(1) Swer da gerne ritter wirt mit hoher wirdikeit,
der lege die tugent an sich vür daz allerhoste kleit,
und laze daz die künige, vürsten schouwen,
Unt dar zuo den besten unt swer'z sehen wil;

der fünfte, wen Kriemhild verraten hat,
dem sechsten wäre es am liebsten (zu hören),
was aus den Wilzen geworden sei;
der siebte möchte etwas (hören)
vom Kampf Heimes oder Herrn Witichs, vom Tod Siegfrieds oder Eckes.
Der achte jedoch wünscht nur höfischen ›Minnesang‹.
Dem neunten aber wird es bei allem langweilig.
Der zehnte kann sich nicht entscheiden:
mal so, mal anders; mal hier, mal da; mal hin, mal her; mal dort, mal hier.
Mancher besäße gerne etwas vom Nibelungen-Hort:
Der schätzt meine Worte
ganz gering ein:
sein ganzes Denken ist auf Geld gerichtet.
So dringt mein Gesang vielen ins Ohr, wie wenn jemand mit (weichem) Blei in Marmor bohrt.
So singe und sage ich euch, was für euch bei mir nicht (einmal) der König verlangt hat.

87

Henneberger

Aus »Ton I«

Wer immer gerne Ritter . . . werden will

(1) Wer immer gerne Ritter von großem Ansehen werden will,
der lege sich die Tüchtigkeit als wichtigstes Kleid an
und lasse es die Könige und Fürsten schauen,
und überdies die Besten und jeden, der immer es sehen will:

so wirt im lob unt da bi staeter eren vil;
ouch lobent in die tugenthaften vrouwen.
Daz swert nem' er durch ritters tat,
daz er sich wer vor sünden unt vor schanden;
er minne Got, habe rehten rat,
so wirt sin lop gehot in allen landen;
den schilt nem er durch rehten vride, so daz er dekke vor missetat,
und habe ritterlichez leben: so wizzet, daz sin lop die volge hat.

Ein vriunt sol

(2) Ein vriunt sol sinem guoten vriund mit willen bi gestan,
lib unde guot ensol er nimmer im verlan,
so wirt sin triuwe in rehter vriuntschaft staete.
Swer sinem guoten vriunt entwichet in der not,
der möhte lieber ligen in ganzer vriuntschaft tot,
e dan er also lesterlichen taete.
Sol vriunt dem vrunde truwen niht,
daz zimet vil übel dem einen under in beiden;
swa vriunt unvriuntlich helfe siht,
da naeme er lieber einen wilden heiden,
so daz er waere sin staeter vriunt: man sol durch vriunde vriuntlich wesen;
ich hoere sagen, unde ist war: man sol durch vriunde sterben unt genesen.

dann bekommt er Lobpreis und vielfältigen beständigen Ruhm,
und es loben ihn auch die edlen Damen.
Das Schwert nehme er für ritterliche Taten,
daß er sich vor Sünde und Schande bewahre;
er liebe Gott und gebe guten Rat,
dann wird sein Lob in allen Landen vermehrt;
den Schild nehme er (nur) zur gerechten Verteidigung, so daß er vor bösen Taten schütze;
und er führe ein rittergemäßes Leben: Wißt, daß ihm dann Lob und Ruhm folgen.

Ein Freund soll

(2) Ein Freund soll seinem guten Freund willig beistehen,
mit Leib und Gut soll er ihm immer zur Verfügung stehen,
dann erweist sich seine Treue in echter Freundschaft als beständig.
Wer aber seinen guten Freund in der Not im Stich läßt,
der sollte eher aufgrund seiner (vollkommenen) Freundschaft umkommen,
bevor er so etwas Schandbares tut.
Kann ein Freund dem Freund nicht trauen,
so steht das dem einen der beiden sehr übel an;
wo ein Freund sieht, daß ihm der andere die Freundeshilfe verweigert,
da nehme er lieber einen wilden Ungläubigen
zu seinem beständigen Freund: Man soll zu Freunden wie ein Freund sein;
ich höre sagen, und das ist wahr: man soll das Leben für Freunde hergeben und durch Freunde gewinnen.

Singauf

Aus »Ton I«

Swer ein durchgründich meister si

Swer ein durchgründich meister si,
der neme ouch speher meister dri
zuo helfe uf diz gediute:
Ez ist noch swerer wen ein bli
und wonet der werlt gemeine bi,
ez twinget alle liute.
Ez ist also alt also der man,
der keine muoter nie gewan;
ez ist noch tummer wen ein kint.
ez slichet durch ganze wende,
ez ne vorchtet regen noch den wint,
ez ne hat weder vuoz noch hende
und vert durch manigen touben walt.

89

Rumelant

Aus »Ton VIII«

Der sich so ho gesetzet hat

(2) Der sich so ho gesetzet hat
mit sange in meistersinger grat,
daz ein durchgründet meister nicht
müez' mit im kunst allieren,
swie gar durchgründich wis er si,

88

Singauf

Aus »Ton I«

Wer auch immer ein tiefgründiger Meister sein will

Wer auch immer ein tiefgründiger Meister sein will,
der rufe sich drei weitere gelehrte Meister
zu Hilfe für die Lösung dieses Rätsels:
Es ist noch schwerer als Blei,
es kommt auf der ganzen Welt vor,
es bezwingt alle Leute.
Es ist so alt wie der (erste) Mensch,
der überhaupt keine Mutter hatte;
es ist noch dümmer als ein Kind.
Es durchdringt dichte Wände,
es fürchtet weder Regen noch Wind,
es hat weder Fuß noch Hände,
und es geht durch viele abgestorbene Wälder.

89

Rumelant

Aus »Ton VIII«

Der sich so hoch eingeordnet hat

(2) Der sich so hoch eingeordnet hat (mit seinen Liedern),
nämlich auf die Stufe eines meisterlichen Sängers,
so daß auch ein vollkommener Meister mit ihm
an Können nicht mehr konkurrieren könne:
diesem (Meister), wie tiefgründig weise er auch sei,

er gebe im speher meister dri
zuo helfe. Und solt ich halten phlicht,
ich hieldez mit den vieren:
Singuf, Singabe, Singhin, Singher!
vier guote meistersinger
die machent (des ich dich gewer)
die künste din noch kleiner dan ein vinger.
sich hielt ein engel al zuo ho,
den got verstiez, der wart unvro.
swer alsus tuot, dem schicht also.
got selber dreuwet dise dro.
hochvart vor gote nehat neheinen dinger.

(3) Ich sage dir, Singuf, waz tu tuost,
des tu zuo jungest volgen muost:
nu lobe den Misner, der kan me
wen du: er liset in buochen.
Dri spehe meister, die noch leben,
wiltu im die zuo helfe geben,
ir kunst tuot diner künste we,
daz soltu wol versuochen:
Von Wirzeburch meister Conrat,
der besten singer einer,
der schrift in buochen kunde hat,
davon ist sin getichte vil diu reiner.
der Helleviur der ander si,
der Unverzagete, so ist ir dri.
stan sie dem Misnere bi
mit helfe, ich bin der sorge vri,
si machent, daz din sanges pris wirt kleiner.

will er (Singauf) drei bedeutende Meister
zu Hilfe rufen. Hinge es nun von mir ab,
dann hielte ich es mit den folgenden vieren:
Singauf, Singab, Singhin, Singher!
(Aber) vier (wirklich) gute meisterliche Singer
machen – das versichere ich dir –
dein Können noch kleiner als einen Finger.
Ein Engel schätzte sich allzu hoch ein,
und den verstieß Gott, und er wurde unglücklich.
Wer solches tut, dem geschieht es so,
denn Gott selbst droht mit dieser Drohung:
Hochmut hat vor Gott keinen Wert.

(3) Ich sage dir, Singauf, was du tust und
was du zuletzt befolgen solltest:
Lobe jetzt den Meißner, denn der kann mehr
als du: Er kann nämlich gelehrte Bücher lesen.
Willst du drei bedeutende Meister, die noch am Leben sind,
ihm zur Hilfe geben,
so wird deren Können deinem Können weh tun –
das solltest du ausprobieren:
(Erstens) Konrad von Würzburg,
einer der besten Sänger,
der sich auf Schrift und Gelehrsamkeit versteht,
wovon seine Gedichte höchste Vollkommenheit haben.
Der zweite ist der Höllefeuer,
der Unverzagte der dritte.
Stehen diese dem Meißner
hilfreich bei, dann bin ich ohne Sorge,
denn sie bewirken, daß der Lobpreis auf deinen Gesang kleiner wird.

90

Meissner

Aus »Ton I«

Got, aller selden anevanc

(1) Got, aller selden anevanc, dir si genigen.
got, vater aller barmunge, din lob si nicht vurswigen.
kuninc aller rechticheit, dine wort sint war.
Krist, richter aller werke, vrider alles vrides,
Krist, sůner aller missetat, durch uns den tot du lides,
gebieter uber aller engel schar.
Helf, scheffer aller dinge, du bist aller gůte ein ubervluzzich brunne.
La uns nicht hie vurterben in disem elende, von dir untfet der liechte sunne.
Ein brun untspringet in dem herzen din, sundere.
kumpt des ein zar durch din ougen, der ist gote so mere,
daz er dir vurgit dine sunde gar.

Wie unde waz obene

(2) Wie unde waz obene uber uns si, waz unden under,
waz zwischen den zwen mitten si, der ist so manich wunder,
daz keines menschen sin daz wizzen mac.
Welch underscheit den niun koren got hat gegeben,
waz vliuget, kriuchet, swimmet, get, wie daz untfa sin leben,

90

MEISSNER

Aus »Ton I«

Gott, Anfang aller Glückseligkeit

(1) Gott, Anfang aller Glückseligkeit, sei gegrüßt,
Gott, Vater allen Erbarmens, Dein Lob werde
verkündigt,
König aller Gerechtigkeit, Deine Worte sind wahrhaftig,
Christ, Richter über alle Werke, Bewahrer allen Friedens,
Christ, Sühner aller Missetat, der Du unseretwegen den
Tod erleidest,
Herr über alle Engelscharen:
Hilf, Schöpfer aller Dinge, denn Du bist ein
überfließender Brunnen alles Guten,
laß uns in diesem Unglück nicht verderben, denn von
Dir erhält auch die Sonne ihr Licht.
Eine Quelle entspringt, Sünder, in deinem Herzen,
und kommt davon eine Träne aus deinen Augen, so ist
diese Gott so wohlgefällig,
daß er dir alle deine Sünden verzeiht.

Was auch immer und wie oben

(2) Was auch immer und wie oben über uns ist, was unten
darunter,
was zwischen den beiden inmitten ist, darin gibt es so
viele Wunder,
daß keines Menschen Verstand das begreifen kann:
Welche Gliederung Gott den neun Chören (der Engel)
gegeben hat,
wie (alles), was fliegt, kriecht, schwimmt, geht, sein
Leben empfängt,

wie unde wa zů si gůt ein itzlich smac,
Wie die siben planeten unde alle sterne in den himel sint gestecket,
Wie uz vier elementen von den vier winden dunren, blitzen sich irwecket.
Gras unde griez zelet unde ouch den stoup der sunnen,
die regens tropfen, wie, war abe, ein ursprinc aller brunnen,
wa abe diu nacht, wa abe der liechte tac.

So unreine noch so arc

(3) So unreine noch so arc wart nie kein spinne,
so giftich, so valsch, so unnutze, also ich mich vursinne,
so die bose zunge des menschen ist.
Sie liuget, triuget, smeichet, manigen mort sie stiftet,
ir untruwe, ir luppicheit alle gift ubergiftet.
vervlůchet unde verwazen ist ir list.
So ist die gůte zunge da bi so gůt, daz man ir můz lobes bekennen.
Sie sluizet zů die helle unde tůt den himel of, alle dinc kan sie nennen.
Sie hat wunschens gewalt kegen gotes barmunge
unde aller selden segen, so gůt ist die gůte zunge.
des můz sie got gewern an alle vrist.

wie und wozu ein jeglicher Geruch dient,
wie die sieben Planeten und alle Sterne am Himmel
angebracht sind,
wie aus den vier Elementen durch die vier Winde
Donner und Blitz entsteht;
(dann versucht), Gras und Sand und auch die
Staubkörner der Sonne,
die Regentropfen zu zählen (und zu ergründen), wie und
woraus alle Quellen,
woraus die Nacht, woraus der helle Tag (entstehen).

So unrein, so böse

(3) So unrein, so böse ist keine Giftspinne,
so giftig, so trügerisch, so nutzlos, wie ich meine,
wie es die böse Zunge des Menschen ist:
Sie lügt, betrügt, schmeichelt, stiftet manchen Mord an,
ihre Bösartigkeit und ihre Zaubergewalt sind giftiger als
jedes Gift;
verflucht und verwünscht sei ihre Tücke.
Die gute Zunge dagegen ist etwas so Gutes, daß man ihr
Lob aussprechen muß:
sie verschließt die Hölle und öffnet den Himmel, alle
Dinge kann sie benennen;
sie hat bei Gottes Erbarmen jeden Wunsch frei
und besitzt alle Segnungen des Glücks – so gut ist die
gute Zunge:
daher wird Gott ihr zu jeder Frist beistehen.

91

Meissner

Aus »Ton XIV«

Almechtich got, barmunge rich

(1) Almechtich got, barmunge rich, sich hie nider in diz elelende
zů diner armen kristenheit. helfe unde trost den kristenen sende.
Růmes Riche, des riches val beweine.
Der babes dem riche hat gesworn, daz er unrecht wil helfen krenken.
nu daz riche gevallen ist, des eides sol er gedenken,
sit er ein houbet ist der werlt al eine.
Swer uns nu irre eines kuninges, diu werlt gemeine uber den schrie.
Ir diutschen vursten, sit gemant, schaffet, daz man den keiser wie.
vür uwer sunde vreuwet die werlt gemeine.

Daz so lange standen hat

(2) Daz so lange standen hat ane keiser Romes Riche,
daz ist von diner giricheit, diutsche zunge, sicherliche.
von dir ist Romes Riche gar vurweiset.
Dir solte dienen al die werlt, nu wiltu dich eigen machen.
vurliuset diutsche zunge ir recht, daz wirt sie an eren swachen.

91

Meissner

Aus »Ton XIV«

Allmächtiger, mitleidsvoller Gott

(1) Allmächtiger, mitleidsvoller Gott, schau herunter auf dieses Unglück,
auf Deine arme Christenheit; sende den Christen Hilfe und Trost;
weine über das Römische Reich, über den Sturz des Reiches.
Der Papst hat dem Reich geschworen, daß er gegen Unrecht helfen will;
nachdem nun das Reich gestürzt ist, soll er an diesen Eid denken;
denn er ist ja das Oberhaupt der ganzen Welt.
Wer uns jetzt einen König vorenthält, den verfluche die gesamte Welt!
Ihr deutschen Fürsten, seid ermahnt, macht, daß man einen Kaiser weihe:
zum Ausgleich für eure Sünden bereitet der ganzen Welt Freude.

Daß du so lange ohne Kaiser

(2) Daß das Römische Reich so lange ohne Kaiser bleiben mußte,
das kommt gewißlich von deiner Habgier, deutsches Land,
derentwegen ist das Römische Reich völlig verwaist.
Dir sollte die ganze Welt dienen: nun aber willst du dich untertan machen.
Verliert deutsches Land seine Rechtsordnung, dann nimmt auch sein Ansehen ab.

owe, din giricheit daz riche neiset.
Gib nicht din erbe in vremde hant, daz dir din scheffer hat an geerbet.
Gedenke, wie umbarmeliche der kuninc Conrat wart vurterbet.
da von noch allen diutschen vursten eiset.

Ein eren bilder eren vol

(9) Ein eren bilder eren vol, ein minner der zucht, der tugent ein ubervluzzich brunne,
dar mac man schepfen richeit vil, wisheit, warheit, manheit, truwe unde manige wunne.
sus teilet sich des brunnen vluz in gůte maniger hande.
Ein sterker unde ein rise rechtes gelouben unde ein meitzoch der kiusche unde der maze,
ein vullemunt der steticheit, wol bescheiden ist sin lib, der milte ein triftich straze.
des wachet sin ere unde ouch sin lob in manigem lande.
Sus strebet nach hoher werdicheit sin herze unde ouch sin můt unde alle sine sinne.
Her trachtet beide nacht unde tac, wie er mit heldes werken ere unde lob gewinne.
Von Brandenburc margrabe Otte, marcgraben Johannes sun, der ist so eren riche,
daz ich in zů dem tugenden brunnen wol mit eren geliche.

O weh, deine Habgier verdirbt das Reich!
Gib dein Erbe, was dir dein Schöpfer vererbt hat, nicht in fremde Hände;
denke daran, wie ohne Erbarmen der König Konrad zugrunde ging:
davor graust noch allen deutschen Fürsten.

Ein Ehrenschenker voll Ehre

(9) Ein Ehrenschenker voll Ehre, ein Freund des richtigen Benehmens, ein überfließender Brunnen der Tüchtigkeit,
aus dem man viel an Reichtum, Weisheit, Wahrhaftigkeit, Tapferkeit, Treue und Freude schöpfen kann;
denn so teilt sich das Wasser dieses Brunnens in vielerlei gute Gaben auf.
Ein Stärker und Riese des richtigen Glaubens, und ein Erzieher zu Anstand und rechtem Maß,
ein Fundament der Beständigkeit, richtig urteilend und eine zielführende Straße zur Freigebigkeit ist er;
daher sind sein Ansehen und sein Lob in vielen Ländern verbreitet.
So streben nach hohem Wert sein Herz und sein Mut und alle seine Sinne.
Er trachtet sowohl tags wie nachts danach, wie er mit Heldentaten Ansehen und Lob gewinnen kann:
von Brandenburg Markgraf Otto, Markgraf Johanns Sohn, der ist so ehrenreich,
daß ich ihn, durch den Vergleich mit einem Brunnen aller guten Eigenschaften, auf richtige Weise ehre.

92

Otto von Brandenburg

Wê, winter

Wê, winter, waz hât dir getân
diu bluot vil minneclîche
und der kleinen vogel süezez singen?
ich weiz für wâr gar âne wân,
wil mich diu saelden rîche
troesten, waz kanstû mich dan getwingen?
ich naeme eine lange naht
für tûsent hande blüete.
ich hân mich des vil wol bedâht,
mich troestet baz ir güete
dan der meie mir kan fröide bringen.

93

Mechthild von Magdeburg

Got liebkoset mit der sele an sehs dingen

Du bist min senftest legerkússin,
min minneklichest bette, min heimlichestú růwe,
min tiefeste gerunge, min hôhste ere!
Du bist ein lust miner gotheit,
ein trost miner mônschheit,
ein bach miner hitze!

92

Otto von Brandenburg

Weh, Winter

Weh, Winter, was haben dir
die liebreizenden Blumen
und das süße Singen der kleinen Vögel zuleide getan?
Ich weiß wahrhaftig und gewißlich:
wenn mir die Glückselige (jetzt)
Trost zukommen läßt, welche Gewalt hast du dann
noch über mich?
Eine lange Nacht ist mir lieber
als tausendfache Blüte.
Ich habe mir das genau überlegt,
daß sie mich mit ihren Vorzügen besser tröstet,
als mir der Mai Freude bringen kann.

93

Mechthild von Magdeburg

Gott liebkost mit der Seele in sechs Dingen

Du bist mein sanftestes Liegekissen,
mein Liebesbett, meine heimlichste Ruhe,
mein tiefstes Begehren, meine höchste Ehre!
Du bist eine Lust meiner Gottheit,
ein Trost meiner Menschheit,
ein Bach meiner Hitze.

Dú sele widerlobet got an sehs dingen

Du bist min spiegelberg,
min ǒgenweide,
ein verlust min selbes,
ein sturm mines hertzen,
ein val und ein verzihunge miner gewalt,
min hoͤhste sicherheit!

94

Mechthild von Magdeburg

Die minne sol sin mortlich ane masse und ane underlas; das ist der toren torheit

"Ich froͤwe mich, das ich minnen můs den, der mich
minnet,
und gere des, das ich in mortlich minne ane masse und
ane underlas.
Vroͤwe dich, min sele,
wan din leben ist gestorben von minnen dur dich,
und minne in so sere,
das du moͤgest sterben dur in; so brennest du iemer mere
unverloschen als ein lebend funke in dem grossen fúre
der hoher maiestat;
so wirstu minnefúres vol,
da mit dir hie ist so wol.
Du darft mich nit me leren,
ich enmag mich nit von der minne keren,
ich můs ir gevangen wesen,
ich mag anders nit geleben.
Da si wonot, da můs ich beliben,
beide an tode und an libe."
Das ist der toren torheit,
die lebent ane herzeleit.

Die Seele ihrerseits lobt Gott in sechs Dingen

Du bist mein Spiegelberg,
meine Augenweide,
ein Verlieren meines Selbst,
ein Sturm meines Herzens,
ein Fall und ein Wegziehen meiner Kraft,
meine höchste Sicherheit!

94

Mechthild von Magdeburg

Die Liebe soll ohne Maß und Unterlaß mörderisch sein – dies ist die Einfalt der Einfältigen

»Ich freue mich, daß ich den lieben muß, der mich liebt,
und daß ich das begehre, daß ich ihn mörderisch ohne Maß und Unterlaß liebe:
Freue dich, meine Seele,
denn dein Leben ist aus Liebe um deinetwillen gestorben;
liebe ihn so sehr,
daß du seinetwegen sterben wirst, dann brennst du immerfort
unverlöschlich als ein lebender Funken in dem großen Feuer der lebendigen Majestät:
Dadurch wirst du voll mit Liebesfeuer,
damit dir hier so wohl ist.
Mehr brauchst du mich nicht zu lehren,
ich kann mich von der Liebe nicht abwenden,
ich muß von ihr gefangen bleiben,
ich kann anders nicht leben.
Wo sie ist, da muß ich bleiben,
im Tod oder im Leben.«
Das ist die Einfalt der Einfältigen,
welche ohne Herzeleid leben.

95

MECHTHILD VON MAGEDBURG

Wie der von minnen ist wunt, wirt gesunt

Swelch mensche wirt ze einer stunt
von warer minne reht wunt,
der wirt niemer me wol gesunt,
er enkússe noch den selben munt,
von dem sin sel ist worden wunt.

96

MECHTHILD VON MAGDEBURG

Durnehtigú sele, vrŏwe dich

Durnehtigú sele, vrŏwe dich,
du bist alleine got gelich.
Ja es ist wol billich,
wan du trinkest mit gŏtlicher gedult
vil manig bitterkeit in dich ane schult.

95

Mechthild von Magdeburg

Wie der von der Liebe Verwundete gesund wird

Welcher Mensch auf einmal
von wahrer Liebe richtig verwundet wird,
der wird nie mehr ganz gesund,
es sei denn, er küsse denselben Mund,
von dem seine Seele verwundet worden ist.

96

Mechthild von Magdeburg

Durchnächtige Seele, freue dich

Durchnächtige Seele, freue dich,
du allein bist Gott gleich.
Ja, es ist durchaus angemessen,
wenn du mit göttlicher Duldung
viel Bitterkeit schuldlos in dich trinkst.

97

Mechthild von Magdeburg

Alsust sprichet dú minnende sele ze irme lieben herren

Were alle di welt min
und were si luter guldin,
und solte ich hie nach wúnsche eweklich sin
die alleredelste, die allerschoneste, die allerricheste keyserin,
das were mir iemer unmere;
also vil gerne sehe ich Jhesum Christum, minen lieben herren,
in siner himelschen ere!
Prövent, was si liden, die sin lange beiten!

98

Friedrich von Sonnenburg

Aus »Ton IV«

Ich horte des babes brieve lesen

(28) Ich horte des babes brieve lesen, sus was diu boteschaft:
"der aller liebeste unser sun gegrüezet si mit voller kraft,
mit ganzer liebe unzwivelhaft
an allen underlaz!
Künic von Rome Ruodolf, künftic keiser offenbar,
daz wir dich künic e nanten niht daz quam von hohen rate dar,
dir beide ze nutze unde ane var,
vür war so wizze daz.
Wir laden dich zer wihe, williclich sin wir bereit,

97

Mechthild von Magdeburg

So spricht die liebende Seele zu ihrem geliebten Herrn

Wäre die ganze Welt mein
und wäre sie aus lauterem Gold,
und sollte ich hier nach Wunsch auf ewige Zeit
die alleredelste, die allerschönste, die allermächtigste
Kaiserin sein:
das wäre mir für immer gleichgültig (gegenüber dem),
daß ich so gerne Jesus Christus, meinen geliebten Herrn,
in seiner himmlischen Ehre sehe.
Erkennt, was die leiden, die lange auf ihn warten!

98

Friedrich von Sonnenburg

Aus »Ton IV«

Ich hörte, wie die Schreiben des Papstes verlesen wurden

(28) Ich hörte, wie die Schreiben des Papstes verlesen
wurden; dies war die Botschaft:
»Unser allerliebster Sohn sei gegrüßt mit allen
Segnungen,
mit großer und unbezweifelbarer Liebe,
ohne Unterlaß!
Rudolf, König von Rom, designierter Kaiser,
daß wir dich bisher nicht König nannten, das geschah
durch hohen Ratschluß,
dir zum Nutzen und ohne böse Absicht:
das wisse fürwahr!
Wir laden dich zur Krönung, gerne sind wir dazu bereit,

die krone unde alle keiserliche wirdicheit
Enpfa von uns, vil lieber sun, so du erste maht in kurzen tagen –
din houbet krone uf erden sol ob allen künigen tragen!"

Der babes allen kristen vürsten

(29) Der babes allen kristen vürsten brieve hat gesant:
Tiutschen, Walhen, Winden, pfaffen, leien, swie si sint genant,
den richen künigen in ir lant,
nahen, verre und wit;
Uf alliu hus, in alliu dorf unde ouch in alle stete,
allen meistern schribet er sin hoch gebot und sin gebete:
nie babes künic so liep enhete
sit künic Karles zit.
Er schribet in daz sie ze herren sulen iemer han
den künic von Rom Ruodolf unde im mit triuwen bi gestan;
Er si ein künftic keiser, swer in irret oder wider stat,
daz in der babes niht vür einen rehten kristen hat.

Sie vragent wie der künic

(30) Si vragent wie der künic von Rome Ruodolf mir behage –
er behaget mir als er sol sit daz er got behagete an dem tage
dor in ze vogete (als ich iu sage)
gap aller kristenheit;

die Krone und alle kaiserlichen Insignien
empfange von uns, mein geliebter Sohn, sobald du es nur kannst –
dein Haupt soll auf Erden die Krone über alle Könige tragen.«

Der Papst hat allen christlichen Fürsten

(29) Der Papst hat allen christlichen Fürsten Schreiben gesandt:
Deutschen, Italienern, Slawen, den geistlichen und weltlichen (Fürsten), wie sie auch alle heißen,
den mächtigen Königen in ihre Länder,
in der Nähe und in der weiten Ferne;
in alle Häuser, in alle Dörfer und auch in alle Städte,
allen Gelehrten schreibt er sein hohes Gebot und seine Bitte:
Nie habe ein Papst den König so lieb gehabt
seit den Zeiten König Karls.
Er schreibt ihnen, daß sie für immer Rudolf, den König von Rom, als Herrn anerkennen
und ihm in Treue beistehen sollen;
er sei der designierte Kaiser, und wer immer ihn behindere oder bekämpfe,
den würde der Papst nicht für einen wahren Christen halten.

Man fragt, wie der König von Rom

(30) Man fragt, wie der König von Rom, Rudolf, mir zusage –
er sagt mir zu, wie er es soll, seitdem er Gott zusagte an jenem Tag,
als (Gott) ihn zum Schirmherrn – wie ich euch sage –
der ganzen Christenheit gab.

Unde als er got behagete (also der Brunecker uns jach,
daz er und manic tusent man ansihticliche wol ansach)
ze Ache überm münster daz geschach:
hoch, lanc, wit unde breit
Ein schoene kriuze swebete ob im die wile daz er saz
gekroenet und die wihe enpfienc – hie bi so weiz ich daz,
Daz in got durch der vürsten munt uns zeinem vogete hat erwelt.
nu si er dir, almehtic got, in dinen vride gezelt.

Der beste tranc der ie gewart

(49) Der beste tranc der ie gewart daz ist der guote win,
dar umbe enmac daz wazzer niht dem wine gelich genaeme sin –
diz bispel gap ein vriedelin
durch ein versliezen mir.
Sit ich durch ire liebe disen haft entsliezen sol,
so spriche ich daz unminne niht enzimt bi reiner minne wol:
unminne ist aller tugenden hol,
diz merke, vrouwe, dir.
Daz wazzer und der guote win diu sulen sunder sten;
daz selbe sol diu minne von der unminne, hoere ich jen.
Unminne lazt sich dicke sehen in schoener wat, in varwe glanz,
so blibet minne tugenden vol und treit der eren kranz.

Und als er Gott zusagte – so erzählte es uns der Brunecker,
daß er und viele tausend Leute es mit eigenen Augen sahen –,
so geschah dies in Aachen über dem Münster:
hoch, lang, weit und breit
schwebte ein schönes Kreuz über ihm während der Zeit, in der er gekrönt dasaß
und die Weihe empfing: Dadurch weiß ich,
daß ihn Gott durch den Mund der Fürsten für uns zum Schirmherrn erwählt hat.
Nun sei er Dir, allmächtiger Gott, in Deinen Schutz empfohlen.

Der beste Trank, der je entstand

(49) Der beste Trank, der je entstand, ist guter Wein,
weshalb Wasser zum Wein nicht passen kann –
dieses Exempel gab mir eine Freundin
als ungelöstes Rätsel.
Da ich aus Neigung zu ihr die verborgene Bedeutung aufschließen muß,
so sage ich, daß Unliebe nicht zu reiner Liebe passe:
Unliebe ist leer von allen Vorzügen,
dies merke dir, edle Dame.
Wasser und guter Wein sollen für sich bleiben,
ebenso – höre ich sagen – soll die Liebe von der Unliebe wegbleiben.
Unliebe läßt sich oft in schöner Kleidung und in glänzenden Farben sehen:
Liebe (dagegen) enthält alle gute Eigenschaften und trägt den Kranz der Ehren.

99

Schulmeister von Esslingen

Aus »Ton I«

Der Scharle hât driu spil verpfliht

(2) Der Scharle hât driu spil verpfliht:
swer der deheinz verliurt, des leben ist ein wiht:
ez gilt den lîp und anders niht.
des wil daz lant Cecilje bürge sîn.
daz êrste spil ist buf genant;
daz flôr der prinze, er brach die bunde sâ zehant;
des gab er leben unde lant.
daz ander spil verlôr künc Kuonradîn,
daz heizet wol von houbte: ouwê,
wan daz verklagte er niemer mê.
zem dritten spil sost Ruodolf niht ze gâch:
ez mag wol heizen hackâ nâch.
ich waen, der Scharle kunne es im ze vil.

Ich bin an minnen worden laz

(3) Ich bin an minnen worden laz;
dar umbe tragent schône frouwen mir ir haz.
nu taete ich gerne, und möhte ich, baz;
den willen haete ich an dem herzen wol.
nu habe ich einen friunt der lît:
die wîl der stuont, dô hâte ich niht der frouwen nît.
nu lât er mich zunrehter zît,
er stilt sich einhalb ab so er vehten sol.
sîn hôher muot der ist gelegen,
er wil ouch niht mê sîn ein degen.

99

Schulmeister von Esslingen

Aus »Ton I«

Der Charles hat drei Spiele ausgerichtet

(2) Der Charles hat drei Spiele ausgerichtet:
Wer eines davon verliert, dessen Leben ist zu Ende:
Es geht um Leib und Leben, um nichts anderes.
Der Preis ist das Land Sizilien.
Das erste Spiel heißt »Buff«;
das hat der Prinz verloren, denn er brachte seine Figuren sogleich durcheinander;
daher gab er Leben und Land dahin.
Das zweite Spiel verlor König Konradin,
das heißt zu Recht »Kopf ab«: O weh,
denn das kann er jetzt selbst nicht mehr betrauern.
Zum dritten Spiel hat es Rudolf nicht eilig:
das kann durchaus »Abhacken« heißen.
Ich vermute, der Charles kann es ihm zu gut.

Ich bin in der Minne träge geworden

(3) Ich bin in der Minne träge geworden;
und deswegen sind schöne Damen mir böse.
Sofern ich es könnte, würde ich besser handeln;
im Herzen wäre ich dazu sehr willig.
Nun habe ich aber einen Freund, der liegen bleibt:
Solange er noch stehen konnte, da traf mich der Zorn der Damen nicht.
Nun läßt er mich im unrechten Moment im Stich,
er schleicht sich seitwärts weg, wenn er kämpfen soll.
Sein hohes Streben liegt darnieder,
er will auch kein Held mehr sein.

möht ich nu wîn und guote spîse hân,
sô wolte ich doch niht abe lân,
ich sunge ein liet der lieben frouwen mîn.

100

Schulmeister von Esslingen

Ir nement des rîches schiltes war

Ir nement des rîches schiltes war,
den prüevent ordenlich.
in golde ein ûfreht adelar
hât ûf den schilt gestrecket sich.
seht, daz tiutet hôch geburt, die solten rehte künge hân.
der adelar ist swarz gevar,
sîn varwe ist griusenlich.
hêr küng, ich spriche iu niummê dar:
man fürht iuch kleine, dunket mich.
ir gent fride als ein geschiuwe in einer gersten sunder wân.
waerent ir versuochet als des adlars kindelîn,
– swelz in die sunnen niht ensiht, daz tuot er hin –
ich waene, iu waere alsam geschehen,
ir waernt verworfen alde ir müezent reht und unreht baz an sehen.
küng und adelar sunt hôhe sweiben, daz ist sleht.
hêr küng, nu seht,
daz waer des schiltes reht.
sus zît iuch ritter unde kneht,
ir klockent umbe ir hüebel alse umb einen fûlen boun ein speht.
ir sint kerger dan der ar: der schilt der wil iu übel an stân.

Würde ich jetzt Wein und gutes Essen bekommen,
dann wollte ich trotzdem nicht davon ablassen,
daß ich meiner lieben Herrin ein Lied sänge.

100

Schulmeister von Esslingen

Nehmt den Schild des Reiches wahr

Nehmt den Schild des Reiches (und sein Wappen) wahr,
und schaut genau hin!
Ein aufrechter Adler, auf goldenem Hintergrund,
hat sich auf dem Schild aufgerichtet.
Seht, das bedeutet hohe Herkunft, die sollten richtige Könige auch haben.
Der Adler (selbst) ist von schwarzer Farbe,
seine Farbe ist furchteinflößend.
Herr König, davon kann ich bei Euch nicht sprechen:
Euch fürchtet man sehr wenig, glaube ich.
Ihr verbürgt Frieden wie eine Vogelscheuche in einem Gerstenfeld, ganz zweifellos.
Wärt Ihr geprüft worden wie die kleinen Kinder des Adlers
– welches nämlich nicht in die Sonne sehen kann, das läßt er fallen –,
ich glaube, dann wäre Euch ebenso geschehen:
Ihr wärt verworfen worden, oder Ihr müßtet Recht und Unrecht besser erkennen.
König und Adler müssen hoch steigen, das ist das Angemessene.
Herr König, nun seht,
das wäre gegenüber dem Schild(wappen) das richtige.
Doch Ritter und Knappen klagen Euch an,
daß Ihr auf ihren Gütchen herumklopft wie ein Specht auf einem faulen Baumstamm.
Ihr seid geiziger als der Adler: das Schildwappen wird Euch übel anstehen.

101

Der Unverzagte

Aus »Ton III«

Der künik Ruodolf

(1) Der künik Ruodolf minnet Got und ist an triuwen staete,
der künik Ruodolf hat sich manigen schanden wol versaget,
Der künik Ruodolf rihtet wol unt hazzet valsche raete,
der künik Ruodolf ist ein helt an tugenden unverzaget;
Der künik Ruodolf eret Got und alle werde vrouwen,
der künik Ruodolf laet sich dikke in hohen eren schouwen;
ich gan im wol, daz im nach siner milte heil geschiht:
der meister singen, gigen, sagen, daz hoert er gerne, unt git in dar ümbe niht.

Ich bin ein gast

(4) Ich bin ein gast den vremden liuten unde ein wirt der sinne,
unt suoche nach der vrage manigen richen edelen man;
In gastes wis ich jares maniges edelen guot gewinne;
nu danke im Got, wer guot durch Got umb ere teilen kan!
Den selben wil ich rilich lob mit mime sange schenken,
swie verre ich var in vremdiu lant, ze guote ir gedenken:

101

Der Unverzagte

Aus »Ton III«

Der König Rudolf

(1) Der König Rudolf liebt Gott und ist in seiner Treue beständig,
der König Rudolf hütet sich gänzlich vor Schande,
der König Rudolf ist ein guter Richter und haßt böse Ratgeber,
der König Rudolf ist ein Held mit den besten Eigenschaften;
der König Rudolf ehrt Gott und alle edlen Damen,
der König Rudolf ist ständig um hohes Ansehen bemüht;
ich wünsche sehr, daß es ihm entsprechend seiner Großzügigkeit auch gut ergeht:
das Singen, Spielen und Vortragen der meisterlichen Sänger, das hört er gerne – und gibt ihnen nichts dafür!

Ich bin ein Gast

(4) Ich bin ein Gast bei fremden Leuten, aber Hausherr über einen guten Verstand,
und suche, entsprechend der Nachfrage, viele mächtige Edelleute auf;
als Gast erhalte ich jährlich Gaben von vielen Edelleuten;
Gott danke es ihm, wer um Gottes willen Gabe gegen Ehre tauschen kann!
Diesen will ich reiches Lob mit meinem Gesang schenken
(und), wie ferne ich auch in die Fremde reise, immer gut an sie denken:

die gar verschamten argen zagen laz' ich mins lobes vri;
ir laster wil ich machen breit, wie stille ich in der künde
bi in si.

Die künstelosen edelen

(7) Die künstelosen edelen gebent den künstelosen liuten;
daz tuont sie alle ümbe daz diu gabe kleine si.
Wa sol man in des wizzen dank? wer sol ir lop bediuten?
daz sol man in dem piere, da ist daz lop gar eren vri.
Sank unde gigen meisterkunst die nement ouch vil gerne
in rehter not ein kleinez guot, wa daz noch waere
z'enberne,
daz solten in die edelen geben, unt waer vil baz bewant,
dan eime kunstelosen man: pierloter lop daz enist niht
wite erkant.

Aber die unverschämten, geizigen Feiglinge bekommen
kein Lob von mir:
ihre Schande will ich verbreiten, wie schweigsam ich
auch bei ihnen zu Hause sein mag.

Die Edelleute, die von Kunst nichts verstehen

(7) Die Edelleute, die von Kunst nichts verstehen,
beschenken Leute, die nichts von Kunst verstehen;
das tun sie alle deswegen, damit die Gabe klein bleiben
kann.
Wo soll man ihnen dafür danken? Wer soll ihren Ruhm
verkünden?
Das soll man beim Bier tun, denn da ist das Lob nichts
wert.
Gesang und meisterliches Geigen, die wären auch sehr
gerne
in ihrer großen Armut mit wenig zufrieden; wo das noch
zu entbehren wäre,
sollten die Edelleute es ihnen geben, es wäre dort viel
besser am Platz
als bei einem, der von Kunst nichts versteht: das Lob
durch Biersäufer hat keine weite Verbreitung.

102

Steinmar

Sît si mir niht lônen wil

1 Sît si mir niht lônen wil,
der ich hân gesungen vil,
seht, so wil ich prîsen
Den, der mir tuot sorgen rât:
herbest, der des meien wât
vellet von den rîsen.
Ich weiz wol, ez ist ein altez maere,
daz ein armez minnerlîn ist reht ein marteraere.
seht, zuo den was ich gewetten:
wâffen!
die wil ich lân und wil inz luoder tretten.

2 Herbest, underwint dich mîn,
wan ich wil dîn helfer sîn
gegen dem glanzen meien:
Durh dich mîde ich sende nôt.
sît dir Gebewîn ist tôt,
nim mich tumben leigen
Vür in zeime staeten ingesinde!
"Steimâr, sich, daz wil ich tuon, swenne ich nu baz bevinde,
ob dû mih kanst gebrüeven wol."
wâfen!
ich singe, daz wir alle werden vol.

3 Herbest, nû hoere an mîn leben:
wirt, du solt uns vische geben,
mê danne zehen hande!
Gense, hüener, vogel, swîn,
dermel, pfâwen sunt da sîn,
wîn von welschem lande:

102

Steinmar

Da sie mir keinen Lohn geben will

1 Da sie mir keinen Lohn geben will,
für die ich bislang gesungen habe,
seht, so will ich denjenigen preisen,
der mir meine Sorgen abnimmt:
nämlich den Herbst, der des Maien Kleider
von den Zweigen herunterschlägt.
Ich weiß gut, es ist eine altbekannte Geschichte,
daß ein unglücklicher Liebhaber ein echter Märtyrer ist.
Seht, mit jenen war ich in ein gemeinsames Joch gespannt:
Aufgepaßt!
Die will ich sein lassen und statt dessen ein Luderleben
beginnen.

2 Herbst, nimm dich meiner an,
denn ich will dir helfen
gegen den strahlenden Mai.
Deinetwegen habe ich keine sehnsüchtige Not mehr.
Nachdem dir der »Gebefreund« gestorben ist,
nimm mich unerfahrenen Laien
in deine treue Dienerschaft auf.
»Steinmar, das will ich tun, sobald ich genauer geprüft
habe,
daß du mich richtig preisen kannst.«
Aufgepaßt!
Ich singe jetzt, daß wir alle angefüllt werden.

3 Herbst, nun höre von meiner Lebensweise.
Wirt, du sollst uns Fische geben
von mehr als zehn Arten!
Gänse, Hühner, Vögel, Schweine,
Würste, Pfauen sollen auch dabei sein,
und Wein aus Italien.

Des gib uns vil und heizze uns schüzzel schochen!
köpfe und schüzzel wirt von mir untz an den grunt erlochen.
wirt, du lâ dîn sorgen sîn,
wâfen!
joch muoz ein riuwig herze troesten wîn.

4 Swaz dû uns gîst, daz wurze uns wol,
baz danne man ze mâze sol,
daz in uns werde ein hitze,
Daz gegen dem trunke gange ein dunst,
als ein rouch von einer brunst,
und daz der man erswitze,
Daz er waene, daz er vaste leke.
schaffe, daz der munt uns als ein apotêke smeke!
erstumme ich von des wînes kraft,
wâfen!
so giuz in mich, wirt, durh gesellschaft!

5 Wirt, durh mich ein strâze gât:
darûf schaffe uns allen rât
manger hande spîse!
Wînes, der wol tribe ein rat,
hoeret ûf der strâze pfat.
mînen slunt ich prîse:
Mich würget niht ein grôzziu gans, so ichs slinde.
herbest, trûtgeselle mîn, noch nim mich ze ingesinde!
mîn sêle ûf eime rippe stât:
wâffen!
diu von dem wîne darûf gehüppet hât.

Davon gib uns viel und heiße die Schüsseln auftürmen:
Kannen und Schüsseln werden von mir bis zur Neige geleert.
Wirt, nun lasse deine Sorgen fahren:
Aufgepaßt!
Fürwahr, ein trauriges Herz wird vom Wein getröstet.

4 Was du uns gibst, das würze gut,
mehr als man es normalerweise tut,
damit in uns ein Feuer entstehe,
welches gegen den Trunk einen Dampf aussende
wie Rauch aus einem Brand,
und damit der Mann so schwitze,
daß er sich im Dampfbad meint.
Mache, daß uns der Mund wie eine Apotheke riecht.
Nimmt der Wein mir die Rede –
Aufgepaßt! –,
dann gieße, Wirt, aus Freundschaft weiter in mich hinein!

5 Wirt, durch mich geht eine Straße hindurch:
auf ihr schaffe uns Nachschub heran,
Essen aller Art.
Und so viel Wein, daß er ein Mühlrad antriebe,
gehört auf diese Straße.
Meine Gurgel preise ich:
Wenn ich eine große Gans verschlinge, so erstickt mich das nicht.
Herbst, mein lieber Freund, nimm mich noch als Diener auf.
Meine Seele steht auf einer Rippe.
Aufgepaßt!
Sie ist (fliehend) vor dem Wein dorthin gehüpft.

103

Steinmar

Ein kneht, der lag verborgen

1 Ein kneht, der lag verborgen,
bî einer dirne er slief,
Unz ûf den liehten morgen.
der hirte lûte rief:
"Wol ûf, lâz ûz die hert!"
des erschrak diu dirne
und ir geselle wert.

2 Daz strou, daz muost er rûmen
und von der lieben varn.
Er torste sich niht sûmen,
er nam si an den arn.
Daz höi, daz ob im lag,
daz ersach diu reine
ûf fliegen in den dag.

3 Davon si muoste erlachen,
ir sigen diu ougen zuo.
So suozze kunde er machen
in dem morgen fruo
Mit ir daz bettespil.
wer sach ân geraete
ie fröiden mê so vil!

103

Steinmar

Ein Knecht lag heimlich

1 Ein Knecht lag heimlich
schlafend bei einer Magd
bis gegen den hellen Morgen:
Der Hirte rief laut:
»Auf denn, laß die Herde heraus!«
Da erschraken die Magd
und auch ihr liebster Freund.

2 Er sollte das Stroh räumen
und von der Liebsten weggehen.
Er wagte nicht, sich zu versäumen:
Er nahm sie in die Arme.
Das Heu, das auf ihm lag,
das sah die Vortreffliche
himmelwärts fliegen.

3 Darüber mußte sie vor Freude lachen,
die Augen fielen ihr langsam zu:
So vortrefflich verstand er es,
an diesem frühen Morgen
mit ihr das Bettspiel zu treiben.
Wer sah jemals mehr Freude,
und zwar ohne allen Luxus!

104

Konrad von Würzburg

Swâ tac erschînen sol zwein liuten

Swâ tac er- schînen sol zwein liuten,
die ver- borgen inne liebe stunde müezen tragen,
dâ mac ver- swînen wol ein triuten:
nie der morgen minne- diebe kunde büezen clagen.
er lêret ougen weinen trîben;
sinnen wil er wünne selten borgen.
swer mêret tougen reinen wîben
minnen spil, der künne schelten morgen.

105

Konrad von Würzburg

Aus dem »Hof-Ton«

Mir ist als ich niht lebende sî

Mir ist als ich niht lebende sî, swenn ich entnücke sêre:
dâvon den tôt bediutet mir der slâf mit sîner lêre.
bî der sunnen kêre
bezeichent mir der schate mîn,
daz im gelîch zergât mîn leben; sô wirde ich bî der hitze
der helle ermant, swenn ich in einer badestuben sitze.
bî der bluomen glitze
spür ich unstaeter wunnen schîn.
in dem spiegel ich erkenne daz ich asche bin als er:

104

Konrad von Würzburg

Wo der Tag zwei Menschen erscheinen wird

Wo der Tag zwei Menschen erscheinen wird,
die verborgen die Stunde der Liebe verbringen müssen,
da muß das Umarmen ein Ende haben:
Niemals konnte der Morgen heimlich Liebende vor Klage
bewahren.
Er lehrt die Augen, Tränen hervorzubringen;
den Sinnen kann er keine Freude mehr leihen.
Wer mit vortrefflichen Frauen heimlich
das Liebesspiel treibt, der weiß zu Recht den Morgen zu
beschimpfen.

105

Konrad von Würzburg

Aus dem »Hof-Ton«

Mir ist, als ob ich nicht mehr lebte

Mir ist, als ob ich nicht mehr lebte, wenn ich tief einschlafe:
So lehrt mich der Schlaf, daß er den Tod bezeichnet.
Beim Erscheinen der Sonne
bezeichnet mir mein Schatten,
daß mein Leben gleich ihm zergeht; und so werde ich an die
Hitze
der Hölle gemahnt, wenn ich im Dampfbad sitze.
An der Pracht der Blumen erkenne ich
den vergänglichen Glanz alles Schönen.
Im Spiegel sehe ich, daß ich aus Staub bin wie er:

sô kan mir der kerenter
mit dem gebeine künden,
daz mich die würme nagende werdent mit unreinen
münden.
wil ich dâbî niht hüeten mich vor allen houbetsünden,
in der helle gründen
muoz ich ân ende quelnde sîn.

Sô wê mir tumber

Sô wê mir tumber daz mich iemer langer tage
verdriuzet,
und mîner jâre frist enwec sô rehte balde schiuzet,
daz ein bach niht fliuzet
sô drâte ûz velse noch ûz hage!
ich wünsche dicke daz diu stunde werde mir gekürzet;
und ist si doch ûf einen gaehen louf alsô geschürzet,
daz darinne erstürzet
geswinde sich mîn lebetage.
jâ clag ich mîn gelt daz ich verzer, und clage niht mîne zît,
die mir nieman wider gît,
swenn ich sie gar verliure.
vertet ich verne guot, ich mag gewinnen anderz hiure,
verswende ich aber mîniu jâr, diu sint mir iemer tiure:
von dekeiner stiure
verlorne zît ich wider bejage.

So weiß mir auch der Kerner
mit seinen Gebeinen zu verkünden,
daß mich die unreinen Würmer fressen werden.
Will ich mich also nicht vor allen Todsünden hüten,
dann muß ich am Ende im
Abgrund der Hölle Qualen erleiden.

Weh mir Toren

Weh mir Toren, daß es mich immer der langen Tage
verdrießt,
obwohl die Frist meiner Jahre so schrecklich schnell
dahinschießt,
daß ein Bach nicht mit gleicher Eile
aus dem Felsen oder dem Wald fließt!
Ich wünsche oft, daß mir die Stunden kürzer werden,
obwohl sie doch auf einen so jähen Gang eingerichtet sind,
daß in ihnen meine Lebenstage
eilends herabstürzen.
Ich beklage doch tatsächlich mein Geld, das ich verbrauche,
und beklage nicht meine Zeit,
die mir niemand zurückgibt,
wenn ich sie gänzlich verliere.
Vertat ich letztes Jahr mein Gut, so kann ich dieses Jahr
anderes wieder gewinnen,
verschwende ich aber meine Jahre, die sind mir für immer
verloren:
Mit keinem Mittel
erlange ich verlorene Zeit wieder zurück.

106

Konrad von Würzburg

Aus dem »Hof-Ton«

Dem adelarn von Rôme

Dem adelarn von Rôme werdeclichen ist gelungen,
wan er crinvogel ein wunder hât mit sîner craft betwungen;
er hât lob erswungen
durliuhtic lûter unde glanz.
hebch unde valken twang er zÔsterlanden unde in Stîre:
daz mag in Pülle erschrecken wol die rappen und die gîre.
rubîn und saphîre
vil billich zierent sînen cranz.
sîn gelücke und sîne craft entsitze swaz nu wildes lebe,
ob ez swimme od ob ez swebe,
ob dem kan er wol fliegen.
kein vogel kan ûz allen landen wider in nû gecriegen;
sich muoste ein löuwe ûz Bêheim under sîne clâwen smiegen:
er ist âne triegen
vest unde an hôhen êren ganz.

106

Konrad von Würzburg

Aus dem »Hof-Ton«

Dem Adler von Rom

Dem Adler von Rom ist ein großer Erfolg gelungen,
denn er hat eine riesengroße Anzahl von Raubvögeln mit seiner Kraft bezwungen;
strahlendes, helles und glänzendes
Lob hat er errungen.
Habichte und Falken bezwang er in Österreich und in der Steiermark;
das kann in Apulien die Raben und Geier gewiß in Schrecken versetzen.
Rubine und Saphire
zieren zu Recht seine Krone.
Sein Glück und seine Kraft besiegen alle wilden Tiere,
ob sie im Wasser oder in der Luft leben:
über allen weiß er gut zu fliegen.
Kein Vogel, aus welchem Land auch immer, kann jetzt noch gegen ihn Krieg führen;
ein Löwe aus Böhmen mußte sich seinen Klauen unterwerfen;
er ist, ganz wahrhaftig,
stark und besitzt höchstes Ansehen.

107

Johannes Hadlaub

Ich diene ir

1 Ich diene ir sît daz wir beidiu wâren kint.
diu jâr mir sint gar swaer gesîn,
Wan si wag so ringe mînen dienest ie:
sin wolte nie geruochen mîn.
Daz wart irbarmende herren, dien wartz kunt,
daz ich nie mit rede ir was giwesen bî.
des brâchten sî mich dar zestunt.

2 Swie ich was mit hôhen herren komen dar,
doch was si gar hert wider mich.
Sî kêrt sich von mir, do sî mich sach, zehant:
von leide geswant mir, hin viel ich.
Die herren huoben mich dar, dâ si saz,
unde gâben mir balde ir hant in mîn hant.
do ich des bevant, do wart mir baz.

3 Mich dûchte, daz nieman möchte hân erbetten sî,
daz sî mich frî nôt haete getân,
Wan daz si vorchte, daz si schuldig wurde an mir:
ich lag vor ir als ein tôt man
Und sach si jaemerlîch an ûz der nôt.
des irbarmet ich si, wan ichz hâte von ir,
des sî doch mir ir hant do bôt.

4 Dô sach sî mich lieblîch an und rete mit mir.
ach, wie zam ir daz sô gar wol!
Ich mochte sî so recht geschowen wolgetân.
wa wart ie man so fröiden vol?

107

Johannes Hadlaub

Ich diene ihr

1 Ich diene ihr, seitdem wir beide Kinder waren:
die Jahre sind mir sehr schwer gewesen,
denn sie bewertete meinen Dienst so gering,
daß sie niemals auf mich achtete.
Das erbarmte einige Herren, die es erfahren hatten,
daß ich noch nie mit ihr hatte reden können:
sogleich brachten sie mich zu ihr hin.

2 Obwohl ich mit hohen Herren zu ihr gekommen war,
war sie sehr unfreundlich gegen mich.
Sie drehte sich sofort, als sie mich gesehen hatte,
von mir weg.
Vor Kummer wurde ich ohnmächtig, und ich fiel zu
Boden.
Die Herren trugen mich dorthin, wo sie saß,
und sie legten mir sogleich ihre Hand in meine Hand:
als ich das bemerkte, da wurde mir wieder besser.

3 Ich glaubte, niemand hätte sie mit Bitten dazu gebracht,
daß sie mich von meinem Kummer befreit hätte,
wenn sie nicht befürchtet hätte, sie würde mir
gegenüber eine Sünde begehen:
Denn ich lag wie tot vor ihr
und blickte sie jämmerlich in meinem Kummer an.
Daher hatte sie Mitleid mit mir, denn sie war ja die
Ursache davon:
Und so reichte sie mir dann ihre Hand.

4 Da sah sie mich liebevoll an und redete mit mir:
Ach, wie gut stand ihr das an!
Ich konnte sie ausgiebig in ihrer Schönheit anschauen:
Wo gab es jemals einen so freudevollen Mann?

Die wîle lâgen mîn arme ûf ir schôz:
ach, wie suozze mir daz dur mîn herze gie!
mîn fröide nie   mêr wart so grôz.

5 Do hâte ich ir hant so lieblîch vaste, gotte weiz,
davon si beiz   mich in mîn hant.
Si wânde, daz ez mir wê taet, do froete ez mich:
so gar suozze ich   ir mundes bevant.
Ir bîzzen was so zartlich, wîblich, fîn,
des mir wê tet, daz so schiere zergangen was.
mir wart nie baz,   daz muoz wâr sîn!

6 Sî bâten si vaste eteswaz geben mir,
des sî an ir   lange haete gehân.
Also warf si mir ir nâdilbein dort her.
in süezzer ger   balde ich ez nam.
Si nâmen mirz und gâbenz ir wider dô
und irbâten sî, daz sî mirz lieblîch bôt.
in sender nôt   wart ich so frô.

7 Der vürste von Konstenz, von Zürich diu vürstîn
vil saelig sîn!   der vürste ouch sâ
Von Einsidellen, von Toggenburg lobelich
grâf Friderîch,   und swer was dâ
Und half alt riet, daz man mich brâchte für sî.
daz tâten hôhe liut, der frume Reginsberger
nach mîner ger   ouch was dabî.

8 Und der abt von Pêtershûsen tuginde vol
half mir ouch wol.   da wâren ouch bî
Edil frowen, hôhe pfaffen, ritter guot.
da wart mîn muot   vil sorgen frî.
Ich hâte ir gunst, die doch nit hulfen mir.
her Ruodolf von Landenberg, guot ritter gar,
half mir ouch dar   und liebte mich ir.

Die ganze Zeit lagen meine Arme in ihrem Schoß.
Ach, wie süß ging mir dies durch mein Herz!
Mein Glück war nie mehr so vollkommen.

5 Da hielt ich ihre Hand, bei Gott, so liebevoll fest,
daß sie mich deswegen in die Hand biß.
Sie glaubte, das täte mir weh: doch ich freute mich darüber.
So überaus süß empfand ich ihren Mund.
Ihr Beißen war so zart, fraulich, schön,
daß mir das weh tat, daß es so bald zu Ende war:
mir ging es nie besser, das ist wahr!

6 Sie baten sie sehr, mir etwas zu schenken,
was sie lange bei sich getragen hätte.
Und so warf sie mir ihre Nadelbüchse nach:
in frohem Verlangen nahm ich sie schnell;
sie aber nahmen sie mir weg, gaben sie ihr zurück,
und baten sie, sie möge sie mir liebevoll überreichen:
in meinem Liebesschmerz wurde ich da froh.

7 Der Fürst von Konstanz, die Fürstin von Zürich
seien gepriesen! Auch der Fürst
von Einsiedeln, der preisenswerte Graf Friedrich
von Toggenburg, und wer sonst noch da war
und mit Hilfe und Rat mein Treffen mit ihr unterstützte.
Das taten hochgestellte Personen: Der edle Regensburger
war, wie ich es gewünscht hatte, auch dabei.

8 Und auch der vortreffliche Abt von Petershausen
half mir sehr. Dabei waren auch
edle Damen, hohe Kleriker, gute Ritter:
da wurde mein Herz frei von Sorgen.
Ich hatte auch deren Gunst, die (dort) nicht helfend dabei waren.
Herr Rudolf von Landenberg, der vorzügliche Ritter,
half mir auch hinzukommen und empfahl mich ihr.

9 Dem die besten helfent, daz vervât ouch icht.
diu zuoversicht wart mir wol schîn,
Wan der vürste von Kostenze loblich, gerecht,
und her Albrecht, der bruoder sîn,
Und her Rüedge Manesse, die werden man,
hulfen mir vür mîn edlen frowen klâr,
des manger jâr nie mochte irgân.

10 Ez ist lang, daz mich von êrst ir wunne vie
und daz ich nie so nâch ir kan,
Wan si stalte ungruozlîch sich ie gegen mir,
des ich zuo zir nie getorste gegân.
Ich dâchte: 'Sît sî nicht ruochet grüezzen mich,
gienge ich für sî, daz waere lîchte so verre ir haz!'
nicht wan umb daz verzagt dan ich.

11 Möchte ein herze von fröiden dur den lîb ûzgân,
in möchte behân des mînen niet,
Sît ich vür die wolgetânen komen bin,
von der mîn sin mich nie geschiet.
Ich hâte ir hant in mînen henden, ach!
êst ein wunder, daz von rechten minnen nicht
in der geschicht mîn herze brach.

12 Ach, ich hôrte ir süezzen stimme, ir zarten wort,
si reiner hort, des hât si prîs.
Sô sach ich ir munt, ir wengel rôsenvar,
ir ougen clâr, ir kelîn wîz,
Ir wîblich zucht, ir hende wîz als der snê.
mir was lieblîch wol, unz ich mües dannan gân:
mir sendem man tet daz so wê.

13 Wol uns, daz der Klingenberger vürste ie wart!
die rechten vart, die vuoren sî,
Dien ze herren walten. er kan wîse unde wort,

9 Wenn jemandem die Besten helfen, dann nützt das auch.
Diese Hoffnung erfüllte sich an mir:
denn der lobenswerte, gerechte Fürst von Konstanz
und sein Bruder, Herr Albrecht,
ferner Rüdiger Manesse, (alle) diese edlen Männer
halfen mir, daß ich zu meiner edlen, schönen Herrin kam,
was viele Jahre lang nicht möglich gewesen war.

10 Es ist lange her, daß mich erstmals ihre Schönheit fesselte,
obwohl ich ihr nie so nahe gekommen war,
denn sie verhielt sich stets unfreundlich gegen mich:
daher wagte ich nie, zu ihr zu gehen.
Ich dachte, weil sie mich nicht zu grüßen beabsichtigte,
wäre es ihr vielleicht ebenso verhaßt, wenn ich zu ihr käme:
Nur aus diesem Grund war ich so voll Angst.

11 Könnte ein Herz vor Freude den Körper verlassen,
dann hätte ich das meinige nicht behalten können,
als ich vor die Schönste gekommen bin,
von der meine Gedanken sich nie getrennt haben.
Ich hatte ihre Hand in meinen Händen, ach!
Es ist ein Wunder, daß vor lauter Liebe
bei diesem Ereignis nicht mein Herz zerbrochen ist.

12 Ach, ich hörte ihre süße Stimme, ihre zarten Worte:
sie, dieser herrliche Schatz, ist dafür zu preisen.
Auch sah ich ihren Mund, ihre rosenfarbenen Wangen,
ihre hellen Augen, ihren weißen Hals,
ihr so frauliches Benehmen, ihre schneeweißen Hände.
Ich fühlte mich wundervoll, bis ich weggehen mußte:
mir liebeskrankem Mann tat das überaus weh.

13 Wohl uns, daß der Klingenberger ein Fürst geworden ist!
Den richtigen Weg nahmen jene,
die ihn zum Herrn machten. Er versteht sich auf Musik und Dichtung:

der sinne hort,   der wont im bî.
Sîn helfe, sîn rât, sîn kunst sint endelich.
des die wîsen habten sîn ze herren ger,
des heizzet er   bischof Heinrîch.

108

Johannes Hadlaub

Wol der süezzen wandelunge

1 Wol der süezzen wandelunge!
swaz winter truobte,   daz tuot sumer clâr.
Daz fröit alte, daz fröit junge,
wan sumer uobte   doch ie wunnen schar.
Wol im, swer sich nu fröiwen sol!
dem ist so wunnenklîchen wol.
swaz aber ich von wunnen schowe,
doch wil mîn frowe,   daz ich kumber dol.

2 Ôwê, solt ich und mîn frowe
unsich vereinen   und uns danne ergên
In ein schoenen, wilden owe,
daz ich die reinen   saehe in bluomen stên!
Da sungen uns diu vogellîn:
wa mechte mir danne baz gesîn?
sô vunde ich da schoen geraete
von sumerwaete   zeinem bette fîn.

3 Daz wolde ich von bluomen machen,
von vîol wunder   und von camandrê,
Daz ez von wunnen möchte lachen.
da müesten under   münzen unde klê;

den Schatz der Bildung besitzt er.
Seine Hilfe, sein Rat, sein Können sind zuverlässig,
(und) deshalb wollten ihn die Klugen zum Herren haben:
Deshalb heißt er nun Bischof Heinrich.

108

Johannes Hadlaub

Wohl dem süßen Wechsel

1 Wohl dem süßen Wechsel der Jahreszeiten!
Was immer der Winter auch trüb machte, das macht der Sommer wieder hell.
Das freut Alte, das freut Junge,
denn der Sommer brachte doch immer eine große Anzahl von Freuden.
Wohl ihm, der sich nun freuen wird!
Dem ist auf so schöne Weise gut zumute.
Was ich auch an Freuden schaue,
so will doch meine Herrin, daß ich Schmerz erleide.

2 Ach, würden ich und meine Herrin
uns zusammentun und dann
in eine schöne, ferne Auwiese gehen,
wo ich die Vortreffliche inmitten von Blumen stehen sähe!
Da sängen für uns die kleinen Vögel:
Wo möchte es mir besser ergehen?
Dort würde ich schöne Vorräte von Kleidern
des Sommers finden, und zwar für ein zartes Bett.

3 Ein solches würde ich aus Blumen machen,
aus einer Unmenge von Veilchen und Gamander,
daß es vor lauter Pracht eine strahlende Freude wäre.
Minze und Klee müßten dabei sein,

Die wanger müesten sîn von bluot,
daz culter von bendichten guot,
diu lînlachen clâr von rôsen:
ez waere ir lôsen   lîbe nicht vorbehuot.

4 Waer si nicht so lobeliche,
si waer ze danke   an daz bette mir.
Si ist so rein, so wunnenrîche,
davon nit kranke   wunne hôrte zir.
So spraeche ich: ‘lieb, nu sich, wie vil
daz bette hât der wunnenspil:
darûf gê mit mir, vil hêre! –
ich vürchte sêre,   daz si spraeche: ‘in wil!’

5 Wan daz mir ir zorn wê taete,
ich wurde âne lougen   dâ gewaltig ir.
Swes ich sî lieblîch irbaete,
daz braechte tougen   hôhe fröide mir.
Ê daz aber ich si wolte lân,
ich wolde sî doch umbevân
und si dan anz bette swingen –:
owê, daz ringen   mag mir wol vorgân!

die Kissen müßten aus Blüten sein,
die Bettdecke aus schönen Benedikten,
die Leinenlaken strahlend vor Rosen:
die Schöne müßte sie mit ihrem Leib berühren.

4 Wäre sie nicht so tugendrein,
so müßte sie aus freiem Willen das Bett mit mir teilen.
Sie ist so vortrefflich, so reich an Freuden,
daß geringe Freuden nicht zu ihr passen.
Denn sagte ich zu ihr: »Liebste, nun sieh, wie viel
das Bett an Freudenspielen bereit hält:
komme darauf mit mir, du Edle!« –
Ich fürchte sehr, daß sie dann sagte: »Ich will nicht!«

5 Wenn mir ihr Zorn nicht Schmerz bereiten würde,
dann würde ich sie ganz unzweifelhaft unterwerfen.
Um was ich sie liebevoll gebeten hatte,
das würde mir heimlich hohe Freude bringen.
Bevor ich sie aber weglassen würde,
würde ich sie vielmehr umarmen
und sie dann auf das Bett werfen –
Aber ach! Zu einem solchen Kampf wird es sicher nicht
kommen!

109

Frauenlob (Heinrich von Meissen)

Aus dem »Langen Ton«

Maget, wip und vrouwe

Maget, wip und vrouwe, da lit aller selden goum.
maget ist ein boum:
der ersten kiusche blumen
von ir magetume,
heilrich ursprinc, des wunsches wesen – aller sinne gumen,
die kunden nicht die süzen art volloben der kiuschen megede.
Swenn aber der süzen blumen lust durch menlich list
gevallen ist,
wip nennet man sie denne.
ob ich rechte erkenne,
den namen Wunne Irdisch Paradis ich von schulden nenne.
lob si dir, wip, durch vreuden namen und durch din biltbehegede!
Ouch ob sie menlich recht begat
und vrucht gebirt, alrest den rat,
daz hoste phat
errungen hat:
vrouwe ist ein name, ir billich lat:
der nuz uf al ir wirde stat,
vrouwe ist ein name, der menschen sin treit zu der lust gejegede.

109

Frauenlob (Heinrich von Meissen)

Aus dem »Langen Ton«

Maget, wip und vrouwe

Maget, wip und *vrouwe*: in ihnen liegt der Glanz allen Glücks.
Maget ist ein Baum:
Blüten der ersten Keuschheit
aus ihrer Jungfräulichkeit,
Anfang allen Heils, alles Wünschbare – auch die Anspannung aller Verstandeskräfte
könnte die Herrlichkeit der keuschen Jungfrau nicht ausreichend lobpreisen.
Wenn aber der Glanz der herrlichen Blüten durch männliche List
abgefallen ist,
dann nennt man sie *wip*.
Wenn ich es richtig sehe,
deute ich den Namen als **W**onne/**I**rdisch(en)/**P**aradies(es) in angemessener Weise.
Gepriesen seist du, *wip*, wegen des freudenvollen Namens und wegen deines verzückenden Aussehens.
Wenn sie männliches Recht befolgt
und Frucht gebiert, dann erst hat sie ihre Bestimmung,
das höchste Ziel
errungen:
vrouwe ist ein Name, der ihr zu Recht gehört:
der Nutzen kommt zu ihrem Ansehen dazu.
Vrouwe ist ein Name, der menschlichen Sinn Freude erjagen läßt.

Lobe ich die wip

Lobe ich die wip, dannoch sint vrouwen ungelobet,
da bi verobet
der vrouwen pris die beide
mit des lobes kleide.
sint vrouwen wip, wip vrouwen nicht? ja, durch lieb, durch leide.
vrouwe ist ein name, der al ir art mit einem nennen decket.
Unwip sint under vrouwen ouch, daz prüfe ein man.
swer merken kan,
der volge miner witze
nach des rechtes spitze.
e daz ein wip mit bernder we vrouwen stul besitze,
wie solde ir nam geheizen sin, ob sich ir wandel wecket?
Man sinne ez uz, man sinne ez in,
kein vrouwe enmac sie nicht gesin.
ir nemeliche pin
muz in den schrin,
da sich der vrouwen wanc unfin
ouch birget nach den kunden min:
in beiden wirt ein wandelnam 'unwip' dar uf gestecket.

Lobpreise ich die wip

Lobpreise ich die *wip*, dann bleiben die *vrouwen* ungelobt.
Doch übertrifft
das Preisen der *vrouwen* beide (d. h.: *maget* und *wip*)
im Kleid des Lobes.
Sind *vrouwen* auch *wip*, *wip* aber keine *vrouwen*? Ja, durch
Freud und Leid!
Vrouwe ist ein Name, der sie alle mit einem Begriff umfaßt.
Unwip gibt es auch unter den *vrouwen*, das unterscheide ein
Mann.
Wer klug ist,
der folge meinem Verstand
mit seiner scharfsinnigen Erklärung.
Bevor ein *wip* durch den Schmerz der Geburt den Thron
einer *vrouwe* erringt,
wie sollte ihr Name da lauten, falls sie sich zum Schlechten
verändert?
Man denke hin, man denke her:
vrouwe kann sie dann nicht heißen.
Ihre eben genannte Schlechtigkeit
muß in das gleiche Kästchen hinein,
in dem sich meines Wissens auch
die häßliche Veränderung der *vrouwen* befindet:
Ihnen beiden wird dann der gemeinsame Schimpfname
unwip darauf geschrieben.

Swaz ie gesang Reimar

Swaz ie gesang Reimar und der von Eschenbach,
swaz ie gesprach
der von der Vogelweide,
mit vergoltem kleide
ich, Vrouwenlob, vergulde ir sang, als ich iuch bescheide.
sie han gesungen von dem feim, den grunt han sie verlazen.
Uz kezzels grunde gat min kunst, so gicht min munt.
ich tun iu kunt
mit worten und mit dönen
ane sunderhönen:
noch solte man mins sanges schrin gar rilichen krönen.
sie han gevarn den smalen stig bi künstenrichen strazen.
Swer ie gesang und singet noch
– bi grünem holze ein fulez bloch –,
so bin ichz doch
ir meister noch.
der sinne trage ich ouch ein joch,
dar zu bin ich der künste ein koch.
min wort, min döne traten nie uz rechter sinne sazen.

Was jemals Reinmar sang

Was jemals Reinmar sang und der von Eschenbach,
was jemals
der von der Vogelweide sagte:
mit meinem goldenen Prunkkleid übertreffe ich, Frauenlob,
das Gold ihres Gesanges, wie ich es euch jetzt darlege:
Sie haben nur vom Schaum (an der Oberfläche) gesungen,
den Boden haben sie vernachlässigt.
Meine Kunst kommt vom Boden des Kessels, das
behaupte ich.
Ich verkünde euch
mit Worten und Melodien
und ohne Übertreibung:
das Schatzkästchen meines Gesangs würde eine reiche
Krone verdienen.
Die anderen haben angesichts der an Kunst reichen Straßen
nur den schmalen Weg benützt.
Wer jemals gesungen hat und noch singen wird
– ein abgefaulter Ast am grünen Holz –,
so bin ich doch
der Meister über sie alle.
Ich stehe im Joch des Verstandes,
und ich bin überdies ein Könner in der Küche der Kunst.
Meine Worte und Melodien haben niemals den Wohnsitz der
wahren Kunst verlassen.

110

Wizlaw von Rügen

Loybere risen

1 Loybere risen
von dem boymen hin tzuo tal,
des stan blot ir este.
Blomen sich wisen,
daz se sint vuortorben al,
scone wast ir gleste.
Sus twinghet de riphe
manigher hande wuortzel sal,
des bin ich ghar sere betruobet.
Nu ich tzuogriphe,
sint der winder ist so kal:
des wirt nuwe vroyde gheuobet.

2 Helphet mir scallen,
hundert tusent vroyden mer,
wen des meyien bluote kan bringhen.
Rosen de vallen
an mir vrowen roter ler,
da von will ich singhen,
tuwinct mich de kulde.
al ir wuortzel smaghes ger
de sint an ir libe ghestrowet.
Worbe ich ir hulde,
so bedrocht ich vroyden mer,
sus de minnighliche mich vrowet.

110

Wizlaw von Rügen

Die Blätter fallen

1 Die Blätter fallen
von den Bäumen zu Boden,
und daher sind deren Äste bloß.
Die Blumen zeigen sich so,
so daß sie alle zugrunde gegangen sind:
schön war (früher) ihre glänzende Blüte.
Jetzt bezwingt der Reif
viele dunkle Wurzeln,
worüber ich sehr betrübt bin.
Nun, weil der Winter alles
so kahl macht, bemühe ich mich darum,
daß es erneut Freude gibt.

2 Helft mir singen
von hunderttausend Freuden, mehr
als die Blüte des Mai bringen kann:
Rosen fallen
auf die roten Wangen meiner Herrin;
davon will ich singen,
wenn mich die Kälte bedrängt.
Der Wohlgeruch aller (duftenden) Wurzeln
ist über sie gestreut.
Wenn ich ihre Gnade erwerben könnte,
dann würde ich keine weitere Freude mehr brauchen,
denn so sehr erfreut mich die Liebreizende.

111

Reinhart von Westerburg

Ob ich durch sie

Item da man schreib taüsent dreihündert und sieben und vierzig jahr, da worden die von Coublenczt jämerlich erschlagen und niedergeworfen bei Grenzauw und blieben ir dreihundert man und zwen und siebenczig man und worden ir auch darzu viel gefangen. Und das thet Reinhart Herr zu Westerburg, und derselbe Reinhart war gar ein kluger Ritter von leib und sinne und von gestalt, und reit keiser Ludwig sehr noch und sang und macht het dieß liedt:

1 Ob ich durch sie den halß zerbreche,
wer reche mir den schaden dan?
so enhette ich niemanden, der mich reche,
ich bin ein zungefreünter man.

2 Darumb so muß ich selber warten,
wie es mir gelegen sei,
ich enhan nit trostes von der zarten,
sie ist irs gemüdes fri.

3 Weel si min nit, die werde reine,
so muß ich wol urloub hain,
uf ihr gnade achte ich kleine,
siech, das lassen ich sie verstane.

Da der vorgenant keiser Ludwig das lith gehört, darumb so straft her den herrn von Westerburg und saidt, her wolte es den frauen gebessert haben.
Da nam der herr von Westerburg eine kurze zeit und saidt, her wolte den frauen besseren und sang das lieht:

111

Reinhart von Westerburg

Falls ich wegen ihr

Ferner, als man schrieb das Jahr 1347, da wurden die von Koblenz auf jammervolle Weise erschlagen und besiegt bei Grenzau: dreihundertzweiundsiebzig Mann blieben tot, und viele wurden gefangen. Und das tat Reinhart, Herr zu Westerburg. Und derselbe Reinhart war an Leib, Verstand und Aussehen ein vorbildlicher Ritter, und (einmal) ritt er traurig hinter Kaiser Ludwig, und er sang und machte das folgende Lied:

1 Falls ich wegen ihr den Hals breche,
wer betreibt dann die Rache für meinen Schaden?
Ich hätte niemanden, der die Rache für mich übernähme,
denn ich bin ein Mann ohne Freunde.

2 Daher muß ich selbst aufpassen,
wie es mir ergehen soll:
Von der Schönen bekomme ich keine Gnade,
denn sie ist ohne Erbarmen.

3 Will sie mich nicht, die edle Schöne,
dann muß ich meinen Abschied nehmen.
Ob sie dann freundlich zu mir ist, kümmert mich nicht:
sieh, das sei ihr ausdrücklich gesagt!

Als der eben genannte Kaiser Ludwig das Lied hörte, tadelte er den Herrn von Westerburg dafür und sagte, er wünsche, daß man von den edlen Frauen besser rede.
Da überlegte der Herr von Westerburg eine kurze Weile; er sagte, er wolle von den edlen Frauen besser reden, und sang dann das folgende Lied:

In jamers nöten ich gar verdrente bin durch ein
wif so minenklichen ...

Da sprach keiser Ludwig: "Westerburg, du hast uns nu wol gebessert."

112

Anonym

O we, ir armen wůcherere

Nů knüwetent sü und vielent denne und sungent, und stundent denne wider uf und hettent alle geberde alse sü vormols hettent gehabet von deme sange 'Jhesus der wart gelabet mit gallen' untz an den sang 'Maria stůnt in großen nǒten'. so stundent sü danne aber uf und sungent disen leich sich geischelnde:

1 O we, ir armen wůcherere,
Dem lieben got sint ir unmere.
Du lihest ein marg al umbe ein pfunt,
Daz zühet dich in der helle grunt,
Des bistu iemer me verlorn,
Derzů so bringet dich gottes zorn.
    Dovor behůt uns, herre got
    des bitten wir dich durch dinen tot.

2 Die erde bidemet, ouch klübent die steine,
Ir herten hertzen, ir sullent weinen,
Weinent tougen
Mit den ougen.
Schlahent üch sere
Durch Cristus ere.
Durch in vergießen wir unser blůt,
Daz si uns fur die sünde gůt.
    Daz hilf uns, lieber herre got ...

Vor Jammer und Not bin ich völlig verweint
wegen einer so liebreizenden Frau . . .

Da sagte Kaiser Ludwig: »Westerburg, jetzt hast du uns besser gesungen!«

112

Anonym

O weh, ihr armen Wucherer

Jetzt knieten sie, warfen sich dann nieder und sangen, dann standen sie wieder auf und wiederholten alle Gebärden, die sie vorher vom Gesang »Jesus, der wurde mit Galle erquickt« bis zum Gesang »Maria stand in großen Schmerzen« gemacht hatten. Dann standen sie erneut auf und sangen diesen Leich, wobei sie sich geißelten:

1 O weh, ihr armen Wucherer,
dem lieben Gott seid ihr verhaßt.
Du leihst eine Mark um ein Pfund,
das zieht dich in die Tiefe der Hölle,
deswegen bist du für ewig verloren,
dorthin bringt dich der Zorn Gottes.
Davor behüt uns, Herrgott,
darum bitten wir Dich bei Deinem Tod.

2 Die Erde bebt, und es wanken die Steine,
ihr harten Herzen, ihr sollt weinen,
Weint heimlich
mit den Augen,
schlagt euch stark
zur Ehre Gottes.
Für ihn vergießen wir unser Blut:
das helfe uns gegen die Sünde.
Dabei hilf uns, lieber Herrgott . . .

3 Der den fritag nüt envastet
Und den sündag nüt enrastet,
Zwar der muͤße in der helle pin
Eweklich verloren sin.
Dovor behuͤt uns herre got . . .

4 Die e, die ist ein reines leben,
Die hat got selber uns gegeben.
Ich rat frowen und ir mannen,
Daz ir die hochfart laßet dannen.
Durch got so lant die hochfart varn,
So wil sich got uber uns erbarn.
Des hilf uns, lieber herre got . . .

Nu knüwetent sü aber und vielent und sungent, und stundent denne wider uf, und hettent alle geberde alse sü vormols hettent gehebet von deme sange 'Jhesus der wart gelabet mit gallen' untz an den sang 'Maria stunt in großen noͤten'. süs was daz geischeln us.

113

Peter von Arberg

O starker got

1 O starker got,
al unser not
beveln ich, her, in din gebot;
laz uns den dag mit gnaden uberschinen.
die namen dri
die won uns bi
in allen noten, wo wir sin,
des creuzes kreiß ste uns vör alle pine.

3 Der am Freitag nicht fastet
und am Sonntag nicht rastet,
der muß in der Qual der Hölle
wahrlich ewig verloren sein.
  Davor behüt uns, Herrgott . . .

4 Die Ehe ist eine reine Art des Lebens,
die hat Gott selbst uns gegeben.
Ich rate (den) Frauen und ihren Männern,
daß ihr den Hochmut ablegt.
Legt für Gott den Hochmut ab,
dann wird sich Gott über uns erbarmen.
  Dabei hilf uns, lieber Herrgott . . .

Jetzt knieten sie wieder, warfen sich nieder und sangen, dann standen sie wieder auf und wiederholten alle Gebärden, die sie vorher vom Gesang »Jesus, der wurde mit Galle erquickt« bis zum Gesang »Maria stand in großen Schmerzen« gemacht hatten. Damit war das Geißeln zu Ende.

113

Peter von Arberg

O starker Gott

1 O starker Gott,
all unsere Not
befehle ich, Herr, Deinem Gebot;
erfülle uns den Tag mit Deiner Gnade.
Deine Dreifaltigkeit
sei bei uns
in allen Nöten, in denen wir sind,
der Machtkreis des Kreuzes steh uns bei gegen allen Jammer;

daz swert, da Symeon von sprach,
daz Marien durch ir reines herze stach,
da sie ansach,
daz Cristus stunt verseret,
Daz ste mir hud in miner hant
zu schirme wol vor heubthaftiger sunden bant,
gar ungeschant
si min lip, war er sich hinkeret.
o werde wönschelgerte
des stammes von Yesse,
Theophilum ernerte
din jungfrauliches fle;
drit auch vor unser schulde,
setz uns in gotes holde,
o mater gracie.

2 Daz cruze breit,
da got an leit,
daz im sin reines ferch versneit,
die nagel dri, daz sper und auch die krone;
der besem swang,
der gallen drang,
der dot auch mit der menscheit rang,
da er rief lud uß bermeclichem done:
"hely, hely, lamazabathany,
min got, min got, wem hast du mich gelaßen hie?"
der jamer krei
und auch die martel here,
die ste mir hude vor missevart,
daz ich vor schaden, schanden si bewart,
zu mir gekart
si dines geistes lere.
mit dines geistes fure
entzůnde, herre, mich,
und mach auch mir nit thure
din antlitz minneclich.

das Schwert, von dem Simeon sprach,
welches Maria durch ihr reines Herz stach,
als sie ansah,
wie Christus verwundet dastand,
das (alles) stehe mir heute bei,
zum Schutz vor der Fessel der Todsünden,
und frei von Schaden
sei ich, wo ich hingehe.
O herrliche Wurzel
aus dem Stamm Jesaias,
auch den Theophilus errettete
Dein jungfräuliches Flehen:
Steh uns bei gegen unsere Schuld,
verhilf uns zu Gottes Huld,
o Mutter der Gnade.

2 Das breite Kreuz,
an dem Gott litt,
welches ihm sein reines Leben zerschnitt,
die drei Nägel, der Speer und die Dornenkrone;
die hochgereckte Stange,
die drängende Galle,
der mit einem Menschen kämpfende Tod,
als er (Christus) laut und erbarmungswürdig rief:
»Eli, eli, lama asabthani:
mein Gott, mein Gott, wem hast Du mich hier ausgeliefert?«
der Jammerschrei
und Deine heilige Marterqual:
das (alles) stehe mir heute gegen die Not bei,
daß ich vor Schaden und Schande bewahrt bleibe,
und zu mir kehre sich
die Lehre Deines Geistes.
Mit dem Feuer Deines Geistes
entzünde mich, Herr,
und entziehe mir nicht
Dein liebevolles Antlitz.

hilf mir, daz ich erwerbe
also, daz ich icht sterbe
des dodes eweclich.

3 Ach, richer Crist
la mich der list
geniͤßen, daz mir kundig ist,
daz ich dich lebendig erkenne in eime brode.
ich bit dich, miͤr
nach meiner giͤr
wis her min geleide zu diͤr,
rufen und flehen ich in bernenden noͤden.
o hoher furst in himelrich,
durch dine großen mildekeit erbarme dich,
gein mir nit wich,
din zorn ist mir ein swere.
laz miner sundigen floͤßigen flůt
mich nit engelden, herre, durch dinen milden můt
und wis mir gůt
durch diner můter ere.
mins lebens ein gůt ende
verlihe dů mir,
also, daz mich it schende,
daz dufelische her.
wesch abe mir all min sůnde
mit dines oleis ůnde,
daz ich gefalle dir.

Hilf mir, daß ich es erreiche,
daß ich nicht den ewigen
Tod sterbe.

3 Ach, mächtiger Christus,
schenke mir das Wissen,
damit ich fähig bin,
Dich auch in der Schwachheit (eines Menschen)
zu erkennen.
Ich bitte Dich, mich
in meinem Sehnen
zu Dir zu geleiten,
darum rufe und flehe ich in schweren Nöten.
O hoher Fürst im Himmelreich,
erbarme dich in Deiner Güte,
weiche nicht von mir,
denn Dein Zorn ist mir ein Schrecken.
Lasse mich die Flut der vielen Sünden
nicht entgelten, Herr, in Deiner Güte
und sei mir gnädig
um der Ehre Deiner Mutter willen.
Ein gutes Lebensende
schenke mir,
so daß mich das Heer der Teufel
nicht verderbe.
Wasche mir alle meine Sünde
mit der Flut Deines Öls ab,
damit ich Dir gefalle.

114

Anonym

Hertoch Casimir

1 Hertoch Casimir in den radstul sat,
he dachte nie mere,
als wue he vor Königsberge wolte tehn
wol vor die hohe veste.

2 Und als he vor Königsberge quam
wol vor die hohe veste,
ein frier schuknecht was he genant,
he dede dat allerbeste.

3 He hadde en armborst, dat was gud,
dat was so stark von schoten,
darmide ward de hertoch Casimir
dorch sinen hals geschoten.

4 Sie leden den hern up enen sageblock
und kerten en wol gegen die sunne,
da was ok jo sin fine blanke harnisch
met dem roden blude berunnen.

5 Se leden den hern up enen halven wagen,
und forden en wol gegen Garze,
von Garze to Stettin in de werde stad
to enen kloken arzte.

6 "O arzte, leve arzte min,
kanstu wol wunden helen?
ik hebbe der borge und stede so vel,
sie scholen di werden to dele!"

7 Und als he to dem arzte quam,
sin lewen nam en ende.
Wo balde de hertoch Casimir
nach sinem broder sende!

114

Anonym

Herzog Casimir

1 Herzog Casimir saß auf seinem Sitz im Rat;
er dachte an nichts anderes,
als wie er vor Königsberg ziehen könne,
gegen diese starke Festung.

2 Und als er vor Königsberg kam,
vor diese starke Festung,
(gab es dort) einen Freien namens Schuhknecht,
der vollbrachte eine große Tat.

3 Er hatte eine Armbrust, die war gut,
damit konnte man kräftig schießen;
von dieser wurde Herzog Casimir
durch den Hals geschossen.

4 Sie legten den Herrn auf einen Sägeblock
und kehrten ihn der Sonne zu:
da war auch über seinen schönen blanken Harnisch
das rote Blut geronnen.

5 Sie legten den Herrn auf einen offenen Wagen
und führten ihn nach Gartz,
von Gartz in die edle Stadt Stettin
zu einem kundigen Arzt.

6 »Ach Arzt, mein lieber Arzt,
kannst du Verwundungen heilen?
Ich besitze viele Burgen und Städte,
sie sollen dir zuteil werden!«

7 Und als er zu dem Arzt gekommen war,
ging sein Leben zu Ende.
Schnell ließ der Herzog Casimir
nach seinem Bruder senden.

8 “O broder, levste broder min,
nu folg du miner lere,
und holt du den marggraven
vor enen truwen landesheren.

9 Und hedde ik armer also gedan,
so dorft ik nu nich truren!
Nu mot ik in die erde so junk,
darin mot ik verfulen!”

115

Anonym

In einer fronfasten

1 In einer fronfasten duo huob sich Glarner nodt,
sy wandent ze Weßen fründe han, sy gabentz in den todt.

2 Der diss mordt gestifftet hatt, es muoß im werden leid,
er hatt nit recht gefaren, won er ist meineid.

3 In österlichen zytten vff einen sampstag,
duo huob sich ein großer strytt, das menger tod gelag.

4 Ze Glaris in dem lande warent vierthalb hundertt man,
die sachend XV thusendt ir rechten fyend an.

5 Duo ruoffte allßo behende der von Glaris houptman,
er ruofft vnseren herren Christ von himel an:

8 »Ach Bruder, mein liebster Bruder,
nun befolge meinen Rat:
Du sollst den Markgrafen
für den echten Landesherren halten.

9 Und hätte ich Armer das getan,
So brauchte ich jetzt nicht in Trauer zu sein.
Nun muß ich so jung unter die Erde,
darin muß ich verfaulen!«

115

Anonym

In einer Quatember-Fastenzeit

1 In einer Quatember-Fastenzeit gab es schlimme Not für die Glarner:
Sie meinten, in Wesen Freunde zu haben, doch sie verloren dort ihr Leben.

2 Wer diesen Mord angestiftet hat, dem soll es leid werden;
er hat nicht recht getan, denn er ist meineidig.

3 In der Osterzeit, an einem Samstag,
da erhob sich ein großer Streit, und viele kamen ums Leben.

4 In dem Land von Glarus waren 350 Mann,
die sahen fünfzehntausend auf der Feindesseite.

5 Da rief schnell der Hauptmann von Glarus,
er rief unsern Herrn Christ im Himmel an:

6 “ach richer christ von himel   vnd Maria reine magdt,
wellend ir vns helfen,   so sind wir vnverzagt.

7 Das wir dißen strytt gewünnend   hie vff dißem veld,
wend ir vns helfen,   so bstand wir alle welt.

8 O helger herr Sant Fridly,   e du truwer landtzman,
sy diss land din eigen,   so hilff vns hütt mit eeren bhan.”

9 Die herren brachend in die letz,   sy zugend in das landt.
Duo es die Glarner sachend,   sy wichend in ein gandt.

10 Do diß die herren sachend,   das da wichend die Glarner man,
sy schrüwend all mit lutter stim: nun griffens frolich an.

11 Die Glarner karttent sich vmbe,   sy datend einen widerschal,
sy wurffend mit hempflichen steinen,   das in dem berg erhal.

12 Die herren begondent vallen   vnd bitten vmb ir låben,
mit gold (vnd) mit silber   wolltend sy sich widerwegen.

13 “Hettest du silber vnd goldes   vil großer den ein huß,
es mag dich nit gehelffen,   din låben das ist vß.

14 Din guotter harnist   vnd allß din yßengwand,
das muoßt du hütt hie laßen   in Sant Fridlys landt.”

15 Des danckent wir alle gott(e)   vnd Sant Fridly dem helgen man.
Å diß manlich datt hand   die fromen Glarner than.

6 »O mächtiger Christ im Himmel und Maria, reine
Jungfrau,
wenn Ihr uns helft, dann sind wir ohne Angst.

7 Daß wir diesen Kampf hier auf diesem Feld gewinnen,
dazu helft uns: dann nehmen wir es mit aller Welt auf.

8 O heiliger Herr Sankt Fridolin, bisher unser treuer
Schutzherr,
wenn dies Land dir gehört, so hilf uns heute, in Ehren
den Sieg zu erringen.«

9 Die Adligen brachen in den Schutzwall, und sie
drangen ins Land ein.
Als es die Glarner sahen, da wichen sie auf ein
Steingeröll zurück.

10 Als die Adligen sahen, daß die Glarner zurückwichen,
da riefen sie mit lauter Stimme: »Nun auf zum Angriff!«

11 Die Glarner drehten sich um, sie machten einen
Gegenangriff,
sie warfen große Steinbrocken, so daß die Berge davon
widerhallten.

12 Die Adligen fielen und baten um ihr Leben;
mit Gold und Silber wollten sie sich freikaufen.

13 »Hättest du an Silber und Gold mehr als ein Haus voll,
das kann dir nicht helfen: Dein Leben ist zu Ende.

14 Deinen guten Harnisch und deinen ganzen Eisenpanzer,
den mußt du heute hier lassen im Land von Sankt
Fridolin!«

15 Dafür danken wir alle Gott und Sankt Fridolin, dem
heiligen Mann.
Diese beherzte Tat haben die tapferen Glarner damals
vollbracht.

Heinrich von Mügeln

Ein gans, die sprach

Ein gans, die sprach, sie wer ein meister aller kunst.
sie sorget kleine vor der suren rüben dunst,
wie das ir muter drin gesoten were.
'bi minem adel ich nimmer bi den gensen ge,
in einem vogelhuse wil ich singen me.'
der ackerman erhorte dise mere.
er satzt sie ho in einen bur.
sie sprach, sie wold die zisel gar verdringen,
ir kunst wer feste sam ein mur.
'giga' sie schrei und kunde nimmer singen.
da nu der here das ersach,
das er was an der gense gar betrogen,
das tet im leit und ungemach;
er hieng sie zu der wende bi dem kragen.
nicht underslach dich meisterschaft, der du nicht macht volbrengen,
und hüte dich vor gense tat, das ist min rat.
der keiser ist unschuldig dran, wirstu in schanden hengen.

116

Heinrich von Mügeln

Eine Gans sagte

Eine Gans sagte, sie wäre ein Meister in allen Künsten.
Der Geruch der sauren Rübensuppe machte ihr keine
Angst,
obwohl ihre Mutter darin gesotten worden war.
»Angesichts meines Adels wird es mir nicht wie den
(anderen) Gänsen ergehen,
ich beabsichtige, in einem Vogelkäfig lange zu singen.«
Der Bauer hörte diese Rede.
Er setzte sie hoch in einen Käfig.
Sie sagte, daß sie die Zeisige ausstechen wolle,
denn ihre (eigene) Kunst sei festgefügt wie eine Mauer.
Sie schrie aber nur »gaga« und konnte überhaupt nicht
singen.
Als ihr Herr merkte,
daß er mit der Gans so gar keinen Erfolg hatte,
ärgerte er sich sehr darüber.
Er hängte sie mit dem Kragen an der Wand auf.
Gib dich nicht als Meister aus, wenn du dazu nicht
imstande bist,
und hüte dich, so zu handeln wie die Gans: das rate ich dir!
Denn der Kaiser hat keine Schuld, wenn man dich dann in
Schanden aufhängt.

117

HEINRICH VON MÜGELN

Durch minn gein Kriechen quam Paris

1 Durch minn gein Kriechen quam
Paris: Helen, die schon, er nam,
künig Menelaus wib. die scham
den keiser Agamennon treib,
das er der tochter nach
mit tusent schiffen ilte nach.
im wás gein Troi in grimme gach:
das ganze künigrich er zerreib.
künig Priamus, Paris, Hector erslagen,
wib unde kint tot in den gassen lagen.
Troie wart, hör ich sagen,
gebrochen und verscharet gar.

2 Tarquinius genant,
des keisers sun, zu Rome fant
eine Lucreciam. zuhant
er übte mit ir minne swach.
die edle dem senat
kleite, der darzu nicht entat.
ir unvermeiltes herz ir rat
gab, das sie sich selben erstach.
des sich die Romer all betrubten sere:
vertriben wart Tarquinius der here.
des keisertumes ere
vergieng davon dri hundert jar.

3 Her Salomon wart bloß
von minne witze und versloß
den tempel; gotes er verkos
und bette die apgöte an;
Sampson geblendet wart.
die minn hat der sirenen art:

117

Heinrich von Mügeln

Wegen der Liebe kam Paris nach Griechenland

1 Wegen der Liebe kam Paris nach Griechenland:
Helena, die schöne, die Frau des
Königs Menelaus, entführte er. Die Schande
veranlaßte den Kaiser Agamemnon,
daß er mit tausend Schiffen
der Tochter nacheilte.
Sein Zorn trieb ihn nach Troja:
er vernichtete das ganze Königreich.
König Priamus, Paris und Hektor wurden erschlagen,
Frauen und Kinder lagen tot in den Straßen.
Troja, so hörte ich sagen,
wurde erstürmt und zerstört.

2 (Ein Herr), Tarquinius genannt,
der Sohn des Kaisers, traf in Rom
Lucretia alleine an. Ohne Zögern
trieb er mit ihr sündhafte Liebe.
Die Edle erhob vor dem Senat
Anklage, doch dieser unternahm nichts.
Ihr reines Herz gab ihr
den Rat, sich selbst zu erdolchen.
Die Römer beklagten das alle sehr:
Tarquinius, der Adlige, wurde vertrieben.
Das Ansehen des Kaisertums
lag deswegen für dreihundert Jahre darnieder.

3 Herr Salomon verlor aus Liebe
den Verstand und schloß
den Tempel; er vergaß Gott und
betete die Abgötter an;
Samson wurde geblendet.
Die Liebe hat die Art der Sirenen:

dem marner sie so süße zart,
das er entsleft und zücket dann
das schif zu grund. sus manchen minn ertrenket,
dem sie mit seime todes gall inschenket.
tat swacher minne krenket
man unde wib in eren schar.

118

Heinrich von Mügeln

Ein frouwe sprach

1 Ein frouwe sprach: ‘min falk ist mir entflogen
so wit in fremde lant.
des ich fürcht, den ich lange han gezogen,
den feßt ein fremde hant.
ich han der truwe fessel im gar zu lang gelan.
des brut die afterruwe sam ein nessel min herze sunder wan.

2 Ich hoffe doch, das er mir kumet wider,
wie er nu sweimet wit.
wann er verlüst die schell und das gefider
bricht und die winterzit
im drouwet und die beiße vergat und rist der hag,
so swinget er dann wider in sinen weiße, wann er nicht fürbaß mag.

Sie schmeichelt dem Seemann so süß,
daß er einschläft, und dann zieht sie
das Schiff auf den Grund. So ertränkt die Liebe viele,
denen sie mit ihrem Honigseim tödliche Galle
einschenkt.
Niedere Liebe veranlaßt Männer und Frauen, Dinge zu
tun,
durch die sie viel Ehre verlieren.

118

Heinrich von Mügeln

Eine Dame sagte

1 Eine Dame sagte: »Mein Falke ist mir weit
in fremde Länder entflogen.
Ich fürchte, daß ihn, den ich so lange gezähmt habe,
jetzt eine fremde Hand fassen wird.
Ich habe ihm in der Fessel seiner Treue zu viel
Spielraum gegeben.
Nachträglich brennt mir der Ärger darüber ganz gewiß
wie eine Nessel das Herz.

2 Aber ich hoffe trotzdem, daß er zurückkommt,
wie weit er jetzt auch herumfliegt.
Wenn er sein Geschell verliert, wenn sein Gefieder
bricht, der Winter ihn
bedroht, die Jagdzeit vorüber ist und der Wald die
Blätter verliert,
dann fliegt er nach Hause zurück, denn er hat keine
andere Möglichkeit mehr.

3 Ach, hett ich einen blafuß für den falken:
ab er nicht wer so risch,
doch blib er stan uf mines herzen balken.
was hilfet mich der fisch,
der in des meres grüfte   wart alles angels fri?
mich stüret klein der vogel in der lüfte,   wie edel das er si.'

119

EBERHARD VON CERSNE

Ich gruße dich

1 "Ich gruße dich, trut frouwelin."
'daz weyß ich wol, eyn su, eyn swin,
dy sijt van eym geslechte.'
"Du tust mym hertzen groβe pin."
'sal ich da um eyn messerlin
mir koiffen ane hechte?'
"Van dir myn hertz ist wundet ser,".
'ja, wan ez geschoßin wer.'

2 "Mich schoßin had dir mynnen stral."
'sich, sijt ir da von also val,
dez hattich ny gemerket.'
"Frow, du bist myns lebins sal."
'bin ich dan van holtzis mal
ab steyn zu houfe werket?'
"Van dinem blik myn hertze brint."
'vuyr lesschit wassir eder wynd.'

3 Ach, hätte ich einen Blaufuß anstelle des Falken:
Er wäre zwar nicht so schnell,
doch bliebe er auf dem Balken meines Herzens sitzen.
Was nützt mir der Fisch,
der in der Tiefe des Meeres nie von einer Angel erreicht wird?
In der Luft hilft mir der Vogel nichts, so edel er auch sein mag.«

119

Eberhard von Cersne

Ich grüße dich

1 »Ich grüße dich, liebes Fräulein!«
»Das weiß ich gut: Sau und Schwein,
die sind alle vom gleichen Stamm.«
»Du machst meinem Herzen großen Schmerz.«
»Soll ich mir dafür ein Messer
ohne Heft kaufen?«
»Von dir ist mein Herz sehr verwundet.«
»Ja, als ob es von einem Pfeil getroffen wäre!«

2 »Mich hat der Pfeil deiner Liebe getroffen.«
»Seht, seid Ihr deswegen so blaß,
so weiß ich nun darüber Bescheid.«
»Herrin, du bist meines Lebens Inbegriff!«
»Bin ich denn nach einer Holzvorlage
aus Stein zu einer Figur gemeißelt?«
»Dein Blick (Anblick) macht mein Herz brennen!«
»Feuer wird von Wasser oder Wind gelöscht.«

3 “Ach liebiste frouwe, gnade mir!”
‘god gnade gijt, der gnade dir.’
“god muße dich beraden.
Ich muß vur wochin halden vijr.”
‘biz mantag so kum aber hir,
so wil ich vonen straden.’
“Zwar, frow, du wilt nicht trosten mich.”
‘dir ist geseit: got troste dich.’

120

Eberhard von Cersne

Frouwe dich frouwlichir frucht

Frouwe dich frouwlichir frucht,
myn sußir sam getzirt in tzucht,
in kunst, in gunst, in eren ho.
du bist eyn gral der wunne io,
eyn paradys in froyden vro,
Eyn fiol fin, eyn rosengart,
eyn ametist mit scham bewart,
eyn lustlich ouw getziret rich.
nergen vint men din gelich,
allir sorge eyn abestich.
Soldich leben ewichlich,
zu dir sprechich nymer: wich!
ich ruchte auch nicht der nyder krich.

3 »Ach, liebste Herrin, gebt mir Gnade!«
»Gott gibt Gnade; der soll auch dir Gnade geben.«
»Gott soll dir einen guten Rat geben:
eine Woche kommt mir vor wie vier.«
»Komme am Montag (d. h. nächste Woche) wieder,
dann will ich (aber) davongehen.«
»Tatsächlich, Herrin, du willst mir keinen Trost geben.«
»Laß dir gesagt sein: Gott gebe dir Trost!«

120

Eberhard von Cersne

Erfreue dich der Frucht

Erfreue dich der Frucht (aller) Fraulichkeit,
mein herrliches Samenkorn, geziert mit Anstand,
mit Können, mit Wohlwollen, mit hohem Ansehen.
Du bist wahrhaft ein Gral des Glückes,
ein Paradies herrlicher Freuden,
ein zartes Veilchen, ein Rosengarten,
ein mit Sorgfalt bewahrter Amethyst,
eine lustvolle und reich geschmückte Aue!
Nirgendwo findet man deinesgleichen,
du Ende aller Sorgen.
Sollte ich ewig leben,
zu dir sagte ich niemals: »Geh!«
Mich kümmerten auch nicht die Anfeindungen der
Mißgünstigen.

121

Mönch von Salzburg

Christe, du bist liecht

1 Christe, du bist liecht und der tag,
du dekest ab die vinstern nacht,
des liechtes liecht ie in dir lag,
der sälden liecht hat aus dir pracht.

2 Wir pitten dich, heiliger herr,
bewar uns heint in diser nacht,
gib rue in dir, das uns icht ferr
ein ruesam nacht in unser acht.

3 Uns won chain swäres slaffen zue
noch das der veint uns icht betor,
das fleisch im chain verhengen tue,
davon wir dir sten schuldig vor.

4 Die augen slaffens sein begreif,
das herz dir wach zu aller stund,
dein zesem ze schermen icht entsleif
die dich lieb haben im herzengrunt.

5 Anplikch uns, unsers hailes kemph,
und widertreib der sunder glut,
hilf uns, das er die icht vertempf
die da erlöset hat dein bluet.

6 Gedachtig pis, o herre mild,
an uns in disem swären leib,
du pist allein der sele schilt,
nu won uns bei, von dir nicht treib.

7 Got vater immer glori sei
und auch seinem aingeporen sun,
darzue dem geist, des trost uns pei
sei ewigkleichen in allem tun. Amen.

121

Mönch von Salzburg

Christus, Du bist das Licht

1 Christus, Du bist das Licht und der Tag,
Du beendest die finstere Nacht,
das Licht des Lichtes lag stets in Dir,
das Licht der Glückseligkeit leuchtet aus Dir hervor.

2 Wir bitten Dich, heiliger Herr,
bewahre uns heute in dieser Nacht,
gib (uns) Ruhe in Dir, daß uns in unserer Bedrängnis
nicht eine ruhevolle Nacht fernbleibe.

3 Uns bedränge kein schwerer Schlaf,
und auch der Feind betöre uns nicht:
das Fleisch gebe ihm nicht nach,
so daß wir vor Dir schuldig dastehen.

4 Die Augen soll die Trägheit des Schlafes bedecken,
das Herz bleibe Dir aber stetig wach;
Deine schützende Rechte entziehe nicht (denen),
die Dich aus dem Grund ihres Herzens lieben.

5 Blicke uns an, Du Kämpfer für unser Heil,
und vertreibe die Glut der Sünder,
hilf uns, daß (der Böse) diejenigen nicht ersticke,
die Dein Blut erlöst hat.

6 Denke an uns, o milder Herr,
in unserem beschwerlichen Körper;
Du allein bist der Schild der Seele,
nun bleibe bei uns, treibe uns nicht von Dir.

7 Gott, dem Vater, sei ewige Glorie,
und auch seinem eingeborenen Sohn,
dazu dem Geist, dessen Hilfe bei uns
sei in allen Handlungen auf ewig. Amen.

Mönch von Salzburg

Joseph, lieber nefe mein

Vnd so man daz kindel wiegt vber das 'Resonet in laudibus', hebt vnnser vraw an ze singen in ainer person: 'Yoseph, lieber neve mein.' So antwurt in der andern person Yoseph: 'Geren liebe mueme mein.' Darnach singet der kor dy andern vers in aines dyenner weis.

1 "Joseph, lieber nefe mein,
hilf mir wiegen mein kindelein,
das got müeß dein loner sein
in himmelreich,   der meide kint, Maria."

2 'Gerne, liebe mueme mein,
ich hilf dir wiegen dein kindelein,
das got müeß mein loner sein
in himelreich,   du raine maid Maria.'

3a Nu fräw dich, kristenleiche schar,
der himelische künig klar
nam die menschhait offenbar,
den uns gepar   die raine maid Maria.

3b Es solten alle menschen zwar
mit ganzen frewden komen dar,
do man fint der sele nar,
den uns gepar   die raine maid Maria.

3c Uns ist geporn Emanuel
als vor gekünt hat Gabriel,
des ist gezeug Ezechiel,
o frones el,   dich hat geporn Maria.

122

Mönch von Salzburg

Joseph, lieber Anverwandter

Und wenn man das Kind wiegt zum *Resonet in laudibus*, hebt die eine Person als Unsere Frau (Maria) zu singen an: »Joseph lieber ›Neffe‹ mein«, und die andere Person als Joseph antwortet: »Gerne liebe ›Muhme‹ mein«; danach singt der Chor die anderen Strophen, jeweils eine von den folgenden:

1 »Joseph, lieber Anverwandter,
hilf mir mein Kindlein wiegen;
Gott wird dir dafür im Himmelreich lohnen,
(er), der Sohn der Jungfrau Maria.«

2 »Gerne, liebe Anverwandte,
helfe ich Dir Dein Kindlein wiegen;
Gott wird mir dafür im Himmelreich lohnen,
Du reine Jungfrau Maria.«

3a Nun freue dich, Christenschar,
der lichte Himmelskönig
nahm menschliche Gestalt an,
den uns geboren hat die reine Jungfrau Maria.

3b Alle Menschen sollten fürwahr
voll Freude dorthin kommen,
wo man Rettung für unsere Seele findet,
(ihn), den uns geboren hat die reine Jungfrau Maria.

3c Uns ist Immanuel geboren,
wie uns Gabriel verkündet hat,
dafür ist Ezechiel Zeuge,
o heiliger Gott, Dich hat geboren Maria.

3d Ewigs vater ewigs wort,
war got, war mensch, der tugende hort,
in himmel, in erde, hie und dort
der sälden port, den uns gepar Maria.

3e O süesser Jesus auserkorn,
du weist wol, das wir warn verlorn,
süen uns deines vater zorn,
dich hat geporn die raine maid Maria.

3f O klaines kind, o grosser got,
du leidest in der krippen not,
der sunder hie verhandelt hat
der himmel prot, das uns gepar Maria.

123

MÖNCH VON SALZBURG

Das khühorn

Untarn ist gewonlich reden ze Salzburg und bedeutt so man isset nach mittem tag über ain stund oder zwo

1 Untarnslaf tut den sumer wol
der an straf liblich ruen sol
pey der diren auf dem stro
in der stiren macht es fro

Sy ich muss hin mein traut gesell
ich hab ze lang geslaffen hy pey dir
Er traut gespil ge wy got well
ich las dich schaiden nicht so pald von mir
Sy ja sint dy kchü noch ungemolchen
darumb ist mir gach

3d Des ewigen Vaters ewiges Wort,
wahrer Gott und wahrer Mensch, Hort aller Tugend,
im Himmel, auf Erden, hier und dort,
Pforte des Heils, (er), den uns geboren hat Maria.

3e O süßer Jesus, Auserkorener,
Du weißt gut, daß wir verloren waren,
versöhne uns mit dem Zorn Deines Vaters,
Dich hat geboren die reine Jungfrau Maria.

3f O kleines Kind, o großer Gott,
Du leidest Not in der Krippe:
die Sünder haben hier (auf Erden) das himmlische Brot
schlecht behandelt, das uns geboren hat Maria.

123

Mönch von Salzburg

Das Kuhhorn

Untarn ist ein in Salzburg gebräuchlicher Ausdruck; er bedeutet die Essenszeit zwischen ein und zwei Uhr nachmittags.

1 Untarnschlaf tut im Sommer gut,
wenn man sorglos ruhen kann
bei der Kuhmagd auf dem Stroh –
beide macht es frisch und froh.

Sie Ich muß fort, mein lieber Freund,
ich hab zu lang geschlafen hier bei dir.
Er Liebes Herz, geh, wenn du kannst,
ich laß dich sicher nicht so bald von mir.
Sie Die Kühe sind noch ungemolken,
darum ist mir bang;

gespottet wurd mir von den volchen
sold ich treiben nach

ain frische wolgemute diren
kan und wais gelympf
darumb sorg nyman umb dy iren
es ist nur yr schympf

2 Dy mit lust dem gesellen gut
drukt sein brust hey wy wol es tut
der ist zoren wer sy wekt
mit dem horen und erschrekt

Er herczen trost wy wol ich spür
das du mir pist ain ungetreues weib
Sy dinst un lon ich gar verlür
wiss got nit das ich lenger hy beleib
gehab dich wol ich kum her wider
so ich peldist kan
und leg mich wider zu dir nyder
herczenlibster man

ain frische . . .

3 In dem lauss so der herter schreit
ho treib auss hoho des ist zeit
sy erwachet nach der mü
unbesachet sint dy kchü

das fügt wol ainem armen knecht
dem gut und mut stet allzeit in dem saus
gold und vechs ist ym nit recht
ym fügt vil pas dy dyren in dem haus
wenn sy des morgens fru wil haiczen
so wekt sy yn vor
sein hercz kan sy zu freuden raiczen
das es swebt enpor

ain frische . . .

ganz sicher werd ich ausgelacht,
wenn ich die letzte bin.

Eine frische, dralle Magd
weiß schon, was sie tut,
keinen geht es etwas an,
wie sie sich vergnügt.

2 Die mit Lust ihrem Schatz
drückt die Brust, hei, wie wohl das tut!
Sie verfluchen, wer sie weckt
mit dem Kuhhorn und erschreckt.

Er Einzige, ich weiß genau, wenn du jetzt
gehst, dann wirst du treulos sein.
Sie Dienst und Lohn verliere ich, bei Gott,
wenn ich noch länger bei dir bleib.
Ade, ich komme sicher wieder
so bald und schnell ich kann
und leg mich wieder zu dir nieder,
allerliebster Mann.

Eine frische ...

3 Im Versteck. »Hör, der Hirte schreit:
Ho, treib aus, hoho. Es ist Zeit.«
Sie enteilt der Liebesmüh,
unversorgt sind ihre Küh.

So geht's halt einem armen Knecht,
der unbekümmert seine Zeit vertreibt.
Er braucht nicht Gold noch Hermelin,
zu ihm paßt gut die Kuhmagd in das Haus.
Bevor sie morgens kräftig feuert,
weckt sie ihn auf
und reizt ihn so zu Liebesfreuden,
daß er ganz vergeht.

Eine frische ...

124

Mönch von Salzburg

Ain enpfahen

1 *Sy* Wol kum mein libstes ain
Er Genad traut freulin rain
Sy sag an dein gelingen
wa pist du so lang gewesen ellender von mir
Er mich hat ny so ser belanget als dy zeit nach dir
Sy wy ist es dir gangen anderswa
Er mich freut nicht wy vil ich freud anscha
Sy hast du sider y gedacht an mich
Er mein gedank stet all zeit frau an dich
Sy an gever in ganczer stätikhait
Er sicherlich auf meinen ayt
Sy zwar des pin ich fro
Er frau dem ist also
Sy liber ding ward ny auf erd wenn stät
Er ungern ich anders tät

2 *Sy* Dein kunft freut mein gemüt
Er Ich dank frau deiner güt
Sy ich han den gedingen
das dein hercz nicht mag vergessen mein in ganczer treu
Er was ich dir y hab versprochen das ist täglich neu
Sy darumb pin ich gancz in eren dein
Er liber weib mag nymer me gesein
Sy mir ward ny auf erd so liber man
Er sölch gelük ich nicht verdinen kan
Sy hail und säld des wünsch ich dir all stund
Er dank so hab mein roter mund
Sy freu dich libster hort
Er liber süsser wort
Sy selikhait kumbt oft so man nicht went
Er darnach mein hercz sich sent

124

Mönch von Salzburg

Ein Empfang

1 *Sie* Willkommen, Lieber.
Er Ich dank dir, meine Liebe.
Sie *Er*zähl, wie war es denn;
wo bist du so lang gewesen, fern von mir?
Er Nie hab ich mich so sehr gesehnt nach dir wie in dieser Zeit.
Sie Wie ist es dir ergangen anderswo?
Er Nichts freute mich, obwohl ich sehr viel Schönes sah.
Sie Hast du seither an mich gedacht?
Er Meine Gedanken waren stets bei dir.
Sie Ohne zu wanken, immer fest?
Er Ich schwör es dir.
Sie Da bin ich froh.
Er Ja, Liebe, es ist wirklich so.
Sie Etwas Schöneres als Treue gibt es nicht.
Er Wie könnt ich dir je untreu sein.

2 *Sie* Du bist da, wie freu ich mich.
Er Du bist lieb, hab Dank.
Sie Ich weiß es und ich fühle es:
dein Herz vergißt mich nie.
Er Was ich dir je versprochen hab, ist täglich neu.
Sie Darum gehör ich dir auch ganz.
Er Ein lieberes Mädchen gibt's nie mehr.
Sie Noch nie war mir ein Mann so lieb.
Er Solch großes Glück verdien ich nicht.
Sie Ich wünsch dir Glück und Segen für alle Zeit.
Er Hab Dank, mein roter Mund.
Sie Mein Liebster, freue dich.
Er Wie schön du alles sagst.
Sie Das Glück kommt unverhofft.
Er Mein Herz sehnt sich danach.

3 *Sy* Nach regen scheint dy sunn
Er Nach laid kumbt freud und wunn
Sy laid muss lib oft twingen
wann chain mensch erkennen möcht dy lib so laid nicht wer
Er abr es wirdt dem armen herczen laider gar ze swer
Sy guter mut und hoff gehört darzu
Er rat mir was ich widr dy klaffer tu
Sy tust du wol das tut dem klaffer we
Er des wil ich mich fleissen ymmer me
Sy pis verswigen rüm dich nicht ze vil
Er geren herczen traut gespil
Sy sprich den frawen wol
Er als ich pillich sol
Sy nym den umbvang dir zu ganczem trost
Er dein lib hat mich erlost

125

Mönch von Salzburg

Ich het czu hannt geloket mir

1 Ich het czu hannt geloket mir
ain falcken waidenleichen
das hat verloren all sein gir
und tuet sich von mir streichen
hiet ichs gepaist noch meinem muet
es wär als willd nye worden
das tet ich nicht und lies durch guet
darumb han ichs verloren
es ist mir worden ungeczäm
das tut mir we in herczen
gar übel ich im des gan
es kund wol wennden smerczen

3 *Sie* Nach dem Regen scheint die Sonne.
Er Lust und Freude folgt dem Leid.
Sie Doch Leid muß sein,
denn ohne Leid erkennt kein Mensch die Liebe.
Er Ach, es macht das Herz so schwer.
Sie Geduld und Hoffnung braucht es nur.
Er Was soll ich, sag, gegen die Lästerzungen tun?
Sie Tust du das Rechte, dann sind sie beschämt.
Er Ich werd mich drum bemühn.
Sie Sei verschwiegen, rede nicht so viel.
Er Ganz gewiß, mein Liebes.
Sie Von den Frauen sprich nur Gutes.
Er Das gehört sich so.
Sie Dafür will ich dich umarmen.
Er Deine Liebe macht mich frei.

125

Mönch von Salzburg

Ich hatte mir zur Hand gelockt

1 Ich hatte mir zur Hand gelockt
einen schönen, edlen Falken;
er hat die Lust zur Jagd verloren
und streicht mir jetzt davon.
Hätt ich ihn streng gebeizt,
er wär nicht weggeflogen.
Das tat ich nicht und war zu gut,
drum hab ich ihn verloren.
Er ist nicht zahm geblieben,
das tut mir weh;
nie kann ich das verzeihn,
er weiß den Schmerz zu heilen.

2 West ich sein strich ich volgt im nach
ob ich es möcht gewynnen
chain vederspil ich nye gesach
das sich tät mynner swingen
es wust sein vart wie weit es gieng
und hat sich doch verflogen
mit ainem trappen der es fieng
der hat mein fälklein betrogen
hiet ichs gepaist noch meinem muet
es wär als willd nye worden
das tet ich nicht und lies durch guet
darumb han ichs verloren

3 Nw traw ich allen waidgesellen
die habent mirs versprochen
das sy den trappen paissen wellen
pis das ich werd gerochen
fürbas ich mir stellen wil
allain nach edelm vederspil
das sich nicht tuet verfliegen
und kainen fürbas betriegen
hiet ichs gepaist noch meinem muet . . .

2 Wüßt ich den Weg, ich folgte seinem Strich,
möcht ihn zurückgewinnen.
Nie sah ich einen Falken
sich schöner schwingen –
er wußt, wie weit er fliegen sollt –
und hat sich doch verflogen
zu einer Trappgans, die ihn fing;
mein Fälklein hat sie mir verführt.
  Hätt ich ihn streng gebeizt,
  er wär nicht weggeflogen.
  Das tat ich nicht und war zu gut,
  drum hab ich ihn verloren.

3 Nun hoff ich, daß die Jagdgefährten,
wie sie versprochen haben,
die Trappgans weidwund hetzen,
um mich dafür zu rächen.
Jetzt stell ich nur noch Falken nach,
die treu und edel sind,
die niemals sich verfliegen
und keinen Trug begehn.
  Hätt ich ihn streng gebeizt . . .

126

Mönch von Salzburg

Ain radel von drein stymmen

Martein lieber herre
nu laß uns fröleich sein
heint czu deinen eren
und durch den willen dein
dy genns solt du uns meren
und auch küelen wein
gesoten und gepraten
sy müessen all herein

127

Anonym

In dulci iubilo

1 In dulci iubilo
nu singet und seit fro:
Unsers herczen wunne
leit in presepio,
leuchtet sur dy sunnen
matris in gremio.
Alpha es et o,
alpha es et o.

2 O Jhesu parvule,
nach dir ist mir so we.
Trost mir mein gemute,
o puer optime,

126

Mönch von Salzburg

Ein Kanon für drei Stimmen

Martin, lieber Herr,
nun laß uns fröhlich sein:
Heute zu deinen Ehren
und auf deine Veranlassung
sollst du uns die Gänse vermehren
und auch den kühlen Wein:
Gesotten und gebraten,
so müssen (jene) alle herein.

127

Anonym

In süßem Jubel

1 In süßem Jubel
singt und seid froh:
Die Freude unseres Herzens
liegt in der Krippe,
sie leuchtet mehr als die Sonne
im Schoß der Mutter.
Anfang und Ende bist Du,
Anfang und Ende bist Du.

2 O kleiner Jesus,
nach Dir ist mir so weh.
Tröste mir mein Gemüt,
o bester Knabe,

Durch alle iunckfraw gute,
o princeps glorie.
Trahe me post te,
trahe me post te!

3 Ubi sunt gaudia?
nyndert mer den da
Da dy engel singen
nova cantica
und dy schellen klingen
in regis curia.
Eya, wer wir da,
eya, wer wir da!

4 Mater et filia
ist iunckfraw Maria.
Wir weren all verloren
per nostra crimina,
Es hat sy uns erworben
celorum gaudia.
Quanta premia,
quanta premia!

um der Güte dieser Jungfrau willen,
o Fürst der Glorie.
Ziehe mich Dir nach,
ziehe mich Dir nach.

3 Wo gibt es Freuden?
Nirgendwo mehr als dort,
wo die Engel singen
die neuen Lieder
und die Glocken läuten
am Hof des Königs.
Eya, wären wir dort,
eya, wären wir dort.

4 Mutter und Tochter
ist die Jungfrau Maria.
Wir wären alle verloren
wegen unserer Verbrechen,
aber sie hat uns erworben
die Freuden der Himmel.
O welcher Lohn,
o welcher Lohn!

Hugo von Montfort

Mich straft ein wachter

1 Mich straft ein wachter des morgens fru,
er sprach: "wenn wilt du haben ruw,
din singen abelan?
lieder tichten tu nit mer
das rat ich dir bi miner er
davon man tanzen tut."
wachter, des wil ich volgen dir,
der lied geticht ich niemer mir,
des solt du sicher sin.
suss muss ich loben selge weib,
die sind der welt doch laid vertreib,
ach gott, wie lieb und zart.
ich welt, wer frowen übel sprech,
das man in durch die zungen stech,
das laster musst er han.

2 Wachter, nu merk, was da beschach;
was ich auf erden ie gesach,
das dunkt mich ein wind
gen zarter lieber frowen gunst.
da hilfet weder sinn noch kunst,
das ist beweret wol:
David und auch Salamon,
Sampson der möcht nit bestan,
der schönst verlor den leib.
das machet als der frowen werk,
ein junkfrow rait der künsten perk,
nu dar ir seligen weib!
wer von den frowen schemlich sait,
das wirt im noch am lesten laid,
si gat ein laster an.

128

Hugo von Montfort

Mich tadelte ein Wächter

1 Mich tadelte ein Wächter früh am Morgen.
Er sprach: »Wann willst du Ruhe geben
und dein Singen lassen?
Dichte keine Lieder mehr,
nach denen man tanzt,
das rate ich dir bei meiner Ehre!«
Wächter, darin will ich dir folgen:
Ich dichte keine Lieder mehr,
dessen sollst du sicher sein.
Schön muß ich herrliche Frauen loben,
vertreiben sie doch der Welt den Kummer,
ach Gott, wie lieb und zart.
Ich wollte, daß man dem durch die Zunge steche,
der den Frauen Übles nachsagt;
diese Schmach soll er haben.

2 Wächter, nun gib acht, was da geschah:
Was ich auf Erden je gesehen habe,
das achte ich im Vergleich zur Gunst
schöner, lieber Frauen für nichts.
Da nützt weder Verstand noch Wissen,
das ist gut belegt:
David und auch Salomon
und Samson konnten nicht standhaft bleiben;
der Schönste verlor sein Leben.
Das bewirken alles die Taten der Frauen,
eine Jungfrau ritt auf den Berg der Weisheit.
Nur hin, ihr herrlichen Frauen!
Wer über die Frauen schändlich redet,
dem wird das noch am Ende leid tun:
Eine Schmähung greift sie an.

3 Wachter, sich auf ands firmament,
er gat daher von orient,
ich hör der vogel sang.
durch gott wek alle selge weib,
ir er behuet, irn stolzen leib
vor böser klaffer zung.
die minner, die da rumser sind,
die sind in gesehenden ogen blind,
si mungent nit bestan.
was ich von rosen ie gesach,
all blumen vin, der lober tach,
das dunket mich ein schimpf
gen zarten lieben töchterlin.
ir geberd sind gut, die blik sint vin,
gott geb in selgen tag.

129

Muskatblüt

So gar subtil ich singen wil

1 So gar subtil ich singen wil
der junffrau clar die ich furwar
wol nennen der gnaden bronne.
Er ist grundeloss; hort wonder grosz
waz si nu kan: ir dienet schon
man stern vnd ouch die sonne.
Si ist der seben kunste hort,
ein geweldige meisterynne,
si kan ouch beide wise vnd wort,
si ist van hoen synnen.
si hat gewalt gar manchfalt
in hemel vnd uff erden,

3 Wächter, schau hinauf ans Firmament,
es tagt von Osten her,
ich höre den Vogelgesang.
Um Gottes willen wecke alle wundervollen Frauen,
beschütze ihr Ansehen, ihre Ehrbarkeit
und ihre Schönheit vor der Zunge böser Lästermäuler.
Die Verehrer, welche Prahler sind,
die sind mit sehenden Augen blind,
sie können nicht beständig sein.
Was ich je an Rosen sah,
die Feinheit aller Blumen, das Dach aus Laub –
alles dünkt mich ein Scherz
gegenüber schönen, lieben Töchtern.
Ihr Gehaben ist vortrefflich, die Blicke sind wunderbar;
Gott gebe ihnen eine glückliche Zeit.

129

Muskatblüt

In feinster Weise will ich singen

1 In feinster Weise will ich singen
für die edle Jungfrau, die ich zu Recht
den Brunnen der Gnade nenne:
Er ist unerschöpflich. Hört jetzt von den großen Wundern,
die sie vermag: Ihr dienen auf schöne Weise
Mond, Sterne und Sonne;
sie ist ein Hort der Sieben Künste,
eine gelehrte Meisterin,
sie versteht sich auf Melodien und Worte,
sie besitzt höchsten Verstand.
Sie hat vielerlei Macht
im Himmel und auf Erden,

si ist ouch godis maiestat, der hoeste rat,
in driualt jung grosz vnd alt,
wie mucht es besser werden!

2 O mûter myn, du bist ein schin
in gotz geschicht, du bist ein licht
durch die nün chöre der engel!
Du bist der glantz den nymant gantz
folloben mag, in godis hag
bistu der gnaden stengel!
Des bist des balsams suesser gart,
dar in ist vns entsprossen
die frucht die fur uff erden nye wart
daz wir haben genossen.
du bist die zell dar in daz Il
sich wirkt zu mentschen bilde!
du bist die port Ezechiels. uff harten fels
er zů dir kam, du machst in zam
der vns was allen wilde!

3 Ein creatur engels figur
godis wesen hat, daz selb daz stat
junffrau in dir versiegelt!
Adams fal bracht vns zu dal
in jamer grosz; daz selbe slosz
hast junffrau uff gerigelt!
Wol zwei vnd funfftzich hondert jar
die schrifft sagt preter vno
lagen wir gefangen daz ist war,
tu splendor sol et luna!
bis godis krafft in dir behafft,
da was der schal gelegen.
es sang Noe vnd Abraham vnd ouch Adam
in jubilo, si lobten do
Jhesum den reynen degen.

sie ist göttliche Majestät, höchster Ratschluß,
ist in Dreifaltigkeit jung, groß und alt:
Wie könnte es Besseres geben!

2 O meine Mutter, Du bist ein Leuchten
in Gottes Schöpfung, Du bist ein Licht
im neunfachen Chor der Engel.
Du bist der Glanz, den niemand ausreichend
preisen kann, in Gottes Garten
bist Du die Pflanze der Gnade.
Du bist der süße Balsamgarten,
aus dem uns die Frucht entsprossen ist,
die es vorher auf Erden nicht gegeben hat:
dadurch wurden wir gerettet.
Du bist das Gefäß, in welchem Gott
sich zum Menschen bildete,
Du bist die Pforte des Ezechiel. Auf hartem Fels
kam er zu Dir, (und) Du nahmst ihn auf,
der uns allen fern war.

3 Ein Geschöpf vom Aussehen eines Engels,
welches das Wesen Gottes besitzt, das liegt
in Dir, Jungfrau, versiegelt.
Adams Sündenfall warf uns in großem Jammer
zu Boden: dieses Schloß hast Du, Jungfrau, wieder
aufgeschlossen!
Die Heilige Schrift sagt, daß wir
zweiundfünfzighundert Jahre
weniger eines
gefangen lagen, und das ist wahr,
Du Licht, Sonne und Mond.
Bis Gottes Gewalt in Dir sich festsetzte,
da gab es keine Freudengesänge:
Noah, Abraham und Adam hatten
noch Jubellieder gesungen, und sie lobten damals
(bereits)
Jesus, den herrlichen Helden.

4 Des wol dich meit, daz die gotheit
in dym palast was wirt vnd gast
an eyne viertzi̊ch wochen!
Des freu ich mich, junffrau, daz ich
dich loben sol, du gnaden fol
din lob wirt nit folsprochen!
Du wol geblümte Arons růt
sich vns mit strüssen blicken,
spise vns mit pellicani blůt,
losz vns ůsz dornen stricken,
recht als der lewe schryt ymmer me
bis er erquickt sin welffen.
du reyne meit mache vns felix, als der fenix
sich in der glůt vernuwen důt,
du macht vns wol gehelffen!

5 O junffrau clar, den adelar
ůsz oberlant hastu erkant,
sine hoe hat dieff geclůngen,
Vnd der helffant hat dir gesant
sin starken grusz, der gotlich flusz
kam frau uff dich geswůngen!
O mynnecliches freuden spil,
bi dir da war verslossen
die person gantz gar subtil
meitlichen vnuerdrossen.
got nye vergas, gantz recht lidmasz
het er von dir genomen
na der mentscheit gotlicher krafft mit meisterschafft
in ydel gůt, spricht Musgaplůt
der cristenheit zu fromen.

4 Gepriesen seist Du Jungfrau, daß die Gottheit
in Deinem Palast Herr und Gast war
für jene vierzig Wochen.
Darüber freue ich mich, Jungfrau, so daß ich
Dich loben werde: niemals, Du Gnadenreiche,
kann man Dich ausreichend loben.
Du schön erblühter Stab Aarons,
sieh uns mit den (scharfen) Augen des Vogels Strauß an,
ernähre uns mit dem Blut des Pelikans,
befreie uns aus den dornenvollen Fesseln,
so wie der Löwe so lange brüllt,
bis er seine Jungen zum Leben erweckt.
Du reine Jungfrau, mache uns glückselig, so wie der Phoenix
im Feuer neu entsteht:
dazu kannst Du uns verhelfen!

5 O herrliche Jungfrau, den Adler
vom Himmel hast Du kennengelernt,
sein hoher Schrei ist machtvoll erklungen,
der Elefant hat Dir seinen
machtvollen Gruß gesandt, und Gottes Fließen ist
über Dich, edle Frau, gekommen!
O liebreizendes Freudenspiel,
in Dir war die Gestalt eingeschlossen,
in feinster Weise,
in jungfräulicher Bereitschaft.
Gott hat nie vergessen, daß er seine schöne Gestalt
von Dir bekommen hat
entsprechend der göttlichen Herkunft der Menschheit, in höchster
Vollkommenheit – so sagt Muskatblüt –,
um die Christenheit zu erretten.

Muskatblüt

Hör werlt, ich wil

1 Hör werlt, ich wil der sünden spil
dir singen hie vnd mirk ouch wie
ich si möge usz gerichten!
In manchem land is groisse schand
nu worden ere; die gůde lere
wil man so gar uernichten.
Eyns dagis quam ich zů houe gegan
zů eynem werden fursten,
da het man mir gesaget von
in begonde vil sere dursten
na gesanges hort, wise vnd wort
wie er daz hörte so gerne.
bi in so saes manch reynes wib, manch stoltzer lib,
vil ritterschafft vnd adels krafft,
der cristenheit ein sterne.

2 Da hub ich an in myme hoff don,
der werelt lauff, des wuchers kauff
gond ich ein deil zů singen.
Es ducht zů swere eim wucherere,
der zuckt ein brot, im selbe zů spot
lies er da na mir springen.
Vur dem fursten warff er na mir
zwar mit syns selbis hande.
mich ruwet sier des adels zier
daz er daz macht zů schande,
daz manch man in blicket an
vnd gonde ym sere flůchen.

130

MUSKATBLÜT

Höre, Welt, ich will

1 Höre, Welt, ich will dir hier vom Spiel der Sünden
singen; passe (genau) auf, wie
ich sie jetzt darstelle!
In vielen Landen ist große Schande
jetzt zu etwas Ehrenvollem geworden; die Lehre des Guten
will man völlig vernichten.
Eines Tages kam ich zum Hofe
eines edlen Fürsten,
von dem man mir gesagt hatte,
ihn würde es sehr dürsten
nach dem Schatz des Gesanges, daß er Melodien und Worte
sehr gerne hören wollte.
Bei ihm saßen viele edle Frauen, viele angesehene Leute,
Ritter und Adlige:
(sie waren) ein Stern der Christenheit.

2 Da begann ich in meinem Hofton
vom Lauf der Welt, von der wucherischen Macht des Geldes
etwas zu singen.
Das war einem Wucherer zu stark:
er packte einen Brotlaib und warf ihn, zu seiner
eigenen Unehre, nach mir.
In Anwesenheit des Fürsten warf er
mit eigener Hand nach mir!
Es bekümmerte mich sehr, daß er das Ansehen des Adels
damit so in Schande brachte,
daß viele aufmerksam wurden
und ihn beschimpften.

ich wist nit wer wuchers began, bis daz der man
sich selber neyget vnd da ertzeiget,
do durfft ich sin nit sůchen.

3 Verhöret mich, dar na quam ich
all an eyne stat, da mich hin bat
ein reynes wiff der eren.
Da vant ich zwar an eyner schar
manch reyne frucht, des adels zucht,
ich hůb ouch an zů leren.
Ich sang von eynem ebrecher
wie sich der selber swachet.
es ducht eynem ritter gar geuer,
zu hant er mir an lachet.
er sprach zů mir: "ich raden dir
du solt es nit mer singen,
wan du fundest offt ein dorichten man vnd hubstu an
solichs gesang, stůl und bang
daz leesz er na dir springen!"

4 Ich sprach: "gnad herre, es ist schad
daz ich nit sol beduden wol
der wereld lauff uff erden,
Wan ir doch sit in duser zit
in sünden nosch, der schanden mosch
kan uch nit uberwerden,
Vnd habt doch wol ein bider wib
der dugent vnd der eren,
war vmb uerkebst ir yren lib?
uwer schande die wirt sicher meren
van dage zů dage, daz ist ein clage,
ir sult uch anders halden
vnd habt mir daz vor ubel nicht, myn můt der gicht

Ich wußte nicht, wer Wucherei begangen hatte, bis dieser Mann
sich selbst entlarvte und auf sich hinwies:
da brauchte ich nicht mehr nach ihm zu suchen.

3 Hört weiter: Danach kam ich
an einen Ort, an den mich eine
vorzügliche Frau gebeten hatte.
Da fand ich fürwahr versammelt
viele vorzügliche und adlige Personen,
und ich begann, Lehrhaftes zu singen.
Ich sang von einem Ehebrecher
und wie ein solcher sich selbst Schaden tut.
Das kam einem Ritter zu schlimm vor,
er lachte mir ins Gesicht
und sagte zu mir: »Ich rate dir,
davon nicht mehr zu singen;
denn du triffst oft einen Dummkopf, welcher, sobald du ein
solches Lied beginnst, mit Stühlen und Bänken
nach dir werfen wird!«

4 Ich sagte: »Verzeiht, mein Herr,
es ist schlimm,
daß ich den Lauf der Welt
nicht darlegen soll:
Denn Ihr seid jetzt doch
im Sumpf der Sünde, und die Zeichen der Schande
können Euch nicht erspart bleiben,
und warum, wenn Ihr eine anständige Frau habt,
die Tugend und Ehre besitzt,
macht Ihr sie zur Mätresse?
Eure Schande wird sicherlich jeden Tag
mehr werden – das ist zu beklagen!
Ihr solltet Euch anders verhalten!
Und nehmt es mir nicht übel, wenn ich meine Meinung sage,

daz sulghe vnkusch si hie ein dusch,
frauwe eer wil ir nit walden!”

5 Frauwe eer die hört die myne wort.
wie wol si sweig, ir lib der seig
vor lachen zů dem dische.
Mir wart wol kunt usz rotem munt
daz si da sprach: ‘habe gůt gemach,
bis dynes mudis frissche
Vnd sage mir allis daz du kanst,
nyman soltu dar an schuwen
obe du eynen der sünde manst
vnd dank ich dir in truwen!
sing mir ein sage vnd ouch eyne clage
van eynem freülin reyne,
wie die ir man uerlaissen hat an mancher stat
in frechem mûte, myn Muscaplůt,
merk recht wie ich daz meyne!’

131

Heinrich Laufenberg

Kum, helger geist

1 Kum, helger geist, erfüll min hercz,
enzünd in mir diu mynne,
Din sůͤssikeit vertrib mir schmercz,
erlůͤht minr selen sinne.

2 Ach, edler balsam, gottes geist,
salb mir min sel von innen.
Sid du minr sele wunden weist,
so hilf mir ruw gewinnen.

daß solche Unkeuschheit etwas sehr Böses ist:
Frau Ehre will damit nichts zu tun haben!«

5 Frau Ehre hörte meine Worte.
Sie schwieg zwar (zuerst), aber sie bog sich
vor Lachen bis auf den Tisch.
Aus rotem Mund erfuhr ich,
daß sie dann sagte: »Sei unbesorgt
und bleibe bei deiner ehrlichen Meinung,
und sage mir alles, was du kannst!
Niemanden sollst du fürchten,
wenn du einen an seine Sünden mahnst,
und dafür bin ich dir sehr dankbar!
Singe mir jetzt die beklagenswerte Geschichte
von einem edlen Fräulein,
wie diese von ihrem Mann vielerorts
in böser Gesinnung verlassen wurde: Mein Muskatblüt,
achte genau darauf, wie ich das meine!«

131

Heinrich Laufenberg

Komm, Heiliger Geist

1 Komm, Heiliger Geist, erfülle mein Herz
und entzünde in mir die Liebe zu Dir,
Deine Süße vertreibe mir den Schmerz,
und erleuchte mir meine Seele.

2 Ach, edler Balsam, Geist Gottes,
salbe mir inwendig meine Seele.
Da Du die Wunden meiner Seele kennst,
hilf, daß ich Ruhe gewinne.

3 In dir allein ist fryd und sun,
in dir ruwt dz gemůte,
In mir so wellest fride tun
durch din götliche guͤti.

4 Ach suͤsses geistes symphony,
du vatter aller armen,
Du band der helgen drivalty,
laß dich min sel erbarmen.

5 Ach reiner herczen lichter schin,
gläncz in minr vinstren cluse
Ach, edler trost, guͤss dich dar in,
min sel werd huͤt din huse.

6 Ach, edler geist mit siben goben,
nun biß noch huͤt min gaste,
Dz ich dir leb und dich mög loben,
nim by mir růw und raste.

7 Kum, min heil, min selikeit,
durch dinen helgen nammen,
von mir dich niemer me gescheit
hie und dört iemer, Amen.

3 Allein in Dir ist Friede und Versöhnung,
in Dir ruhen die Gedanken,
in mir bewirke Friede
in Deiner göttlichen Güte.

4 Ach, Du Wohlklang des süßen Geistes,
Du Vater aller Armseligen,
Du Band der Heiligen Dreifaltigkeit,
erbarme Dich meiner Seele.

5 Ach, Du heller Glanz reiner Herzen
scheine in die Kammer meiner Finsternis,
ach, edler Trost, ergieße Dich dort hinein,
damit meine Seele heute zu Deinem Haus werde.

6 Ach, edler Geist mit Deinen sieben Gaben,
sei noch heute mein Gast,
damit ich für Dich lebe und Dich loben kann,
gönn Dir bei mir Ruhe und Rast.

7 Komm, mein Heil, meine Seligkeit,
um Deines heiligen Namens willen,
und trenne Dich niemals mehr von mir,
weder hier noch dort. Amen.

132

Oswald von Wolkenstein

Es fúgt sich

1 Es fúgt sich, do ich was von zehen jaren alt,
ich wolt besehen, wie die werlt wer gestalt.
mit ellend, armút mangen winkel, haiss und kalt,
hab ich gebawt bei cristen, Kriechen, haiden.
Drei pfenning in dem peutel und ain stúcklin brot,
das was von haim mein zerung, do ich loff in not.
von fremden freunden so hab ich manchen tropfen rot
gelassen seider, das ich wand verschaiden.
Ich loff ze fúss mit swerer búss, bis das mir starb
mein vatter zwar, wol vierzen jar, nie ross erwarb,
wann aines roupt, stal ich halbs zu mal mit valber varb,
und des geleich schied ich da von mit laide.
Zwar renner, koch so was ich doch und marstaller,
auch an dem rúder zoch ich zu mir, das was swer,
in Kandia und anderswo, ouch widerhar,
vil mancher kittel was mein bestes klaide.

2 Gen Preussen, Littwan, Tartarei, Túrkei uber mer,
gen Frankreich, Lampart, Ispanien mit zwaien kunges her
traib mich die minn auf meines aigen geldes wer;
Ruprecht, Sigmund, baid mit des adlers streiffen.
franzoisch, mörisch, katlonisch und kastilian,
teutsch, latein, windisch, lampertisch, reuschisch und roman,

132

Oswald von Wolkenstein

Es geschah

1 Es geschah, als ich zehn Jahre alt war,
daß ich ansehen wollte, wie die Welt beschaffen ist.
In Not und Armut habe ich mich in manchem heißen
und kalten Winkel
bei Christen, Orthodoxen und Muslimen aufgehalten.
Drei Pfennige im Beutel und ein Stückchen Brot
waren meine Zehrung von zu Hause auf meinem Weg
in die Not.
Von Fremden und von Freunden habe ich seitdem so
manchen Blutstropfen
verloren, so daß ich glaubte, sterben zu müssen.
Ich lief zu Fuß wie in schwerer Buße, bis mein Vater
starb: vierzehn Jahre hatte ich niemals ein Reitpferd
bekommen,
außer einmal einen Falben, den ich halb stahl, halb raubte
und den ich leidvoll auf gleiche Weise wieder verlor.
Ja, ich war Laufbursche, Koch und Pferdeknecht,
auch am Ruder zog ich, was sehr beschwerlich war,
bei Kreta und anderswo, anschließend dann wieder
zurück,
und oft war ein Kittel mein bestes Gewand.

2 Nach Preußen, Litauen, auf die Krim, in die Türkei und
nach Übersee (ins Heilige Land),
nach Frankreich, der Lombardei und Spanien im Heer
von zwei Königen
trieb mich die Liebe, aber auf meine eigene Rechnung,
mit Ruprecht und Sigmund, beide unter der
Reichsfahne mit dem Adler.
Französisch, maurisch, katalanisch und kastilisch,
deutsch, lateinisch, slowenisch, italienisch, russisch und
ladinisch:

die zehen sprach hab ich gebraucht, wenn mir zerran;
auch kund ich fidlen, trummen, paugken, pfeiffen.
Ich hab umbfarn insel und arm, manig land,
auff scheffen gros, der ich genos von sturmes band,
des hoch und nider meres gelider vast berant;
die swarzen see lert mich ain vas begreiffen,
Do mir zerbrach mit ungemach mein wargatein,
ain koufman was ich, doch genas ich und kom hin,
ich und ain Reuss; in dem gestreuss houbgút, gewin,
das súcht den grund und swam ich zu dem reiffen.

3 Ain kúnigin von Aragon was schon und zart,
da fúr ich kniet, zu willen raicht ich ir den bart,
mit hendlein weiss bant si darein ain ringlin zart
lieplich und sprach: 'non maiplus dis ligaides.'
Von iren handen ward ich in die oren mein
gestochen durch mit ainem messin nädelein,
nach ir gewonheit sloss si mir zwen ring dorein,
die trúg ich lang, und nennt man si raicades.
Ich súcht ze stund kúnig Sigmund, wo ich in vand,
den mund er spreutzt und macht ain kreutz, do er mich kant,
der rúfft mir schier: "du zaigest mir hie disen tant,"
freuntlich mich fragt: "tún dir die ring nicht laides?"
Weib und ouch man mich schauten an mit lachen so;
neun personier kungklicher zier, die waren da
ze Pärpian, ir babst von Lun, genant Petro,
der Römisch kúnig der zehent und die von Praides.

diese zehn Sprachen habe ich benutzt, wenn es
notwendig war,
und ich konnte auch geigen, trompeten, trommeln und
flöten.
Ich habe vielerlei Inseln und Halbinseln umfahren
auf großen Schiffen, die mich aus dem Sturm erretteten,
habe die oberen und unteren Teile des Meeres eifrig
bereist;
das Schwarze Meer lehrte mich, ein Faß zu packen,
als mir zum Unglück mein Handelsschiff unterging,
ein Kaufmann war ich damals, doch rettete ich mich
und kam davon,
ich und ein Russe. In dem Toben sanken Kapital und
Zinsen
auf den Meeresgrund: doch ich schwamm ans Ufer.

3 Jene Königin von Aragon war schön und lieblich,
vor ihr kniete ich nieder und reichte ihr ergeben den Bart,
und mit ihren weißen Händen band sie mir liebreizend
einen schönen Ring
hinein und sprach: »Niemals binde ihn mehr los!«
Eigenhändig wurde ich von ihr an meinen Ohren
mit einer kleinen Messingnadel durchgestochen,
und nach Landessitte hängte sie mir dort zwei Ringe an,
die ich lange getragen habe: »racaides« heißen sie dort.
Auf der Stelle suchte ich König Sigmund auf, dort wo
ich ihn treffen konnte,
er riß den Mund auf und bekreuzigte sich, als er mich sah,
und sogleich rief er mir zu: »Wie siehst denn du hier
aus?«,
und fragte mich dann besorgt: »Tun dir die Ringe nicht
weh?«
Frauen und Männer schauten mich unter Lachen an:
Neun Persönlichkeiten von königlichem Rang waren
anwesend
dort in Perpignan; ihr Papst von Luna mit Namen Pedro;
der Römische König als zehnter; und außerdem die
(edle Dame) von Prades.

4 Mein tummes leben wolt ich verkeren, das ist war,
und ward ain halber beghart wol zwai ganze jar;
mit andacht was der anfangk sicherlichen zwar,
hett mir die minn das ende nicht erstöret.
Die weil ich rait und súchet ritterliche spil
und dient zu willen ainer frauen, des ich hil,
die wolt mein nie genaden ainer nussen vil,
bis das ain kutten meinen leib bedoret.
Vil manig ding mir do gar ring zu handen ging,
do mich die kappen mit dem lappen umbefing.
zwar vor und leit mir nie kain meit so wol verhing,
die mein wort freuntlich gen ir gehöret.
Mit kurzer schnúr, die andacht fúr zum gibel aus,
do ich die kutt von mir do schutt in nebel rauss,
seid hat mein leib mit leid vortreib vil mangen strauss
gelitten, und ist halb mein freud erfröret.

5 Es wer zu lang, solt ich erzellen all mein not,
ja zwinget mich erst ain ausserweltes múndli rot,
da von mein herz ist wunt bis in den bittern tod;
vor ir mein leib hat mangen swaiss berunnen.
Dick rot und blaich hat sich verkert mein angesicht,
wann ich der zarten dieren hab gewunnē phlicht,
vor zittern, seufzen hab ich offt emphunden nicht
des leibes mein, als ob ich wer verbrunnen.
Mit grossem schrick so bin ich dick zwaihundert meil
von ir gerösst und nie getrösst zu kainer weil;

4 Mein törichtes Leben wollte ich ändern, das ist wahr,
und ich wurde halb zum Wandermönch für volle zwei Jahre;
der Anfang war sicherlich voller Andacht,
wenn mir nur die Liebe das Ende nicht verdorben hätte.
Während ich zu Pferd unterwegs war und ritterliche Betätigung suchte
und untertänig einer Dame diente, worüber ich verschwiegen bin,
wollte sie mir nicht einmal eine Nußvoll an Gnade erzeigen,
bevor ich mich nicht mit einer Mönchskutte zum Narren machte.
Vieles ging mir dann aber ganz leicht von der Hand,
als ich den Mantel und die Kapuze trug.
Wirklich, weder vorher noch hinterher war mir ein Mädchen so gewogen,
daß es meine Worte so freundlich aufgenommen hätte.
Schnurstracks fuhr mir die Andacht zum Dach hinaus,
als ich die Kutte von mir in den Nebel hinauswarf.
Seitdem ist mir in der Liebe viel Leidvolles zugestoßen,
und meine Freude ist mir zur Hälfte erfroren.

5 Es wäre zu lang, wenn ich all mein Leid erzählen würde,
aber ganz besonders betrübt mich ein ausnehmend schöner roter Mund,
durch den mein Herz verwundet ist bis nahe an den bitteren Tod;
vor ihr bin ich oft in Schweiß ausgebrochen.
Oft ist mein Gesicht abwechselnd rot und bleich geworden,
wenn ich der Schönen meine Aufwartung machte,
vor Zittern und Seufzen habe ich oft meinen Körper
nicht mehr gespürt, so als ob ich verbrannt wäre.
In großer Verzweiflung bin ich oft zweihundert Meilen
von ihr weggerannt und habe dennoch niemals Trost gefunden;

kelt, regen, snee tet nie so we mit frostes eil,
ich brunne, wenn mich hitzt die liebe sunne.
Won ich ir bei, so ist unfrei mein mitt und mass.
von ainer frauen so múss ich pawen ellend strass
in wilden rat, bis das genadt lat iren hass,
und hulf mir die, mein trauren käm zu wunne.

6 Vierhundert weib und mer an aller manne zal
vand ich ze Nio, die wonten in der insell smal;
kain schöner pild besach nie mensch in ainem sal,
noch mocht ir kaine disem weib geharmen.
Von der ich trag auff mein rugk ain swere hurd,
ach got, wesst si doch halbe meines laides burd,
mir wer vil dester ringer offt, wie we mir wurd,
und het geding, wie es ir músst erbarmen.
Wenn ich in ellend dick mein hend offt winden múss,
mit grossem leiden tún ich meiden iren grúss,
spat und ouch frú mit kainer rú so slaff ich súss,
das klag ich iren zarten weissen armen.
Ir knaben, maid, bedenckt das laid, die minne phlegen,
wie wol mir wart, do mir die zart bot iren segen.
zwar auff mein er, wesst ich nicht mer ir wider gegen,
des músst mein oug in zähern dick erbarmen.

Kälte, Regen und Schnee haben mir mit ihrem schlimmen
Frost nie so weh getan,
daß ich nicht in Flammen stehe, wenn mich diese
Liebes-Sonne erhitzt.
Wenn ich bei ihr bin, dann verliere ich Mitte und Maß.
Wegen einer Dame muß ich mich auf fernen Wegen
herumtreiben,
voll Ungewißheit, bis dann endlich die Gnade ihren
Haß auflöst:
Und würde sie mir helfen, dann würde mein Unglück
zu Seligkeit!

6 Vierhundert oder noch mehr Frauen, ohne alle Männer,
habe ich auf Nios angetroffen: die lebten auf dieser
kleinen Insel.
Nie hat ein Mensch auf einer einzigen Stelle einen
schöneren Anblick gesehen,
und dennoch konnte keine von ihnen jene Frau
ausstechen,
durch die ich eine schwere Last auf dem Rücken trage.
Ach Gott, wäre ihr die Bürde meines Leides nur zur
Hälfte bekannt,
dann wäre mir oft viel leichter, wieviel Schmerz mir
auch geschieht,
und ich hätte Hoffnung, daß es sie erbarmen müßte.
Wenn ich in der Fremde oft meine Hände ringen muß,
in großem Schmerz ihren Gruß vermisse,
weder spät noch früh die Ruhe des süßen Schlafes finde,
dann klage ich dafür sie mit ihren zarten weißen
Armen an.
Ihr verliebten Burschen und Mädchen, denkt an dieses
Leid,
und wie gut es mir ging, als mir die Schöne ihren
Segenswunsch mitgab!
Wirklich, bei meiner Ehre, wüßte ich, daß ich sie nicht
mehr wiedersehe,
müßte mein Auge sich oft vor Schmerz mit Tränen füllen.

7 Ich han gelebt wol vierzig jar leicht minner zwai
mit toben, wúten, tichten, singen mangerlai;
es wer wol zeit, das ich meins aigen kindes geschrai
elichen hort in ainer wiegen gellen.
So kan ich der vergessen nimmer ewiklich,
die mir hat geben mut uff disem ertereich;
in aller werlt kund ich nicht finden iren gleich,
auch fúrcht ich ser elicher weibe bellen.
In urtail, rat vil weiser hat geschätzet mich,
dem ich gevallen han mit schallen liederlich.
ich, Wolkenstein, leb sicher klain vernúnftiklich,
das ich der werlt also lang beginn zu hellen.
Und wol bekenn, ich wais nicht, wenn ich sterben sol,
das mir nicht scheiner volgt wann meiner berche zol.
het ich dann got zu seim gebott gedienet wol,
so forcht ich klain dort haisser flamme wellen.

7 Ich habe vierzig Jahre weniger etwa zwei gelebt
mit vielerlei Ausgelassenheit, Wildheit, Dichten und Singen;
es wäre jetzt an der Zeit, daß ich das Schreien eines eigenen Kindes
als Ehemann aus einer Wiege schallen hörte.
Doch ich kann jene auf ewig nicht vergessen,
die mir freudigen Mut in diesem Erdenrund gegeben hat;
auf der ganzen Welt kann ich nicht ihresgleichen finden,
und außerdem fürchte ich sehr das Gekeife von Ehefrauen!
Mein Urteil und meinen Rat hat mancher Weise geschätzt,
dem ich auch mit meinem Liedersingen gefallen habe.
Ich, Wolkenstein, lebe sicherlich mit wenig Vernunft,
wenn ich mit der Welt so lange in Einklang stehe.
Und ich bekenne, daß ich nicht weiß, wann ich sterben werde,
und daß mich dann nichts Besseres begleiten wird als der Ertrag meiner Werke.
Hätte ich dann Gott entsprechend seinem Gebot gut gedient,
so würde ich mich dort vor dem Lodern der heißen Flammen nicht fürchten.

133

Oswald von Wolkenstein

Wol auff, wol an

1 Wol auff, wol an!
kind, weib und man,
seit wolgemút,
frisch, frölich, frút!
Tanzen, springen,
härpfen, singen
gen des zarten
maien garten grúne!
Die nachtigal,
der droschel hal
perg, au erschellet.
zwai gesellet
freuntlich kosen,
haimlich losen,
das geit wunne
für die sunne kúne.
  Amplick herte,
  der geferte
  well wir meiden
  von den weiben ungestalt.
  Múndlin schöne,
  der gedöne
  macht uns höne manigvalt.

2 Raucha, steudli,
lupf dich, kreudli!
in das bädli,
Ösli, Gredli!
Plúmen plúde
wendt uns múde,
laubes decke
rauch bestecke! Metzli,

133

Oswald von Wolkenstein

Wohlauf, wohlan

1 Wohlauf, wohlan!
Junge, Frauen und Männer,
seid frohgestimmt,
lebhaft, fröhlich, behend!
Tanzen, Springen,
Harfen, Singen
für den grünen Garten
des lieblichen Maien!
Die Nachtigall,
der Klang der Drossel
schallt über Berg und Wiese.
In Zweisamkeit
liebevoll kosen,
heimlich scherzen,
das macht noch mehr Freude
als die starke Sonne.
Bösen Blick,
solche Gefahr
von schlimmen Frauen
wollen wir nicht haben.
Schöne Lippen,
deren zarte Töne
machen uns hochgemut.

2 Belaube dich, Sträuchlein,
erheb dich, Pflänzlein,
auf ins Bädlein,
Ösli, Gretli!
Der Blumen Blüte
vertreibt unsere Müdigkeit.
Aus Laub mache
einen Schutz, Metzli,

Pring den buttern,
lass uns kuttren!
wascha, maidli,
mir das schaidli!
'reib mich, knäblin,
umb das näblin!
hilfst du mir,
leicht vach ich dir das retzli.'
Amplick herte ...

3 Ju heia haig,
zierlicher maig,
scheub pfifferling,
die mauroch pring!
Mensch, loub und gras,
wolf, fuxs, den has
hastu erfreut,
die welt bestreut grúnlichen.
Und was der winder
vast hinhinder
in die mauer
tieffer lauer
het gesmogen,
ser betrogen,
die sein erlöst,
mai, dein getröst fröleichen.
Amplick herte ...

bringe den Bottich,
laß uns schäkern!
Wasche, Mädlein,
mir das Köpflein!
»Reib mich, Knäblein,
am Näblein!
Wenn du mir hilfst,
dann fange ich dir vielleicht das Rätzlein.«
  Bösen Blick ...

3 Juchheißa,
du schöner Mai,
schiebe die Pfifferlinge heraus,
bringe die Morcheln hervor!
Menschen, Laub, Gras,
Wolf, Fuchs, den Hasen
hast du erfreut,
die Welt mit Grün überschüttet.
Und was der Winter
ganz fest
an die Wand
des langen Wartens
gedrückt
und sehr schlecht behandelt hat,
das ist, Mai, durch dich befreit
und mit Freude entschädigt.
  Bösen Blick ...

Oswald von Wolkenstein

Los, frau / Sag an, herzlieb

Tenor:

1a Los, frau, und hör des hornes schal
perg und tal úberal ane qual. auch hör ich die nachtigal.
des liechten morgen röte sich vor der pläw her dringt.
plas schon,
wachter, ich spúr dein zoren michel gross.

2a Mich rúert ain wind von orient,
der entrent auch plent das firmament, und der uns die freud hie went.
zart minnikliche dieren, das horen pollret grimmiklich.
ich hör dich wol, du trúebst die frauen mein.

3a Los! los, los, los!
senliche klag, mordlicher tag,
wie lang sol unser not mit dir bestan?
hab urlaub, höchster schatz, kurzlich herwider ruck.

Discantus:

1b *[Hornquinten]*
Sag an, herzlieb, nu was bedeutet uns so gar schricklicher hal
mit seinem don?
aahú, aahú,
wolauff, die nacken ploss!

134

Oswald von Wolkenstein

Horch, Frau / Liebster, sag mir

1a *[Er:]* Horch, Frau, und höre den Ton des Horns
unbekümmert überall durch Berg und Tal! Auch höre ich die Nachtigall.
Die Röte des hellen Morgens dringt vor der Bläue heran.
Blas nur, Wächter, ich merke dein großes Ungestüm.

2a Mich berührt ein Wind aus dem Orient,
der entfernt und überblendet den Sternenhimmel und zerstört uns hier die Freude.
Zart liebliches Mädchen, das Horn dröhnt grimmig.
Ich hör dich wohl, du betrübst meine Geliebte.

3a Horch! Horch, horch, horch!
Traurige Klage, tödlicher Tag,
wie lang wirst du und wird mit dir unser Schmerz dauern?
Leb wohl, höchstes Gut, komm bald wieder hierher zurück!

1b *[Hornquinten]*
[Sie:] Liebster, sag mir, was bedeutet für uns dieser erschreckende Schall
und das Tönen?
[Der Wächter:] Aahü, aahü,
auf, steckt die Hälse heraus!

2b *[Hornquinten]*
Ainiger man, sol uns der gast erstören hie so ach ellent?
wem lastu mich?
aahú, aahú,
her gat des tages schein.

3b Pald ab dem weg, die geren läg!
hör, hör, hör, gesell, klúeglichen geschell!
stand up, risch up, snell up! die voglin klingen in dem hard,
amsel, droschel, der vink und ain zeiselein, das nennet sich gugguck.

135

Oswald von Wolkenstein

Wol auff, wir wellen slauffen

1 Wol auff, wir wellen slauffen!
hausknecht, nu zúndt ain liechtel,
wann es ist an der zeit,
da mit wir nicht verkaffen,
der letzt sei gar verheit,
das laien, múnch und pfaffen
zu unsern weiben staffen,
sich húb ain böser streit.

2 Heb auff und lass uns trincken,
das wir also nicht schaiden
von disem gúten wein.
und lämt er uns die schincken,
so músst er doch herein.
her kopf, nu lat eu wincken!
ob wir zu bette hincken,
das ist ain klainer pein.

2b *[Hornquinten]*
[Sie:] Mein einziger Mann, soll uns dieser Fremdling
hier so unselig stören?
Wem überläßt du mich?
[Der Wächter:] Aahü, aahü,
der Glanz des Tages naht.

3b Schnell hinweg, wenn du auch gerne liegen bliebest!
Hör, hör, hör, Gesell, köstliches Klingen!
Steh auf, rasch auf, schnell auf! Die Vöglein singen im
Wald,
Amsel, Drossel, der Fink und ein Zeisig, der nennt sich
Kuckuck.

135

Oswald von Wolkenstein

Wohlauf, wir wollen schlafen gehen

1 Wohlauf, wir wollen schlafen gehen!
Hausknecht, zünde ein Licht an,
denn es ist jetzt Zeit,
damit wir nicht vorbeiglotzen –
der letzte soll ordentlich verspottet werden! –,
wenn sich Laien, Mönche und Kleriker
zu unseren Frauen stehlen:
da käme es zu einem bösen Streit.

2 Heb das Glas hoch und laß uns trinken,
damit wir uns nicht so
von diesem guten Wein trennen.
Auch wenn er uns die Schenkel lähmt,
er muß doch hinein.
Herr Becher, folgt unserem Wink!
Auch wenn wir ins Bett schwanken,
so ist das keine große Not.

3 Nu sleich wir gen der túren.
secht zú, das wir nicht wencken
mit ungelichem tritt.
was gilt des staubs ain úren?
her wiert, nu halt es mit!
wir wellen doch nicht zúren,
ob ir eu werdt bekúren
nach pollanischem sitt.

4 Her tragt den fúrsten leise,
da mit er uns nicht felle
auff gottes ertereich!
sein lob ich immer breise,
er macht uns freuden reich.
ie ainr den andern weise!
wiert, schlipf nicht auff dem eise,
wann es gat ungeleich!

5 Hin slauffen well wir walzen,
nu fragt das hausdierelin,
ob es gebettet sei.
das krawt hat si versalzen,
darzu ain gúten brei.
was soll wir dorzu kalzen?
es was nit wolgesmalzen;
der scheden waren drei.

3 Jetzt gehen wir vorsichtig zur Türe.
Paßt auf, daß wir nicht vom Weg abkommen
mit ungleichen Schritten!
Was kostet ein Hektoliter von dem Stoff?
Herr Wirt, seid mit dabei!
Wir werden gewiß nicht böse sein,
wenn Ihr Euch dann verschluckt
nach polnischer Sitte!

4 Tragt den Fürsten behutsam herbei,
damit er nicht
auf Gottes Erdboden falle!
Sein Lob preise ich immer,
denn er macht uns reich an Freude.
Einer führe den anderen!
Wirt, rutsche nicht aus,
denn es ist hier uneben!

5 Zum Schlafen wollen wir hinwalzen.
Jetzt fragt das Hausmädchen,
ob die Betten hergerichtet sind.
Sie hat das Kraut versalzen,
und ebenso jenen guten Brei.
Was sollen wir sonst noch tadeln?
Es gab zu wenig Schmalz!
Drei Dinge wurden falsch gemacht.

136

Oswald von Wolkenstein

"Nu huss!" sprach der Michel von Wolkenstain

1 "Nu huss!" sprach der Michel von Wolkenstain,
"so hetzen wir!" sprach Oswalt von Wolckenstain,
"za húrs!" sprach der Lienhart von Wolkenstain,
"si műssen alle fliehen von Greiffenstain geleich."

2 Do húb sich ain gestöber auss der glút
all nider in die köfel, das es alles blút.
banzer und armbrost, darzu die eisenhút,
die liessens uns zu letze; do wurd wir freudenreich.

3 Die handwerch und hútten und ander ir gezelt,
das ward zu ainer aschen in dem obern veld.
ich hör, wer úbel leihe, das sei ain böser gelt:
also well wir bezalen, herzog Friderich.

4 Schalmútzen, schalmeussen niemand schied.
das geschach vorm Raubenstain inn dem ried,
das mangem ward gezogen ain spann lange niet
von ainem pfeil, geflogen durch armberost gebiett.

5 Gepawren von Sant Jörgen, die ganz gemaine,
die hetten uns gesworen falsch unraine,
do komen gút gesellen von Raubenstaine.
'got grúss eu, nachgepawern, eur treu ist klaine.'

6 Ain werfen und ain schiessen, ain gross gepreuss
húb sich än verdriessen, glöggel dich und seuss!
nu rúr dich, gút hofeman, gewinn oder fleuss!
ouch ward daselbs besenget vil dächer unde meuss.

136

Oswald von Wolkenstein

»Packt zu!« rief Michael von Wolkenstein

1 »Packt zu!« rief Michael von Wolkenstein.
»Los, hetzen wir!« rief Oswald von Wolkenstein.
»Da, greif!« rief Herr Leonhard von Wolkenstein.
»Alle müssen sofort von Greifenstein fliehen.«

2 Da erhob sich ein Feuersturm
hinunter bis ins Geröll, daß alles blutrot wurde.
Panzer und Armbrust und auch die Eisenhelme
ließen sie uns zum Abschied: das machte uns Freude.

3 Die Wurfmaschinen und Unterkünfte und die sonstigen Zelte
wurden auf dem oberen Feld zu Asche.
Es heißt: »Wer hinterhältig ausleiht, der bekommt Schlechtes zurück«:
auf solche Weise wollen wir bezahlen, Herzog Friedrich!

4 Das Scharmützeln und Scharmetzeln beendete niemand.
Es geschah vor dem Ravenstein im Ried,
daß auf manchem ein spannenlanger Nagel eingenietet wurde
durch einen Pfeil, abgeschossen durch die Kraft einer Armbrust.

5 Die gesamte Gemeinde der Bauern von Sankt Georgen
hatte uns einen falschen Eid geschworen,
und dazu kamen die ›lieben Freunde‹ vom Ravenstein:
»Gott grüße Euch, Nachbarn, Eure Treue ist gering!«

6 Ein Werfen und ein Schießen, ein heftiger Sturmangriff
begann ohne Rücksicht – laut und wild hinein!
Bewege dich, edler Höfling, gewinne oder verliere!
Auch wurden da viele Dächer und ›Mäuse‹ versengt.

7 Die Botzner, der Ritten und die von Merän,
Häfning, der Melten, die zugen oben hran,
Serntner, Jenesier, die fraidige man,
die wolten uns vergernen, do komen wir der von.

137

Oswald von Wolkenstein

Ich spúr ain tier

1 Ich spúr ain tier
mit fússen brait, gar scharpf sind im die horen;
das wil mich tretten in die erd
und stösslichen durch boren.
den slund so hat es gen mir kert,
als ob ich im für hunger sei beschert,
Und nahet schier
dem herzen mein in befúndlichem getöte;
dem tier ich nicht geweichen mag.
owe der grossen nöte,
seid all mein jar zu ainem tag
geschúbert sein, die ich ie hab verzert.
Ich bin erfordert an den tanz,
do mir geweiset wúrt
all meiner súnd ain grosser kranz,
der rechnung mir gebúrt.
doch wil es got, der ainig man,
so wirt mir pald ain strich da durch getan.

2 Erst deucht mich wol,
solt ich neur leben aines jares lenge
vernúnftiklich in diser welt,
so wolt ich machen enge
mein schuld mit klainem widergelt,

7 Die Bozener, die vom Ritten und von Meran,
die von Hafling und Mölten, die kamen von oben heran,
die Sarntaler und Jenesier, diese Raufbolde,
die wollten uns einfangen – aber wir entkamen.

137

Oswald von Wolkenstein

Ich sehe ein Tier

1 Ich sehe ein Tier
mit breiten Füßen – sehr scharf sind seine Hörner;
das will mich in die Erde stampfen
und mit einem Stoß durchbohren.
Den Rachen reißt es gegen mich auf,
als ob ich ihm gegen seinen Hunger beschert sei,
und es naht schnell
und mit tödlicher Absicht meinem Herz;
dem Tier kann ich nicht ausweichen.
Weh, der großen Not,
daß jetzt alle meine Jahre, die ich verschwendet habe,
zu einem einzigen Tag zusammengeschoben sind.
Ich wurde zum Tanz aufgefordert,
wo mir alle meine Sünden
zum Kranz gewunden präsentiert werden,
und die Rechnung ist richtig.
Doch will es Gott, der Eine,
so werden sie bald mit einem Strich erledigt.

2 Jetzt erst erschiene es mir gut,
daß ich, wenn ich nur noch eine Jahreslänge
vernünftig in der Welt leben dürfte,
dann meine Schuld verringern
würde in kleinen Rückzahlungsraten,

der ich laider gross von stund bezalen múss.
Darumb ist vol
das herzen mein von engestlichen sorgen,
und ist der tod die minst gezalt.
o sel, wo bistu morgen?
wer ist dein tröstlich ufenthalt,
wenn du verraiten solt mit haisser buss?
O kinder, freund, gesellen rain,
wo ist eur hilf und rat?
ir nempt das gút, lat mich allain
hin varen in das bad,
da alle múnz hat klainen werd,
neur gúte werck, ob ich der hett gemert.

3 Allmächtikait
an anefangk noch end, bis mein gelaite
durch all dein barmung göttlich gross,
das mich nicht úberraite
der lucifer und sein genos,
da mit ich werd enzuckt der helle slauch.
Maria, maid,
erman dein liebes kind des grossen leiden!
seit er all cristan hat erlost,
so well mich ouch nicht meiden,
und durch sein marter werd getrost,
wenn mir die sel fleusst von des leibes drouch.
O welt, nu gib mir deinen lon,
trag hin, vergiss mein bald!
hett ich dem herren fúr dich schon
gedient in wildem wald,
so fúr ich wol die rechten far:
got, schepfer, leucht mir Wolkensteiner klar!

die ich jetzt aber leider sofort und auf einmal bezahlen muß.
Deshalb ist mein Herz
voll Angst und Sorge,
und der Tod zählt dabei am geringsten.
Ach Seele, wo bist du morgen?
Wer gibt dir Trost und Zuflucht,
wenn du mit strenger Buße Rechenschaft ablegen mußt?
Ach Kinder, Freunde, meine Gefährten,
wo ist eure Hilfe und euer Rat?
Ihr nehmt den Besitz und laßt mich allein
in jenes Sühnebad ziehen,
wo alles Geld nur wenig gilt,
im Gegensatz zu guten Werken – sofern ich diese vermehrt hätte.

3 Allmächtiger
ohne Anfang und Ende, sei mein Geleit,
aus all Deinem großen göttlichen Erbarmen,
damit mich Luzifer und seine Gesellen
nicht überlisten,
auf daß ich dem Höllenschlund entrissen werde.
Maria, Jungfrau,
erinnere Dein Kind an sein großes Leiden!
Weil er alle Christen erlöst hat,
so möge er auch mich nicht vergessen,
und seine Qualen sollen mir Trost geben,
wenn mir die Seele aus den Fesseln des Leibes entflieht.
O Welt, nun gib mir deinen Lohn,
trag mich fort und vergiß mich schnell!
Hätte ich statt deiner dem Herrn
in wildem Wald gedient,
dann wäre ich auf dem rechten Weg:
Gott, Schöpfer, leuchte mir Wolkensteiner hell voraus!

Anonym

Gen disem nuͤwen jare

Ein unwarhafft schnöd Schmach-Lied machtend die Oesterricher wie die Eydgnossen rote Crütz an der Schlacht vor Zürich getragen und wie si das Hochwirdig Sacrament geschmächt und anders das erdicht und erlogen was so si Inen in disem Lied mit Unwarheit zulegtend damit man ouch durch die Lieder den Eydgnossen Viendtschafft machte bi den frömbden Völckern:

1 Gen disem nuͤwen jare
han ich ein gůt geding,
wie daß ein küng herfare,
der etwas ze lande bring,
damit er das unrecht wer,
daß dadurch globet werde
ja alles himelsch her.

2 Als mit den schnöden Schwizern,
davon ich uͤch singen wil:
si trůgend zweierlei cruͤzern
ze Zürich an der Sil,
hinden wiß und vornen rot;
das bracht die fromen Zürcher
in semlich groſe not.

3 Das tatend die eidgnoßen
von Schwiz und von Lucern
und ander ir genoßen,
bi in stand die von Bern,
haßend ouch den pfawenschwanz,
si hand dem küng dri eid geschworn,
deren ist nit einer ganz.

138

Anonym

Für dieses neue Jahr

Ein erlogenes und böses Schmählied machten die Österreicher, nämlich wie die Eidgenossen rote Kreuze in der Schlacht bei Zürich getragen und das hochwürdige Sakrament gelästert hätten sowie andere Dinge, die erdichtet und erlogen waren; das sagten jene ihnen in diesem Lied entgegen der Wahrheit nach, damit man auch durch Lieder die Eidgenossen bei den fremden Völkern zu verhaßten Feinden machte.

1 Für dieses neue Jahr
habe ich gute Hoffnung,
daß ein König herkomme,
der etwas in das Land mitbringt,
womit er das Unrecht abwehre:
deswegen sollen dann
die himmlischen Heerscharen gelobt werden.

2 Von den bösen Schweizern
will ich euch singen:
Sie trugen zweierlei Kreuze
vor Zürich an der Sihl,
hinten weiße und vorne rote;
das brachte die guten Zürcher
in schwere Bedrängnis.

3 Dies taten die Eidgenossen
aus Schwyz und Luzern
und ihre sonstigen Genossen;
ihnen standen die Berner bei,
die gleichfalls dem Pfauenschwanz feindlich gesinnt sind.
Sie haben dem König drei Eide geschworen,
aber keinen einzigen gehalten.

4 Das mord das ist beschechen
und wends nit han geton!
meng biderman hats gesechen,
es ist für den künig kon,
dem stats ze rechen zů,
daß andern fromen luͤten
vorn Schwizern werde růw!

5 Des helf im got von himel
mit siner engeln schar
und alle sine heilgen
daß ers vertribe gar
und si vom grund ußruͤt!
Das erdrich sölt nit tragen
sölchi schandliche luͤt!

6 Der disen fund zům erst erdacht,
der ist ir küng zů Schwiz;
es wär der christenheit ein schmach,
wo diß mord ungerochen erlitz!
All Christen söttend tůn darzů,
daß si mit christen luͤten schmer
schmirwend ire schů!

7 Das ist ein ketzerliche tat
und wend sin haben er!
all wisheit darzů tů und rat,
daß man semliches wer!
Si hand ouch vil bösers getan,
und werind si gůt christenluͤt,
si hetinds durch got gelan!

8 Si hand ouch zgrund zerrüttet
vil kilchen der christenheit
und hand da ußgeschüttet
den der für uns leid,
ist der christenheit ein schand,
das wirdig sacramente
hands mit den kilchen verbrant!

4 Der Mord ist passiert,
und sie wollen es nicht gewesen sein!
Viele anständige Leute haben es aber gesehen,
und es wurde dem König gemeldet:
Er muß Rache üben,
damit die anderen guten Leute
Ruhe vor den Schweizern haben!

5 Gott im Himmel helfe (dem König)
mit seinem Engelheer
und allen Heiligen,
daß er sie gänzlich vertreibe
und vollständig ausrotte.
Die Erde darf keine derartigen
Übeltäter tragen!

6 Der sich das ausgedacht hat,
das ist ihr König von Schwyz.
Es wäre eine Schande für die Christenheit,
wenn man den Mord ungerächt ließe!
Alle Christen sollten dagegen einschreiten,
daß jene mit dem Bauchfett von Christenleuten
ihre Schuhe einschmieren!

7 Das ist die Tat von Ketzern,
und sie glauben noch, ehrenvoll gehandelt zu haben!
Setze alle Deine Weisheit ein und bemühe Dich,
daß man derartiges verhindere!
Sie haben noch viel Schlimmeres getan,
und sie hätten das – wenn sie gute Christen wären –
um Gottes willen gelassen.

8 Sie haben nämlich auch viele
christliche Kirchen zerstört
und den ausgeschüttet,
der für uns gelitten hat.
Das ist eine Schmähung der Christenheit!
Sie haben das verehrungswürdige Sakrament
zusammen mit den Kirchen verbrannt.

9 Darumb ist wol ze raten
mit allem ernst und kraft
dem babst und alln prelaten,
ouch aller priesterschaft,
daß man sölch übel wend;
anders christenlicher gloub
und ghorsam het schier end!

10 Darumb sond si ußschriben
in alle christenheit,
daß man si vertribe
und man nit lenger beit
und man ir dhein laß leben.
Der babst und all prelaten
sond aplaß darumb geben.

11 Man sol gar ernstlich buͤten
eim ieden christenman
und sol si überluͤten,
der küng sols fachen an;
im sol billich wesen leid,
daß dSchwizer von im sagend,
er sig falsch und meineid.

12 O küng von Österriche,
ir sonds nit hin lan gon!
si hand vor me desglichen
semlichs gar oft geton.
Ir sonds den kurfürsten klagen,
die uͤch des heilgen römschen richs
krone hießend tragen.

13 Ir sond all die ankeren,
die da haltend christlich recht,
es sigind küng ald heren
ritter und ouch knecht,
und grifends an gar bhend,
so wirt die gmeine krie
"hie Österrich on end!"

9 Deshalb muß man mit
allem Ernst und Nachdruck
dem Papst, allen Prälaten
und der gesamten Priesterschaft raten,
daß man solches Übel abwende.
Anderenfalls hätte christlicher Glaube
und christlicher Gehorsam ein baldiges Ende!

10 Daher sollen sie in der
ganzen Christenheit ausschreiben,
daß man sie vertreibe,
daß man nicht mehr länger warte
und keinen von ihnen am Leben lasse.
Der Papst und alle Prälaten
sollen dafür Ablaß versprechen.

11 Man soll das jedem
Christen eindringlich gebieten
und soll sie (die Schweizer) niederwerfen.
Der König soll damit beginnen:
ihm muß es von Rechts wegen verhaßt sein,
daß die Schweizer ihm vorwerfen,
er sei falsch und meineidig.

12 O König aus Österreich,
Ihr dürft das nicht durchgehen lassen!
Sie haben früher oft noch
mehr derartiges getan.
Ihr sollt bei den Kurfürsten Klage führen,
die Euch die Krone des Heiligen
Römischen Reiches tragen hießen.

13 Ihr sollt Euch an alle wenden,
die christliche Gebote halten,
es seien Könige, Adlige,
Ritter oder Knechte;
wenn sie schnell handeln,
dann wird es überall heißen:
»Hie Österreich ohne End!«

139

ANONYM

Es kumpt ein schiff geladen

1 Es kumpt ein schiff geladen
recht uff sin höchstes port,
Es bringt uns den sune des vatters,
daz ewig wore wort.

2 Uff ainem stillen wage
kumpt uns das schiffelin,
Es bringt uns riche gabe,
die heren künigin.

3 Maria, du edler rose,
aller saelden ain zwy,
Du schöner zitenlose,
mach uns von sünden fry.

4 Daz schifflin daz gat stille
und bringt uns richen last,
Der segel ist die minne,
der hailig gaist der mast.

140

AUS DEM »LIEDERBUCH DER CLARA HÄTZLERIN«

Mit senen bin ich überladen

1 Mit senen bin ich überladen!
Die sucht will mich die krencken,
Das mich mein lieb nit will genaden;
Wes sol ich mir gedencken?

139

Anonym

Es kommt ein Schiff, beladen

1 Es kommt ein Schiff, beladen
bis zum obersten Rand,
es bringt uns den Sohn des Vaters,
das ewige, wahre Wort.

2 Auf einem stillen Wasser
kommt uns das kleine Schiff,
es bringt uns reiche Gabe,
die edle Königin.

3 Maria, Du edle Rose,
ein Zweig aller Seligkeit,
Du schöne Zeitlose,
mach uns von Sünden frei.

4 Das kleine Schiff fährt ruhig
und bringt uns reiche Last,
das Segel ist die Liebe,
der Heilige Geist der Mast.

140

Aus dem »Liederbuch der Clara Hätzlerin«

Mit Sehnsucht bin ich überschwer beladen

1 Mit Sehnsucht bin ich überschwer beladen!
Eine Krankheit macht mich schwach,
nämlich daß mich meine Liebste nicht erhört;
worauf soll ich hoffen?

2 Der claffer neid ist mir ze swär,
Des hab ich wol empfunden,
Solt ich mich rechen nach meiner ger
Ich hatzt sy vsz mit hunden.

3 Ach got, das sy sich recht bedächt
Vnd nem von mir mein leiden,
So wolt ich sein ir triuer knecht
Vnd vnmůt gantz vermeiden.

4 Můsz ich engelten främder schuld,
Das will ich ymmer clagen,
Vnd wirt gar grosz mein vngedult,
Hartt kann ich das getragen.

5 Ich harr getraw vnd hab gedingen,
Sy lasz mich nit verderben,
Wann solt mir von ir nit gelingen,
Vil lieber wolt ich sterben!

141

Aus dem »Liederbuch der Clara Hätzlerin«

Hett ich nur ain stüblin warm

1 Hett ich nur ain stüblin warm
Vnd darynn ain schönes weib,
Das wolt ich legen an meinen arm,
Friuntlichen trucken an meinen leib.
Des hab ich laider nit, ich lig allaine,
Sy ist mir laider vil ze ferr,
Die ich da maine.

2 Der Kläffer Neid ist mir zu beschwerlich,
das habe ich wohl erfahren;
sollte ich mich rächen, wie ich es wollte,
dann hetzte ich sie mit Hunden davon.

3 Ach Gott, wenn sie es sich gründlich überlegen
und mir mein Leiden nehmen würde,
dann wäre ich ihr treuer Diener
und wollte keinen Zorn mehr haben.

4 Muß ich von fremder Hand leiden,
so will ich darüber immer klagen,
und wird meine Geduld allzusehr geprüft,
so kann ich das nur schwer tragen.

5 Ich warte, wünsche und hoffe,
daß sie mich nicht umkommen läßt,
denn sollte ich bei ihr keinen Erfolg haben,
so wollte ich lieber sterben.

141

Aus dem »Liederbuch der Clara Hätzlerin«

Hätte ich nur ein warmes Stübchen

1 Hätte ich nur ein warmes Stübchen
und darin eine schöne Frau,
so wollte ich sie in meine Arme legen
und liebevoll an mich drücken.
Doch das habe ich leider nicht, ich liege alleine,
und sie, die ich liebe,
ist mir leider viel zu weit weg.

2 Hett ich das, ich waisz wol was,
Wurd mir das, so wär mir bas!
Meines liebs ich nye vergasz
In chainen nöten,
Die vntriu, die sy zu mir hatt,
Die will mich tötten!

3 Ob mir dann ain gůt beschicht,
Des ich selten bin gewon,
Ich trib sein doch die lenge nicht,
Käm ich darzů, ich eylt daruon.
Vnd ob mir denn ain gůt beschäch,
Das wär mit züchten,
Das müst ich stelen als ain dieb,
Hett ich das, davon mit flüchten!

4 Nun grüsz dich got, du schöns mein lieb,
Sy ist mein, so bin ich ir,
Der vil rain, der zarten.
Wer mich darumb straffen will,
Das müt mich wärlich hertte,
Ich lasz ir doch durch nyemant nit,
Ich will ir warten.

142

Aus dem »Lochamer-Liederbuch«

All mein gedencken, die ich hab

1 All mein gedencken, die ich hab, die sind pei dir,
du auserwelter, ainiger trost, pleib stet pei mir.
Du, du, du solt an mich gedencken!
het ich aller wunsch gewalt, –
von dir wolt ich nit wencken.

2 Hätte ich das, ich weiß gut was,
und würde mir das, so wäre mir besser.
Meine Liebste habe ich nie vergessen,
in keiner Not;
ihre Lieblosigkeit mir gegenüber,
die bringt mich um.

3 Wenn mir dann etwas Gutes geschieht,
woran ich kaum gewöhnt bin,
so bliebe ich nicht lange dabei,
und ich eilte davon, käme ich dorthin.
Und wenn mir dann noch etwas Gutes geschähe,
und zwar mit allem Anstand,
so müßte ich es stehlen wie ein Dieb
und anschließend davon fliehen!

4 Nun grüße dich Gott, meine schöne Geliebte:
Sie ist mein, und so bin ich ihr,
der reinen und zarten.
Wer mich deswegen tadeln will,
der tut mir großes Leid an:
aber ich lasse wegen niemandem von ihr ab,
ich will auf sie warten.

142

Aus dem »Lochamer-Liederbuch«

Alle meine Gedanken, die ich habe

1 Alle meine Gedanken, die ich habe, die sind bei dir,
du auserwählter, einziger Trost, bleib stets bei mir.
Du, du, du sollst an mich denken!
Hätte ich (auch) Macht über alle Wünsche,
so wollte ich von dir nie weichen.

2 Du auserwelter, einiger trost, gedenck daran:
leib und gut, das sollt du ganz zu eigen han.
Dein, dein, dein will ich stet beleiben!
du gibst mir frewd und hohen mut
und kannst mir laid vertreiben.

3 Dein allein und niemants mer – das wiß für war!
tetst du desgleichen in trewen an mir, so wer ich fro.
Du, du, du solt von mir nit setzen!
bist mein trost vor ungemach
und kannst mich laids ergetzen.

4 Die allerliebst und minniglich, die ist so zart,
ire gleich in allem reich, so findt man hart.
Pei, pei, pei ir ist kain verlangen!
do ich nu von ir schaiden solt,
da het sie mich umbfangen.

5 Die werde rein, die ward ser wain, do das geschach.
'du pist mein, und ich pin dein!' sie traurig sprach.
Wann, wann, wann ich sol von dir weichen:
ich nie erkannt, noch immer mer
erkenn ich dein geleichen.

2 Du auserwählter, einziger Trost, denke daran:
Mein Leben und Gut sollst du ganz zu eigen haben.
Dein, dein, dein will ich stets bleiben,
Du gibst mir Freude und Hochstimmung
und kannst mir das Leid vertreiben.

3 Dein allein und niemandes sonst – das wisse gewiß!
Wärst du mir ebenso treu, so wäre ich glücklich.
Du, du, du sollst von mir nicht weggehen!
Du bist meine Hilfe im Unglück
und kannst mich im Leid trösten.

4 Die Allerliebste und Liebreizende, sie ist so schön,
ihresgleichen findet man in keinem anderen Land.
Bei, bei, bei ihr endet die Sehnsucht.
Als ich jetzt von ihr scheiden mußte,
da hat sie mich umarmt.

5 Die Teure und Edle weinte sehr, als das geschah.
»Du bist mein, und ich bin dein!« sagte sie traurig.
Aber, aber, aber ich muß von dir gehen:
Ich fand nie und ich werde nie jemanden finden,
der dir gleich ist.

Aus dem »Lochamer Liederbuch«

Ich spring an disem ringe

1 Ich spring an disem ringe,
des pesten, so ichs kan;
von hübschen frewlein singe,
als ichs geleret han.
he –!
Ich rait durch fremde lande,
do sach ich mancher hande,
do ich die frewlein fand.

2 Die frewelein von Francken,
die sich ich alzeit gerne,
nach in sten mein gedancken:
sie geben süßen kerne.
he –!
Sie sind die feinsten dirnen,
wolt got, solt ich in zwirnen –
spinnen wolt ich lernen.

3 Die frewelein von Swaben,
die haben gulden har,
so dürfens frischlich wagen,
sie spinnen über jar.
he –!
Der in den flachs will swingen,
der muß sein geringe,
das sag ich euch fürwar!

4 Die frewelein vom Reine,
die lob ich oft und dick,
sie sind hübsch und feine
und geben frewntlich plick.
he –!

143

Aus dem »Lochamer-Liederbuch«

Ich tanze in diesem Kreis

1 Ich tanze in diesem Kreis
so gut ich es kann;
ich singe von hübschen Mädchen,
wie ich es gelernt habe.
Hei!
Ich ritt durch fremde Länder,
und da sah ich vielerlei,
wenn ich die Mädchen antraf.

2 Die Mädchen aus Franken,
die sehe ich immer gerne,
auf sie richten sich meine Gedanken:
sie geben süße Kerne.
Hei!
Sie sind die schönsten Mädchen,
wollte Gott, daß ich ihnen den Zwirn drehe –
das Spinnen würde ich dann lernen.

3 Die Mädchen aus Schwaben,
die haben goldenes Haar,
und sie können es frisch wagen,
daß sie das ganze Jahr spinnen.
Hei!
Wer ihnen den Flachs schwingen will,
der muß geschickt sein,
das sage ich euch fürwahr!

4 Die Mädchen vom Rhein,
die lob ich oft und sehr,
sie sind wohlerzogen und zärtlich
und werfen freundliche Blicke zu.
Hei!

Sie können seiden spinnen,
die newen liedlein singen –
sie sind der lieb ein strick.

5 Die frewelein von Sachsen,
die haben schewern weit,
darin do poßt man flachse,
der in der schewern leit.
he –!
Der in den flachs will possen,
muß haben ein slegel große –
dreschend zu aller zeit.

6 Die frewelein von Baiern,
die künnen kochen wol
mit kesen und mit aiern;
ir kuchen, die sind vol.
he –!
Sie haben schöne pfannen,
weiter dann die wannen,
haißer dann ein kol.

7 Den frewlein sol man hofieren
alzeit und weil man mag:
die zeit, die kummet schire,
es wirrt sich alle tag.
he –!
Nu pin ich worden alde,
zum wein muß ich mich halden
all die weil ich mag.

do halt ichs auch mit
agatha. dorothea. anno 1460
frater Judocus de Winßheim

Sie können Seide spinnen
und neue Lieder singen –
sie sind ein Fallstrick der Liebe.

5 Die Mädchen aus Sachsen,
die haben große Scheuern,
und darin stößt man den Flachs,
der in der Scheuer liegt.
Hei!
Wer ihnen den Flachs stoßen will,
muß einen großen Schlegel haben –
zum Dreschen ohne Ende.

6 Die Mädchen aus Bayern,
die können gut kochen
mit Käse und Eiern;
ihre Küchen sind gefüllt.
Hei!
Sie haben schöne Pfannen,
größer als Wannen
und heißer als Kohle.

7 Den Mädchen soll man schöntun,
immer und solange man kann:
die Zeit kommt bald,
wo es jeden Tag schwerer geht.
Hei!
Nun bin ich alt geworden,
an den Wein muß ich mich halten,
wann immer ich kann.

So halte auch ich es in dieser Hinsicht
Am Tag der Agatha und Dorothea des Jahres 1460
Bruder Judocus aus Windsheim

144

Aus dem »Schedelschen Liederbuch«

In feuers hitz

1 "In feuers hitz so glüt mein herz,
mein sin und mein gedanken
nach dir, mein lieb, mit großem smerz
in rechter treu an wanken.
ich scheid von dir, wan es muß sein,
versleuß mich, lieb, in deinen schrein!
das herze mein
sent sich so hart,
ich freu mich nur der widerfart."

2 'O allerliebster herre mein,
muß ich mich von dir scheiden,
das pringt meim herzen swere pein,
daß ich mich nit sol kleiden
mit deiner lieb zu aller zeit.
ich fürcht, die reis werd gar zu weit,
die sich mir geit
in harter art,
doch freu ich mich der widerfart.'

3 "Gehab dich wol, mein höchstes heil,
ich wil dich einig haben,
umb keiner schön pistu mir feil,
du pist, die mich muß laben
mit deinem müntlein unverkert,
als du mich, herzlieb, hast gelert
noch heur als fert,
liebes lieb zart,
ich freu mich nur der widerfart."

144

Aus dem »Schedelschen Liederbuch«

In feuriger Hitze

1 »In feuriger Hitze erglühen mein Herz,
mein Sinn und meine Gedanken,
die sich auf dich, meine Liebste, in großem Schmerz,
und in niemals wankender Treue richten.
Ich scheide von dir, weil es sein muß,
verschließe mich, Liebste, fest in dein Kästchen!
Mein Herz
sehnt sich so sehr nach dir,
daß ich mich auf nichts als die Rückkehr freue.«

2 »O mein allerliebster Herr,
wenn ich von dir scheiden muß,
so bringt das meinem Herzen solch schweren Kummer,
daß ich mich nicht zu aller Zeit
mit deiner Liebe einhüllen kann.
Ich fürchte,
daß (deine) Reise gar zu weit geht,
welche mir so
hart ankommt:
Aber ich freue mich auf die Rückkehr.«

3 »Leb wohl, mein größter Schatz,
ich will nur dich haben,
und ich vertausche dich mit keiner anderen Schönheit,
denn du bist es, die mich mit
einem Kuß erfreuen muß, und zwar in gleicher Weise,
wie du, meine Herzliebste, mich gelehrt hast
in diesem und im vorigen Jahr;
meine zärtliche Geliebte,
ich freue mich auf nichts als die Rückkehr.«

145

Aus dem »Rostocker Liederbuch«

Ich habe den mantel

Ich habe den mantel myn vorsaet
al vor eyn pant,
datz ich itz nicht ghelosen kan,
ich armer man,
ich motz vor dan,
ich ha myn gelt vorteret etc.

146

Aus dem »Rostocker Liederbuch«

Ligge stille

Ligge stille, ligge stille,
ik wil dik en boleken maken
dus also
up deme stro
sunder syden laken.

147

Aus dem »Rostocker Liederbuch«

Vader myn

Vader myn, ik en wil nicht mer
tor scole gan:
de mester het mi drowet,
he wil my sere slan.

145

Aus dem »Rostocker Liederbuch«

Ich habe meinen Mantel

Ich habe meinen Mantel
als Pfand versetzt,
das ich jetzt nicht mehr auslösen kann:
Ich armer Mensch,
ich muß dahin,
ich habe mein Geld durchgebracht etc.

146

Aus dem »Rostocker Liederbuch«

Lieg ruhig

Lieg ruhig, lieg ruhig,
ich will (über) dich eine Decke machen.
Mach du es ebenso
auf dem Stroh,
ohne eine Seidendecke.

147

Aus dem »Rostocker Liederbuch«

Mein Vater

Mein Vater, ich will nicht mehr
zur Schule gehen:
der Lehrer hat mir gedroht,
er will mich sehr schlagen.

148

Aus dem »Glogauer Liederbuch«

Elselein, liebstes Elselein

1 Elselein, liebstes Elselein,
wie gern wer ich bei dir!
so sein zwei tiefe wasser
wol zwischen dir und mir.

2 Das bringt mir grossen schmerzen,
herzallerliebster gsell.
red ich von ganzem herzen,
habs für gros ungefell.

3 Hoff, zeit werd es wol enden,
hoff, glück werd kummen drein,
sich in alls guts verwenden,
herzliebstes Elselein.

149

Michel Beheim

von Michel Pehams gepurt und seinem her chomen in dis lannd

1 Da ich mit erst czu Prag in Peham chom gen hoff
zu chung Lasla, dem edlen und dem jungen,
da wart ich vil gefraget ab und off.
Ich wart auch offt gefragt, warumb ich hies Peham
und doch geporen wor von teütscher zungen,
in welcher mas, warumb ich hiet den nam,
Umb solches fragen han ich dis geticht.
ich hab den nam geerbt von meinen alten,

148

Aus dem »Glogauer Liederbuch«

Elslein, liebstes Elslein

1 Elslein, liebstes Elslein,
wie gerne wäre ich bei dir!
Aber es sind zwei tiefe Wasser
genau zwischen dir und mir.

2 Das bringt mir großen Kummer,
meine herzallerliebste Freundin.
Ich sage es aus ganzem Herzen,
daß ich es für ein großes Unglück halte.

3 Ich hoffe, die Zeit wird es beenden,
ich hoffe, das Glück wird herkommen
und alles sich zum Guten wenden,
herzallerliebstes Elslein.

149

Michel Beheim

Von Michel »Böhmes« Geburt und wie er in dieses Land kam

1 Als ich zum ersten Mal nach Prag in Böhmen an den Hof
zu König Ladislaus, dem edlen und jungen, kam,
da wurde ich viel ausgefragt.
Ich wurde auch oft gefragt, warum ich »Böhme« heiße,
obwohl ich doch in deutschem Land geboren sei,
wozu und weswegen ich diesen Namen habe.
Wegen solcher Fragen habe ich das Folgende gedichtet.
Ich habe den Namen von meinen Vorfahren geerbt,

die got der her well han in seiner phlicht.
es ist gewesen meines vater an,
von dem ich disen namen hab pehalten.
der was in Peham ein wol habent man.

2 Er was geporn von Peham und hies Chuncz Wilsner.
er wart im chrieg vertriben von dem lande,
das er in Swaben wonet furbas mer.
Do sich desselben Wilsner sach also pegab,
er sich wirt schafft und schenkens under wande,
wann er verloren het sein gut und hab.
Darumb must er sich neren, wie er kant.
er sas in einem markt, haisst Etmerhause,
da hies man in Kuncz Peham nach dem land.
er gwan ein sun, der hies Hainreich Peham,
der wart vermehelt und gegeben ause
und macht ein sun, Hanns Peham was sein nam.

3 Der was mein vater und ein weber, das ist war,
er lernet mich ăch weben dis antwerge.
damit ernert ich mich etwo vil jar,
Uncz das ich hinder diese chunst getichtens kam.
da het ich einen herrn, den von Weinsperge,
der mich von erst von disem hantwerch nam.
Er machet mich rustig und pracht mich off,
der himlisch got geb im das ewig leben!
da lernet ich suchen der fursten hof.
pey dem herren plaib ich, pis er mir starb.
darnach pegund ich aber hacher streben,
eins edlen fursten dinst ich da erwarb.

4 Das was mein herr von Pranenburg marggraf Albrecht.
darnach wart ich des fursten lobeleiche
van Tennenmarkt, chung Cristiernus knecht.

die Gott der Herr in seiner Gnade haben wolle.
Es ist der Großvater meines Vaters gewesen,
von dem ich diesen Namen bekommen habe.
Der war in Böhmen ein wohlhabender Mann.

2 Er war in Böhmen geboren und hieß Kunz Pilsner.
Er wurde durch Krieg aus diesem Land vertrieben
und lebte dann in Schwaben.
Dort erging es diesem Pilsner so,
daß er eine Gastwirtschaft mit Ausschank eröffnete,
denn er hatte sein ganzes Hab und Gut verloren.
Daher mußte er sich ernähren, so gut er eben konnte.
Er war ansässig in einem Dorf mit Namen
Erdmannhausen,
und dort nannte man ihn Kunz Böhme nach seiner
Heimat.
Er bekam einen Sohn, der hieß Heinrich Böhme,
der wurde verheiratet und aus dem Haus gegeben,
und er zeugte einen Sohn, der hieß Hans Böhme.

3 Der war mein Vater und von Beruf Weber, das ist wahr.
Er lehrte mich auch das Weberhandwerk,
und davon lebte ich einige Jahre,
bis ich zur Kunst des Dichtens kam.
Da hatte ich einen Herrn, den von Weinsberg,
der holte mich von diesem Handwerk weg.
Er versorgte mich und bildete mich aus,
der himmlische Gott schenke ihm dafür ewiges Leben.
Damals lernte ich, die Höfe von Fürsten aufzusuchen.
Ich blieb bei diesem Herrn, bis er starb.
Danach begann ich erneut, höher zu streben,
und ich kam in den Dienst eines edlen Fürsten.

4 Das war mein Herr Markgraf Albrecht von
Brandenburg.
Danach wurde ich Diener des lobreichen Fürsten,
des Königs Christian (I.) von Dänemark.

Darnach mich herczog Albrecht van Payren auf nam,
darnach herczog Albrecht van Osterreiche.
czu graff Ulrich van Czil ich darnach cham.
Darnach cham ich zu meim herrnn chung Lasla,
der chung czu Ungern und czu Beham wase.
der laider ist zu Prag verdorben da.
als man dann saget: ‘got der wais wol wie.’
der ewig got phleg seiner sel furbase
umb chainen herrnn peschach mir laider nie.

5 Darnach cham ich czu meim hernn kaiser Fridereich.
da han ich auch gewisse speis und solde.
darumb wil ich im dienen willigcleich.
Ich main, das ich nicht guter tucher vil mach mer,
doch pin ich dennoch disem hantwerch holde
und wil mich sein nicht schamen, wo ich ker,
Wann es mir oft gutlichen hat getan,
ee dan ich han gewest ein ander leben.
nun han ich ein anders gevangen an
und hoff, mir sol des nicht mer werden not.
in singens chunst han ich mich gancz er geben
und mus es treiben pis an meinen tot.

Danach nahm mich Herzog Albrecht (IV.) von
Bayern auf,
danach Albrecht (VI.) von Österreich.
Zu Graf Ulrich (II.) von Cilli kam ich danach.
Danach kam ich zu meinem Herrn König Ladislaus,
der König in Ungarn und Böhmen war.
Der ist leider in Prag umgekommen,
und man kann dazu nur sagen: »Gott allein weiß
genau, wie!«
Der ewige Gott sorge sich künftig um dessen Seele.
Um keinen Herrn ist es mir mehr leid gewesen.

5 Danach kam ich zu meinem Herrn Kaiser Friedrich (III.),
da habe ich ebenfalls geregelte Versorgung und
Bezahlung,
darum will ich ihm aus festem Willen dienen.
Ich meine, daß ich keine Tuche mehr herstellen werde,
doch stehe ich noch zu diesem Handwerk,
und ich will, wohin ich auch komme, mich dessen nicht
schämen;
es war mir nämlich oft von Nutzen,
früher, bevor ich das andere Leben führte.
Nun habe ich ein neues Leben begonnen,
und ich hoffe, daß es mir nie mehr schlechtgehen wird.
Der Kunst des Singens habe ich mich ganz ergeben,
und dabei muß ich bleiben bis zu meinem Tod.

150

Michel Beheim

von den Türken und dem adel sagt dis

1 Ich tun euch hie
grass jamer affenpare.
ain m, vir ce, ain ell, drew iii
ist funff zehend halb hundert jare
und in dem driten zware
nach der gepurt Jhesu Kristi,
als dy kriechisch kran ist verdarben.
Das selbig mort,
peschach von ainem keiser
auss der Turkei, han ich gehort.
der haidenisch wütrich und freiser
und der kristen ver weiser
Cunstantinopel hat zerstort.
vil kristen sein dar inn gestarben,
Zu drei maln hundert tausent gar.
vil volkes, man und weibe,
waz da waz uber siben jar,
das liess er tun von leibe.
daz ist ain mort und jomer jemerleich.
ir fursten in römischem reich,
babst, kaiser, küng mit namen,
und die fursten und hern alsamen,
dez blut vergiessens mussend ir euch ummer schamen!
pfei euch der schand,
daz ir in eurem stand
vermugend so gross leut und land
und lassent so vil kristen gut
so mördigleichen tamen!
ir seit schuldig an irem plut!

150

Michel Beheim

Dieses Lied handelt von den Türken und dem Adel

1 Ich mache euch hier
großen Jammer kund:
Ein M, vier C, ein L, drei III (= MCCCCLIII),
(also) in der Hälfte des 15. Jahrhunderts
und dann noch im dritten Jahr
nach der Geburt Jesu Christi,
als (nämlich) die griechische Krone ins Verderben stürzte.
Dieser Mord
geschah durch einen Kaiser
aus der Türkei, hörte ich sagen.
Der ungläubige Wüterich und Unmensch
und Totschläger der Christenheit
hat Konstantinopel zerstört.
Viele Christen sind dort ums Leben gekommen,
und zwar dreimal hunderttausend.
Viele Leute, Männer und Frauen,
die da über sieben Jahre (im Kampf) gewesen waren,
ließ er umbringen.
Das ist ein Mord und ein schrecklicher Jammer.
Ihr Fürsten im Römischen Reich,
Papst, Kaiser und Könige namentlich,
und die Fürsten und Herren zusammen:
für dieses Blutvergießen müßt ihr euch immer schämen!
Pfui über euch wegen der Schande,
daß ihr in eurer Stellung
so mächtig seid über Land und Leute
und es zulaßt, daß so viele gute Christen
auf so mörderische Weise zugrunde gehen!
Ihr seid schuldig an deren Blut!

2 Het ir getan,
sie weren wal peliben.
wann sy under der romschen kron
in alle reich haben geschriben,
e sie wurden vertriben.
all fursten sy da rufften an.
der hilff sy nit geniessen machten.
Ir furstn und hern,
welt ir euch nit gen disen
türken und ungetaufften wern,
so welt ir eür macht gern verlisen
und den gewalt verkisen,
den euch mit riterlichen ern
kaiser Karolus hot er vachten.
Hie vor heten sie maht und krafft,
die kristenlichen fürsten,
wann sie wurben nach riterschafft
und manlichen geturtsten,
wann wu sie horten in der kristenhait,
das man dem glaben stifftet lait,
da hin woren sie reiten,
umb kristen glăben willen streiten,
wann sy worn all in ainikait auff ainer seiten.
mit solchem sie
grass er erstriten hie.
nun hat es sich verkert mit mie
die kristen leben in zwitrecht.
wann man in disen zeiten
härt nichcz wann krieg und anevecht,

3 Mort, răb und prant
in allen landen gleiche,
und die dann kristen sein genant
in Ungern, Kastili sunder weiche,
Poln, Beham, Franken reiche,
Arragunn, Apüln, Engelant,

2 Hättet ihr gehandelt,
so wären sie am Leben geblieben.
Denn sie haben an alle Länder unter
der römischen Krone Botschaften gesandt,
ehe sie vernichtet wurden.
Alle Fürsten haben sie damals angerufen,
doch sie erhielten keine Hilfe.
Ihr Fürsten und Herren,
wollt ihr euch nicht gegen
den Türken und Ungetauften wehren,
so werdet ihr eure Macht freiwillig verlieren
und die Herrschaft verspielen,
die euch mit ritterlicher Tat
Kaiser Karl erkämpft hat.
Früher hatten sie Macht und Kraft,
die christlichen Fürsten,
denn sie strebten nach Ritterschaft
und männlichen Taten:
denn wo sie in der Christenheit hörten,
daß man dem Glauben Leid antue,
dahin ritten sie,
um für den christlichen Glauben zu kämpfen,
denn sie standen alle in Einigkeit auf derselben Seite.
Auf diese Weise haben
sie hier großen Ruhm erstritten.
Nun hat sich dies unter Angst und Schrecken ins Gegenteil verkehrt:
Die Christen leben in Zwietracht,
denn man hört in diesen Tagen
nur von Krieg, Angriff,

3 Mord, Raub und Brand,
und zwar in allen Ländern gleichermaßen,
auch bei den unerschütterlichen Christen
in Ungarn und Kastilien,
(in) Polen, Böhmen, Frankreich,
Aragon, Apulien, England,

Schaten, Portigal, Sweden, Tennen.
Der adaler
wil sich verkern und newen.
in fremder art sa lebet er.
er ist worden zu ainem wewen.
ain fremd art wil er breuwen.
er fleugt nun ob den darffern her
und nert sich der hanen und hennen.
Hie vor lebt er nach edler art
und flag ab dem gevilde,
und in der wiltnis er sich nart
von dem gefügel wilde.
seit die kristenlich fursten selber nun
ain ander laid und schaden tun
und all nach solchem ringen,
wie ainr den andern mug ver tringen,
so ist nit wunder, ab uns got lest misselingen
und ab gestet
umb unser missetet,
wann kristen glab auff stelczen get.
den saltu, parmhercziger got,
wider zu krufften pringen.
tail uns dein hilff, daz ist uns not.

Schottland, Portugal, Schweden, Dänemark.
Der Adler (des Reichs) will sich verwandeln und anders werden:
Er lebt jetzt in ganz fremder Weise;
er ist zu einem Weih geworden,
fremder Art will er folgen;
er fliegt jetzt über den Dörfern herum
und nährt sich von Hähnen und Hennen.
Früher lebte er auf edle Weise
und flog weg von den Feldern,
und er ernährte sich in der Wildnis
von wilden Vögeln.
Seitdem die christlichen Fürsten nun selbst
einander Leid und Schaden antun
und sich alle darum bemühen,
wie einer den anderen verdrängen kann,
ist es kein Wunder, wenn Gott uns Mißerfolg gibt
und uns im Stich läßt
wegen unserer Missetaten,
wenn nun der Christenglauben auf Krücken geht.
Den sollst Du, barmherziger Gott,
wieder zu Kräften bringen.
Gib uns Deine Hilfe, die tut uns not!

Michel Beheim

Dises geticht sagt von dreien rosen, gab mir mein herr kung Lasslau und sprach, ich solt im ain geticht da von machen

1 Nun merkend disen sin!
ich wil euch hie verglosen
ainn sin von dreien rosen,
die sten auff ainem stil,
Dar auss ich singen wil.
die hat ain mait gebrachen,
ain juncfră unversprachen,
auff ainer grunen hait.
Prait gieng die selbig mait,
pis sie die rosen vand,
die sy zusamen pand
zu ainem rosenkrancze.
die an der eren tancze
trat allen juncfraun vor.

2 Nun kumm ich auff die spor.
pei disen rasen dreine
wurt uns die hailig reine
drivaltikait peweist.
Gat vater, sun und gaist
auff ainer gothait stamen,
die drei person zesamen
gestrikt zu ainem pund.
Und nemend furbaz kund!
Maria juncfrau zart
hot in der eren gart
die rasen auss gejeten.
damit hat sy getreten
var allen juncfrau vein.

151

Michel Beheim

Dieses Gedicht handelt von drei Rosen: Die gab mir mein Herr König Ladislaus und sagte, ich sollte ihm ein Gedicht darüber machen.

1 Nun vernehmt die Bedeutung!
Ich will auch die Bedeutung
der drei Rosen analysieren,
die zusammen an einem Stiel stehen,
darüber will ich singen.
Diese hat ein Mädchen gebrochen,
eine Jungfrau ganz ohne Zweifel,
auf einer grünen Wiese.
Weit ging diese Jungfrau,
bis sie die Rosen fand,
welche sie zusammenband
zu einem Rosenkranz.
Im Ehrentanz schritt
sie vor allen anderen Jungfrauen.

2 Nun komme ich zur Sache.
In diesen drei Rosen
wird uns die Heilig-Edle
Dreifaltigkeit dargelegt:
Gott Vater, Sohn und Heiliger Geist
auf dem Stamm der einen einzigen Gottheit,
alle drei Personen
in Eines verbunden.
Und vernehmt weiter!
Maria, die liebliche Jungfrau,
hat im Garten der Ehre
die Rosen gepflückt,
und damit ist sie vor alle
anderen schönen Jungfrauen getreten.

3 Das rosen krenczelein
trug sy gancz unversprochen
wol an ain virczig wochen.
daz ist gates menschait,
Und sie pelaib doch mait
vor der gepurt und nahe.
mit irer frucht vil hache
wart uns vertriben all
Quall von her Adams vall.
hör, gröss mechtiger kink,
daz liedlin ich dir sink.
daz han ich schan getichtet,
die rosen auss gerichtet
deiner gross mechtikait.

152

Michel Beheim

Das ist ain loic und hat ainen verporgen sin. wer es nach den strichen list, so dunkt es pös. wer es aber nach den tupfen list, sa verstet man ez gut.

1 O mensch, nach dem himel traht · nit –
uner gat und sein muter mit
allem himlischen here!
Dy zehen pat hab in aht · nicht –
hab die geschrifft in spot und schmicht,
dar zu dÿ predigere!
Pis an spat und schmaht · nümmer –
verschmeh dy gsacz und dy gepat,
die Cristus hie gegeben hat
dir zu behalten ümmer!

3 Den Rosenkranz (der Jungfräulichkeit)
trug sie unzweifelhaft
vierzig Wochen lang:
das ist Gottes Menschwerdung,
und sie blieb dennoch Jungfrau
vor und nach der Geburt.
Durch ihr hohes Kind
wurde von uns die durch
Adams Fall verursachte Qual vertrieben.
Höre, großmächtiger König,
dieses kleine Lied singe ich Dir.
Ich habe es sorgfältig gemacht
und die Rosen ausgedeutet
für Deine Majestät.

152

Michel Beheim

Das ist eine »Logik«, und sie hat einen verborgenen Sinn. Wer sich beim Lesen nach den Strichen richtet, dem dünkt sie schlecht; wer aber auf die Punkte achtet, der versteht sie richtig.

1 O Mensch, nach dem Himmel trachte · nicht –
verachte Gott und seine Mutter
mit dem ganzen himmlischen Heer!
Die Zehn Gebote achte · nicht –
halte die Heilige Schrift in Spott und Verachtung,
und die Priester!
Sei ohne Spott und Schmähung · niemals –
verachte die Gesetze und die Gebote,
die Christus dir hier gegeben hat,
um sie immer zu befolgen!

2 Zu aller guthait dich sper · kein –
frümkait lass dir verschmehet sein!
disem rat du verhenge.
Tracht von dem helschen kerker · nit –
Luciver du umb gnad an pit
und sein gsellschafft vil strenge!
Verschmech haffart ser · wenig –
hab acht auff neid und geitikait,
uff zoren, frässhait, unkeüschait,
auff träkait wider spenig!

3 Hut dich var allem unreht · kaim –
ubel und laster volg und gaim
in sund und missetate!
Reu und peicht nÿm in dein trecht · nit –
stirb in verzweivelichem sit,
das du verzagst an gate,
Daz dein sel in schmeht kümme!
lebst du also pis in dein tot,
so gläb mir, deiner sel würt rat.
do versprich ich dir umme.

153

Hans Folz

O arms elend

1 O arms elend in diser zeyt,
O dume welt, sich war an leyt
Dein rumen und dein schallen?
Ein ider sech sich um und auff:
Die wellt ist allß ein amashauff
Und gleich eynem werffpallen,
Dar zu einer reysenden ur
Und eynem hauß das prinet.

2 Verbinde dich mit allem Guten · nicht –
verschmähe die Frömmigkeit!
Diesen Rat befolge.
Denke an den höllischen Abgrund · nicht –
den Luzifer um Gnade bitte
und seine hartherzige Gesellschaft!
Verschmähe den Hochmut sehr · wenig –
folge dem Neid und der Gier,
dem Zorn, der Gefräßigkeit, der Unkeuschheit,
der bösen Trägheit!

3 Hüte dich vor Unrecht · keinem –
Übel und Laster folge und sei wachsam
gegenüber Sünde und Missetat!
An Reue und Beichte denke · nicht –
stirb in Verzweiflung,
indem du Gott nicht mehr vertraust,
so daß deine Seele in Verderbnis komme!
Lebst du in dieser Weise bis zu deinem Tod,
dann wird, das glaube mir, deine Seele gerettet.
Das verspreche ich dir für immer.

153

Hans Folz

O schlimmes Elend

1 O schlimmes Elend in dieser Zeit,
o dumme Welt, auf was richtet sich
dein Rühmen und Schallen?
Jeder sehe sich um und merke:
Die Welt ist genau wie ein Ameisenhaufen,
und sie gleicht einem Ball,
ferner einer Sanduhr
und einem brennenden Haus.

Nun möcht ir dencken was figur
Hie dis mein red besinnet
Allz durch die e gemellten ding.
Es heist ein cluge abentewr,
Wo ich es zu verstentnus pring.

2 Im amaßhauffen ist kein ru,
Zabeln und krabeln ymer zu
Allz ir natur das gibet,
Pflegen mancherley kauffmanschafft,
Suchen ir narung wunderhafft,
Kein mussikeyt yn libet;
Sie eyern, hecken, prutten auß.
Nun höret van dem pallen,
Und ob der schon ein clein zeyt lauß,
Muß er es wol bezallen.
So zwen, drey, fir yn werffen um,
Fint er doch ru an keyner stat,
Pis auß ym hangt vil manig drum.

3 Ein reysend ur von glas muß sein,
Dar in manig santkornelein,
Die mit der stund hin reysen.
So man das unter keret auff,
Meret am poden sich der hauff,
Pis sie ir zeyt beweysen.
Allso rast, zeyt und weil hin weicht,
Dag, woch, menet und jare,
Allter und swech her wider streicht,
Zu lest der dot, nempt ware.
Nun so dem orglas wirt ein stoß,
So ist dem schimpf der podem auß
In eynem augenplicke ploß.

Nun überlegt ihr vielleicht, welchen Sinn
meine Rede hier hat mit
all den erwähnten Dingen.
Es handelt sich um eine bedeutungsvolle Geschichte,
wenn ich sie jetzt ausdeute.

2 Im Ameisenhaufen ist niemals Ruhe:
Fortdauerndes Zappeln und Krabbeln
gehören zur Natur (der Ameisen),
sie treiben vielerlei Handel,
suchen ihre Nahrung auf erstaunliche Weise,
ihnen gefällt keinerlei Müßiggang;
sie legen Eier, hüten sie und brüten sie aus.
Jetzt hört von dem Ball:
Wenn er eine kurze Zeit verborgen (unbenützt) ist,
dann muß er dafür (anschließend) büßen;
denn wenn ihn dann zwei, drei, vier herumwerfen,
findet er niemals irgendwo Ruhe,
bis aus ihm viele Fetzen heraushängen.

3 Eine Sanduhr muß aus Glas sein,
darinnen viele kleine Sandkörner,
die mit den Stunden dahineilen.
Wenn man sie umdreht,
dann wird das Häufchen auf dem Boden größer,
bis (die Sandkörner) ihr Zeitmaß angezeigt haben.
In solcher Weise vergehen Augenblick, Zeit und Moment,
Tage, Wochen, Monate und Jahre,
Alter und Krankheit stellen sich ein,
zuletzt der Tod: nehmt es wahr!
Erhält das Uhrglas einen Stoß,
so ist das Spiel zu Ende
in einem einzigen Augenblick.

4 Was furter nun mein red besint?
So eym ein hauß unwissent print
Und er des wirt geware,
Sturm lewten, plasen, groß geschrey,
Auff und ab lauffens mancherley
Mit dinsen her und dare,
Die selbig mü den merern teil
Geschicht gancz unbesunnen,
Und e ein cleyne zeit hin eyl,
So ist das haws verprunen,
Und kumpt der haußher in armut.
Die fier ding ich dem menschen gleich,
Wo yn nit frist die gotlich hut.

5 Dar um, du cristen mensch, lob Got
Um die gutheyt so er dir hot
Bewisen all dein tage!
Undanckperkeyt den Lucifer
Warff in das wutend hellisch mer
Do er nit pussen mage;
Des gleichen sie Adam vergifft,
Do yn der fras verfuret:
When noch das selbig laster drifft,
Die stroff yn auch berüret.
O mensch, danck Got der gutheyt dein
Und secz im all dein sach hin heim,
Willtu hie und dort selig sein.

Amen

Hanß Folcz barwirer.

4 Was bedeutet meine Rede noch?
Wenn ein Haus jemandem unbemerkt brennt
und er es dann gewahr wird,
(dann gibt es) Sturmläuten, Alarmblasen, großes Geschrei,
vielerlei Auf- und Ablaufen
und Hin- und Herschleppen;
doch diese Mühe geschieht
zum größeren Teil ganz sinnlos,
denn bevor wenig Zeit vergangen ist,
ist das Haus abgebrannt,
und der Hausherr fällt in Armut.
Diese vier Sachen vergleiche ich mit dem Menschen,
sofern ihn nicht Gottes Schutz rettet.

5 Daher, Christenmensch, lobe Gott
für alles Gute, das er dir
in all deinen Tagen bewiesen hat!
Undankbarkeit warf den Luzifer
in das tobende Meer der Hölle,
wo es für die Buße zu spät ist;
desgleichen hat sie den Adam vergiftet,
als ihn die Eßgier verführte:
Wen immer dieses Laster trifft,
der verfällt auch dieser Strafe.
O Mensch, danke Gott für dein Wohlergehen
und überantworte dich ihm ganz,
willst du hier und dort selig sein.

Amen

Hans Folz, Barbier

154

Hans Folz

O Got, wie rein und zart

1 O Got, wie rein und zart
Ist meister gsang in seiner art.
Wol dem der des ye wirdig wart,
Das er gesanges pflegen sol!
Ir werden singer frut,
Und habt mein grobheit hie fur gut,
Mein hercz nicht anders zu euch mut,
Dan mocht ich euch gefallen wol
Mit mein gesang, doch wil ich mich lon stroffen,
Unnd zwor mich dunckt, ich hab zu lang geschloffen.
Kunstelosens woffen
Fur ich noch in den hendenn mein.

2 Dor umb, ir schuler auch,
Nempt auff yn gut mich armen gauch,
Wie wol mein kerren nicht endauch,
Ye doch gefelt mir wol die kunst.
Ach das es Got neur wolt
Das ich die czeit gelebenn solt
Das auch mit lernung wurd erfolt
Mein hercz in hiczelicher prunst.
Dor umb wolt ich meins krausen hors enperen
Unnd wolt mir lan ein narren platten scheren.
Der mich die art wolt leren,
Des diner wolt ich ymer sein.

3 Ye doch ob einer wer
Der sich bedeucht an kunsten schwer,
Der mocht sich an mich seczen her,
Ob mir sein stroff zu lernung docht:

154

Hans Folz

Ach Gott, wie rein und zart

1 Ach Gott, wie rein und zart
ist der Meistersang in seiner Beschaffenheit.
Wohl dem, der dessen würdig wurde,
daß er den Sang pflegen darf!
Ihr edlen und klugen Sänger,
wenn ihr meine Kunstlosigkeit hier nicht ablehnt,
weil mein Herz sich nicht anders euch zuwenden kann,
dann könnte ich euch durchaus gefallen
mit meinem Gesang; doch will ich mich tadeln lassen,
wenn ich – wie es mir wahrlich vorkommt – zu lange geschlafen habe.
Die Waffen eines Kunstlosen
führe ich bis jetzt noch in meinen Händen.

2 Darum, auch ihr Schüler,
nehmt mich armen Dummkopf gnädig auf:
zwar taugt mein Plärren noch nichts,
aber doch gefällt mir die Kunst sehr.
Ach, wenn Gott nur zuließe,
daß ich so lange leben dürfte,
daß sich mein Herz in seiner brennenden Begeisterung
mit Belehrung erfüllen würde.
Gerne wollte ich dafür auf mein krauses Haar verzichten
und mir eine Narrenglatze scheren lassen.
Der mich die wahre Kunst lehren würde,
dessen Diener wollte ich immer sein.

3 Wenn aber einer da wäre,
der sich in der Kunst gewichtig vorkommt,
der könnte sich zu mir hersetzen,
falls mir sein Tadel zum Lernen taugen würde:

Ich mein den pesten hie,
Hat man im vor geschneuczet nye,
Worer gesungen hot und wie,
Von mir er hie wol losen mocht.
Dor umb wurff ich die wurst wol an den pachen.
Geschweigt er mich der poßheit, muß ich lachen.
Ich hoff es werd sich machen.
Wer an mich wol, des acht ich clein!

Hanß Folcz.

155

Anonym

Innsbruck, ich muß dich lassen

1 Innsbruck, ich muß dich lassen,
Ich fahr dahin mein Straßen,
In fremde Land dahin.
Mein Freud ist mir genommen,
Die ich nit weiß bekommen,
Wo ich in Elend bin.

2 Groß Leid muß ich ertragen,
Das ich allein thu klagen
Dem liebsten Buhlen mein.
Ach Lieb, nun laß mich Armen
Im Herzen dein erwarmen,
Daß ich muß dannen sein.

Ich meine den Besten hier:
Wenn man ihm früher nie darauf gehustet hat,
wo und wie er gesungen hat,
so könnte er es gut von mir hier erfahren.
Auf diese Weise würde ich mit der Wurst nach dem
Schinken werfen.
Hört er sich meine Bosheit schweigend an, dann muß
ich lachen.
Ich hoffe, es wird so geschehen.
Wer gegen mich (auftreten) will, auf den achte ich
wenig!

Hans Folz

155

Anonym

Innsbruck, ich muß dich verlassen

1 Innsbruck, ich muß dich verlassen,
ich ziehe meine Straße
dahin in fremde Länder.
Meine Freude ist mir genommen,
die ich in der Fremde nicht
mehr wiederfinden kann.

2 Großes Leid muß ich ertragen,
das klage ich (niemandem als)
nur meiner liebsten Freundin.
Ach, Geliebte, nun lasse mich Armen
in deinem Herzen wohnen,
wenn ich fort sein muß.

3 Mein Trost ob allen Weiben,
Dein thu ich ewig bleiben,
Stet, treu, der Ehren frumm.
Nun muß dich Gott bewahren
In aller Tugend sparen
Bis daß ich wiederkumm.

3 Mein Liebstes über alle Frauen,
dein bleibe ich für ewig:
beständig, treu und in ehrenvollem Anstand.
Nun soll dich Gott behüten
(und) in aller Tugend bewahren,
bis ich wieder zurückkomme.

Anhang

Zu den Texten

1–3

Anonym

Gattung: Den Anfang des deutschsprachigen geistlichen Liedes bilden die »Leisen«, mhd. *leis(e), kirleis(e)*, nämlich volkssprachliche Gemeindelieder: Sie entstanden möglicherweise aus den Kyrie*leis*on-Rufen, mit denen die Gemeinde dem Priester antwortete, und sie enthalten zumeist das »Kyrieleis(on)« als Schlußvers. Die Leisen wurden – sozusagen halblegal – innerhalb der eigentlich lateinischen Liturgie verwendet, ferner bei Prozessionen, Wallfahrten, ja sogar als Kriegsgesang. Der älteste erhaltene Leis ist das althochdeutsche *Petruslied*; zu den bekanntesten gehören die drei hier abgedruckten Leisen.

1 *Christ der ist erstanden*

Überlieferung/Edition: Walther Lipphardt, »Christ ist erstanden«, Zur Geschichte des Liedes, in: Jahrbuch für Liturgik und Hymnologie 5 (1960) S. 96–114 (nach der ältesten Aufzeichnung, einer Hs. in Klosterneuburg von 1325, mit Melodie).
Laut Lipphardt sind Text und Melodie erstmals in einer Salzburger Hs. um 1160 erwähnt. Die Strophe benützt in freier Bearbeitung die Ostersequenz »Victimae paschali laudes« des Wipo (Kaplan Kaiser Konrads II., gest. um 1050), also eine der vier Sequenzen, die später – in der Liturgie-Reform des Trienter Konzils (1545–63) – aus einer vieltausendfachen Menge noch übrigblieb. Sie wurde in lateinischen Feiern der Osternacht als abschließender Gesang der Gemeinde verwendet (also ähnlich wie der Weihnachts-Leis), ferner bei Prozessionen. Sie verbreitete sich dann über ganz Mitteleuropa (bisher mehr als 300 Überlieferungszeugen), und sie wurde – gleichfalls wie der Weihnachts-Leis – durch weitere Strophen ergänzt. Vgl. zusammenfassend Walther Lipphardt, in: VL^2 I (1978) Sp. 1197–1201.

2 *In gotes namen fara wir*

Überlieferung/Edition: Philipp Wackernagel II, Nr. 678 (nach der ältesten vollständigen Text-Überlieferung: Bayerische Staatsbibliothek München, cgm 444, um 1422).
Dieser Leis wurde auf Reisen, Wallfahrten, Pilgerreisen und Kreuzfahrten gesungen, aber auch vor kriegerischen Unternehmungen und

im Kampf (erstmals bezeugt: Schlacht von Tusculum 1191, während des Italienzuges von Kaiser Heinrich VI.). Er wird unter anderem im »Dukus Horant« (51,7, S. 153; ed. P. F. Ganz [u. a.], 1964) und in Gottfrieds »Tristan« (V. 11532–535) in solcher Funktion zitiert, fand später – wiederum in vielfacher Erweiterung (vgl. WACKERNAGEL II, Nr. 680–683) – große Verbreitung und wurde mehrfach parodiert (z. B. um 1500: »Gottes namen faren wir / Der wein ist pesser dann das pier«). Vgl. zusammenfassend: Johannes JANOTA, in: VL² IV (1983) Sp. 371 f.

3 *Sys willekomen heirre Kerst*

Überlieferung/Edition: C. NÖRRENBERG, Ein Aachener Dichter des 14. Jahrhunderts, in: Zeitschrift des Aachener Geschichtsvereins 11 (1889) S. 50–66. (Aus der Erfurter Hs. Q 332, 14. Jh.) – Zur Melodie: H. BÖCKELER, Die Melodie des Aachener Weihnachtslieds, in: Ebd., S. 176–184.
Diese Strophe ist erstmals für das Münster in Aachen nachweisbar und später als Anfang eines mehrstrophigen Liedes noch mehrfach bezeugt. Ihre Ursprünge sind nicht sicher datierbar, doch möglicherweise stammt sie bereits aus dem späten 11. Jh. Gesungen wurde sie im Gottesdienst der Christnacht. Umstritten ist es, ob Walther von der Vogelweide die (erhaltene) Melodie für seinen »Zweiten Philipps-Ton« (L 16,36 ff.) verwendet hat (vgl. dazu BRUNNER, 1977, S.57* f.). – Vgl. Walther LIPPHARDT, Das älteste deutsche Weihnachtslied, in: Jahrbuch für Liturgik und Hymnologie 4 (1958/59) S. 95–101; JANOTA (1968) S. 110–111; Johannes JANOTA, in: VL² VIII ¾ (1992) Sp. 1287 f.

4

ANONYM

Überlieferung/Gattungstyp: Der Text ist teils vollständig, teils fragmentarisch in drei Hss. des 12./13. Jh.s überliefert (davon eine aus dem Kloster Muri, Schweiz, und zwar mit dem Titel *Sequentia de sancta Maria*; in einer Hs. des Klosters Engelberg, Schweiz, auch mit Neumen-Notierung), ferner in zwei Abschriften des 18. Jh.s. Er ist in der 2. Hälfte des 12. Jh.s (1180/90?) entstanden, eventuell in der Schweiz, und bildet die älteste vollständig erhaltene Sequenz deut-

scher Sprache. Für die mittelalterliche Liturgie sind seit dem 9. Jh. Tausende von lateinischen Sequenzen geschaffen worden, bis dann das Konzil von Trient (1545–63) diesen musikalisch-textlichen Schatz, der den Gottesdienst immer mehr überwucherte, auf nur vier zusammenstrich; im späten Mittelalter sind viele davon ins Deutsche übersetzt worden. Formales Kennzeichen der Sequenz, die ursprünglich eine syllabische Textierung des Melismas am Schluß des »Halleluja« war, ist ihr Aufbau aus sich wiederholenden, aber unterschiedlichen Strophen-Abschnitten (Versikel). Die aus der Edition von Friedrich MAURER übernommene Zählung zeigt deutlich die metrisch-musikalische Struktur einer ›einfachen‹ Sequenz: Eingerahmt von je einer Eingangs- und Schluß-Strophe (1 und 9) stehen Versikel-Paare mit jeweils gleicher Melodie (2a/2b, 3a/3b usw.).
Formal, weniger inhaltlich, schließt sich die *Mariensequenz von Muri* der von Hermann von Reichenau (1013–54) zu Mariae Himmelfahrt geschaffenen lateinischen Sequenz *Ave praeclara maris stella* an, einem im deutschen Mittelalter sehr beliebten, öfters kommentierten und mehrfach, unter anderem vom Mönch von Salzburg und von Heinrich Laufenberg, übersetzten Text (vgl. Walther LIPPHARDT, in: VL² I, 1978, Sp. 568–570). Der im deutschen Text formulierte Lobpreis Marias und die an sie gerichteten Bitten verwenden viele gängige Motive der damaligen Marien-Verehrung. Mutmaßlich wurde die deutsche Sequenz, wie die Überlieferung nahelegt, von Nonnen verwendet.

Edition/Übersetzung: Der abgedruckten poetischen Übersetzung von Karl WOLFSKEHL (Älteste deutsche Dichtungen, Texte hrsg. von Friedrich VON DER LEYEN, Übers. von Karl Wolfskehl, Leipzig 1909 [u. ö.]) ist die damals verwendete Textfassung gegenübergestellt: Karl MÜLLENHOFF / Wilhelm SCHERER (Hrsg.), Denkmäler deutscher Poesie und Prosa aus dem VIII–XII Jahrhundert, Berlin ³1892, S. 160 bis 162). Die heute maßgebliche Edition von Friedrich MAURER (in: Die religiösen Dichtungen des 11. und 12. Jahrhunderts, Bd. 1, Tübingen 1964, S. 453–461) bringt, abgesehen von kleineren graphisch-lautlichen Differenzen, nur eine einzige inhaltlich andere Lesung: Str. 2a *porta* (mit den Hss.) statt *cappelle* (Konjektur von Karl LACHMANN, 1829).

Literatur

Hartmut FREYTAG: Die Theorie der allegorischen Schriftdeutung und die Allegorie in deutschen Texten besonders des 11. und 12. Jahrhunderts. Bern/München 1982. S. 133–141.

Konrad KUNZE: VL² VI (1987) Sp. 50–54.

5

ANONYM

Gattung: Nach Sprache und Stil gehören dieser und der folgende Text, die wohl aus der Mitte des 12. Jh.s stammen, zu den altertümlichsten Beispielen politisch-moralischer Zeitkritik. Von dieser frühen »Spruchdichtung« (vgl. zum Begriff S. 42 f.) ist kaum etwas überliefert.

Überlieferung: Einzelblatt einer lateinischen Hs. des frühen 13. Jh.s (München, Bayerische Staatsbibliothek, cgm 5249/42a); die dort beigegebene Neumen-Notation (die heute allerdings nicht mehr deutbar ist) zeigt, daß es sich um einen sangbaren Text handelt.

Edition: MF-MT I: V.

Die allgemeine Aussage erlaubt weder einen genauen politischen Bezug noch eine präzise Datierung (etwa 1. Drittel / Mitte des 12. Jh.s). Inhaltlich erinnert diese Zeitklage an den Schluß der Str. L 8,4 in Walthers von der Vogelweide »Reichs-Ton« (Nr. 50).

6

ANONYM

Überlieferung: Sammel-Hs. der Zentralbibliothek Zürich (Ms. C 58), 12. Jh. Von daher und aus stilistischen Gründen etwa in die Mitte bzw. das 2. Drittel dieses Jh.s zu datieren.

Edition: MF-MT I: II.

Es ist nicht ganz sicher, ob es sich tatsächlich um eine sangbare Strophe und nicht eher um das Fragment einer solchen oder um eine Art Merkspruch handelt.

7

Anonym

Überlieferung: In einer wahrscheinlich Ende des 12. Jh.s, vielleicht im Kloster Tegernsee geschriebenen Sammel-Hs. (Bayerische Staatsbibliothek, München, clm 19411); dort innerhalb einer Sammlung lateinischer Liebes- bzw. Freundschaftsbriefe (so: Kühnel), und zwar am Ende von Brief Nr. IV,1.

Edition: MF-MT I: VIII = MF 3,1.

Die vielzitierten Worte sind hinsichtlich ihrer Form höchst umstritten: Liedstrophe, Gedicht oder Reimprosa; sangbar oder nicht? Auch die ursprüngliche Funktion der gesamten Briefsammlung, in der dieser Text steht, ist unklar: »kostbare Relikte eines spielerisch-erotischen Briefverkehrs in einer ›geschlossenen Gesellschaft‹ von Lehrern und Schülerinnen eines geistlichen Bildungszentrums« (Schaller) oder »fingierte Briefe« im Rahmen einer »Musterbriefsammlung« (Kühnel)? Und auch die Herkunft der in der späteren Lyrik oft vorkommenden Anfangsformel liegt im Dunkel: volkstümliche Verlöbnisformel oder geistliche Tradition (oder gar beides)? – Vgl. Nr. 74, Str. 11.

Literatur

Jürgen Kühnel: *Dû bist mîn. ih bin dîn.* Die lateinischen Liebes- und (Freundschafts-)Briefe des clm 19411. Abbildungen, Text und Übersetzung. Göppingen 1977.

Dieter Schaller: Zur Textkritik und Beurteilung der sogenannten Tegernseer Liebesbriefe. In: ZfdPh 101 (1982) S. 104–121.

Johannes Janota: *Du bist min, ich bin din.* Überlegungen zur Fachdidaktik aus dem Blickwinkel der Fachwissenschaft. In: Walter Seifert (Hrsg.): Literatur und Medien in Wissenschaft und Unterricht. Fs. Albrecht Weber. Köln/Wien 1987. S. 11–17.

8

Anonym

Überlieferung: Hs. der *Carmina Burana* (Bayerische Staatsbibliothek München, clm 4660; Anfang 13. Jh. = M); die beiden metrisch gleich gebauten Strophen stehen dort jeweils am Schluß lateinischer Liebeslieder (CB 145: *Musa venit carmine*; CB 175: *Pre amoris tedio*).

Edition: MF-MT I: IX 1/2 = MF 3,7/3,12.

Solche mittelhochdeutsche Schlußstrophen kommen in der *Carmina Burana*-Hs. (und nur dort!) mehrfach vor; die genaue Deutung dieses Tatbestands ist umstritten, vgl. dazu zuletzt Müller (1981) und Wachinger (1983/84), wobei uns dessen Einwände teilweise auf Mißverständnissen zu beruhen scheinen und insgesamt nicht überzeugend vorkommen. Nach unserer Ansicht verwendeten die Verfasser der lateinischen Texte wohl zumeist die Melodie eines deutschsprachigen Liebesliedes und fügten an ihren neuen Text dann abschließend (und durchaus mit inhaltlichem Bezug) eine bekannte Strophe, zumeist die Anfangsstrophe, des metrisch und musikalisch zugrunde liegenden Liedes an; d. h., sie kombinierten in einem geistreichen Spiel die Technik der »Kontrafaktur« (Neutextierung einer bereits vorhandenen Melodie) und der »Barbarolexis« (Sprachmischung). – Beide Strophen werden aus stilistischen Gründen in die Mitte des 12. Jh.s datiert.
Bei MF 3,7 hat eine spätere Hand das Wort *chunich* geändert in *diu chuenigin* (›die Königin‹). Beides gibt einen guten Sinn, nämlich als hyperbolische Äußerungen einer Frau oder eines Mannes (zu letzterem vgl. etwa Kaiser Heinrich: Nr. 16; auch Heinrich von Morungen, MF 142,19 = XXVIII,1). Der Anfangsvers der Strophe wird möglicherweise bei Mechthild von Magdeburg (Nr. 97) zitiert. MF 3,12 thematisiert das Gebot der Heimlichkeit und Verschwiegenheit in Liebesdingen. Sie wendet sich ganz offensichtlich gegen das Prahlen der Männer mit ihren Erfolgen (vgl. auch Albrecht von Johansdorf, MF 93,12: 4,6). Dazu heißt es in der etwa zur gleichen Zeit entstandenen Reimpredigt *Von des todes gehugede* (»Von der Erinnerung an den Tod«) des Klerikers Heinrich (aus Melk?):

Swa sich diu riterscaft gesamnet,
da hebte sich ir wechselsage,
wie manige der unt der behuoret habe.
ir laster mugen si niht verswigen,
ir ruom ist niuwan von den wiben. (V. 354–358)

Wo sich Ritter treffen,
da unterhalten sie sich untereinander darüber,
mit wie vielen dieser und jener geschlafen habe.
Sie können ihre Schandtaten nicht verschweigen,
ihr Ansehen hängt vielmehr ganz von ihren Frauengeschichten ab.

Literatur

Ulrich Müller: Mehrsprachigkeit und Sprachmischung als poetische Technik. Barbarolexis in den ›Carmina Burana‹. In: Wolfgang Pöckl (Hrsg.): Europäische Mehrsprachigkeit. Fs. Mario Wandruszka. Tübingen 1981. S. 87–104.

Burghart Wachinger: Deutsche und lateinische Liebeslieder: Zu den deutschen Strophen der ›Carmina Burana‹. In: Franz H. Bäuml (Hrsg.): From Symbol to Mimesis. The Generation of Walther von der Vogelweide. Göppingen 1984. S. 1–34. Auch in: Hans Fromm (Hrsg.): Der Deutsche Minnesang. Bd. 2. Darmstadt 1985. S. 275 bis 308.

Sayce (1992).

9

Der von Kürenberg

Autor: »Der von Kürenberg« gilt aus stilistischen Gründen als ältester mittelhochdeutscher Liebeslyriker, der namentlich bekannt ist; keinem der verschiedenen Adelsgeschlechter oder Orte, die mit diesem Namen in Oberdeutschland/Österreich bekannt sind, läßt er sich allerdings eindeutig zuordnen. Seine Gedichte werden auf etwa 1150/1160 datiert.

Überlieferung: 15 Strophen in Hs. C; 9 Strophen im »Budapester Fragment« mit teilweise anderem Wortlaut (zu diesem aufsehenerregenden Neufund vgl. jetzt András Vizkelety. In: MF-MT. 38. Aufl. Stuttgart 1988. Anh. I).

Edition: MF-MT II: II 1 ff. = MF 7,19 ff. (nach C).

Die hier abgedruckten 13 Strophen haben alle dieselbe Form, die metrisch derjenigen des *Nibelungenlieds* sehr ähnlich ist; vielleicht wurde beides auch zur selben Melodie gesungen (vgl. dazu den auf Schallplatte veröffentlichten Aufführungsversuch von Eberhard KUMMER, 1983). Die Strophen stehen teilweise für sich (Einzelstrophen), fügen sich aber auch zu Gruppen, z. B.: Str. 6 + 7: sog. *Falkenlied*, evtl. dazu noch Str. 13; Str. 2 + 10: sog. Wechsel, d. h. aufeinander bezogene Strophen von Frau und Mann, aber kein Dialog (zum »Wechsel« vgl. SCHOLZ, 1989); Str. 2 + 3: evtl. Parodie? Wahrscheinlich hat der Sänger beim Vortrag, je nach Absicht und Publikum, mit wechselnden Anordnungen und Gruppierungen gearbeitet.
Insgesamt stellen die Strophen offenbar mit voller Absicht ganz unterschiedliche Möglichkeiten der Beziehung zwischen Mann und Frau dar, die von der sehnsuchtsvollen Klage einer Frau (4) bis zum herrischen Überlegenheitsgefühl des Mannes (13), von der selbstbewußten Werbung einer Dame (2) bis zur fast angstvollen Reaktion des Mannes (10) reichen.
Während sich die Identität des jeweiligen Sprechers (Dame/Ritter; Frau/Mann) zumeist aus dem Kontext ergibt, ist dies bei Str. 5 nicht eindeutig. Auch zum *Falkenlied*, das heutzutage meist als »Klage der verlassenen Frau« (Peter WAPNEWSKI, 1959, in: P. W., 1975, S. 23–46) aufgefaßt wird, sind unterschiedliche Deutungen möglich (vgl. dazu: Irene ERFEN-HÄNSCH, Von Falken und Frauen. Bemerkungen zur frühen deutschen Liebeslyrik, in: U. Müller, 1986, S. 143–168; ferner die Parodie von Volker MERTENS, in: Ebd., S. 319–324). Zum sehr häufigen Symbol des Falken vgl. u. a. Dietmar von Aist (Nr. 14) und Heinrich von Mügeln (Nr. 118); dazu: Ingrid BENNEWITZ-BEHR (1983); Franz V. SPECHTLER, Falkenlieder: Höfische Kultur aus der arabischen Welt und deutsche Lyrik des Mittelalters, in: Alaaedin Hilmi / Ursula Müller-Speiser (Hrsg), Al Harafisch. Beiträge zur arabischen und deutschen Literatur und Sprache, Fs. Moustafa Maher, Stuttgart 1990, S. 145–157.

Literatur

Gayle AGLER-BECK: Der von Kürenberg: Edition, Notes, and Commentary. Amsterdam 1978.
Christel SCHMIDT: Die Lieder der Kürenberg-Sammlung. Einzelstrophen oder zyklische Einheiten? Göppingen 1980.
Günther SCHWEIKLE: VL^2 V (1985) Sp. 454–461.
Vgl. auch: SCHWEIKLE (1977).

Spervogel

Überlieferung/Autor/Gattungstyp: Die Überlieferung ist kompliziert und umstritten: Die Haupt-Hss. A, C und J überliefern unter dem Namen »Spervogel« Strophen in 2 Tönen, die vorwiegend moralisch-didaktischen Inhalt haben (A:26; C:54; J:13); dazu kommen noch 27 Strophen in A unter dem Namen »Der junge Spervogel«, ferner einige wenige Strophen Streu-Überlieferung. Die Germanistik teilt seit Wilhelm Scherer (Deutsche Studien, Bd. 1: Spervogel [1870], Prag [u. a.] [2]1891) aus formalen und inhaltlichen Gründen, aber entgegen der eindeutigen hs. Bezeugung, die Spervogel-Überlieferung auf zwei Autoren auf: »Spervogel« (1. Ton; in J mit Melodie überliefert) und »Herger« (2. Ton mit möglicherweise sechs Teilen; der Name dort in MF 26,21); und es werden noch spätere Zudichtungen vermutet. Selbst wenn man letzteres als sehr wohl möglich ansieht, so spricht die hs. Zuschreibung des ›Kernbestandes‹ (der in die 2. Hälfte des 12. Jh.s datiert wird) dafür, daß *ein* Autor namens Spervogel mehrere (in diesem Fall: zwei) verschiedene Töne verwendete, was auch sonst in der »Sangspruchdichtung« das übliche ist. Wahrscheinlich ist »Spervogel« ein redender ›Künstlername‹ (wofür es im 13. Jh. dann viele Beispiele gibt) und verweist auf einen fahrenden Sänger, der wie ein ›Sperling‹ von Brosamen, also von der Freigebigkeit seiner Gönner/innen lebt. Er gilt als erster Autor der Sangspruchdichtung.

Edition: 10 *Sô wê dir, armuot!* Aus dem »Ersten Ton«: MF-MT VI: 10 und 16 (nach A/C bzw. C; aber auch in J überliefert) = MF 22,9/23,21; Melodie u. a. in MF-MT II, S. 35 (von Helmut Lomnitzer).

11 *Wan seit ze hove maere – Er ist gewaltic unde starc* Aus dem »Zweiten Ton«: MF-MT VII: II und IV,1 (nach AC); zur Verbindung der Strophen zu inhaltlich definierten liedähnlichen Gruppierungen gibt es teilweise abweichende Vorschläge.

Literatur

Moser (1972).

Hugo Moser: Die ›Sprüche‹ Hergers. Artzugehörigkeit und Gruppenbildung. In: Fs. Jost Trier. Hrsg. von William Foerste und Karl Heinz Borck. Köln/Graz 1964. S. 284–303.

Martin Liechtenhan: Die Strophengruppen Hergers im Urteil der Forschung. Eine wissenschaftsgeschichtliche Untersuchung zu den ›Sprüchen‹ im älteren »Spervogelton«. Bonn 1980.

12

Meinloh von Sevelingen

Autor/Überlieferung: Meinloh wird üblicherweise dem Ministerialengeschlecht derer von Söflingen (bei Ulm) zugerechnet, doch ist er urkundlich nicht eindeutig faßbar. Die Hss. BC überliefern unter seinem Namen 11 bzw. 14 Strophen. Stilistisch gehört er in die Frühzeit der mittelhochdeutschen Liebeslyrik.

Edition: MF-MT III: I 7–9 = MF 13,14 ff. (nach BC). – Für 7,6 (*stechent*) bleibe ich (wie auch Schweikle, 1977, S. 132) beim übereinstimmenden Wortlaut von B/C.

Die drei Strophen, die jeweils in sich abgeschlossen sind, aber durchaus mit anderen Strophen desselben »Tones« zu kleineren Vortragseinheiten verbunden werden konnten, handeln von den Problemen und dem möglichen Kummer einer heimlichen Liebesbeziehung, in Str. 7 und 8 dargestellt aus der Sicht der Frau (vgl. dazu Kasten, 1990); in Str. 9 erscheint das für die folgende Lyrik so kennzeichnende Motiv des »Dienstes«.

Literatur

Günther Schweikle: VL² VI (1987) Sp. 314–318.
Vgl. auch: Schweikle (1977). Kasten (1990).

13 – 15

Dietmar von Aist

Autor/Überlieferung: Die heute übliche Namensform »Dietmar von Aist (Eist)« wird nicht in den beiden Hss. B/C überliefert – dort heißt er: »Dietmar von Ast(e)« –, sondern so nennt ihn, im Reim auf das

Wort *meist*, Heinrich von dem Türlin in einem Literaturexkurs seiner *Krone* (um 1220; V. 2438 f.).
Die meisten Strophen sind mit der erwähnten Namensnennung in den Hss. B/C (B:19/C:42) überliefert; einige wenige daneben (nicht zusätzlich) noch unter anderen Autornamen bzw. anonym in den Hss. A/M. Die Forschung hat auch bei den Strophen, die in C bzw. in B/C eindeutig unter Dietmars Namen stehen, die Zusammengehörigkeit zu *einem* Autoren-Œuvre immer wieder bestritten, wohl aber zu Unrecht: Denn die angeführten Gründe sind nicht nur höchst subjektiv, sondern sie gehen auch von der unbewiesenen Voraussetzung aus, daß das Werk eines Autors einheitlich sein müsse (so auch SCHWEIKLE, 1977, bes. S. 393 f.).
Herren mit dem Namen »Dietmar von Agast(e)/Agest/Agist/Aist« sind im bayerisch-österreichischen Raum im 12. Jh. mehrfach in Urkunden bezeugt, doch ist es unsicher, ob der Dichter, dessen Texte aus stilistischen Gründen in die Zeit zwischen 1150 und 1180 datiert werden, mit einem von ihnen gleichzusetzen ist.

Edition: MF-MT VIII.

13 *Ich bin dir lange holt gewesen* III,2,4,5 = MF 33,23 / 34,3 / 34,11 (in B/C; in A unter dem Namen »Heinrich von Veltkirchen«): In Dietmars Œuvre mischt sich Archaisches und Progressives: Es finden sich offenbare Einzelstrophen (hier: III,2,4,5; IV) wie auch Lieder (hier: XIII).

14 *Ez stuont ein vrouwe alleine* IV = MF 37,4 (in C): Die Einzelstrophe IV verwendet das beliebte Symbol des Falken, anders als beim Kürenberger (vgl. Nr. 9) hier jedoch, um die freie Partnerwahl einer Frau zu bezeichnen.

15 *Slâfest du, vriedel ziere?* XIII = MF 39,18 ff. (in C): Lied XIII ist das älteste erhaltene Beispiel eines mittelhochdeutschen Tageliedes (vgl. Nrr. 29, 38 f., 67 u. a.).
Von IV und XIII gibt es moderne Vertonungen der Ensembles »Ougenweide« (1973, im Stil des »Mittelalter-Rock«: unter anderem auf dem Doppelalbum: Liederbuch »Ougenweide«, Polydor) und »Dulamans Vröudenton« (1982).

Literatur

Helmut TERVOOREN: VL[2] II (1980) Sp. 95–98.
Vgl. auch: WAPNEWSKI (1975). SCHWEIKLE (1977). KASTEN (1980).

16

Kaiser Heinrich

Autor/Überlieferung: Mit »Kaiser Heinrich«, dem Verfasser dieses Liedes (und zweier weiterer Lieder), mit denen die Hss. B und C eröffnet werden, kann nur Kaiser Heinrich VI. (1165–97), also der Sohn Kaiser Friedrichs I. Barbarossa, gemeint sein. Dieser Meinung zumindest waren die Sammler und Schreiber der beiden Hss. bzw. der jeweiligen Vorlagen, und hierin ist sich mittlerweile auch die Forschung nach früheren Zweifeln einig.

Edition: MF-MT IX: III = MF 5,16 ff. (in BC).

Der besondere Reiz dieses vierstrophigen Liedes liegt darin, daß es von einem Kaisersohn und künftigen Kaiser gesungen wurde, welcher Dienst und Unterwerfung gegenüber der geliebten Dame vorführt. Vor der sofortigen Gleichsetzung von Autor und lyrischem Ich sollte man sich jedoch hüten und statt dessen den spielerischen Charakter beachten, der zur Vorführung eines solchen Liedes gehört haben muß.

Literatur

Günther Schweikle: VL[2] III (1981) Sp. 678–682.
Vgl. auch: Wapnewski (1975). Schweikle (1977).

17 – 19

Friedrich von Hausen

Autor: Sofern der für die Zeit zwischen 1171 und 1190 in Urkunden und Chroniken mehrfach erwähnte »Fridericus de Husen (Husa)«, Sohn des gut bezeugten und auch von Spervogel (Herger) gepriesenen Edelfreien Walther von Hausen, mit dem Liederdichter identisch ist – wofür alles spricht –, dann können wir ihn als Person gut fassen: Er stammte wahrscheinlich von der Burg Rheinhausen bei Mannheim, stand im Dienstverhältnis zu Kaiser Friedrich I., gehörte zu dessen angesehenen Ratgebern, war zweimal in Italien und fiel während des Dritten Kreuzzugs am 6. Mai 1190, nur kurz nach Barbarossas Tod

im Saleph, in der Nähe von Philomelion (heute: Akschehir/Anatolien).
Friedrich von Hausen übernahm als einer der ersten mittelhochdeutschen Sänger Formen und Anregungen aus der Lyrik der Trobadors und Trouvères, und er gilt als wichtigster Autor des sog. Rheinischen Minnesangs. Bei verschiedenen seiner Lieder wird mit ziemlicher Sicherheit vermutet, daß sie unter Verwendung von romanischen Melodien geschrieben wurden, also Kontrafakturen darstellen. Ausgehend von dieser Voraussetzung, konnten einige seiner in deutschen Hss. nicht aufgezeichneten Melodien aus Trobador- und Trouvère-Hss. gewonnen werden.
Hausens Texte sind durch die zweisprachigen Editionen von SCHWEIKLE (1977; 1984) und die beigegebenen Erläuterungen optimal erschlossen. Zur Interpretation des Gesamtwerks sei ausdrücklich auf die eindringlichen Ausführungen von Bernd THUM (1980) verwiesen. Insgesamt sind die Lieder Hausens durch völlige Unterwerfung unter den Willen der Dame, durch Schmerz und immer wieder auch durch Angst gekennzeichnet; in Lied IX (=Nr. 19) schlägt dies in Aggression um.

Überlieferung: Die Texte Hausens (MF-MT: 17 Lieder / SCHWEIKLE, 1984: 21 Lieder) sind in den Hss. B/C überliefert, davon sechs Strophen ohne Namensnennung auch in zwei weiteren Hss. (F, p).

Editionen: MF-MT X; SCHWEIKLE (1984).

17 *Ich sihe wol, daz got wunder kan* XI = MF 49,37 ff. (in B/C).

18 *Wâfenâ, wie hat mich minne gelâzen* XV = MF 52,37 ff.: Die vier Strophen sind in B/C in gleicher Weise als zwei Zweiergruppen überliefert; allerdings scheinen sie (bis auf Kleinigkeiten) die gleiche metrische Form zu haben. Zum Hinweis auf das darin steckende Problem haben wir die Strophenzählung gegenüber MF-MT geändert.

19 *Mîn herze und mîn lîp* SCHWEIKLE (1977) S. 236/238, Nr. IX (näher bei der Überlieferung als MF-MT VI = MF 47,9 ff.): Dieses in B/C überlieferte Kreuzzug-Abschiedslied thematisiert den Konflikt zwischen der Liebe zu Gott und zu der Dame (Gottes- und Frauenminne). Als unmittelbares Vorbild, in jedem Fall für die Motivik, wahrscheinlich aber auch für Strophenform und damit die Melodie, gilt Conon de Bethune's Lied *Ahi amors com dure departie* (RAYNAUD, Nr. 1125; Text und Übersetzung bei: U. MÜLLER, Kreuzzugsdichtung, Tübingen 1968 [u. ö.] [Nr. 20], bzw. 1990, S. 538 f.; Melodie

bei FRANK/MÜLLER-BLATTAU II, 1956, S. 35–44, ferner in MF-MT II, S. 38, Nr. 4). – Einspielungen: »Early Music Consort London«: Music of the Crusades (Conon de Bethune); »Bärengäßlin«, 1986 (Hausen).

Im Gegensatz dazu ist der Konflikt in Hausens Lied aussichtslos: Er wird nicht gelöst, sondern durch einen aggressiven Gewaltakt, nämlich eine grobe Dienstaufsage an die hartherzige Dame (Str. 4), schroff beendet. Die immer wieder erwogene Abtrennung der eindeutig überlieferten Str. 4 würde die Aussage des Liedes tiefgreifend ändern und ist daher als sinnstörende Philologen-Willkür abzulehnen. – Beim vielumstrittenen »sumer von Triere« (Str. 4,5) bleibt uns die einfachste Erklärung, die nämlich vom damals sprichwörtlich unsicheren Wetter im Moseltal ausgeht, immer noch die wahrscheinlichste (so: MÜLLER, in: ZfdPh 90, 1971, Sonderh., S. 107–115: dort auch eine Aufstellung anderer Vorschläge); ein komplizierterer »weiterer Erklärungsversuch«, und zwar politischer Art, bei Volker MERTENS, in: ZfdPh 95 (1976) S. 346–356 (zustimmend dazu Ernst VON REUSNER, 1979, S. 342–345).

Es ist nicht ganz eindeutig, ob das Lied insgesamt die Teilnahme an einem Kreuzzug rückhaltlos propagiert; es ist nämlich auch möglich, die vorgeführten Probleme als sehr versteckte Kritik zu interpretieren. – Zum Lied vgl. ferner auch RÄKEL (1973); HÖLZLE (1980); MÜLLER (1983) S. 119–125.

Literatur

D. G. MOWATT: Friderich von Hûsen. Introduction, Text, Commentary and Glossary. Cambridge 1971.

Hans-Herbert RÄKEL: Drei Lieder zum dritten Kreuzzug. In: DVjs 47 (1973) S. 508–550.

Günther SCHWEIKLE: VL² II (1980) Sp. 935–947.

Günther SCHWEIKLE: Friedrich von Hausen: Lieder. Mhd./Nhd. Text, Übers. und Komm. Stuttgart 1984.

Heinrich von Veldeke

Autor: Es wird vermutet, daß Heinrich von Veldeke, der mit seinem Aeneas-Epos *Eneit* bereits im Mittelalter als erster deutschsprachiger Meister des damals modernen höfischen Romans galt, aus der Gegend westlich von Maastricht stammt; über seinen Stand ist nichts Genaues bekannt. Seine Lieder werden auf 1170–90 datiert, ohne daß dies im einzelnen zu beweisen wäre.

Überlieferung: Die Strophen und Lieder sind in oberdeutscher Sprachform, mit einigen nicht-mittelhochdeutschen Einsprengseln, überliefert, und zwar in den Hss. ABC (17/48/61 Strophen). Den Versuchen von Theodor Frings (erstmals in: MF, 1944), sie sprachlich »in ein echt limburgisches Gewand« zu kleiden, also eine angeblich ursprünglich maasländische Sprachform der Lieder zu rekonstruieren, steht man heute sehr skeptisch gegenüber.

Edition: MF-MT XI.

20 *Der blîdeschaft sunder riuwe hât* VI = MF 60,13 f.: Die zwei Strophen und die folgende (Nr. 21) sind jeweils in B/C überliefert: VI,1 und 2 allerdings nicht als zusammenhängendes Lied: doch zeigt der Refrain, daß es sich hier um zusammengehörige Strophen, nämlich einen »Wechsel« handelt. Wie die meisten anderen Lieder Veldekes sind auch diese Texte auf das Thema Freude (*blîdeschaft*) gestimmt, unterscheiden sich also von den zahlreichen Minneklagen jener Zeit.

21 *Des bin ich wol getroestet* IX = MF 61,9.

Literatur

Gabriele Schieb: Henric van Veldeken. Stuttgart 1965. (SM 42.)
Ludwig Wolff / Werner Schröder: VL² III (1981) Sp. 899–918.
Vgl. Schweikle (1977).

22

Rudolf von Fenis

Autor: Rudolf von Fenis gehörte dem Hochadel an, nämlich dem Grafengeschlecht von Neuenburg/Neuchâtel (Schweiz); von den drei Rudolfs des 12. und 13. Jh.s kommt für den Sänger aus stilistischen Gründen am ehesten Graf Rudolf II. in Betracht, der ab 1158 urkundlich nachweisbar ist und spätestens 1196 starb. Die Lieder des Grafen Rudolf von Fenis sind ausnahmslos Minneklagen; sie zeigen viele formale und thematische Parallelen zu romanischen Liedern.

Überlieferung: 9 Lieder (so: Schweikle, 1977; MF-MT: 8) in den Hss. B/C (19/21 Strophen). Zu fünf von ihnen sind romanische Strophen-Vorbilder gefunden worden, d. h. mindestens fünf Lieder Rudolfs sind Kontrafakturen.

Edition: MF-MT XIII: II = MF 80,25 ff.

Lied II, eine sehr eindringliche Minneklage, gilt als »sichere Kontrafaktur« des Liedes *De bonne amor* von Gace Brulé (Text und Melodie bei Frank/Müller-Blattau, 1952–56, Bd. 1; Nr. 10b, Bd. 2: Nr. X; Melodie u. a. bei Jammers, 1963, S. 202 ff., 1979, S. 4).

Literatur

Schweikle (1977).

23 – 24

Albrecht von Johansdorf

Autor: Der Name »Albertus de Jahenstorf(f) (Janestorf, Johanstorf)« ist zwischen 1172 und 1209 mehrfach erwähnt für Ministerialen der Bischöfe von Bamberg und von Passau; ob verschiedene und eventuell wie viele Personen sich dahinter verbergen, ist nicht geklärt. Mutmaßlich gehört in diesen Umkreis der Liederdichter, in dem allgemein der Angehörige eines niederbayrischen Ministerialengeschlechtes vermutet wird.
Die Lieder Albrechts zeichnen sich dadurch aus, daß sie die dort behandelten Probleme weniger bohrend und hartnäckig behandeln,

sondern daß diese sehr oft mit der Tendenz zum Ausgleich und zum Kompromiß angegangen werden. Sie haben daher nicht die oft ausweglose Strenge, die viele Lieder Hausens, des Grafen Rudolf sowie Reinmars auszeichnen.

Überlieferung: 13 (MF) bzw. 16 Lieder (so: SCHWEIKLE, 1977), vor allem in den Hss. B und C; ferner einige Strophen in Hs. A (zum Teil unter anderen Namen in sog. Repertoiresammlungen).

Edition: MF-MT XIV.

23 *Swaz ich nû gesinge* IV = MF 89,9 ff. (in B/C): Wer eigentlich wen genau in Str. 2 fragt, ist nicht ganz eindeutig: eine Dame einen Herrn, oder ein Mann einen anderen Mann, also etwa einen älteren und erfahrenen Freund oder Ratgeber? Auch über die Grenze zwischen Frage und Antwort sind verschiedene Meinungen möglich. Uns erscheint die Interpretation in MF-MT einleuchtender als diejenige bei SCHWEIKLE (1977) S. 332 f. Der von Carl VON KRAUS (1939) vorgeschlagene und in seiner Bearbeitung von MF durchgeführte ›Ausweg‹ sei hier als Musterbeispiel von umdichtender Philologen-Willkür angeführt: »Alles bekommt einen klaren Zusammenhang und bedarf keiner gesuchten Annahmen, wenn man *herre* (BC) durch *vrouwe* ersetzt« (S. 224 f.). Auf solche Weise kann man natürlich alle Probleme ›lösen‹. – Eindeutig ist in jedem Fall, daß hier eine auch sonst bekannte unterschiedliche Moral für Männer und Frauen formuliert wird (WILLMS, 1990, S. 9 und S. 267 Anm. 1).

24 *Ich vant si âne huote* XII = MF 93,12 ff. (in B/C): Vorbild war wohl eine Tenzone (eine bei den Trobadors beliebte Liedform für Diskussionen) eines nicht genau zu identifizierenden »Marques« (Marquis de Montferrat?), wo ein geistreiches Werbungsgespräch zwischen einer *domina* und ihrem *amicus* in Form eines Streitgedichtes dargestellt ist (PILLET/CARSTENS, S. 296,1a; Text und neufranzösische Übersetzung bei FRANK, 1952, S. 87–91). Während das okzitanische Lied einen präzisen dialogischen Schlagabtausch der Argumente vorführt, der damit endet, daß der Dame die Sache zu riskant ist, spielt Johansdorf auf höchst geistreiche Weise mit der Dialogform, indem seine Gesprächspartner sich fortwährend und durchaus mit Hintersinn mißverstehen. Der in der Germanistik »zum klassischen Zitat« gewordene Schlußvers (KASTEN, 1990, S. 236) offeriert sehr ironisch ›Sublimation‹ (entsprechend der Terminologie Sigmund Freuds) anstelle der erhofften erotischen Erfüllung, und zwar nicht

aufgrund von moralischen Bedenken der Dame, sondern aus ihrer Sorge vor Ehrverlust durch das spätere Renommieren des Mannes (vgl. dazu S. 490 f.). Insofern ist das Lied weniger ein »Programmgedicht« der Hohen Minne, sondern eher eine »Parodie« auf jene Ideologie (Müller, 1986, S. 304): »Angesichts (der) besonderen Gesprächsführung und der ironischen Leichtigkeit des Ganzen ist es schwer vorstellbar, daß der Autor durch die Rolle der Dame hier wirklich eine völlig ernstgemeinte ›Botschaft‹ vermitteln wollte – wahrscheinlicher ist es, daß er sich über deren problembeladene Formulierung und Diskussion der Hohen Minne lustig macht« (Müller, 1990, S. 544; ähnlich auch, mit ausführlicher Interpretation des Wortlauts: Willms, 1990, S. 21–25).

Literatur

David P. Sudermann: The Minnelieder of Albrecht von Johansdorf. Edition, Commentary, Interpretation. Göppingen 1976.
Hugo Bekker: The Poetry of Albrecht von Johansdorf. Leiden 1978.
Schweikle (1977).
Karl-Heinz Schirmer: VL^2 I (1978) Sp. 191–195.

25 – 30

Heinrich von Morungen

Autor: Daß der Sänger identisch ist mit dem in zwei Urkunden des Meißner Markgrafen Dietrich für 1218 und wahrscheinlich 1217 erwähnten »Hendricus de Morungen«, wird allgemein angenommen, kann aber – wie in den meisten solchen Fällen – nicht eindeutig nachgewiesen werden. Dort, wie auch in Urkunden des 16. Jh.s wird ein Morungen bzw. ein »Moring« mit dem Leipziger Thomaskloster in Beziehung gebracht, wo dieser seinen Lebensabend verbracht haben soll. Auf nicht geklärte Weise wurde er auch zum Helden einer Sängersage, und zwar in der Ballade *Vom edlen Moringer*, die über dessen Rückkehr von einer großen Orientreise handelt. – Heinrich von Morungen gilt als einer der bedeutendsten Liebeslyriker der mittelhochdeutschen Blütezeit.

Überlieferung: Die Texte des Heinrich von Morungen (TERVOOREN, 1981, Sp. 805: 115 Strophen in 35 Tönen; eine weitere Strophe jetzt im »Kremsmünsterer Fragment«: MF-MT, 1988, S. 469–471) sind vorwiegend in den Hss. A, B, C und Ca (»Troß'sches Fragment«, 15. Jh.) überliefert, und zwar ohne größere Zuschreibungsprobleme. Leider sind keinerlei Melodien überliefert oder rekonstruierbar. Einen Überblick über die gesamte hs. Überlieferung gibt die Zusammenstellung und Abbildung in: Litterae 2 (hrsg. von U. MÜLLER, Göppingen 1971). Durch die zweisprachige, ausführlich kommentierte Edition von Helmut TERVOOREN (1975; nach MF-MT) ist Morungens Werk sehr gut erschlossen.

Edition: MF-MT XIX (weitgehend identisch mit TERVOOREN, 1975).

Die Lieder Heinrichs von Morungen stehen durchaus in der Tradition der »Hohen Minne«. Sie stellen die Gewalt der Liebe, deren Schmerzen und Freuden, höchst eindrucksvoll, ja geradezu in hymnischem Stil dar. Die Liebe erscheint bei Morungen als unwiderstehliche, göttlich-magische Kraft, und von daher erklären sich auch gelegentliche Anspielungen auf religiöse Vorstellungen (XXXIV: Maria) und deren Sprachgestus (IV,1: Seligpreisung). Auffällig sind die häufigen Licht-Metaphern.

25 *In sô hôher swebender wunne* IV = MF 129,19 ff. (in dieser Reihenfolge in B/C/Ca; Str. 1 auch in A): Bei der Übersetzung wurde die häufige Verwendung des Wortstammes /*wunn-*/ im Neuhochdeutschen bewußt nachgeahmt. – Das Lied ist ein eindrucksvolles Beispiel für jenen von FRINGS festgestellten und immer wieder zitierten Zug zum »Hymnischen«.

26 *Von den elben* V = MF 126,8 ff. (Reihenfolge der Strophen nach A; anders in C/Ca und B [dort 3 Strophen]: vgl. HEINEN, 1989, S. 43). Das Lied zeigt ein weiteres Hauptthema der Lyrik Morungens, nämlich die unwiderstehliche Magie der Liebe.

27/28 *Vrowe, wilt du mich genern – Vrowe, mîne swaere sich* XIX/XX = MF 137,10/17 (in A/C): Morungen verfügt daneben aber auch über schlichte Innigkeit sowie geistreiche Ironie und Scherz; beides findet sich in zwei gegensätzlichen Einzelstrophen, die in A/C unmittelbar hintereinander stehen und in denen jeweils um Erhörung bei der Dame geworben wird. Von den beiden Strophen gibt es eine moderne Vertonung der Gruppe »Dulamans Vröudenton« (1982), ebenso von dem folgenden Lied.

29 *Owê, – Sol aber mir iemer mê* XXX = MF 143,22 ff. (in C/Ca): Das Lied verbindet scheinbar Unvereinbares, nämlich Elemente der Untergattungen ›Wechsel‹ (Doppel-Monologe eines getrennten Paares) und ›Tagelied‹ (Abschieds-Dialog eines Paares nach einer heimlich verbrachten Liebesnacht), d. h. einer monologischen und einer dialogischen Liedgattung. Die beiden Liebenden, über deren Stand keinerlei Aussagen gemacht werden, sprechen jeweils einzeln aus der Erinnerung an die gemeinsame Liebesnacht und an den Schmerz der Trennung. Das Lied gilt allgemein als herausragendes Meisterwerk der mittelhochdeutschen Lyrik; vgl. dazu insbesondere Kurt RUH (1944) und Peter WAPNEWSKI (1961), ferner MÜLLER (1983) S. 100 bis 104.

30 *Vil süeziu senftiu toeterinne* XXXIV = MF 147,4: vgl. S. 503.

Literatur

Kurt RUH: Das Tagelied Heinrichs von Morungen. In: Trivium 2 (1944) S. 173–177.

Peter WAPNEWSKI: Morungens Tagelied (1961). In: P. W. (1975), S. 64–73.

Theodor FRINGS / Elisabeth LEA: Das Lied vom Spiegel und von Narziß. Morungen 145,1 / Kraus 7. Minnelied, Kanzone, Hymnus. Beobachtungen zur Sprache der Minne. Dt./Prov./Frz./Lat. In: Beiträge (Halle) 87 (1965) S. 40–200.

Horst Dieter SCHLOSSER: Heinrich von Morungen: *Von der elbe wirt entsen vil manic man* (MF 126,4). In: Jungbluth (1969) S. 121–135.

Valentin SCHWEIGER: Textkritische und chronologische Studien zu den Liedern Heinrichs von Morungen. Diss. Freiburg i. Br. 1970.

Helmut TERVOOREN: Heinrich von Morungen: Lieder. Mhd./Nhd. Text, Übers., Komm. Stuttgart 1975.

Helmut TERVOOREN: VL[2] III (1981) Sp. 804–815.

31 – 34

REINMAR DER ALTE

Autor: Hinsichtlich dessen, was zur Biographie des nirgends urkundlich, sondern nur bei anderen Autoren erwähnten Reinmar wirklich sicher bekannt ist, hat Günther SCHWEIKLE klärend gewirkt und ein förmliches Dickicht von Hypothesen gelichtet. Nachweisbar ist demnach das Folgende: Reinmar war wohl ein älterer Zeitgenosse Walthers von der Vogelweide. Herkunft und Stand sind unbekannt, die lobende Nennung durch Gottfried von Straßburg als *»nahtegal von Hagenouwe«* (*Tristan*, V. 4779 ff.) zeigt eine nicht weiter zu klärende Beziehung zu diesem Ort, wahrscheinlich die Kaiserpfalz im Elsaß: Ein einziger Beiname wird ihm in der Überlieferung (und zwar nur in der Hs. C) zugelegt, nämlich »der Alte« – ganz offenkundig zur Unterscheidung von Reinmar von Zweter. Wahrscheinlich hat er eine Totenklage auf Herzog Leopold V. von Österreich (gest. 1194) gedichtet; weitere Beziehungen zum Wiener Hof, besonders die in der Forschungsliteratur so oft erwähnte Tätigkeit eines »Hofsängers« der Babenberger, sind nicht eindeutig verifizierbar.

Was sich außerdem an den Texten noch einigermaßen sicher nachweisen läßt, sind viele Bezüge der Lieder untereinander, sowie ein Wechsel von Zitaten und Argumenten mit Walther von der Vogelweide. Daraus allerdings einen sorgfältig geplanten, über Jahre sich erstreckenden Zyklus konstruieren zu wollen, ist wohl ebenso verfehlt wie die vielzitierte »Fehde« zwischen Reinmar und Walther, die aber einiges über martialische Vorlieben vieler Germanisten aussagt; es ist sicherlich nicht auszuschließen, ja sogar wahrscheinlich, daß Reinmar und Walther in irgendeinem Konkurrenzverhältnis standen, doch was sich dahinter im einzelnen verbirgt (viele vermuten einen veritablen Existenzkampf um die Stellung am Wiener Hof!), wo und wie sich das alles abspielte, läßt sich heute nicht mehr klären. Produktiv und eindrucksvoll verarbeitet ist dieses Reinmar-Bild in dem Roman von Eberhard HILSCHER, Der Morgenstern oder die vier Verwandlungen eines Mannes, genannt Walther von der Vogelweide, Berlin 1976 (Neudr. 1992: Der Dichter und die Frauen, oder . . .).

Die Lieder Reinmars stellen die Ideologie der »Hohen Minne« in reinster und gleichzeitig extremer Weise dar. Sie sind gekennzeichnet durch eine weitgehend begriffliche, bilderlose Sprache sowie durch geradezu bohrendes Analysieren. Immer wieder wurde Reinmar daher eine geistige Nähe zur Scholastik zugesprochen: Ludwig UHLAND prägte angeblich die viel zitierte und variierte Formulierung »Scholastiker der unglücklichen Liebe«. Deutlich ist auch ein Zug ins Selbstquälerische, ins Masochistische, was geradezu nach Interpretation mit den Kategorien der Psychoanalyse und anderer moderner psychologischer Methoden ruft.

Überlieferung: Die Lieder Reinmars sind – ohne Melodien – vorwiegend in den Hss. A/B/C/E überliefert; in B/C werden sie an Zahl nur noch von Walther von der Vogelweide übertroffen, doch ist wegen der Schwierigkeit der Überlieferungssituation ihre genaue Menge nur ungefähr anzugeben (A/B/C/E: 19/31/64/etwa 35 Lieder). Die Probleme sind: (1) Zahlreiche Texte sind auch in anderen Autorsammlungen (vor allem, aber nicht nur: Heinrich von Rugge) überliefert; (2) die überlieferten Texte variieren oft stark; (3) ferner meinte die Forschung, daß vieles, was zu einem einheitlichen Gesamtbild nicht passe, ›unecht‹ sei, trotz oft eindeutiger Überlieferung unter Reinmars Namen den »Pseudo-Reinmaren« zugehöre, und das nach diesen Prozeduren schließlich Übriggebliebene wurde dann vor allem durch die subtilen, aber sehr subjektiven Untersuchungen von Carl VON KRAUS (1919) in die Form eines großen und in sich schlüssig erscheinenden Zyklus gebracht. Vor allem die Arbeiten von SCHWEIKLE haben die Reinmar-Philologie von diesen hypothetischen Höhenflügen, die allgemein bereits den Charakter von festen ›Wahrheiten‹ anzunehmen schienen, wieder auf den Boden der Tatsachen, d. h. der Überlieferung und des wirklich Bekannten heruntergeholt; er betont vor allem die Möglichkeit, daß die Zuschreibungsdivergenzen großenteils mit Autorvarianten sowie mit dem Geben und Nehmen zwischen den einzelnen Sängern, also mit den Bedingungen des damaligen ›Literaturbetriebes‹ erklärt werden können. Die Neuausgabe von *Des Minnesangs Frühling* durch MOSER-TERVOOREN (1977) trug diesen Erkenntnissen weitgehend Rechnung; völlig umgesetzt sind sie dann in Schweikles eigener Reinmar-Ausgabe (1986), die grundsätzlich Hs. B folgt, damit »einen bestimmten Entwicklungsstand der Reinmarschen Lyrik« (S. 7) dokumentiert, die aber – verglichen mit den 68 Liedtexten bei Moser-Tervooren – deswegen ›nur‹ die 31 B-Lieder (plus 2 Lieder aus C im Anhang) bietet: Noch überlieferungsnäher geht HEINEN (1989) vor, der bei den unterschiedlich überlieferten Liedern Reinmars stets alle Fassungen separat präsentiert. Zur Reinmar-Überlieferung der Hs. E vgl. jetzt grundlegend Ingrid BENNEWITZ (1993).

Edition: MF-MT XXI; SCHWEIKLE (1986).

31 *Ich wirbe umbe allez, daz ein man* X = MF 159,1 ff.: Das Lied ist mit wechselnder Strophenfolge und unterschiedlichem Wortlaut in A/B/C/E überliefert (alle Fassungen parallel bei HEINEN, 1989, S. 88–91). – Der Text von MF-MT folgt B; in 4,5 (*ir*) bleibe ich aber gegen MF-MT (und mit SCHWEIKLE) beim Wortlaut von B. – Auf

Str. 3 (Kußraub) hat Walther von der Vogelweide (Nr. 42) reagiert, und er hat dabei auch die Strophenform und die verlorengegangene Melodie Reinmars übernommen.

32 *Swaz ich nu niuwer maere sage* XIV = SCHWEIKLE X (MF 165,10 ff.): Das Lied ist mit leicht wechselnder Strophenfolge (Str. 2 B/C/E = 3 A) und gelegentlich stark unterschiedlichem Wortlaut in A/B/C/E überliefert; E bietet eine fünfte Strophe (alle diese Fassungen bei HEINEN, 1989, S. 97–99), in C folgen noch zwei andere Strophen (siehe unten). Reihenfolge und Wortlaut des Abdrucks folgen B bzw. SCHWEIKLE, 1986 (MF-MT bietet hier eine Hss.-Kontamination). – Das Lied, das in der Forschung aufgrund von Str. 3 den Titel *Preislied* trägt, vereint die wesentlichen Eigenheiten Reinmars wie in einem Brennspiegel: Walther von der Vogelweide bezieht sich mehrfach darauf (Reinmar-Nachruf L 82, 24; Str. L 48,38; wohl auch L 56,14 / Anfang), und die Preisstrophe auf die »Idee Frau« (mhd. *wîp*) wirkte über Walther L 48,38 noch bis zum »Wîp/Frouwe«-Streit zwischen Heinrich von Meißen (Frauenlob) und seinen Kontrahenten (Rumelant und Regenbogen?): vgl. ausführlich WACHINGER (1973) S. 188–246, und STACKMANN/BERTAU (1981) II, S. 821 ff. (vgl. Nrr. 45, 48, 109).
Wie oben erwähnt, folgen in C (wie die Initialen auf Bl. 101ra eindeutig zeigen:) als Schluß *desselben* Liedes zwei Strophen, die in E in einem anderen Lied-Kontext stehen (MF-MT, Nr. XII = MF 162,7 ff.); aufgrund der starken metrischen Ähnlichkeiten passen die beiden in sich abgeschlossenen Strophen sowohl dort wie hier; sie sind abgedruckt in der Fassung von MF-MT, Nr. XII (nach C; aber auch in der Reihenfolge von C: MF-MT 163,5/162,34). Vgl. dazu SCHWEIKLE (1986) S. 343–347 sowie BENNEWITZ (1993); ferner – stark rekonstruierend – Friedrich NEUMANN, in: Jungbluth (1969) S. 153 bis 168. – Str. C/5 ist eine »der Kernstrophen für Reinmars Minnestil«, und zwar wegen der dort formulierten »Ästhetisierung [des] Leids« (SCHWEIKLE, 1986, S. 345).

33 *Lieber bote, nu wirp alsô* XXVIII (MF 178,1 ff.) = SCHWEIKLE XXVIII,1–3 (Fassung von B): Insgesamt sind 6 Strophen in 4 Hss. überliefert (einmal auch unter dem Namen ›von Neifen‹): vgl. SCHWEIKLE (1986) S. 377–379. Zur Interpretation des ›Botenliedes‹ (Auftrag einer Dame an den Boten), das die angstvolle Seite der Liebe eindrucksvoll thematisiert, vgl. JACKSON (1981) S. 260–266 sowie Ingrid KASTEN: Weibliches Rollenverständnis in den Frauenliedern Reinmars und der Comtessa de Dia, in: GRM 37 (1987) S. 131–146.

34 *Went ir hoeren* LXIV = MF (Anmerkungen): Das Lied galt dem Sammler/Schreiber der Manessischen Lieder-Hs. (C) bzw. von deren Vorlage als eindeutiges Werk Reinmars; den ihm dort völlig eindeutig zugewiesenen Text abzusprechen, so wie es bis vor kurzem unisono die Germanistik tat, beruht auf ästhetischen und moralischen Vorurteilen. Auch (oder gerade) einem Dichter wie Reinmar ist ein solcher »contre-texte« (BEC, 1984) zuzutrauen. Ähnlich argumentiert auch TERVOOREN (1986/91), der hierzu auf einige parallele Motive in der damaligen Liebeslyrik, auf die Schwank-Tradition des »Bösen Weibes« sowie die romanische Gattung der »chanson de mal mariée« (›Lied der schlecht verheirateten Frau‹) verweist. Der derbe Eheschwank der Str. 1–3 ergibt zusammen mit der davon abgesetzten Schlußstrophe bei näherem Hinsehen im übrigen eine Aussage, die von derjenigen anderer Reinmar-Lieder gar nicht so weit entfernt ist (vgl. auch MÜLLER, 1989, S. 80).

Literatur

Carl VON KRAUS: Die Lieder Reinmars des Alten. 3 Tle. München 1919.
Konrad BURDACH: Reinmar der Alte und Walther von der Vogelweide. Halle/S. [2]1928. Nachdr. Hildesheim / New York 1976.
Günther SCHWEIKLE: Reinmar der Alte. Grenzen und Möglichkeiten einer Minnesangphilologie. Habil.-Schr. Tübingen 1965. [Masch.]
Günther SCHWEIKLE: War Reinmar ›von Hagenau‹ Hofsänger zu Wien? In: Helmut Kreuzer in Zsarb. mit Käte Hamburger (Hrsg.): Gestaltungsgeschichte und Gesellschaftsgeschichte. Fs. Fritz Martini. Stuttgart 1969. S. 1–31.
Wiebke SCHMALTZ: Reinmar der Alte. Beiträge zur poetischen Technik. Göppingen 1975.
Manfred STANGE: Reinmars Lyrik. Forschungskritik und Überlegungen zu einem neuen Verständnis Reinmars des Alten. Amsterdam 1977.
JACKSON (1981).
Günther SCHWEIKLE (Hrsg.): Reinmar: Lieder. Nach der Weingartner Liederhandschrift (B). Mhd./Nhd. Hrsg., übers. und komm. Stuttgart 1986.
Günther SCHWEIKLE: Die Fehde zwischen Walther von der Vogelweide und Reinmar dem Alten. Ein Beispiel altgermanistischer Legendenbildung. In: ZfdA 115 (1986) S. 235–253.
Helmut TERVOOREN: Brauchen wir ein neues Reinmar-Bild? Über-

legungen zu einer literaturgeschichtlichen Neubewertung hochhöfischer deutscher Lyrik. In: GRM 67 (1986) S. 255–266.
Günther SCHWEIKLE: VL[2] VII (1989) Sp. 1180–1191.
Ulrich MÜLLER: Was wäre, wenn Reinmar doch Hofsänger in Wien gewesen wäre? »Variazione scherzande« über den fruchtbaren Irrtum in der Rezeptionsgeschichte der mittelhochdeutschen Lyrik. In: Rüdiger Krüger / Jürgen Kühnel / Joachim Kuolt (Hrsg.): *Ist zwîvel herzen nâchgebûr.* Fs. Günther Schweikle. Stuttgart 1989. S. 255–272.
HEINEN (1989).
Helmut TERVOOREN: Reinmar-Studien. Ein Kommentar zu den »unechten« Liedern Reinmars des Alten. Stuttgart 1991.
BENNEWITZ (1993).

35 – 37

HARTMANN VON AUE

Über die Lebensumstände des Hartmann von Aue, des Schöpfers des deutschsprachigen Artus-Romans, ist nur sehr wenig bekannt. Er stammte wohl aus dem alemannischen Südwesten, rechnete sich selbst zum unfreien Dienstadel der Ministerialität, hatte eine gute Schulbildung und verfaßte seine Werke etwa zwischen 1180 und 1200. Ob er den in mehreren Liedern erwähnten Kreuzzug tatsächlich durchführte, ist unbekannt.

Überlieferung: 18 Lieder (so: MF-MT), vorwiegend in C (60 Strophen), daneben – mit Zuschreibungsdivergenzen (Reinmar, Walther) – auch in A/B (10/28 Strophen) und in drei weiteren Hss. (vgl. HEINEN, 1989, S. 57–65); eine Melodie ist möglicherweise aus dem Romanischen erschließbar (zu Lied XIII = MF 215,14).

Edition: MF XXII (vgl. auch v. REUSNER, 1985).

35 *Maniger grüezet mich alsô* XV = MF 216,29 ff. (in C): Das Lied kritisiert die Ideologie der »Hohen Minne« explizit, und es propagiert statt dessen gegenseitige Liebe; eine ähnliche Thematik hat auch Lied XVII.

36 *Ich var mit iuweren hulden* XVII = MF 218,5 ff. (in C): Dieses Kreuzzugs-Abschiedslied handelt vom Gegensatz zwischen der unbelohnten, auf *wân* gegründeten Liebe der *minnesinger* (hier der

erste Beleg für diesen Begriff!) und einer belohnten Liebe. Üblicherweise versteht man letztere als die in einem solchen Kontext übliche »Gottesminne«, doch ist es auffällig, daß Hartmann das offenbar absichtlich nicht expliziert. Es wäre von daher auch möglich, an eine ›erfüllte‹ Liebe zwischen Ritter und Dame zu denken (vgl. Lied XV). – Bei den vieldiskutierten ›Saladin-Versen‹ (Str. 2, V. 7 f.) ist es sicherlich am besten, mit MF-MT beim überlieferten Wortlaut zu bleiben, d. h. nicht durch eine kleine, aber stark sinnverändernde Konjektur einen Bezug zum Tod von Hartmanns Herren herzustellen, den er anderswo erwähnt (MF 206,14 / 210,23 ff.).

37 *Swelch vrowe sendet ir lieben man* VI = MF 211,20 (in B/C): Die Einzelstrophe behandelt ein in der Kreuzzugslyrik (aus naheliegenden Gründen) gelegentlich behandeltes Thema, nämlich Sorge um die Treue der zurückgelassenen Dame; bis heute gehört es übrigens zum Standard-Repertoire von Mittelalter- (bzw. Pseudo-Mittelalter-) Schwänken bis hin zu Witzen und Porno-Filmen.

Literatur

Peter WAPNEWSKI: Hartmann von Aue. Stuttgart 1962 [u. ö.]. (SM 17.)

Ekkehard BLATTMANN: Die Lieder Hartmanns von Aue. Berlin 1968.

Hugo KUHN / Christoph CORMEAU (Hrsg.): Hartmann von Aue, Darmstadt 1973. (WdF 359.)

Elfriede NEUBUHR: Bibliographie zu Hartmann von Aue. Berlin 1977.

Volker MERTENS: Kritik am Kreuzzug Kaiser Heinrichs? Zu Hartmanns 3. Kreuzlied. In: Krohn/Thum/Wapnewski (1978) S. 325 bis 333.

Wolfgang HAUBRICHS: Ebd. S. 295–324.

Christoph CORMEAU: VL² III (1981) Sp. 500–520.

Ernst VON REUSNER (Hrsg.): Hartmann von Aue. Lieder. Mhd./Nhd. Stuttgart 1985.

Wolfram von Eschenbach

Autor: Zur Person des Wolfram von Eschenbach ist, abgesehen von einigen Selbstaussagen in seinen Romanen, kaum etwas bekannt. Genaue Herkunft (Bayer/Franke?) und ständische Zugehörigkeit sind nicht gesichert. Das spätere Mittelalter sah in ihm einen fränkischen Adligen aus dem Ort Ober-Eschenbach (heute daher: Wolframs-Eschenbach). Offenbar enge Verbindungen hatte er zum Hof der Thüringer Landgrafen, insbesondere zu Landgraf Hermann I. von Thüringen (gest. 1217). Sein umfangreiches Werk (*Parzival*, *Willehalm*, *Titurel*; ferner neun Lieder, so: MF-MT, in der Mehrzahl Tagelieder) ist auf etwa 1200/20 zu datieren.

Edition: MF-MT XXIV; vgl. aber auch die vorbildhafte und für jede Beschäftigung mit Wolframs Lyrik unerläßliche Ausgabe von Peter Wapnewski (1972; mit Transkription, Übersetzung, Kommentar, Interpretation).

38 *Den morgenblic* I: Das Lied ist im Anschluß an den *Parzival* in der Münchner Parzival-Hs. G (cgm 19) auf einem später eingeklebten Einzelblatt zusammen mit dem Tagelied *Sîne klawen* (II) überliefert, aber ohne ausdrückliche Namensnennung. (Wolframs weitere Liedtexte stehen in A/B/C). – Das Lied ist eines der vier ›Tagelieder‹ Wolframs; sie gehören zu den ältesten erhaltenen Beispielen und gleichzeitig den besten dieser lyrischen Untergattung (vgl. auch Müller, 1983, S. 93–99).

39 *Der helden (< helnden) minne* IV: Der Text ist in B/C überliefert. In B, woran sich MF-MT als Leit-Hs. orientiert, steht in 2,2 eindeutig der Plural *bî lieben wîben*: Diese Lesart ist, wie bei MF-MT, Bd. 2, S. 117 richtig konstatiert wird, »zumindest möglich.« Dann aber heißt es dort, mit etwas erhobenem Zeigefinger: »Leichter verständlich ist der C-Text (*wîbe*, Dat. Sg.), da hier der Hörer von vornherein den Liebhaber mit dem treuen Ehemann identifizieren kann.« – Das ganze Lied kann mit Wapnewski (1972) als parodistische Variation zum Thema ›Tagelied‹ aufgefaßt werden, nicht unbedingt – wie oft geschehen – als persönliche Konfession des Autors, der hier erotischer Freizügigkeit abschwören und sich (christlicher) Ehe-Moral zuwenden würde. Den ernsten Charakter eines Gegenentwurfes betonen, unter ganz unterschiedlichen Aspekten, dagegen wieder Wolf (1979), v. Reusner (1980), Mohr (1983) und Mertens (1983).

Literatur

Joachim BUMKE: Wolfram von Eschenbach. Stuttgart 1964 [u. ö.]. (SM 36.)

Peter WAPNEWSKI: Die Lyrik Wolframs von Eschenbach. Ed., Komm., Interpr. München 1972.

WOLF (1979).

Ernst VON REUSNER: Wolfram von Eschenbach über individuelles Vermögen (*lêre*) und gesellschaftliche Bindung (*minne*). In: ZfdA 109 (1980) S. 298–316.

Wolfgang MOHR: Wolframs Tagelieder [1948] / Nachw. zu: Wolframs Tagelieder. In: Mohr (1983) S. 275–333.

Volker MERTENS: Dienstminne, Tageliederotik und Eheliebe in den Liedern Wolframs von Eschenbach. In: Euphorion 77 (1983) S. 233–246.

40

ANONYM

Überlieferung/Werk: Das mittelhochdeutsch-lateinische Lied ist in der Hs. der *Carmina Burana* überliefert (Bayerische Staatsbibliothek München, clm 4660; Anfang 13. Jh. = M), und zwar zusammen mit nicht mehr deutbaren linienlosen Neumen: René CLEMENCIC (1979) hat eine Melodie dazu erschlossen, die inzwischen mehrfach eingespielt wurde.

Das Lied, das etwa um 1200 entstanden sein könnte, vertritt den Typ der Pastourelle, und sein besonderer Witz liegt neben der eleganten Verbindung der beiden Sprachen in der zweideutigen Verwendung von ritterlicher und musikalischer ›Fachsprache‹ für Erotisches (zu dieser Technik vgl. grundsätzlich auch Neidhart, Nr. 58, und Gottfried von Neifen, Nr. 66, ferner Oswald von Wolkenstein, Kl 76). Ein Gegentyp dazu ist Walther von der Vogelweide, L 39,11 (Nr. 47). – Vgl. MÜLLER (1983) S. 108–113; EDWARDS (1987); SAYCE (1982/92); HEINEN (1989). – Zahlreiche Aufnahmen, u. a. »Clemencic Consort Wien« (1975–78), »Bärengäßlin« (1980); »Tandaradrei« (1992).

Text und Übersetzung aus: René CLEMENCIC / Michael KORTH / Ulrich MÜLLER: Carmina Burana. Lat./Dt. Gesamtausgabe der mittelalterlichen Melodien mit den dazugehörigen Texten. München 1979. S. 123–125. [Mit Übersetzung.]

Literatur: Vgl. Nr. 8 und Nr. 47.

Walther von der Vogelweide

Autor/Überlieferung/Werk: Bereits im Mittelalter galt Walther von der Vogelweide als einer der herausragenden Sänger; nach wie vor wird er als Gipfelpunkt der mittelhochdeutschen Lyrik angesehen. Dazu paßt, daß sein umfangreiches Werk (1 Leich; ca. 550 Liedstrophen in über 120 »Tönen«) in sehr vielen Hss. und mit nur geringen Zuschreibungsdivergenzen, bis weit ins späte Mittelalter hinein, überliefert ist.

Den Meistersingern galt er als einer der »Alten Meister«, und sie haben auch einige Melodien Walthers verwendet und dadurch erhalten. Walther ist der erste deutsche Autor, bei dem erstmals auch eine Melodie direkt mit dem Text überliefert ist (zum sog. *Palästinalied*, L 14,38: Nr. 55). Insgesamt sind heute etwa 12 Melodien zu Walther-Liedern bekannt oder mit Hilfe der Kontrafaktur-Forschung erschließbar, und zwar ausgehend von möglichen romanischen Vorlagen Walthers bzw. der erwähnten Übernahme seiner Melodien durch die Meistersinger. Deutlich muß darauf hingewiesen werden, daß einige Melodien, die heute mit Walther-Texten verbunden und in Konzerten bzw. auf Schallplatten nicht selten anzutreffen sind, eindeutig nicht authentisch sind und auf falschen Rekonstruktionen beruhen. Zur Text- und Melodie-Überlieferung insgesamt vgl. zusammenfassend Horst Brunner / Ulrich Müller / Franz Viktor Spechtler (1977).

Weder Walthers Geburtsort noch sein Stand sind bekannt; die derzeit einleuchtendste These zur Herkunft stammt von Bernd Thum, der auf das österreichische Waldviertel, nahe dem Kloster Zwettl, verweist (in: Joachim Bumke [u. a.], Hrsg., Literatur – Publikum – Historischer Kontext, Bern [u. a.] 1977, S. 205–239; sowie in: Die Kuenringer, Katalog der niederösterreichischen Landesausstellung 1980, Stift Zwettl 1980, S. 487–495). Historisch bezeugt ist Walther wenigstens aus einem einzigen Anlaß, nämlich in den Reiseabrechnungen des Passauer Bischofs Wolfger von Erla, der auf dem Weg nach Wien (zur Hochzeit Leopolds VI.) zum 12. November 1203 in Zeiselmauer vermerken ließ, daß dem »cantor« Walther von der Vogelweide zum Kauf eines Pelzmantels (»pro pellicio«) die Summe von 5 Soldi gegeben worden war. Da Walther in vielen seiner Lieder auf seine persönlichen Verhältnisse anspielt, sind mit Vorbehalten wenigstens Umrisse einer Biographie skizzierbar: Aufgewachsen und

erzogen im Herzogtum Österreich; bis zum Tod von Herzog Friedrich I. (1198) offenbar Dienstverhältnis am Wiener Herzogshof; anschließend Leben als fahrender, weit herumgekommener Berufssänger mit vielen wechselnden Dienstverhältnissen (unter anderem in der Nähe der damaligen Könige, vor allem aber bei verschiedenen Landesfürsten, insbesondere Landgraf Hermann I. von Thüringen); vergebliche Bemühungen um eine dauernde Rückkehr nach Österreich; schließlich Erhalt eines Lehens durch Kaiser Friedrich II. Walthers letzte datierbaren Texte verweisen auf die Zeit um 1228. Der Überlieferung nach (erstmals bezeugt zu Beginn des 14. Jh.s) liegt er im Kreuzgang des Würzburger Kollegiat-Stiftes Neumünster (heute: Lusamgärtlein) begraben.
Seit dem 19. Jh. wurde Walther zum deutschen Nationaldichter des Mittelalters hochstilisiert und immer wieder für politisch-ideologische Zwecke verwendet. Den modernen »Liedermachern/innen« gilt er als einer der Ahnherren ihres Berufsstandes und wird als solcher immer wieder zitiert. Neben deren Neuvertonungen gibt es mittlerweile auch zahlreiche Einspielungen von Walther-Liedern mit alten Melodien (mit unterschiedlicher Authentizität und Qualität); eine reine Walther-Platte spielte die Gruppe »Bärengäßlin« (1980) ein.

Edition: Anstelle der üblicherweise verwendeten Ausgaben von Karl Lachmann (1827; 1936 eingreifend neu bearbeitet durch Carl von Kraus) oder Friedrich Maurer (1955/1956) wird hier die Edition von Hermann Paul (1882) zugrunde gelegt: Sie bleibt insgesamt am nächsten bei der tatsächlichen Überlieferung (wurde dann aber leider 1945 durch Albert Leitzmann stark verschlimmbessert; eine Neubearbeitung durch Silvia Ranawake ist in Vorbereitung). Die dringend notwendige Revision der Lachmann-Edition wird derzeit von Christoph Cormeau durchgeführt. – Einige Texte mit besonders komplizierter Mehrfach-Überlieferung sind nach der völlig handschriftennahen Auswahl-Edition von Heinen (1989) abgedruckt.

Walthers umfangreiches Werk umfaßt Lieder zu den Themenbereichen »Liebe«, »Moral/Ethik«, »Politik« und »Religion«, und zwar mit vielfältigen Mischungen; auch die eigene Person und Existenz wird immer wieder thematisiert. Verschiedene Strophen mit Anspielungen auf Geschichte und Politik der Zeit lassen sich einigermaßen sicher datieren. Viele Strophen und Lieder, insbesondere die Liebeslieder, entziehen sich aber einer chronologischen Festlegung. Die oft zitierte Entwicklung Walthers (von der »hohen« Minne zur »niederen« und »ebenen« sowie zurück zu einer ›neuen‹ hohen Minne) ist weitgehend Spekulation. Bei vielen Liedern und Strophen muß – wie auch bei anderen Autoren – mit wiederholter Aufführung, möglicherweise entsprechend dem wechselnden Publikum geändert, gerechnet werden.

Mehr als bei fast allen anderen Sängern gilt bei Walther von der Vogelweide, daß eine Anthologie-Auswahl notwendigerweise Wichtiges auslassen und damit den Gesamteindruck verengen muß. – Die im folgenden vorgenommene Reihung der ausgewählten Lieder ordnet weitgehend nach Themengruppen, berücksichtigt aber die datierbaren Texte; bibliographische Nachweise werden nur in Ausnahmefällen gegeben.

41 *Swer giht daz minne sünde sî* P 3,25 / L 217,10 (nach: L 120,15): Die Strophe ist unter Walthers Namen als abschließende 4. Strophe zweier unterschiedlicher Lieder in E (vgl. Bennewitz, 1993) und der »Haager Lieder-Hs.« (s; um 1400) überliefert. Die anderen Strophen finden sich in A/B/C unter den Namen Hartmanns (A/C) und Walthers (C; Abdruck der Fassungen bei Heinen, 1989, S. 62 f.). Möglicherweise hat Walther ein früheres Lied Hartmanns (MF 214,34 ff.) aufgenommen und erweitert, unter anderem um diese Strophe. Sie wirkt wie eine Reaktion auf Reinmar, MF 178,29 (Nr. 33), einen laut Überlieferung (vgl. dort) offenbar populären Text.

42 *Ein man verbiutet âne pfliht* (In dem dône: *Ich wirb umb allez daz ein man*) P 65 / L 111,22: Über dem nur in C überlieferten Text steht etwas Außergewöhnliches, nämlich daß Walther einen »Ton« Reinmars (MF 159,1 ff.; Nr. 31) verwendet, diesen also kontrafaziert und – wie der Inhalt zeigt – auch parodiert hat. Er reagiert aber nicht nur auf die dortigen Motive »Matt« und »Kußraub«, sondern offenbar auch auf den »Ostertag« in einem weiteren Lied Reinmars (MF 170,15). – Vgl. auch Hahn (1986) S. 44–49.

43 *Lange swîgen des hât ich gedâht* P 35 = L 72,31: In dieser Reihenfolge in A/C überliefert; anders in E und B (dort 3 Strophen, und zwar unter Reinmar-Liedern; vgl. dazu Mertens, in: Müller/Worstbrock, 1989, S. 197–215; Bennewitz, 1993; alle Fassungen bei Heinen, 1989, S. 218 f.). – Die Bekanntheit des Liedes, einer provozierend-grob formulierten Absage an die »Hohe Minne«, zeigt sich darin, daß Teile von Str. 1 und 5 später in der *Möringer-Ballade* verwendet wurden (Textabdruck u. a. bei Mertens).

44 *Si wunderwol gemachet wîp* P 27 = L 53,25: Das Lied ist in vier Hss. (A/C; ohne Autor-Namen in D/N) mit verschiedener Strophenfolge und unterschiedlichem Wortlaut überliefert; Text hier nach A (auch, anders als PAUL, hinsichtlich der Strophenfolge).
Das die ganze Str. 3 durchziehende Spiel mit der doppelten Bedeutung von *küssen* (1. ›Küssen‹, 2. ›Kissen‹) ist im Neuhochdeutschen nicht nachzuahmen; um aber wenigstens der sofortigen eindeutigen Festlegung der Bedeutung (in Richtung: ›Kissen‹) zu entgehen, haben wir in der Übersetzung den Austriazismus »Polster« (für: Bett-Kissen) sowie den Suebismus »Balsamgeschmack« verwendet. Der Schluß der Strophe spielt auf das Motiv des »Kußraubs« an und meint damit wiederum Reinmars Lied MF 159,1 ff. (dort Str. 1) (vgl. dazu Nr. 32 und Nr. 42); auch sonst glaubt man Verweise auf Reinmar feststellen zu können. – Auch in Str. 4, die ganz offensichtlich durch die biblische Erzählung von »Susanna im Bade« inspiriert ist (Dan. 13), steckt in V. 5 (*decke blôz*) ein Übersetzungsproblem. – Vgl. zuletzt SIEVERT (1990) S. 75–91.

45 *Ir sult sprechen willekomen* P 52 = L 56,14: Als fünfstrophiges Lied ist dieser Text in A/C mit dieser, in E und in einem der »Wolfenbütteler Fragmente« (Ende 13. Jh.) mit anderer Strophenfolge überliefert; seine Bekanntheit wurde durch Ulrich von Lichtenstein bezeugt, der in seinem *Frauendienst* (240,16 ff.) die in allen Hss. am Anfang stehende Begrüßungsstrophe, allerdings ohne Namensnennung Walthers, zitiert. Eine weitere Strophe ist nur in C überliefert, vielleicht ein Hinweis darauf, daß das Lied später, also nach seiner »Uraufführung«, auch ohne diese offenbar aktuelle Huldigung an eine bestimmte Dame verwendet wurde (nach Wolfgang MOHR, Die *vrouwe* Walthers von der Vogelweide, in: ZfdPh 86, 1967, S. 1–10, bzw. in: MOHR, 1983, S. 173–184, war mit *vrouwe* der Wiener Herzogs-Hof gemeint): alle Fassungen bei HEINEN, 1989, S. 194 f. – PAULS Text folgt für Str. 1–5 Hs. A; die Schlußstrophe aus C ist dann angehängt.
Es wird vermutet, daß das Lied von Walther 1203 am Wiener Hof vorgetragen wurde; mehrfache Zwecke sind am Text ablesbar: Massive Werbung um die Gunst des Publikums, also möglicherweise um ein ›Engagement‹; mehr oder minder deutliche Hinweise auf Lieder Reinmars (vor allem auf den Anfang von Lied MF 165,10); Lob der Deutschen in offenbarer Abwehr gegen irgendwelche Angriffe (etwa des Trobadors Peire Vidal). Als der ursprüngliche Kontext, also derjenige der bereits genannten Uraufführung, nicht mehr gegeben war,

mußte der Text notwendigerweise anders verstanden werden, und insofern war es fast unausweichlich, daß das Lied im 19. und 20. Jh. als mittelalterliche Nationalhymne der Deutschen aufgefaßt wurde. Durch das 1841 auf dem damals britischen Helgoland entstandene *Lied der Deutschen* Hoffmann von Fallerslebens sind Aussagen und Zitate aus Walthers Text auch tatsächlich in die deutsche Nationalhymne des 20. Jh.s eingegangen. Der gesamte Prozeß steht aber in teilweise komplizierten Kontexten, und man sollte sich daher vor allzu schnellen Urteilen hüten, und zwar in beiderlei Richtung.

Die folgenden beiden Liebeslieder Walthers firmieren in der Forschung unter dem irreführenden und verniedlichenden Begriff »Mädchenlieder« (dazu Bennewitz, in: Mück, 1989, S. 237–252); eine Übersetzung und Interpretation des in diesen Zusammenhang gehörenden Liedes *Herzeliebez frouwelîn* (P 12 = L 49,25) in Müller (1983) S. 78–83.

46 *Müget ir schouwen* P 25 = L 51,13: In dieser Reihenfolge ist das Lied in C für Walther überliefert, 4 Strophen mit anderer Reihenfolge in A unter dem Namen des Leuthold von Seven. In der Hs. der *Carmina Burana* (M) finden sich zwei der Strophen jeweils am Ende eines lateinischen Frühlingsliedes (vgl. zu Nr. 8; die gesamte Überlieferung parallel bei Heinen (1989) S. 184 f.).

Möglicherweise hat ein (mit Noten überliefertes) Lied des Trouvères Gautiers d'Espinau dieselbe Melodie wie Walthers Lied. Da Gautiers aber mit ziemlicher Sicherheit jünger als Walther ist (Brunner, 1977, S. 71*), wäre hier entweder eine gemeinsame (französische) Vorlage oder aber der für die Germanistik ungewohnte Fall anzunehmen, daß eine Melodie nach Frankreich exportiert wurde. – Vgl. Kuhn (1982) S. 2–94. – Sievert (1990) S. 107–119. – Schallplatte: »Bärengäßlin« (1980).

47 *Under der linden* P 14 = L 39,11: Das Lied, wohl heute die Nummer 1 in Walthers »Hitparade« (Bennewitz, in: Mück, 1989, S. 240), ist mit gleicher Strophenfolge in weitgehend identischem Wortlaut in B/C überliefert. Burkhart Kippenberg (1962) hat dazu als mögliche Vorlage ein altfranzösisches Lied gefunden (vgl. Brunner, 1977).

Walther geht von der Grundform der Pastourelle aus (vgl. etwa CB 185: Nr. 40), funktioniert diese aber grundlegend um: Sein Lied handelt nicht davon, wie ein höhergestellter Herr im Freien einem standesmäßig unterlegenen Mädchen nachstellt, sondern eine Frau berichtet im Rückblick davon, wie sie sich mit ihrem Geliebten auf

einer Wiese am Waldrand (in der *Locus-amoenus*-Szenerie einer Pastourelle) getroffen hat. Die beiden Liebenden, zu deren Stand nichts mitgeteilt wird (ähnlich wie etwa im Tagelied Heinrichs von Morungen: Nr. 29), begegnen sich in »erfüllter, gleichberechtigter Liebe« (SIEVERT, 1990, S. 104). Der vieldiskutierte Vers 2,5 (*hêre frouwe*) kann als Interjektion (Anrufung Marias), als nachgestellte Apposition zu *ich* (2,4) oder als Gruß-Zitat aufgefaßt werden: auch letzteres gibt keine sichere soziale Auskunft, denn eine solche Anrede würde »für jede Frau, gleich welchen Standes, bedeutsam« sein (so SIEVERT, S. 104, die in Anm. 22 eine im Ständischen entgegengesetzte Interpretation von Volker MERTENS, in: ZfdA 112, 1983, S. 161–177, als »abwegig« bezeichnet). – Vgl. KUHN (1982) S. 10–16; MÜLLER (1983) S. 112–117; HAHN (1986) S. 64 f.; BENNEWITZ (1989); HEINEN (in: Classen, 1989); RASMUSSEN (in: Classen, 1991); SIEVERT (1990) S. 93–106.
Das Lied erfuhr, vor allem wegen der hier dargestellten Utopie einer idealen Liebe zwischen gleichberechtigten Partnern, gerade in jüngster Zeit eine verblüffend intensive Rezeption durch Liedermacher/innen (Franz Josef Degenhardt, Joana, Angelo Branduardi, Peter Blaikner u. a.). Durch Neuvertonungen, Bearbeitungen und Aufführungen mit der obengenannten französischen Melodie wurde es zum derzeit wohl meistpräsentierten mittelhochdeutschen Liedtext (vgl. u. a. MÜLLER, 1983). Die besten Einspielungen mit der mittelalterlichen Melodie sind die der Gruppe »Bärengäßlin« (1980) sowie von BOESCHENSTEIN/HAUSER (1980; mit dem französischen Lied).

48 *Hie vor, do man so rehte* L 47,36 (nach: HEINEN, 1989, S. 176): Das Lied ist mit unterschiedlicher Anzahl und Reihenfolge der Strophen in A (4), B (2) und C/E (5) überliefert, das Lob auf das *wîp* zudem noch als Einzelstrophe: alle Fassungen bei HEINEN (1989) S. 176–179, von dort ist diejenige aus A übernommen. – Str. 4 nimmt deutlich auf Reinmars *Preislied* XIV (Str. 3) = MF 165,28 Bezug (siehe Nr. 31). – Vgl. KUHN (1982) S. 66–69; HAHN (1986) S. 60–64.

Die folgenden Strophen sind nur Teile aus größeren »Tönen«; deren Benennung geht zumeist auf Karl SIMROCK (1833) zurück, der sie – wohl zu Recht – mit bestimmten Dienstverhältnissen Walthers in Verbindung brachte. Diese »Sangsprüche« (vgl. dazu S. 42 f.) handeln von den Themen »Politik«, »Moral/Ethik« (Fragen der Lebensführung und der Sängerexistenz), »Religion«. Es ist zu vermuten, daß

Walther für seine jeweiligen Zwecke unterschiedlich auswählte und anordnete, also normalerweise wahrscheinlich weder einzelne Strophen noch den gesamten »Ton« vortrug. Die hier vorgenommene Anordnung ist, soweit möglich, chronologisch bzw. nach Themengruppen. Eine Zeittabelle der für das Verständnis wichtigsten politischen Ereignisse findet sich u. a. in den zweisprachigen Ausgaben von WAPNEWSKI (1962 [u. ö.], S. 254–257) und SCHAEFER (1972) S. 385 bis 387 sowie bei HAHN (1986) S. 110–112.

49 Aus dem »Ersten Philipps-Ton« *Do Friderîch ûz Ôsterrîche alsô gewarp – Der in den ôren siech* P 68,13 = L 19,29 / P 68,49 = L 20,4: Die beiden nur in B überlieferten Strophen thematisieren Walthers Abhängigkeit und Probleme mit seinen Herren: Durch den Tod von Herzog Friedrich I. von Österreich (auf dem Kreuzzug, im April 1198) behauptet er, seinen Gönner verloren zu haben; doch habe er am Hofe des Staufers Philipp von Schwaben Aufnahme gefunden – ob und inwieweit er dem König selbst nahestand, wird jedoch nirgends gesagt; möglicherweise kam Walther im Dienst eines anderen hohen Herren dorthin. Einer der wichtigsten Gönner Walthers war Landgraf Hermann I. von Thüringen (reg. 1190–1217), dessen Hof er hier mit einem *zwîvellop* bedenkt (vgl. auch 35,7). – Zu L 19,29 vgl. jetzt Eberhard NELLMANN, in: Müller/Worstbrock (1989) S. 37–59; ferner Walter RÖLL, in: Mück (1989) S. 379–390. Röll erklärt auch schlüssig den Kranich-/Pfau-Vergleich aus der damaligen Fabel-Tradition: Hinsichtlich Aussehen ist der Pfau zwar dem Kranich überlegen, bei der Fortbewegung (›Gang‹) hingegen besiegt der enorm flugtüchtige Kranich den erdgebundenen Pfau.

Es gienc eins tages P 68,25 = L 19,5: In zwei in B/C überlieferten Strophen verwendet Walther mit agitatorischem Geschick die Tatsache, daß der Staufer Philipp, im Gegensatz zu seinem welfischen Gegenkönig Otto IV., im Besitz der echten Reichsinsignien war. In der einen Strophe (P 68,1 = L 18,29: hier nicht abgedruckt) zeigt der Sänger die ›Einheit‹ zwischen Krone und Träger, in der anderen (P 68,25 = L 19,5) stellt er einen besonderen Anlaß dar, bei dem sich der König ›unter der Krone‹ zeigte, nämlich eine »Festkrönung«: An manchen hohen Festtagen präsentierte sich der König in einer dazu geeigneten Stadt im Rahmen einer Prozession im vollen Glanz der Insignien. Eine solche »Festkrönung« fand offenbar Weihnachten 1199 in Magdeburg statt, in provozierender Nähe zum welfischen Gegner. Walther stellt den König als irdisches Abbild der Trinität dar

(Sohn von Kaiser Friedrich I., Bruder von Kaiser Heinrich VI., selbst: König und damit designierter Kaiser), seine aus Byzanz stammende Gattin Irene als irdische Maria (deren Namen sie angenommen hatte). Eindrucksvoller als hier ist die »Heiligkeit« eines römisch-deutschen Königs bzw. Kaisers im Mittelalter nie in Worte gefaßt worden.

50 Aus dem »Reichs-Ton« P 67 = L 8,4 ff.: Die berühmten drei Strophen im »Reichs-Ton« sind nach Inhalt und Überlieferung (in A/B/C) keineswegs eine zusammengehörige Einheit. Die (hier abgedruckte) Strophe *Ich hôrte* (44 A / 20 B / 3 C) ist mutmaßlich *vor* der Krönung König Philipps (am 8. 9. 1198) entstanden, die (hier nicht abgedruckte) Strophe *Ich sach* (19 B / 2 C; ab V. 5: 45 A) muß *nach* der Bannung Philipps durch Papst Innozenz III. (3. 7. 1201) verfaßt worden sein.

Ich saz ûf eime steine P 67,1 = L 8,28: Es spricht viel dafür, daß Walther jeweils eine dieser aktuellen Strophen mit der allgemeinen Zeitklage *Ich saz* kombiniert, also ursprünglich immer zwei Strophen vorgetragen hat und daß erst später die drei Strophen wegen ihrer gemeinsamen Melodie (die *nicht* überliefert und auch bis jetzt nicht erschließbar ist: BRUNNER, 1977) als Einheit aufgefaßt wurden: vgl. dazu U. MÜLLER, in: William McDonald (Hrsg.), »Spectrum Medii Aevi«. Essays in Early German Literature in Honor of George Fenwick Jones, Göppingen 1983, S. 397–408; ferner, etwas anders, jetzt P. KERN, in: ZfdPh 111 (1992) S. 344–362.
Alle (drei) Strophen zeichnen sich durch eine besondere Anschaulichkeit der Darstellung aus: in den beiden aktuellen Strophen nimmt Walther die Rolle eines alles sehenden Visionärs an; in der allgemeinen diejenige des auf einem Felsblock Sitzenden, der zugleich Richter und auch trauernder Beobachter ist; letztere wirkte bereits damals so eindrucksvoll, daß sie motivliches Vorbild für die Miniaturen der Hss. B und C wurde (vgl. Horst WENZEL, in: Mück, 1989, S. 133–153).

Ich hôrte diu wazzer diezen P 67,49 = L 8,4: Der im letzten Vers genannte *weise* ist ein Edelstein in der Kaiserkrone, der als einzigartig galt (daher der Name!). Das Problem, daß sich in der heute in der Wiener Hofburg aufbewahrten Krone weder dieser Stein noch irgendwelche Spuren einer entsprechenden Umarbeitung finden, hat NELLMANN (1978) glaubhaft geklärt: Nämlich, daß der »Waise« nur ein politischer Mythos gewesen sei. – Unsere Übersetzung von *Philippe* = Dativ folgt der bisherigen Forschungsmeinung. Peter KERN gibt allerdings zu erwägen, daß auch Vokativ möglich wäre; seine dadurch begründete Umdatierung der Strophe erscheint uns aber nicht zwingend (Kern, 1992). – Mit den in der gleichen Strophe angesprochenen *cirken* (= A!) sind wohl die Reif-Kronen anderer europäischer Könige gemeint (der *armen künege*), die dem römisch-deutschen König und Kaiser de iure untergeordnete Könige waren. – Vgl. des weiteren Nellmann, in: Müller/Worstbrock (1989) S. 37–59.

51 Aus dem »Wiener Hof-Ton« P 69 = L 20,16 ff.: Die drei Texte aus dem viele Strophen umfassenden »Wiener Hof-Ton« (dessen Melodie durch die Meistersinger erhalten ist), sind in dieser Gruppierung in C, ferner in D überliefert; sie sind nicht genau datierbar, könnten aber um 1200 oder kurz danach entstanden sein:

Mit saelden müeze ich P 69,211 = L 24,18: Gebetsstrophe, die möglicherweise (wie später üblich) am Beginn einer Vortragseinheit stand.

Der hof ze Wiene sprach ze mir P 69,31 = L 24,33: Klage-Strophe über den Zustand des Wiener Hofes: um die Gunst des österreichischen Herzogs Leopold VI. (regierte 1198–1230), der nicht gerade im Rufe der Freigebigkeit stand, hat sich Walther zeit seines Lebens bemüht, offenkundig aber ohne dauernden Erfolg.

Künc Constantîn der gap sô vil P 69,46 = L 25,11: Die letzte Strophe der Dreiergruppe behandelt die »Konstantinische Schenkung« und deren unheilvolle Konsequenzen: Kirche und Papst mischen sich in die Reichspolitik und die Königswahl ein. Die angebliche »Schenkung« (Abtretung des weströmischen Reichs durch Kaiser Konstantin an Papst Sylvester I.) bildete eine entscheidende Grundlage für die päpstlichen Machtansprüche über die weltliche Gewalt; ihre Echtheit wurde zwar immer wieder angezweifelt, doch wurde die Fälschung erst 1440 durch Lorenzo Valla erwiesen.

52 Aus dem »Ersten Atze-Ton« P 72,1 = L 104,7: Die in C überlieferte Strophe behandelt ein Ereignis, das für Walther sehr wichtig war, dessen Hergang und Hintergründe wir aber nur noch erraten können: Gerhard Atze, angesehener Ritter am Thüringer Hof, hatte Walther ein Pferd erschossen. Dagegen erhob der Sänger Zivilklage, wobei im Verlauf des Prozesses offenbar Atze den sozialen Rang Walthers (genauer: dessen Pferdes!) in Zweifel zog. – Walther, im Prozeß offenkundig unterlegen, spuckte anschließend Gift und Galle gegen den sozial höhergestellten und einflußreicheren Gegner. Karl Kurt Klein (Die Spruchdichtung und Heimatfrage Walthers von der Vogelweide. Beiträge zur Walther-Forschung, Innsbruck 1952; vgl.

dazu ausführlich MOHR, 1983, S. 185–208), der sich um die Deutung der Strophe intensiv und mit sehr viel Phantasie bemüht hat, datiert das Ereignis auf etwa 1205, doch ist die Entstehungszeit der Strophe letztlich weitgehend unsicher. – Zum Thüringer Landgrafen-Hof vgl. die Strophen Nr. 49,2 und L 35,7.
Die Melodie ist weder erhalten noch erschließbar; die von Friedrich GENNRICH (1942) durchgeführte Rekonstruktion zum »Ersten Atze-Ton«, die immer wieder verwendet wird, ist unrichtig: vgl. dazu BRUNNER (1977).

53 Aus dem »Zweiten Philipps-Ton« P 70a,15 = L 17,11: In der in A/C überlieferten Strophe zeigt sich Walther auf einem seiner Höhepunkte als aggressiver politischer Lyriker, und ihre Zitierung durch Wolfram von Eschenbach (*Willehalm* 286,19) beweist ihre Wirkung. Sicherlich im Auftrag (wohl eines der Landesfürsten) ermahnt Walther hier König Philipp zu politischer Großzügigkeit gegenüber seinen Fürsten. Dabei kombiniert er die Technik des »Küchenhumors« mit der warnenden Anspielung auf ein peinlich-trauriges Ereignis in Philipps byzantinischer Verwandtschaft: Philipps Schwager Alexios IV., der Sohn des byzantinischen Kaisers, hatte zwar mit Hilfe der Venezianer im Juli 1203 die seinem Vater entrissene Macht zurückerobert, wurde aber bereits im Januar 1204 ein Opfer der allgemeinen Unzufriedenheit; Vater und Sohn kamen wenig später ums Leben (Alexios IV. durch Ermordung im Gefängnis). – Die Strophe muß vor dem 21. Juni 1208 (Ermordung Philipps in Bamberg durch Pfalzgraf Otto von Wittelsbach) entstanden sein.

54 Aus dem »Unmuts-Ton« P 75,51/61 = L 34,4/14: Die beiden Strophen sind in C überliefert, L 34,4 außerdem in A. Der letzte Vers dieser Strophe ist in C kürzer als zu erwarten, in A dagegen gleich in mehrere Verse ausgeweitet; möglicherweise geht beides auf Walther zurück, der den Vorwurf der Prasserei vielleicht besonders wirkungsvoll präsentieren wollte. Die hier zugrunde gelegte Fassung von C arbeitet wahrscheinlich mit dem wirkungsvollen Mittel der ›bedeutsamen Auslassung‹.
Beide Strophen wenden sich vehement gegen die Anordnung von Papst Innozenz III. (Ostern 1213), Opferstöcke zum Einsammeln von Kreuzzugsgeldern aufstellen zu lassen. Die kaiserliche Partei betrachtete dies als Übergriff der geistlichen Gewalt. Walther geht noch weiter, denn er denunziert die Absicht des Papstes als Betrug, wobei er diesen in höchst wirkungsvoller Weise ›auftreten‹ und sich durch seine eigene Rede sozusagen selbst als Betrüger entlarven läßt:

Der italienische (›welsche‹) Papst, also ein Ausländer, wolle die ›anständigen‹ Deutschen (von jenem als »Alemanni« bezeichnet) ausplündern. Die Vorwürfe gehören grundsätzlich zum Bestand mittelalterlicher Kirchenkritik, doch Walthers Formulierung übertrifft alle anderen durch ihre meisterhafte Darstellung. Daß die Strophen bekannt und wirkungsvoll waren, bezeugt Thomasin von Zerklaere, Domherr von Aquileja, der um 1215/16 in seinem Lehrgedicht *Der Wälsche Gast* (in einem großen Exkurs V. 11091 ff.) Walther vorwirft, er habe mit seiner ungerechten Polemik »Tausende« beeinflußt; von keinem anderen politischen Gedicht des hohen Mittelalters gibt es eine damit vergleichbare Information zur Wirkung.
Der Liedermacher Franz Josef Degenhardt hat die erste der beiden Strophen (in der Übersetzung von Peter Rühmkorf) neu vertont und außerdem eine aktualisierende Umformung dazu geschrieben; vgl. dazu Müller (1983) und Neureiter-Lackner (1990).

55 *Allerêrst lebe ich mir werde* P 83 = L 14,38 ff.: Das »Palästina-Lied« ist mit unterschiedlicher Anzahl und Reihenfolge der Strophen in A/B/C/E/Z überliefert, im »Münsterschen Fragment« Z (Mitte 14. Jh.) – als erstes mittelhochdeutsches Lied – unmittelbar zusammen mit der Melodie: zur Überlieferung vgl. Heinen (1989) S. 152 bis 155. Anfangs- und Schlußstrophe sind in allen Hss. jedoch dieselbe, so daß die Aussage des Liedes in den verschiedenen Versionen weitgehend dieselbe ist (Müller, 1983, S. 125–131; von dort auch die Übersetzung): Der Sänger begrüßt in der Rolle eines Palästina-Pilgers das Heilige Land, beweist dessen Heiligkeit durch Ereignisse der christlichen Heilsgeschichte und stellt abschließend fest, daß das umstrittene Land rechtens den Christen gehöre. Das Lied propagiert also die Idee eines Kreuzzuges. Ob Walther an einem solchen teilgenommen hat, läßt sich danach aber nicht entscheiden, da unbekannt ist, wie der Sänger und die Pilger-Rolle des Liedes zueinander stehen. Auch die Datierung ist unsicher (1217?; 1227/28?).
Die Anfangsstrophe ist auch in der Hs. der *Carmina Burana* (M) überliefert, und zwar als mutmaßlich parodistischer Abschluß eines lateinischen Trinkliedes: vgl. dazu Ulrich Müller, in: Mittellateinisches Jahrbuch 15 (1980) S. 108–115. – Walthers »Palästina-Lied« ist vielleicht das am häufigsten auf Schallplatte eingespielte mittelalterliche Lied überhaupt: zur Melodie vgl. Brunner (1977).

56 *Owê war sint verswunden* Volkmann (1987) S. 115/123/129 = L 124,1 ff.: Diese Altersklage, wegen ihres Klagetones auch als »Elegie« bezeichnet, ist vollständig in C, fragmentarisch in E und einem

der »Wolfenbütteler Fragmente« überliefert. Die genaue Textfassung ist bis heute umstritten: vgl. ausführlich: Berndt VOLKMANN, Die »Elegie« Walthers von der Vogelweide. Untersuchungen, krit. Text, Komm., Göppingen 1987, dessen Text ich übernehme (dort auch ein ausführlicher Kommentar); vgl. auch Gisela KORNRUMPF, in: Müller/ Worstbrock (1989) S. 147–158.

Das Lied verbindet die Elemente der Zeitklage und der »laudatio temporis acti«; es klagt also über die schlechte Gegenwart und preist die gute Vergangenheit. Es beginnt als persönliche Klage eines älteren Ichs (hier wohl gleichzusetzen mit Walther), weitet sich zur politischen Klage und bringt schließlich eine zeittypische Klage über die Verderbnis der Welt (unter Anspielung auf die Allegorie der »Frau Welt«; Walther verwendet sie nochmals in seinem *Weltabsage-Lied* 100,24 (vgl. MÜLLER, 1983, S. 144–148). Abschließend wird ein Ausweg gewiesen: nämlich die Teilnahme an einem Kreuzzug, die das ewige Heil garantiere.

Die in 2,9 erwähnten *unsenfte[n] brieve* meinen wohl die Bannung Kaiser Friedrichs II. durch Papst Gregor IX. 1227; daher und wegen der Kreuzzugs-Thematik wird das Lied üblicherweise auf die Zeit vor Friedrichs Kreuzfahrt, also 1227/28, datiert.

Es wird vermutet, daß Walther mit den Langzeilen dieses Liedes auf die Form des *Nibelungenliedes* (und damit auch der »Kürenberger-Strophe«) anspielt; aufgrund dieser Überlegungen gibt es zwei Einspielungen des Liedes, die aber verschiedene Melodie-Rekonstruktionen verwenden (»Bärengäßlin«, 1980/1986; Eberhard KUMMER, 1983).

Literatur

Zur inzwischen fast unübersehbaren Forschungsliteratur können hier nur Hinweise gegeben werden:

Gerhard HAHN: Walther von der Vogelweide. Eine Einführung. München/Zürich 1986. [S. 151–159 eine sehr zuverlässige und übersichtliche Auswahlbibliographie mit Kommentaren.]

Spezielle Literatur, insbesondere zu einzelnen Liedern und Strophen, ist zu finden über:

Manfred Günter SCHOLZ: Bibliographie zu Walther von der Vogelweide. Berlin 1969. Fortgesetzt bis 1980 bzw. 1985 von Barbara BARTELS: In: Wissenschaftliche Zeitschrift der Ernst-Moritz-Arndt-Universität Greifswald. Gesellschafts- und sprachwiss.

Reihe. Bd. 30 (1981) H. 3/4 (Walther von der Vogelweide 1170 bis 1230) S. 85–90. Und in: BRÄUER (1990) S. 900–902.

Neben der Sammlung »Wege der Forschung« (Bd. 112, hrsg. von Siegfried Beyschlag, Darmstadt 1971) sowie dem oben angeführten Greifswalder Band ist auf die folgenden Sammelbände zu Walther zu verweisen:

Timothy MCFARLAND / Silvia RANAWAKE (Hrsg.): Walther von der Vogelweide. Twelve Studies. In: Oxford German Studies 13 (1982).

Hans-Dieter MÜCK (Hrsg.): Walther von der Vogelweide. Beiträge zu Leben und Werk. Stuttgart 1989.

Jan-Dirk MÜLLER / Franz Josef WORSTBROCK (Hrsg.): Walther von der Vogelweide. Hamburger Kolloquium 1988 zum 65. Geburtstag von Karl-Heinz Borck. Stuttgart 1989.

Ferner insbesondere:

Hugo KUHN: Minnelieder Walthers von der Vogelweide. Ein Kommentar. Hrsg. von Christoph Cormeau. Tübingen 1982.

Kurt Herbert HALBACH: Walther von der Vogelweide. 4. Aufl. Bearb. von Manfred Günter Scholz. Stuttgart 1983. (SM 40.)

Roland RICHTER: Wie Walther von der Vogelweide ein »Sänger des Reiches« wurde. Eine sozial- und wissenschaftsgeschichtliche Untersuchung zur Rezeption seiner »Reichsidee« im 19. und 20. Jahrhundert. Göppingen 1988.

Heike SIEVERT: Studien zur Liebeslyrik Walthers von der Vogelweide. Göppingen 1990.

Zur Überlieferung: BENNEWITZ (1993).

Im Druck befindet sich: Einführung zu Walther von der Vogelweide. Hrsg. von Gerhard HAHN in Zsarb. mit Horst Brunner, Ulrich Müller, Sigrid Neureiter, Franz V. Spechtler [mit umfassender Bibliographie].

Unter den teils vollständigen, teils auswählenden, oft ausführlich kommentierten Ausgaben mit Übersetzungen sind hervorzuheben diejenigen von: Paul STAPF (1955 [u. ö.]); Peter WAPNEWSKI (Frankfurt a. M. 1962 [u. ö.]; der »Bestseller« der Walther-Übersetzungen, mit umfangreichen Erläuterungen); Friedrich MAURER (München 1972); Jörg SCHAEFER (Darmstadt 1972; mit umfangreichen Erläuterungen); Hubert WITT (Berlin 1978 und München 1984 [Text nach C]); ferner der Nachdruck der Übersetzung von Karl SIMROCK (1833) zusammen mit dem von jenem verwendeten Text von Karl LACHMANN (1827): Frankfurt a. M. 1987. Interessante ›Weiterdichtungen‹ in dem Roman von HILSCHER (S. 505).

Neidhart

Autor/Werk/Überlieferung: Neidhart (*Nîthart*), der aufgrund der in seinen Liedern vorkommenden Rollen des »Ritters von Reuental« bzw. »Riuwentalers« und des »Herrn Neidhart« lange Zeit etwas irreführend als »Neidhart von Reuental« bezeichnet worden ist, war »ein vermutlich im Alpenvorland (Raum Salzburg, Hallein, Berchtesgaden, Reichenhall) beheimateter Fahrender« (H.-D. Mück); er wirkte im 1. Drittel des 13. Jh.s, und seine Lieder zeigen Beziehungen zum Landshuter Hof des Herzogs von Bayern, zum Salzburger Erzbischof Eberhard II. sowie zum Babenberger-Herzog Friedrich II. von Österreich. Neidhart ist der sicherlich folgenreichste »Liedermacher« des Mittelalters, und außerdem einer der erfolgreichsten: Die hs. Überlieferung zeigt eine vergleichsweise große Breite und Streuung; als einziger mittelhochdeutscher Liederdichter überlebte er in größerem Umfang, wenn auch in stark veränderter Form, die Grenze zwischen Hss.-Überlieferung und Buchdruck, und zwar in der Schwankgestalt des Bauernfeindes »Neithart Fuchs«; er wurde außerdem zur Hauptfigur einer Reihe von Fastnachtspielen. Und seine Lieder wurden nicht nur bis ins späte Mittelalter kontinuierlich tradiert, sondern sie wurden unter der Bezeichnung »Ein Neidhart« sogar zu einem Gattungstyp, der vielleicht immer wieder nachgeahmt wurde; allerdings ist es (derzeit) nicht möglich, die eventuell später hinzugedichteten Strophen und Lieder sicher zu erkennen (die in der Germanistik üblichen »Unechtheitserklärungen« stehen, wie in anderen vergleichbaren Fällen, auf höchst unsicherem Boden bzw. sind zumeist nicht beweisbar).

Die Anzahl des insgesamt unter Neidharts Namen in Pergament- und Papier-Hss. Überlieferten ist beachtlich: etwa 1500 Strophen sowie 55 Melodien. Die wichtigsten Neidhart-Sammlungen sind: Hs. C; Hs. R (eine wohl um 1300 in Österreich besorgte Auswahl aus den damals bekannten Texten; ohne Melodien); Hs. c (eine um 1464/65 im Raum Nürnberg geschriebene Groß-Sammlung von Neidhart-Texten und -Melodien).

Neidharts Lieder leben in erster Linie aus der kontrastierenden Spannung von Höfischem und Nicht-Höfischem, nämlich der Welt des Hofes und der Welt der *dörper.* Günther Schweikle (1990, S. 123 bis 129) wies darauf hin, daß mit diesem niederdeutschen »Importwort« wohl nicht die realen Bauern Bayerns und/oder Österreichs gemeint seien, sondern übertriebene Gegentypen des Höfischen und Ritterlichen, also ungeschlachte und unhöfische Leute, die als Figuren einer Kunstwelt eine Umkehrung des Höfischen verkörpern. Ein solcher Kontrast findet sich vorwiegend innerhalb der Lieder selbst, aber er ergab sich auch daraus, daß solche Lieder ursprünglich einem höfischen (also von seinem eigenen Anspruch her eben nicht-dörperlichen) Publikum vorgetragen wurden. Sicherlich wollte der Sänger mit einem mobilen »Bauerntheater« (der sehr kennzeichnende Ausdruck stammt von Hans-Dieter Mück, in: Birkhan, 1983), wo dörperliche Burschen und Mädchen, wo Engelmar, Friederune, der (arme) Reuentaler-Ritter und der fast immer erfolglose »Herr Nîthart« in stets neuen Variationen ihre Auftritte hatten, seinem höfischen Publikum einen kritischen Spiegel vorhalten. Wahrscheinlich thematisierte er damit aber auch Befürchtungen und Ängste seines höfischen Publikums (ähnlich wie die Verfasser des *Helmbrecht* oder *Seifried Helbling*). Im Spätmittelalter, eindeutig ablesbar etwa an den Neidhart-Spielen, an Wittenwilers *Ring* und an der Schwanksammlung von *Neithart Fuchs*, wurde Neidhart zum Typ des Bauernfeindes, der wie ein Hof-Eulenspiegel seine Gegner mit immer neuen Einfällen und Tricks verfolgt und hereinlegt; ob dies bereits auf den historischen Neidhart zurückgeht oder vielleicht auf spätere Nachahmer, die sozusagen in eine bekannte und erfolgreiche Rolle schlüpften, ist nicht mehr zu klären.

Mehrere inhaltliche Typen lassen sich unter den Liedern unterscheiden, und zwar vor allem: »Sommerlieder«, »Winterlieder« und »Schwanklieder«. Sie variieren insgesamt einen festen Grundstock von Motiven, Themen und Personenkonstellationen, ohne sich aber deswegen wirklich zu wiederholen. Die Sommerlieder handeln von Liebessehnsucht und sommerlichem Vergnügen, oft in Form eines Gespräches zwischen zwei Freundinnen oder zwischen Mutter und Tochter; als Figur erscheint hier der (arme) »Ritter von Reuental«, zu dem das Mädchen hin will (»Reuental« = realer Ortsname und/oder allegorische Bezeichnung für das »Jammertal« der Welt). Die Winterlieder spielen zumeist beim Tanz in der Dorfstube oder erzählen davon, und es kommt oft zum Streit mit den als aufmüpfig gekennzeichneten *dörpern* (oder unter diesen); als Figur kommt hier immer wieder »Neidhart« vor (ein Personenname, wahrscheinlich der des Sängers selbst; aber auch Bezeichnung für den Teufel), der wegen seiner Armut jedoch stets Probleme bei seinen Werbungen um die Mädchen hat. Einige Winterlieder, wohl aus Neidharts Spätzeit, kreisen um Weltklage und Absage an die Welt. In den Schwankliedern (die in der Forschung weitgehend für »unecht« gelten) spielt der Bauernfeind Neidhart die Hauptrolle, der in fortwährendem Streit mit den *dörpern* liegt und sie zu übertölpeln sucht. Die hier vorgenommene Auswahl bringt je ein Sommer-, Winter- und Schwanklied, außerdem eine Pastourellen-Variante sowie ein Alterslied.

Editionen: Eine an Hs. R orientierte, aber ihr nicht in allem folgende Edition ist diejenige von Moriz HAUPT, Leipzig 1858, bzw. Moriz HAUPT / Edmund WIESSNER, Wien 1923. Weit über die Hälfte der in einem Neidhart-Kontext überlieferten Texte sind dort aber nur als »unecht« verzeichnet bzw. überhaupt weggelassen; vgl. dazu eingehend das Nachwort zum photomechanischen Neudruck dieser Edition (Stuttgart 1986). – Eine »Studienausgabe« edierte WIESSNER 1955 (4. Aufl. 1984, rev. von Paul SAPPLER). – Eine neue und vollständige Ausgabe wird im Rahmen des Salzburger Neidhart-Projektes vorbereitet.
Einen guten Eindruck von den Neidhart-Liedern der großen Pergament-Hss. vermittelt die zweisprachige Ausgabe von Siegfried BEYSCHLAG (Darmstadt 1975). Vgl. ferner die zweisprachige Edition sämtlicher mit Melodien überlieferter Lieder: Siegfried BEYSCHLAG / Horst BRUNNER, *Herr Neidhart diesen reihen sang.* Die Texte und Melodien der Neidhartlieder mit Übersetzungen und Kommentaren, Göppingen 1989. Die Texte und Melodien der bei weitem umfangreichsten Neidhart-Sammlung sind transkribiert in: Ingrid BENNEWITZ-BEHR (Hrsg.), Die Berliner Neidhart-Handschrift c (mgf 779), Göppingen 1981. – Einen repräsentativen Querschnitt von Neidhart-Liedern, auf der Grundlage von Hs. c, gibt die Einspielung von Eberhard KUMMER (1985); vgl. des weiteren die neuen Aufnahmen des »Ensemble für frühe Musik Augsburg«, 1991.

57 *Der meie der ist rîche* HW 3,22 (Sommerlied 2): Alle 7 Strophen sind in der hier gegebenen Reihenfolge in Hs. c überliefert; C bietet, mit etwas anderem Wortlaut aber in gleicher Anordnung, eine fünfstrophige Fassung (Str. 1–5). – Text nach HAUPT/WIESSNER (aber in Str. **6**,5 mit dem überlieferten Wortlaut der Hs. c: *ich belig*).

58 *Ez verlôs ein ritter sîne scheide* HW XLIV,1: Das Lied, dem Typ nach weitgehend eine Pastourelle, ist zusammen mit einigen ähnlichen Texten unter Neidharts Name in der Manessischen Lieder-Hs. (C) überliefert. Seit Moriz HAUPT (1858) gilt dieser und ähnlicher »Schmutz« (so in seiner Anmerkung zu dem Text) natürlich als

»unecht«; doch ordnet sich ein solches Lied in eine ehrwürdige mittelalterliche Tradition von »contre textes« (Bec, 1984) ein; die eindeutig-doppeldeutige Verwendung ritterlicher Fachausdrücke läßt sich im Neuhochdeutschen noch leicht nachahmen und nachvollziehen. – Zum Lied und seiner Tradition vgl. Müller (1989), ferner Nrr. 40, 66; zur Metaphorik Edwards (1987).

59 *Sumer, dîner süezen weter* HW 73,24 (Winterlied 24): Das offenbar erfolgreiche und bekannte Lied ist mit unterschiedlicher Strophenanzahl, aber in grundsätzlich gleicher Reihenfolge in sechs Hss. überliefert, unter anderem in R/c, ferner in A (unter dem Namen »Niune«) sowie mit Melodie in der Sterzinger Hs. (s; Anfang 15. Jh.). – Wortlaut des Textabdrucks nach Haupt/Wiessner, d. h. nach Hs. R (und zwar gegen Haupt/Wießner auch in 9,6: *mir ist leit* [= R bzw. s]); Str. 7–9 stehen in R als Ergänzung am Rande, ohne Angabe, wo sie genau hingehören: anders als bei Haupt/Wießner sind sie hier ausnahmslos gemäß der Überlieferung der anderen Hss. (c, d) eingeordnet. – Hs. c (80) überliefert mit 15 Strophen die längste Version; dort ist die ›Handlung‹ des Liedes detaillierter erzählt, so z. B. der Streit um die Ingwer-Wurzel (c 8), die Flucht von Friedbrecht (c 10); Str. c 13 berichtet, der Sänger sei aus Bayern vertrieben worden und suche jetzt Aufnahme in Österreich (eine Alternativ-Strophe zu IX = c 9?). Den Abschluß bildet eine »Trutzstrophe« (so nennt die Forschung Strophen, die gegen die Rollenfigur des »Herrn Neidhart« gerichtet sind und deren Echtheit – natürlich – umstritten ist; doch sind solche Strophen im Rollenspiel der Lieder durchaus vorstellbar und sinnvoll). Der Wortlaut dieser Trutzstrophe, von Haupt/Wießner sprachlich an R angenähert, lautet:

Her Nîthart hât uns hie verlâzen als diu krâ den stecken,
diu dâ hinne fliuget unde sitzet ûf ein sât.
ez sol ein man mit fremden frouwen niht ze vil gezecken,
der der wâren schulde an in niht ervunden hât.
er niez sîn tegelîche spîse; der hât er dâ heime genuoc:
lâz Hildebolten mit gemache: ez was ein eichel die er bî im in dem biutel truoc.

Herr Neidhart hat uns verlassen wie die Krähe,
die vom Holzstecken davonfliegt und sich ins Saatfeld setzt.
Es soll jener Mann mit fremden Frauen nicht zu viele Späße treiben,
der nicht wirkliche Fehler an ihnen gefunden hat.

Er soll essen, was er täglich bekommt – davon hat er zu Hause genügend:
Er lasse Hildbolt in Ruhe: Es war (nur) eine Eichel, die jener bei sich in dem Beutel trug.

Bei der in Str. 5 erwähnten Ingwer-Wurzel handelt es sich um einen damals teuren Import-Artikel (vorwiegend aus Indien), der als aromatische Riechwurzel oder als scharfes Gewürz verwendet wurde. Ingwer galt (und gilt) auch als potenzsteigernd: Der Besitz einer solchen Ingwer-Wurzel, überdies noch in einem modischen und wiederum teuren Seidenbeutelchen, soll also darauf hinweisen, daß die Feinde des Sängers in mehrfacher (!) Hinsicht gefährlich sind. – Die gleichfalls in Str. 5 andeutungsweise genannte Untat Engelmars an Friederune ist der »Spiegelraub«, ein geradezu traumatisches Schlüsselereignis in Neidharts Liedern, das immer wieder erwähnt, aber nie genau beschrieben wird; zu dieser Tat, die u. a. auch die Vorstellung ›Vergewaltigung‹ beim Hörer provozieren soll, vgl. ausführlich den Aufsatz von MÜCK (1986).

60 *Der veihel* c 16 (17): Text und Übersetzung von BENNEWITZ-BEHR (aus dem Begleitblatt der oben genannten Schallplatte; nach Hs. c, graphisch nur ganz leicht vereinfacht und mit moderner Interpunktion; die diakritischen Zeichen über o/u, die unterschiedlich interpretiert werden können, sind einheitlich mit ´ wiedergegeben). Das Lied ist außer in c (dort mit Melodie) auch in der Sterzinger Hs. s sowie in den *Neithart-Fuchs*-Drucken überliefert. Es handelt sich hier um den sog. Veilchen-Schwank, die Kernszene der Neidhart-Tradition des späten Mittelalters, wo der übelriechende Haufen, den die Bauern anstelle des Frühlingsveilchens zurücklassen (Str. 2), oft sehr drastisch ›ausgemalt‹ wird. Die Geschichte soll die Feindschaft zwischen Neidhart und den Bauern erklären, die speziell für die antibäuerlichen Neidhart-Schwänke konstitutiv war. – Das Lied findet sich auf der Platte von Eberhard KUMMER (1985).

61 *Allez daz den sumer her mit vreuden was* HW 86,31 (Winterlied 30): Das Lied ist mit 7 Strophen in R, mit 12 Strophen (und Melodie) in c überliefert, ferner teilweise im Frankfurter Neidhart-Fragment (= O). Abgedruckt sind hier die in R überlieferten Strophen (nach HAUPT/WIESSNER). – Dieses Alterslied, eine Absage an Frau Welt (Str. 4!), ist in den Fassungen O und vor allem c noch deutlicher: Es heißt dort von der Herrin, sie sei älter als tausend Jahre, törichter als ein Kind und insgesamt eine »falsche Betrügerin« (Str. O 2 / c 5). Die

mit 12 Strophen erheblich längere Fassung von c schließt mit einer Art ›Werkverzeichnis‹ Neidharts – sie ist (ausnahmsweise!) – hier dem nach R abgedruckten Lied angefügt, und zwar in der Fassung von HAUPT/WIESSNER (HW 220,21). – Zu den »Frau-Welt«-Liedern Neidharts vgl. BENNEWITZ-BEHR, in: Jahrbuch der Oswald-von-Wolkenstein-Gesellschaft 4 (1986/87) S. 117–136; ausgewählte Strophen des Liedes (nach c) auf der Schallplatte von Eberhard KUMMER (1985).

Literatur

Zur Einführung und zum Überblick ist sehr zu empfehlen:

Dieter KÜHN: Neidhart aus dem Reuental. Frankfurt a. M. 1988 [= dritte Fassung des Buches!]

Grundlegend und erschöpfend ist jetzt:

Günther SCHWEIKLE: Neidhart. Stuttgart 1990. (SM 253.)

Vgl. des weiteren: Helmut BIRKHAN (Hrsg.): Neidhart von Reuental. Aspekte einer Neubewertung. Wien 1983.

Horst BRUNNER (Hrsg.): Neidhart. Darmstadt 1986. (WdF 556.)

Ingrid BENNEWITZ-BEHR / Ulrich MÜLLER: Grundsätzliches zur Überlieferung, Interpretation und Edition von Neidhart-Liedern. In: ZfdPh 104 (1985) Sonderh. S. 52–79.

Hans-Dieter MÜCK: Ein ›politisches Eroticon‹. Zur Funktion des ›Spiegelraubs‹ in Neidharts Liedern der Handschrift c (mgf 779). In: U. Müller: *Minne ist ein swaerez spil* . . . (1986) S. 169–207.

Vgl. ferner den Forschungsbericht von Ursula SCHULZE / Ulrich MÜLLER in: Beiträge 113 (1991) S. 124–153, 483–495.

62 – 63

OTTO VON BOTENLAUBEN

Autor: Graf Otto von Botenlauben (so nannte er sich ab 1206 nach der gleichnamigen Burg bei Kissingen) ist urkundlich gut bezeugt, vor allem im heimatlichen Franken, aber auch in Italien und in Palästina, wo er sich etwa zwischen 1208 und 1220 mehrfach aufhielt und wo er Beatrix, Tochter des Seneschalls von Jerusalem (Joscelin III. von Courtenay) heiratete. Er ist mehrfach in der Umgebung verschiedener Staufer-Könige bezeugt (Heinrich VI., Friedrich II., Heinrich [VII.]); am 7. 2. 1245 wird Beatrix als Witwe erwähnt.

Überlieferung: Botenlaubens Texte sind vor allem in Hs. C (22 Liedstrophen, 1 Leich) erhalten; ferner, mit einigen Zuschreibungsdivergenzen, auch in A/B sowie in M (Einzelstrophe, ohne Namensnennung). Keine Melodie-Überlieferung.

Edition: KLD 41.

62 *Waere Kristes lôn niht alsô süeze* XII: Das zweistrophige Kreuzlied (in C) hat die Form eines »Wechsels«; es thematisiert, wie andere Kreuzzugsabschiedslieder, den Konflikt zwischen der Verpflichtung gegenüber Gott und der Dame; im Gegensatz aber etwa zu Lied MF 47,9 Friedrichs von Hausen (Nr. 19) stehen sich in Botenlaubens Text beide nicht unversöhnlich gegenüber.

63 *Kumt er der mir dâ komen sol* XIV: Das zweistrophige Lied (in C) kehrt die Situation eines normalen Tagelieds um: Die Dame wartet nachts auf ihren Geliebten und sehnt den Tag herbei; als er aber doch noch kommt, widerruft sie den Wunsch. Die Szene erinnert an das »Hohe Lied« (III, 1–4); vgl. Müller (1971); Wolf (1979) S. 80 bis 95.

Literatur

Klaus Dieter Jaehrling: Die Lieder Ottos von Bodenlouben. Hamburg 1970.

Silvia Ranawake: VL² VII (1989) Sp. 208–213.

64

Burkhart von Hohenfels

Autor/Überlieferung: Hs. C überliefert unter diesem Namen 18 Lied-Texte (81 Strophen). Als Autor gilt der zwischen 1212 und 1242 mehrfach, vor allem in der Umgebung von König Heinrich (VII.), urkundlich bezeugte Ministeriale Burkhart von Hohenfels (Burg bei Sipplingen am Bodensee).

Burkharts Lieder, ausnahmslos Liebeslieder, zeichnen sich durch Gelehrsamkeit sowie durch auffällige Bilder und Formulierungen aus, d. h., sie verwenden den »geblümten Stil«. Der Verlust der Melodien ist hier besonders bedauerlich.

Edition: KLD 6.

XI: Das Frühlings-Tanzlied beginnt mit einem gelehrten ›Natureingang‹: die Lehre von den vier Elementen, alchemistische Fachausdrücke sowie die alte Vorstellung von der ›heiligen Hochzeit‹ von Himmel und Erde sind verbunden zur Darstellung des Frühlings und des Frühlingsregens. Die folgende Tanzszene kombiniert Höfisches mit der Welt des Dorfes, allerdings – im Gegensatz zu Neidhart – ganz unaggressiv.

Literatur

Kuhn (1952/1976).
Helke Jaehrling: Die Gedichte Burkharts von Hohenfels. Hamburg 1970.
Wolfgang Mohr: Goethes Gedicht »Wiederfinden« und der Frühlingsreien Burkharts von Hohenvels. In: Fs. Friedrich Beißner. Hrsg. von Ulrich Gaier und Werner Volke. Bebenhausen 1974. S. 256–273. Wiederabgedr. in: Mohr (1983) S. 91–111.
Hugo Kuhn: VL² I (1978) Sp. 1135 f.

65 – 66

Gottfried von Neifen

Autor: Gottfried von Neifen ist Angehöriger eines bekannten schwäbischen Geschlechtes von Edelfreien (Stammsitz: Hohenneuffen, zwischen Nürtingen und Reutlingen); die Neifener sind als staufische Parteigänger in der Umgebung von Kaiser Friedrich II. und König Heinrich (VII.) gut bezeugt (Gottfried zwischen 1234 und 1237; außerdem in Privaturkunden bis 1255).

Überlieferung/Werk: Die Liedtexte Gottfrieds, leider jeweils ohne Melodien, sind vorwiegend in Hs. C überliefert (190 Strophen, 51 Töne); einige wenige Strophen finden sich außerdem in drei weiteren Hss. Alle Lieder handeln, in verschiedener Weise, vom Thema ›Liebe‹; sie zeichnen sich durch Eleganz des Stils und hohe Formbeherrschung aus. Neben Höfischem findet sich auch ›Dörperliches‹, ja ausgesprochen Derbes. Lobende Erwähnungen bei anderen Autoren bezeugen die Bekanntheit von Neifens Liedern. – Carl von Kraus (KLD 1952/56) hat allerdings etwa die Hälfte der eindeutig unter Neifens Namen überlieferten Texte, und zwar sowohl ganze Lieder als auch einzelne Strophen, für »unecht« erklärt, und zwar aus sehr subjektiven Gründen formaler und inhaltlicher (auch moralischer) Art. Ein solches Verfahren, das sich auf nichts anderes stützt als auf unbeweisbare Vorstellungen von Einheitlichkeit, stets gleichzubleibender Qualität und auch ›Anständigkeit‹ eines Autors, ist jedoch reine Philologen-Willkür.

Edition: KLD 15.

65 *Saelic saelic sî diu wunne* XIII: Das in C überlieferte Liebeslied kombiniert, wie viele andere Lieder Neifens, die Themen Frühling, Werbung und Klage über (noch) unerwiderte Liebe; abschließend bringt es dann einen fast hymnischen Preis der Umworbenen (Str. 5). – Das Motiv des »roten Mundes« (**2**,3; **5**,5 f.), eines Pars pro toto für die umworbene Dame, findet sich bei Neifen besonders häufig; bereits ein jüngerer Zeitgenosse, der Taler (SMS 25: 3; **2**,7 f.), weist auf diese ›Kennmarke‹ Neifens hin:

Der Nifer lobt die frouwen sin,
und ir roeselehtez mündelin.
(Der Neifener preist seine Dame
und ihren rosenfarbenen Mund).

66 *Ez fuor ein büttenaere* XXXIX: Das in der Manessischen Lieder-Hs. (C) inmitten der Neifen-Texte und eindeutig unter seinem Namen überlieferte »Büttner«-Lied gilt aus den bereits erwähnten formalen und inhaltlichen Gründen vielen Germanisten für unecht (KLD II, S. 144 f.: formal »salopp«, inhaltlich »obszön« und »leichtfertig«). Doch spricht nichts dafür, dieses durchaus geistreiche Lied dem Autor entgegen der eindeutigen Überlieferung abzusprechen: Neifen gebraucht in diesem an eine Pastourelle erinnernden Lied die in erotischer Dichtung häufige Technik, bestimmte Fachausdrücke (hier aus dem Bereich des Faßbindens) doppelsinnig zu verwenden. Zur Beliebtheit des Themas und seiner besonderen Art der Darstellung vgl.: Klaus Roth, Ehebruch-Schwänke in Liedform. Eine Untersuchung zur deutsch- und englischsprachigen Schwankballade, München 1977; ferner oben zu Neidhart (Nr. 58). – Moderne Vertonung durch »Dulamans Vröudenton«, 1990.

Literatur

Kuhn (1952/76).
Franz Josef Worstbrock: VL² III (1981) Sp. 147–153.

67

Markgraf von Hohenburg

Autor/Überlieferung: Der Autor der in den Hss. A/B/C – mit verschiedenen Zuschreibungsdivergenzen – überlieferten Liebeslieder (KLD: 6 Lied-Texte) ist mutmaßlich ein Angehöriger der bayerischen Adelsfamilie der Diepoldinger, die sich seit 1210 auch Markgrafen von Hohenburg nannten. Aus stilistischen Gründen werden die Texte (ohne Melodien überliefert) zumeist ins 2. Viertel des 13. Jh.s datiert.

Edition: KLD 25.

V: Der in drei Hss. überlieferte Text (hier nach A [Niune] / C) besitzt alle Grundmotive eines typischen Tageliedes: Abschied eines höfischen Liebespaares nach einer heimlichen Liebesnacht, drei Personen (Wächter, Dame, Ritter), Handlungsort ist die Kemenate der Dame. Auch der für die romanischen Tagelieder, also die okzitanische *alba* und die altfranzösische *aube*, gattungstypische, im Deutschen aber eher seltene Refrain ist hier zu finden.

Literatur

Friedrich Neumann: Der Markgraf von Hohenburg. In: ZfdA 86 (1955/56) S. 119–160.
Wolf (1979) S. 75–79.
Volker Mertens: VL² IV (1983) Sp. 91–94.

Bruder Werner

Autor/Überlieferung: Unter diesem Namen sind vor allem in den Hss. A/C/J insgesamt 78 Strophen in 8 Tönen überliefert (davon 7 Töne in J mit Melodie); die gelegentlich starken Differenzen zwischen den Textfassungen von C und J gehen vielleicht auf den Autor selbst zurück.
Die Strophen enthalten viele historische Anspielungen, die auf Entstehung im 2. Viertel des 13. Jh.s hinweisen, doch läßt sich aus ihnen keine Biographie des Verfassers, der ganz offenkundig ein fahrender Berufssänger war, herauslesen; es wird nur deutlich, daß Bruder Werner (dessen Name eventuell auf geistliche Ausbildung oder gar Tätigkeit schließen lassen könnte) vorwiegend im bayerisch-österreichischen Raum wirkte.

Edition: Zu den divergierenden Textfassungen, die in der älteren Ausgabe von Anton E. Schönbach (1904/05) nur ungenügend berücksichtigt werden, vgl. die zweibändige Litterae-Ausgabe von Franz V. Spechtler (Göppingen 1982/84; Litterae 27, I/II: Faksimile und Transkriptionen); eine zweisprachige Edition Spechtlers ist für Reclams Universal-Bibliothek geplant, und aus den Vorarbeiten dazu stammen die hier verwendeten Textfassungen:

68 *Man giht, das nieman edel si* C 12 (= Schönbach 22): Die Strophe ist in J (64; mit Melodie) und in C (danach der Text) überliefert. Sie führt in Form einer kleinen ›Herrenlehre‹ aus, daß edle Herkunft (Adel) und ›edles‹ Tun zusammenkommen müßten, um einen wirklichen Adligen auszumachen. Sie formuliert eine aus der antiken Ethik stammende und dem Mittelalter geläufige Vorstellung: *nemo nobilis, nisi quem nobilitat virtus* bzw. *nobilis est ille, qui vivit nobilis.*

69 *Nieman sol guot vuor mir vuorsparn* J 64 (= Schönbach 38): Die in J mit Melodie überlieferte Strophe thematisiert das Selbstverständnis eines fahrenden Sängers, der auf Freigebigkeit und Großzügigkeit (*milte*) seiner Gönner und seines Publikums existentiell angewiesen und der sich gleichzeitig auch einer gewissen publizistischen Macht bewußt ist. – Zu beiden Strophen: Müller (1983) S. 151–157.

70 *Ez wolte ein affe über einen se* J 42 (= Schönbach 63): Die in J mit Melodie überlieferte Strophe hat die Form eines *bîspel* (V. 10): Eine Geschichte oder ein Bild werden als ›Exempel‹ erzählt und dann aus-

gedeutet bzw. auf einen bestimmten Fall angewendet. Die Deutung dieser politischen Strophe ist umstritten. Möglicherweise ist die aus dem Orient stammende Fabel vom Affen und der Schildkröte hier auf Ereignisse von 1229 zu beziehen: Kaiser Friedrich II. (V. 11) habe eine Seefahrt (d. h. einen Kreuzzug) unternommen, sei vom Papst unter Druck gesetzt worden (durch den Versuch, Sizilien zu besetzen), habe aber durch eine überraschend schnelle Rückkehr die Lage zu seinen Gunsten gerettet. Vgl. MÜLLER (1974) [Reg.]; anders: Eugen THURNHER, Die Tierfabel als Waffe politischen Kampfes. Zur Deutung der Fabelsprüche des Bruder Wernher, zuerst in: Römische historische Mitteilungen 18 (1976) S. 55–66; dann in: THURNHER (1988) S. 39–53.

Literatur

Anton E. SCHÖNBACH: Beiträge zur Erklärung altdeutscher Dichtwerke III/IV: Die Sprüche des Bruder Wernher I/II. Wien 1904/1905.

Udo GERDES: Bruder Wernher. Beiträge zur Deutung seiner Sprüche. Göppingen 1973.

Udo GERDES: Zeitgeschichte in der Spruchdichtung. Beobachtungen an der Lyrik Bruder Wernhers. In: Euphorion 67 (1973) S. 113 bis 156.

Franz Viktor SPECHTLER: Strophen und Varianten. Zur Sangspruchlyrik des 13. Jahrhunderts am Beispiel des Bruders Wernher. In: McDonald (1983) S. 491–508.

Horst BRUNNER: Die Töne Bruder Wernhers. Bemerkungen zur Form und formgeschichtlichen Stellung. In: Martin Just / Reinhard Wiesend (Hrsg.): Liedstudien. Fs. Wolfgang Osthoff. Tutzing 1989. S. 47–60.

71

REINMAR VON ZWETER

Autor: Reinmar von Zweter, der Autor von zahlreichen, vor allem in den Hss. C und D/H (Universitätsbibliothek Heidelberg cpg 350: eine Art Reinmar-Sammlung, Ende des 13. Jh.s geschrieben) überlieferten »Sangspruch«-Strophen, ist urkundlich nicht faßbar. Er ist unbekannter Herkunft und kam als fahrender Berufssänger offenbar

weit im deutschen Sprachraum herum; eine Biographie läßt sich, entgegen dem entsprechenden Versuch von Gustav ROETHE (1887), aus den Gedichten nicht herauslesen.
Reinmar verwendete, anders als andere Fahrende, mit Vorliebe immer wieder dieselbe Strophenform und Melodie (die auch erhalten ist), nämlich den »Frau-Ehren-Ton«, der so etwas wie eine Kennmarke seines Werkes gewesen sein muß; über 250 Strophen sind in diesem Ton überliefert. Zu seinem Œuvre gehören ferner ein Leich (in C und vier weiteren Hss.) sowie weitere »Sangspruch«-Strophen. – Die zahlreichen historischen Anspielungen datieren Reinmars Werk etwa ins 2. Viertel des 13. Jh.s. Später gehörte er (mit teilweise entstelltem Namen) zu den »Alten Meistern« der Meistersinger.

Edition: Gustav ROETHE (1887).

Die meisten der folgenden Strophen sind in den Hss. C und D überliefert; je nach Anlaß und Publikum hat der Sänger wohl eine ›Vortragseinheit‹ in seinem allbekannten »Ton« zusammengestellt.

Dû sünden blôz 21 (in D/C und in U [Pergamentfragment des 14. Jh.s]): Religiöse Strophe (Marienpreis), wie sie bei Reinmar und auch sonst in der Lyrik des Mittelalters häufig zu finden sind.

Gelückes rat ist sinewel 91 (in D/C und in T [Pergamentfragment des 14. Jh.s]): Das Bild der *rota Fortunae*, des Glücksrades, war dem Mittelalter durchaus geläufig; eine besonders bekannte bildliche Darstellung davon findet sich in der Hs. der *Carmina Burana* (Bayerische Staatsbibliothek München clm 4660), und zwar zusammen mit thematisch zugehörigen mittellateinischen Texten. – Reinmar kombiniert im Grunde zwei Vorstellungen: das davonlaufende und das sich drehende Rad der Fortuna.

Diu trunkenheit tuot grôzen schaden 111 (in D/T/Fragment V [14. Jh.]): Eine der vielen Scheltstrophen gegen ein Laster, hier die Trunksucht; daß diese im Mittelalter mehr als sonst ausgeprägt gewesen wäre, ist nicht bekannt.

Des vater swert unt ouch des suns 135 (in D/C): Reinmar verwendet das seit dem Investiturstreit in der Publizistik geläufige und durchaus verschieden ausdeutbare Bild von den 2 Schwertern: Mit ihm wird – ausgehend von einer ganz beiläufigen Bemerkung im Neuen Testament (Lk. 22,38) – die Aufteilung der Gewalt zwischen Sacerdotium und Imperium, Papst und Kaiser, veranschaulicht. Reinmar tadelt hier Ugo(lino) von Segni = *Hügel(in)*, der jetzt als Papst (*Peter*) Gregor IX. (1227–41) eine gegen das Reich gerichtete und durch Geldgier gekennzeichnete Politik betreibe. Wegen der Allgemeinheit dieser Vorwürfe (vgl. etwa so schon Walther von der Vogelweide) ist eine genaue Datierung der Strophe nicht möglich.

Der triuwen triskamerhort – Got, alter unde niuwer Crist 136/143 (in D/C): In wessen Interesse Reinmar diese beiden Strophen, für und gegen Kaiser Friedrich II., verfaßte, ist unbekannt; entsprechend lassen sie sich auch nicht genau datieren. Beidemal verwendet er die für Lobstrophen im Mittelhochdeutschen weitverbreitete Technik, den Namen des Gemeinten erst ganz zum Schluß zu nennen (vgl. z. B. Nr. 91, Str. 9). Während Str. 136 mit Hilfe einer Aufzählung allgemeiner Vorzüge den *Kaiser* preist, ist es kennzeichnend, daß die ebenfalls mit Aufzählungen (von Gottes Gewalt und Macht) arbeitende Gebetsstrophe (143) nur noch vom »Staufer« spricht.

Venediaer die hânt vernomen 145 (in D/C): Mit Hilfe einer höhnischen Fiktion, einer Lügengeschichte, beschreibt Reinmar den derzeitigen Zustand des Reiches (wahrscheinlich im Interregnum): Sogar der Doge von Venedig, ein ›Kürschner‹ (Kaufmann) aus jener reichen Handelsstadt, wolle sich jetzt am Geschacher um die deutsche Reichskrone beteiligen.

Literatur

Gustav Roethe (1887; mit einer für die »Spruchdichtung« grundlegenden umfangreichen Einleitung).

Müller (1974) [Reg.]; (1983) S. 156–162 (dort Übersetzung und Interpretation zweier weiterer Strophen Reinmars).

Horst Brunner: VL² VII (1989) Sp. 1198–1207.

Behr (1989).

72

Der Wilde Alexander

Autor/Überlieferung: »Der Wilde Alexander« ist wohl ein Künstlername, so wie er damals für fahrende Berufssänger häufig war; er bedeutet »heimatloser« und/oder »seltsamer« Alexander (mit Anspielung auf den im Mittelalter sprichwörtlich bekannten Alexander den Großen). Die Lieder und der Leich des Autors sind vor allem in der Hs. J (mit Melodien) überliefert, daneben in der Wiener Leich-Hs. (Cod. Vind. 2701; mit Melodien) sowie in Hs. C. Wie Norbert WAGNER (in: ZfdA 104, 1975, S. 338–344) mit ziemlicher Sicherheit nachgewiesen hat, ist das Werk des Wilden Alexander in die Mitte des 13. Jh.s zu datieren.

Edition: Peter KERN (1979) = KLD 1, V.

Text hier nach Kern (1979), der näher bei der Überlieferung, nämlich J, bleibt als KLD. – Für Str. **5**,4 überliefert J *pherierlin*, was immer wieder (so auch von Kern) als Verschreibung von *phetterlin* erklärt wird.
Den Interpretations-Schlüssel zu diesem vielbehandelten Lied haben 1979 gleichzeitig Peter KERN und Franz Josef WORSTBROCK gefunden: Es ist kein autobiographisches »Kindheitslied«, sondern ein durchgehend allegorisches, religiös gemeintes Lied, das vor der verführerischen Schönheit der Welt, der Befleckung durch sie und vor dem Versäumnis zur rechtzeitigen Umkehr warnt. Im Bild des »Erdbeersuchens« verwendet der Wilde Alexander eine mittelalterliche, christlich-allegorische Deutung zweier Verse Vergils (*Ekloge* III 92 f.); in der abschließenden Strophe, welche auf den allegorischen Charakter des Liedes nochmals deutlich hinweist, spielt er an auf die fünf törichten (nämlich unvorbereiteten und dadurch verspäteten) Jungfrauen (Mt. 25; vgl. auch Mt. 18) sowie auf die gleichfalls unvorbereitete *sponsa* im Hohen Lied 5,7. – Einspielung: BINKLEY (1966).

Literatur

Ingeborg GLIER: VL² I (1978) Sp. 213–218.
Peter KERN: Das ›Kindheitslied‹ des Wilden Alexander. In: ZfdPh 98 (1979) Sonderh. S. 77–91.
Franz Josef WORSTBROCK: In: Medium Aevum *deutsch*. Fs. Kurt Ruh. Tübingen 1979. S. 447–465.

Tannhäuser

Autor/Überlieferung: Aus den in den Hss. C (6 Leichs, 9 Lieder), J (1 Lied, mit Melodie) sowie einigen späteren Hss. überlieferten Texten dieses Autors läßt sich entnehmen, daß er offenbar aus dem fränkisch-bayerischen Raum stammte, weit herumgekommen ist (zumindest teilweise als fahrender Sänger), in Beziehungen zu vielen Herren und Fürsten seiner Zeit stand (unter anderem zu den Herzögen Friedrich II. von Österreich und dessen kurzzeitigem Nachfolger, dem bayerischen Herzog Otto II.) und möglicherweise an einem Kreuzzug teilnahm. Die zahlreichen historischen Anspielungen lassen vermuten, daß die Leichs und Lieder Tannhäusers im 2. Drittel des 13. Jh.s entstanden sind (vgl. dazu Bumke, 1979, S. 176–230). Warum er später zur Hauptfigur einer ›Dichtersage‹ (*Tannhäuser im Venusberg*) wurde, ist nicht eindeutig geklärt. – Zu den in C ohne Melodie überlieferten Texten ließen sich 2 Melodien (zu Leich IV und Lied IX) rekonstruieren; beide, zusammen mit dem »Bußlied« aus J, eingespielt auf der Schallplatte: »Tanhuser«, Göppingen 1974.

Edition: Eine neue Ausgabe, mit Übersetzung, bereitet derzeit J. Kühnel für Reclams Universal-Bibliothek vor; vgl. dazu: Jürgen Kühnel, Zu einer Neuausgabe des Tannhäusers. Grundsätzliche Überlegungen und editionspraktische Vorschläge, in: ZfdPh 104 (1985) Sonderh., S. 80–102; abgedruckt sind hier vorläufige Fassungen von Kühnel. – Die gesamte Text- und Melodieüberlieferung, zusammen mit der älteren Ausgabe von Johannes Siebert (1934) und vollständigen Melodieübertragungen, findet sich als Faksimile in: Tannhäuser. Die lyrischen Gedichte der Handschriften C und J, hrsg. von Helmut Lomnitzer und Ulrich Müller, Göppingen 1973.

73 *Der winter ist zergangen*. Leich III (in C; Text/Übersetzung: Jürgen Kühnel): Der Leich ist die Prunk- und Großform der mittelhochdeutschen Sangverslyrik. Er besteht formal aus unterschiedlich gebauten Strophenabschnitten (Versikel), die nach den Prinzipien der Wiederholung und der variierenden Steigerung gereiht werden; inhaltlich ist er nicht festgelegt. Besondere Meister des Leichs sind Heinrich von Meißen (Frauenlob), Ulrich von Winterstetten und Tannhäuser. Tannhäusers *Pastourellen-Leich* III (in C) amplifiziert die Themen Frühlingsfreude, Liebe, Tanz, und sein besonderer Witz liegt im intensiven Gebrauch vornehmer französischer Fremdwörter;

gemäß der Analyse von Hugo KUHN (1952/76, S. 131 f.) besteht er aus 6 Strophenelementen (ABCDEF), wovon die metrischen Elemente ADEF jeweils nur einmal vorkommen (1/11/22/26), B und C aber intensiv repetiert werden.

74 *Wol im, der nû beissen sol* Lied XIII (in C; Text/Übersetzung: Jürgen Kühnel): Das Lied handelt von den Mühen einer Palästina-Fahrt, die gleichzeitig naturalistisch und symbolisch dargestellt werden (vgl. z. B.: Str. 4,13 *sutten* = Bezeichnung für den untersten Schiffsbauch und die Hölle). Wolfgang MOHR spricht daher bei diesem desillusionierenden Kreuzlied, das einerseits die beschwerliche Reise eines Kreuzritters übers Meer darstellt – und zwar ohne die in früheren Kreuzliedern gattungstypische Aussicht auf göttlichen Lohn –, das damit aber gleichzeitig auch die mühselige Lebensreise meint, von »allegorischem Naturalismus«: Wolfgang MOHR, Tanhusers Kreuzlied, in: DVjs 34 (1960) S. 338–355; wiederabgedr. in: Mohr (1983) S. 335–356. – Die fachmännische Aufzählung der Winde in der Sprache der italienischen Matrosen (Genua und vor allem Venedig hatten fast ein Monopol für solche Transporte) hat später Oswald von Wolkenstein nachgeahmt (Kl 17).

75 – 76

ULRICH VON LICHTENSTEIN

Autor/Überlieferung: Der steirische Ministeriale Ulrich von Lichtenstein ist zwischen 1227 und 1274 in zahlreichen Urkunden (bisher 74) gut bezeugt; er spielte eine bedeutende politische Rolle und war Truchseß (1244–45), Marschall (1267–72) sowie Landrichter (d. h. Vertreter des Landesherrn bei Gerichtsverhandlungen). 58 Liebeslieder und ein Leich sind in Hs. C sowie, eingefügt in einen fortlaufenden Erzählzusammenhang, in seinem als Autobiographie stilisierten *Frauendienst* (München cgm 44) überliefert.

Edition: SPECHTLER, 1987 (nach der Münchener *Frauendienst*-Hs., cgm 44; Lyrik: KLD 58).

75 *Sumervar ist nu gar* XXIX (SPECHTLER, S. 287 f.): Das fünfstrophige Lied thematisiert nicht ›Hohe Minne‹, Werbung und Entsagung, sondern ganz im Gegenteil die Freuden der Liebe. Trotz der kurzen rhythmischen Teile und der dadurch bedingten Reimhäufun-

gen (Binnen- bzw. Endreime) leiden weder Syntax noch Aussage: eine in Form und Inhalt virtuose Leistung! Im *Frauendienst* wird das Lied als *reie*, d. h. als Tanzlied bezeichnet. Der Verlust der Melodie ist hier ganz besonders zu bedauern; eine moderne Vertonung geschah durch »Dulamans Vröudenton«, 1990.

76 *Eren gernde ritter* XXXVIII (SPECHTLER, S. 304 f.): Das siebenstrophige Lied steht im *Frauendienst* (Str. 1424) im Anschluß an erste Turnierkämpfe Ulrichs, nachdem er erzählt hat, wie er am Beginn seiner »Artus-Fahrt« sieben Speere verstochen und von dreizehn Speeren getroffen worden sei. Er bezeichnet es als *ûzreise*, d. h. als eine Art Marschlied, und er behauptet, es sei beim Reiten und Turnieren gesungen worden (Str. 1425).

Literatur

Franz Viktor SPECHTLER: Untersuchungen zu Ulrich von Liechtenstein. Habil.-Schr. Salzburg 1974. [Masch.]

Franz Viktor SPECHTLER (Hrsg.): Ulrich von Liechtenstein: Frauendienst/Frauenbuch. Göppingen 1987/89. [Mit umfangreichen Literaturangaben.]

Ulrich MÜLLER: Männerphantasien eines mittelalterlichen Herren. Ulrich von Lichtenstein und sein Frauendienst. [Demnächst in einem Sammelband: Psychologie und Geschichte. Hrsg. von Thomas Kornbichler und Wolfgang Maaz.]

77

WACHSMUT VON KÜNZICH

Autor/Überlieferung: Über Stand und Herkunft des Autors, von dem vor allem die Hss. B/C 7 Liebeslieder überliefern, ist nichts Genaues bekannt. Er wird polemisch bei Gedrut-Geltar (Nr. 82, 83) erwähnt; falls sich auch zwei Lobpreisungen durch Reinmar von Brennenberg (KLD 44: IV,13) und den Marner (XIV,18) auf ihn beziehen, dann ließe das auf Bekanntheit seiner Lieder schließen (vgl. aber unten) – aus stilistischen Gründen werden diese in die Mitte bzw. 2. Hälfte des 13. Jh.s datiert.

Edition: KLD 60, III.

Das dreistrophige Lied (in C) beklagt zweierlei: das abweisende Verhalten der umworbenen Dame und die »Aufpasser« (*merkaere*, *huote*), also die vielen anderen, die durch scharfäugige Kontrolle für die Einhaltung von Sitte und Anstand sorgen wollen.

78

König Konrad der Junge

Autor/Überlieferung: Die beiden in Hs. C unter diesem Namen überlieferten Lieder werden üblicherweise dem jungen Staufer Konradin (ital. *Corradino*), dem Sohn König Konrads IV., zugeschrieben. Er wurde nach seinem mißglückten Italienzug am 28. 10. 1268 auf Betreiben seines Gegners Karl von Anjou in Neapel enthauptet, und zwar im Alter von erst 16 Jahren. Zu einem sehr jugendlichen Autor würden die beiden letzten Verse des vorliegenden Liedes durchaus passen. – Vgl. auch den Roman von Rita Multer, Liebe mich mit treuem Sinn, Pfaffenhofen 1980.

Edition: KLD 32, II.

Literatur

Eugen Thurnher: Konradin als Dichter. In: Deutsches Archiv 34 (1978) S. 551–560. Wiederabgedr. in: Thurnher (1988) S. 95 bis 108.

Günther Schweikle: VL^2 V (1985) Sp. 210–213.

79 – 80

Ulrich von Winterstetten

Autor/Überlieferung: Unter dem Namen des »Schenk Ulrich von Winterstetten« überliefert Hs. C ein umfangreiches Werk (5 Leichs, 40 Lieder), das von den Themen Liebe und Minne beherrscht wird. Ulrich gehörte einem bedeutenden oberschwäbischen Ministerialen-Geschlecht an; sein Großvater Konrad von Winterstetten (gest. 21. 2. 1243) war der Erzieher von Heinrich (VII.), Ratgeber von Konrad IV. und bedeutender Mäzen. Urkundlich bezeugt ist Ulrich für die Jahre 1241 bis 1280.

Edition: KLD 59.

79 *Verholniu minne sanfte tuot* XXIX: Das dreistrophige Tagelied ordnet sich in die Tradition dieses Genres ein. Wie Ulrich von Lichtenstein (*Frauendienst*, Str. 1621 ff. und Lied XL) und ansatzweise der Burggraf von Lienz (KLD 36,I) wird in das übliche Personal noch die (eher realistische) Figur der vertrauten Zofe eingefügt.

80 *Haete mich der winter* XXXVIII: Das Lied verbindet – offenbar anläßlich des Todes von einem von Ulrichs Brüdern (nach 1265) – religiöse Klage, Zeitklage und Minneklage. Wie die meisten anderen Lieder Ulrichs, so enthält auch dieses einen Refrain (ein Kennzeichen Winterstettens). Aufgrund eines folgenden Leerraumes in C ist zu vermuten, daß der Schreiber der Hs. noch eine weitere Strophe erwartete (den Text aber nicht bekommen hat).

Literatur

Hugo Kuhn (1952/76).
Renate Hausner: Spiel mit dem Identischen. Studien zum Refrain deutschsprachiger lyrischer Dichtung des 12. und 13. Jahrhunderts. In: Peter K. Stein [u. a.] (Hrsg.): Sprache-Text-Geschichte. Göppingen 1980. S. 281–384.
Gebhard Streicher: Minnesangs Refrain. Die Refrain-Kanzonen des Ulrich von Winterstetten. Göppingen 1984.

81 – 83

Gedrut / Geltar

Werk/Überlieferung: Von den in Hs. A unter dem weiblichen Namen »Gedrut« (Gertraud) überlieferten 30 Strophen finden sich 28 unter anderen Namen auch in anderen Hss., unter anderem unter »Her Geltar« in Hs. C. Vorwiegend aus inhaltlichen Gründen wird Gedrut nicht für die Verfasserin dieser Texte gehalten (die stilistisch etwa in die Mitte des 13. Jh.s datiert werden können): Möglicherweise war sie die Besitzerin eines Liederheftes; der Name könnte aber auch eine Entstellung von »Geltar« sein.

Edition: KLD 13.

Die hier ausgewählten Strophen setzen sich alle in polemischer und satirischer Weise mit dem Thema »Minnesang« auseinander, der als Minne-Mode und realitätsferne Minne-Singerei denunziert wird, und zwar wie vom Standpunkt eines nüchternen Realisten und fahrenden Berufssängers aus. Aufgrund dieser polemischen Tendenz sollten diese Strophen, so interessant sie sind, für eine generelle Interpretation des Minnesangs und der »Hohen Minne« nur mit größter Vorsicht verwendet werden.

81 *Von Kunzechen hêr Wahsmuot* Ia: Die beiden in A (Gedrut) überlieferten Strophen polemisieren gegen den Lyriker Wachsmut von Künzich (vgl. Nr. 77): ihm werden schmachtende Fernliebe und Angst bzw. Unfähigkeit zur ›richtigen‹ Liebe vorgeworfen; der Schluß von Str. 1 spielt offenbar auf das bei den Trobadors einige wenige Male erwähnte Motiv der *assai/assag* (*essai*) an, eine Keuschheitsprüfung, die dem Werbenden von der Dame auferlegt wird, um die Echtheit seiner Absichten zu prüfen: »eine Art keusches Beilager, bei dem Liebkosungen zwar erlaubt sind, der sexuelle Akt aber ausgeschlossen bleibt« (Kasten, 1986, S. 280). – Ein zu dieser Polemik passendes Gedicht Wachsmuts ist übrigens nicht erhalten; möglicherweise wird er hier nur stellvertretend für andere Sänger genannt.

82/83 *Hete ich einen kneht – Man singet minnewîse dâ ze hove* I/II: Die in A (Gedrut) und C (Geltar) überlieferten beiden Strophen polemisieren dagegen, daß sich die »Minnesinger« anmaßen, sich mit ihren Liedern an die Ehefrauen ihrer Herren zu wenden (I), ferner daß sie die Existenznöte eines fahrenden Berufssängers nicht kennen würden (II). Wie die Namensnennungen in Str. I, 4 f. gemeint sind, ist unbekannt, und es gibt daher unterschiedliche Deutungs- und Übersetzungsmöglichkeiten: »von Mergersdorf« kann sich auf die drei Genannten (möglicherweise bekannte Minnesinger) beziehen, könnte aber auch zu *die herren* gehören; *getrouwen* kann sowohl ›vertrauen‹ als auch ›zutrauen‹ bedeuten, *effen* sowohl ›verspotten‹ als auch ›nachahmen‹. Die hier gebotene Übersetzung geht davon aus, daß »Knappen« den »Herren« etwas so Ehrenrühriges antun, daß es vor Gericht einklagbar wäre.

Literatur

Volker Mertens: VL[2] II (1980) Sp. 1135, 1187–89.

84

Reinmar der Fiedler

Autor/Überlieferung: Der nicht weiter greifbare Sänger, offenbar ein oberdeutscher Fahrender des 13. Jh.s, spottet in dieser in Hs. A überlieferten Strophe über den Alleskönner Leuthold von Seven (unter dessen Namen Lieder erhalten sind); was im einzelnen dahintersteckt, ist nicht mehr feststellbar. Wichtig ist die Strophe wegen der Aufzählung verschiedener lyrischer Untergattungen: nicht alle diese Begriffe sind in ihrer Bedeutung ganz sicher, und einige mögen durchaus ironisch ad hoc erfunden worden sein.

Edition: KLD 45, III 1.

Literatur

Gisela Kornrumpf: VL² VII (1989) Sp. 1195–1197.

85

Anonym (Reinmar von Brennenberg?)

Überlieferung/Autor: Die anonym überlieferte Strophe (Hs. H) verwendet einen Ton des Reinmar von Brennenberg und wird daher diesem Autor zugeschrieben, der wahrscheinlich vor 1276 in einer Fehde von Regensburger Bürgern erschlagen wurde (vgl. die Miniatur in C, wo auch die meisten Brennenberger-Texte überliefert sind). Aus welchen Gründen auch immer wurde Reinmar von Brennenberg später zum Helden einer Dichtersage (ähnlich dem *Herzmaere* des Konrad von Würzburg). Die Strophe ist deswegen von Bedeutung, weil sie die umfangreichste Aufzählung von damals hochgeschätzten Sängern der Vergangenheit enthält. V. 3 bezieht sich auf Ulrich von Singenberg, V. 7 auf Graf Rudolf von Fenis-Neuenburg (Nr. 22).

Edition: KLD 44, IV 13.

Literatur

Frieder Schanze: VL² VII (1989) Sp. 1191–1195.

86

Marner

Autor/Überlieferung: Unter dem Namen des Marner, eines offenkundig aus Oberdeutschland stammenden Berufssängers, sind Lieder in lateinischer (5) und in deutscher Sprache überliefert (letztere vor allem in Hs. C: 81 Strophen); er hatte also eine gründliche Ausbildung. Da seine Melodien offenbar auch von anderen Sängern verwendet wurden und der Marner zu den »Alten Meistern« der späteren Meistersinger zählte, sind durch Hs. J sowie Meistersinger-Hss. auch einige seiner Melodien bekannt. Laut einem Nachruf des Rumelant wurde er ermordet. Aufgrund der historischen Anspielungen in einigen Strophen läßt sich sein Werk in die Mitte des 13. Jh.s datieren.

Edition: Philipp Strauch (Hrsg.): Der Marner. Straßburg 1876. Nachdr. mit einem Nachw., einem Reg. und einem Literaturverz. von Helmut Brackert. Berlin 1965.

XV, 14: Diese in C und der späteren Kolmarer Lieder-Hs. (Bayerische Staatsbibliothek München cgm 4997; dort gleich zweimal: Bl. 449^r und 468^r, mit Melodie) überlieferte Strophe gibt Einblick in das Repertoire eines fahrenden Sängers: Verlangt werden von ihm hier Heldenepik (Dietrich-Epen; *Nibelungenlied* u. a.), der *König Rother* und »Minnesang«. Die in V. 8 erwähnten »Wilzen« waren ein slawisches Heldengeschlecht. – In Str. XV, 16 (nur in C) berichtet der Marner noch, er könne auch vom Gral und von König Titurel ›singen‹ (also höfische Epik rezitieren), ferner vielerlei Wundergeschichten, vor allem Erstaunliches aus der Natur.

Literatur

Burghart Wachinger: VL^2 VI (1985) Sp. 70–79.

87

Henneberger

Autor/Überlieferung: Unter dem Namen »Der Hynnenberger« ist in Hs. J ein Ton (11 Strophen mit Melodie) überliefert. Der Autor, offenkundig ein fahrender Berufssänger, stammte vielleicht aus der fränkischen Grafschaft Henneberg. Er gehört mutmaßlich in die Mitte des 13. Jh.s.

Edition: HMS III 39 f.: 12, Str. 1 und 2.

Literatur

Helmut Tervooren: VL² III (1981) Sp. 1006–08.

88

Singauf

Autor/Überlieferung: Unter dem Namen »Meister Singof«, ganz offenkundig der Künstlername eines Fahrenden, sind in Hs. J vier Strophen mit Melodie überliefert, darunter diese Rätselstrophe; unmittelbar anschließend stehen zwei Strophen des Rumelant (vgl. Nr. 89), der – unter Verwendung dieser Singauf-Melodie – geantwortet, eher beiläufig die Lösung genannt (»Der Schlaf«), vor allem aber den Kollegen heftig getadelt hat, weil das Rätsel einen Fehler enthalte: Der Schlaf sei nämlich erst durch den Sündenfall auf die Welt gekommen (entsprechend der häufig in der Bibel zu findenden Vorstellung vom »Sündenschlaf«). – Rumelant hat dann in einem eigenen Ton nochmals mit zwei Strophen gegen Singauf polemisiert, und zwar gegen die »herausfordernde Einleitung« von dessen Rätselstrophe. Solche Rätselspiele und Wettkämpfe gehörten offenbar zur Lebenswirklichkeit der damaligen fahrenden Berufssänger, die damit ihr Können herausstellen wollten. Ein Reflex solcher Sängerkriege findet sich im sog. Wartburgkrieg, einem Konglomerat von Rätsel-, Preis- und Streitgedichten. Zum Ganzen vgl. ausführlich Wachinger (1973).

Edition der Str. (= Nr. 3): Burghart Wachinger (1973) S. 170 f.

89

Rumelant

Überlieferung/Autor: Unter dem Namen »Rumslant«/»Meyster Rumelant« sind neun Melodien und zahlreiche Strophen in den Hss. C (25 Strophen) und J (105 Strophen) überliefert. Der fahrende Berufssänger mit dem redenden Künstlernamen »Räum-das-Land« hielt sich nach Ausweis seiner Gedichte vorwiegend in der nördlichen Hälfte des deutschen Sprachraumes auf. Seine datierbaren (politischen) Strophen fallen in die Zeit zwischen 1273 und 1286. Mehrfach beteiligte sich Rumelant an Sängerkriegen mit anderen Kollegen (vgl. dazu ausführlich Wachinger, 1973).

Edition der Str. VIII 2/3: Burghart Wachinger (1973) S. 177.

Die beiden Strophen beziehen sich auf die Rätsel-Strophe des Singauf (Nr. 88), auf die Rumelant bereits anderswo, unter Verwendung von Singaufs Melodie, geantwortet hatte (vgl. S. 549). Jetzt polemisiert er in einem eigenen Ton nochmals gegen den Konkurrenten, zitiert das Rätsel, spielt mit dessen Namen und hält ihm dann vier ›richtige‹ Sänger jener Zeit als überlegen vor: Konrad von Würzburg (vgl. Nr. 104 bis 106), den Höllefeuer (7 Strophen und 1 Melodie von ihm überliefert J), den Unverzagten (vgl. Nr. 101) und den Meißner (vgl. Nr. 90). – Bei VIII 2 weichen wir in Interpunktion und Interpretation teilweise von Wachinger ab.

90–91

Meissner

Überlieferung/Autor: Der »Meißner«, von dem die Jenaer Hs. (J) 128 Strophen und 16 Melodien (einige davon wegen Beschädigung des Manuskriptes nur fragmentarisch) überliefert, war nach Ausweis seiner Texte ein fahrender Berufssänger; er war vielleicht mitteldeutscher Herkunft (aus Meißen?), und sein Werk läßt sich aufgrund der historischen Anspielungen in die 2. Hälfte des 13. Jh.s datieren. Zwei Sängerkollegen (Rumelant, vgl. Nr. 89, und Hermann Damen) lobten ihn als einen der besten Sänger seiner Zeit.

Edition: Georg Objartel: Der Meißner der Jenaer Liederhandschrift. Untersuchungen, Ausg., Komm. Berlin 1977.

90 *Got, aller selden anevanc* I 1–3 (in J, mit Melodie): Von diesen drei ersten Strophen des Tones I preisen Nr. 1/2 in Form eines Gebetes und unter Verwendung zahlreicher gängiger Formeln Gott und dessen Macht. Str. 3 tadelt Lüge und Verleumdung und preist das Gegenteil. – Die Überlieferung derartiger Strophenreihen legt nahe, daß die Sänger eine Vortragseinheit jeweils mit einer oder mehreren solcher Gebetsstrophen eröffneten.

91 *Almechtich got, barmunge rich* XIV, Str. 1, 2 und 9 (in J mit Melodie): Die ersten beiden Strophen dieses Tones (Str. 1/2) beklagen den Zustand des Römisch-Deutschen Reiches im Interregnum und machen die Landesfürsten und deren Habgier dafür verantwortlich. In 2,6 verweist der Meißner entweder auf die Doppelwahl zweier ›ausländischer‹ Könige im Jahre 1257 (nämlich von Richard von Cornwall und Alfons X. von Kastilien; der dritte Kandidat war der gleichfalls als Ausländer geltende Ottokar II. von Böhmen); oder er spielt auf die ausländischen Kandidaten der Wahl von 1273 an (Philipp III. von Frankreich und erneut Ottokar II.; gewählt wurde dann der Habsburger Rudolf I.).
Str. 9 preist mit den damals üblichen Mitteln (Katalog von allgemeinen Tugenden, Namensnennung erst ganz am Schluß) Otto IV. »Pileman« (gest. 1309), einen der beiden damals in Brandenburg regierenden Markgrafen (vgl. Nr. 92). Nicht erwähnt, da in einer politisch gemeinten Preisstrophe offenbar unwichtig, wird die Tatsache, daß Otto IV. auch selbst Lieder verfaßt hat.

Literatur

Müller (1974) [Reg.]; (1983) S. 176–182. [Daraus zwei Übersetzungen.]
Georg Objartel: VL^2 VI (1987) Sp. 321–324.

92

Otto von Brandenburg

Autor/Überlieferung: Die Namensnennung zu den sieben in Hs. C überlieferten Liebesliedern, nämlich »Margrave Otte von Brandenburg mit dem pfile« identifiziert den Autor eindeutig: Markgraf Otto IV. (gest. 22. 11. 1309), der wegen einer 1279 erlittenen Schußverletzung durch einen Pfeil den Beinamen »Pileman« trug. Er und andere Mitglieder seiner Familie werden von zeitgenössischen Dichtern mehrfach gepriesen (vgl. Nr. 91, Str. 9). Otto, wie auch andere fürstliche Autoren seiner Zeit, beweisen, daß die ›neue‹ Liebeslyrik gegen Ende des 13. Jh.s auch den Norden des deutschen Sprachraums erreicht hatte.

Edition: KLD 42, III.

Die Einzelstrophe kontrastiert – durchaus geistreich – Nachteile und Vorteile des Winters.

Literatur

Ingeborg Glier: VL[2] VII (1989) Sp. 213–215.

93 – 97

Mechthild von Magdeburg

Autorin/Werk: Die Offenbarungen der Mechthild von Magdeburg, »Das fließende Licht der Gottheit«, enthalten in ihrer religiös-erotischen Ekstatik viele Bezüge zur weltlichen Liebeslyrik ihrer Zeit. Wolfgang Mohr (Darbietungsformen der Mystik bei Mechthild von Magdeburg, in: Märchen, Mythos, Dichtung, Fs. Friedrich von der Leyen, hrsg. von Hugo Kuhn und Kurt Schier, München 1963, S. 375–399) hat hervorgehoben, daß in diesen »Fragmenten einer inneren Biographie« nicht nur Lyrisches immer wieder in Vorformen und Reduktionen vorkommt, sondern daß es sich hier um die »vielleicht kühnste erotische Dichtung [handle], die wir aus dem Mittelalter besitzen«. – Mechthild stammte aus niederem Adel, führte nach ihrer Flucht aus dem Elternhaus ab ca. 1230 in Magdeburg zuerst das

Leben einer Begine, trat um 1270 in das Nonnenkloster Helfta ein (damals ein Zentrum der Frauenmystik) und starb dort um 1282. Ab etwa 1250 schrieb sie ihre mystischen Visionen und Erfahrungen unter Anleitung ihres dominikanischen Beichtvaters Heinrich von Halle auf. Wie in anderen mystischen Schriften, vor allem von Frauen jener Zeit, ist der Einfluß der Bild- und Vorstellungswelt des »Hohen Liedes« deutlich spürbar (welche ja auch die weltliche Liebeslyrik beeinflußt hat). Zur hier vorliegenden Verbindung von Erotik und Religion vgl. Ulrich MÜLLER, Mechthild von Magdeburg und Dantes ›Vita Nuova‹, oder: Erotische Religiosität und religiöse Erotik, in: KROHN (1983) S. 163–176; ferner Peter DINZELBACHER (1981).

Überlieferung: Mechthilds Offenbarungen, ursprünglich in mittelniederdeutsch-niederdeutscher Sprache abgefaßt, sind nur in oberdeutscher und lateinischer Übersetzung überliefert. Das in sieben Büchern gegliederte Werk besteht aus vielen Kapiteln unterschiedlichen Umfangs, die jeweils eine eigene Überschrift tragen. Die Texte bewegen sich mit vielen Zwischenformen zwischen Prosa, Reimprosa (mit Reimklängen an den Satzeinschnitten: »Kolonreime«) und sehr frei gebauten Versen. Zwar sind in der einzigen vollständigen deutschen Hs. (Stiftsbibliothek Einsiedeln) möglicherweise lyrische oder halb-lyrische Passagen durch Schrift und Anordnung nicht hervorgehoben, doch lassen sich solche gut feststellen (vor allem an der Verwendung von Reimklängen, Assonanzen und einer versähnlichen Strukturierung). Einige solche Stellen, mit verschiedenem Inhalt und in unterschiedlicher Redeweise, sind hier ausgewählt: I 19,20,28; II 15; V 19; VII 40. Im Abdruck haben wir – teilweise anders als NEUMANN – einzelne syntaktische Einheiten, die oft durch Rhythmus und/oder Kolonreim markiert sind, optisch abgesetzt.

Edition: Hans NEUMANN (Hrsg.): Mechthild von Magdeburg: Das fließende Licht der Gottheit. Nach der Einsiedler Handschrift in kritischem Vergleich mit der gesamten Überlieferung. Bd. 1: Text. Bes. von Gisela Vollmann-Profe. München/Zürich 1990. (Abgedruckt sind die ›Strophen‹ I 19, 20, 28; II 15; V 19; VII 40.)

97 *Alsust sprichet dú minnende sele* VII 40: Das Liebesgedicht an Gott verwendet ein in der weltlichen Liebeslyrik sehr häufiges Motiv. Der Beginn erinnert wörtlich an die Strophe MF 3,7 (Nr. 8).

Literatur

Walter Haug: Das Gespräch mit dem unvergleichlichen Partner. Der mystische Dialog bei Mechthild von Magdeburg als Paradigma für eine personale Gesprächsstruktur. In: Karlheinz Stierle / Rainer Warning (Hrsg.): Das Gespräch. München 1984. S. 251–279.

Hans Neumann: VL[2] VI (1987) Sp. 260–270.

98

Friedrich von Sonnenburg

Autor/Überlieferung: Vorwiegend in den Hss. C und J (dort mit Melodien), daneben aber auch in einer bis in die Meistersinger-Zeit reichenden Streuüberlieferung, sind Texte und Melodien des Friedrich von Sonnenburg erhalten. Die zeitgeschichtlichen Anspielungen verweisen auf das 3. Viertel des 13. Jh.s als Entstehungszeit. Der Autor, ein fahrender Berufssänger, stammt aus dem oberdeutschen Raum (vielleicht aus Sonnenburg bei Brixen).

Edition: Achim Masser (Hrsg.): Die Sprüche Friedrichs von Sonnenburg. Tübingen 1979.

Die vier abgedruckten Strophen gehören alle demselben Ton an, sind in J mit Melodie überliefert und tragen in der Edition die Nummern 28–30 und 49 (=Ton IV).

Ich horte des babes brieve lesen Str. 28–30 gehören ganz offenkundig zusammen, da sie alle von dem neugewählten König Rudolf I. handeln: Str. 28 und 29 referieren (mit fast zitathaften Anklängen) die Anerkennungsschreiben, die Papst Gregor X. zur Wahl Rudolfs am 26. 9. 1274 in Lyon ausgefertigt und an Rudolf bzw. die Fürsten, Städte und Gemeinden des Reiches gesandt hatte. Str. 30 erzählt das auch anderswo berichtete ›Kreuzwunder‹ während der Krönung in Aachen (24. 10. 1273), allerdings in auffällig distanzierter Weise; der hier erwähnte Brunecker konnte bislang nicht identifiziert werden.

Der beste tranc der ie gewart Str. 49 formuliert in Exempelform eine durchaus konventionelle Minne-Didaxe.

Literatur

MÜLLER (1974) [Register].
Gisela KORNRUMPF: VL² II (1980) Sp. 962–965.
BEHR (1989).

99 – 100

SCHULMEISTER VON ESSLINGEN

Autor/Überlieferung: Die in der Hs. C überlieferten 16 Strophen dieses genauer nicht nachweisbaren Autors gehören, entsprechend den historischen Anspielungen, in die Zeit um 1273/85. Er war, wie der Name zeigt, ein Lehrer/Magister in der Reichsstadt Eßlingen, und aus der Sicht eines Stadtbürgers sieht er auch die Person und die Politik Rudolfs I. von Habsburg, die sich unter anderem auf Wiederherstellung des während des Interregnums von Fürsten, Herren und auch Städten besetzten Reichsgutes (Revindikation), aber auch auf den Aufbau einer Hausmacht (zuerst in Schwaben, dann in Österreich) richtete.

Edition: KLD 10.

99 *Der Scharle hât driu spil verpfliht* I: Alle drei Strophen des Tones sind von großer Schärfe und Bissigkeit. Str. 1 (hier nicht abgedruckt) und 2 richten sich gegen König Rudolf I.: Ein nicht unternommener Kriegszug steht im Zentrum von Str. 2, in welcher der Autor die (durchaus vernünftige, weil das Mögliche erkennende) Außenpolitik des Habsburgers angreift. Dabei kleidet er Politisches in das Bild von Spielen gegen König Karl von Anjou (gemäß seiner französischen Herkunft hier: »Charles«), den Gegner und Nachfolger der Staufer in Unteritalien und Sizilien: Das »Buff«-Spiel verlor König Manfred (1266 in der Schlacht von Benevent gefallen), das zweite Spiel verlor Konradin (Niederlage bei Tagliacozzo und Hinrichtung in Neapel 1268), und vor dem dritten Spiel (vom Autor erfunden wie auch das vorherige) drücke sich Rudolf. – Vgl. MÜLLER (1975) [Reg.].
Str. 3 (*Ich bin an minnen*) ist eine Minneparodie; erzählt wird nämlich von etwas, was sonst in Liebesgedichten so gut wie kein Thema ist, nämlich Impotenz, die der Erzähler mit Essen und Trinken kompensieren oder beseitigen will: Denn der Ausdruck ›einer Frau ein Lied singen‹ im letzten Vers kann durchaus zweideutig gemeint sein (vgl.

noch im Neuhochdeutschen: ›fiedeln‹). – Moderne Vertonung durch »Dulamans Vröudenton« (1990).

100 *Ir nement des rîches schiltes war* V: Die Einzelstrophe richtet sich, wie I 2, wiederum gegen König Rudolf I. Unter Verwendung der Wappentier-Allegorie (vgl. positiv: Konrad von Würzburg 32,316: Nr. 106) entwirft der Eßlinger ein Zerrbild des neuen Königs, und zwar hinsichtlich ›niederer‹ Herkunft, innenpolitischer Unfähigkeit, Geiz und Habsucht. – Die in V. 11–13 erwähnte Prüfung der Adler-Jungen war eine im ganzen Mittelalter verbreitete Vorstellung.

101

Der Unverzagte

Autor/Überlieferung: Unter diesem Namen, sicherlich dem Künstlernamen eines Fahrenden (wohl aus dem mitteldeutschen Raum), sind in Hs. J drei Töne (Texte und Melodien) überliefert; Str. III 1 verweist in die 2. Hälfte des 13. Jh.s. Von Rumelant (vgl. Nr. 89) wird der Unverzagte als einer der besten seines Faches genannt.

Edition: HMS III 45 f.

III 1/4/7: Diese drei Strophen aus Ton III (der insgesamt 9 Strophen umfaßt und wovon besonders Str. 1 sich auf mehreren modernen Einspielungen befindet) handeln alle von der Existenzproblematik eines fahrenden Berufssängers, der auf Bezahlung durch sein Publikum und seine Gönner angewiesen ist, der aber gleichzeitig auf eine gewisse publizistische Macht pocht; die Formel *guot umb êre (geben)* wird in solchem Zusammenhang von vielen Sängern zitiert. Str. 1 tadelt die mangelnde *milte* von König Rudolf I. gegenüber den Sängern. Doch kann das auch in einem weiteren Sinne gemeint sein, etwa wie beim Schulmeister von Eßlingen (vgl. Nr. 106, 107); er und ein Sänger namens Stolle verwenden in ihren Schelt-Strophen gegen Rudolf eine ähnliche Anapher-Technik.

Literatur

Müller (1974) [Reg.].

102 – 103

Steinmar

Autor/Überlieferung: Ob der Autor Steinmar, dessen 14 Lied-Texte (52 Strophen; ohne Melodien) in Hs. C überliefert sind, mit einem der zahlreichen Steinmare identisch ist, die im 13. Jh. im alemannischen Sprachraum urkundlich bezeugt sind, ist nicht eindeutig zu klären. In Lied 3 und 12 werden Kriegszüge gegen Wien (wohl mit König Rudolf I. 1276 – vgl. auch Konrad von Landegg, SMS 16, Lied 5 V) und nach Meißen erwähnt, woraus auf Steinmars ritterlichen Stand geschlossen wird.

Edition: SMS 26.

In vielen, nicht allen Texten parodiert Steinmar die Liebeslyrik seiner Zeit, so auch in den beiden hier ausgewählten Liedern.

102 *Sît si mir niht lônen wil* 1: Dies Lied ist ein ›Herbstlied‹, d. h. ein Freß- und Sauflied, in dem anstelle unerreichbarer Liebesfreuden die Freuden von Küche und Keller gepriesen werden; es ist das erste Lied dieser Art, das in deutscher Sprache erhalten ist (vgl. die mittellateinischen Trinklieder, etwa in der Sammlung der *Carmina Burana*), und es hat offenbar viele Nachahmer gefunden (Hadlaub, Mönch von Salzburg u. a.).

103 *Ein kneht, der lag verborgen* 8: Etwas Erstmaliges, zumindest nach Ausweis der Überlieferung, und gleichfalls mehrfach Nachgeahmtes ist auch Lied 8: nämlich die Transponierung des höfischen Tageliedes ins Bäuerliche (vgl. Mönch von Salzburg, Nr. 123 / Oswald von Wolkenstein Kl 48).

104 – 106

Konrad von Würzburg

Autor/Überlieferung: Der gelehrte Berufsdichter (magister/meister) Konrad von Würzburg hat im Auftrag vieler Herren zahlreiche epische Werke verfaßt. Ab etwa 1260 (oder später) bis zu seinem Tod 1287 lebte er in Basel. Laut Brunner (1985, Sp. 299 f.) ist er der »erfolgreichste« und »profilierteste deutsche Autor der 2. Hälfte des

13. Jahrhunderts«. Sein lyrisches Werk (2 Leichs; 23 Liebeslieder, zahlreiche Sangspruch-Strophen) ist in mehreren Hss., teilweise mit Melodien, erhalten. Den späteren Meistersingern galt er als einer der ›Alten Meister‹.

Edition: Edward SCHRÖDER: Konrad von Würzburg. Kleinere Dichtungen III: Leiche, Lieder und Sprüche (1926). Nachdr. Dublin/ Zürich 1959/67.

104 *Swâ tac erschînen sol zwein liuten* 30: Die Einzelstrophe (in C, ohne Melodie, überliefert), ein »Tagelied«, ist ein extremes Kunststück, so wie es besonders das späte Mittelalter liebte: Jedes Wort des Textes ist zugleich ein Reimwort.

105 *Mir ist als ich niht lebende sî – Sô wê mir tumber* 32,256/271: Strophen dieses Tones sind in verschiedenen Hss. (unter anderem C, J und der Kolmarer Lieder-Hs., in den beiden letztgenannten mit Melodie) überliefert. Die Strophen 32,256 und 271 sind Beispiele für religiöse Didaxe (Kerner = Beinhaus, von lat. *carnarium*).

106 *Dem adelarn von Rôme* 32,316: Diese Strophe preist mit Hilfe der Wappen- und Tierallegorie König Rudolf I. von Habsburg (= Reichsadler): dieser hat König Ottokar II. von Böhmen (= Löwe), ab 1251 Herr über Österreich und die Steiermark, im Jahre 1276 bezwungen, und jetzt müssen nicht nur er, sondern auch die Gegner in Unteritalien (d. h. Karl von Anjou) die Macht des Habsburgers fürchten (vgl. dagegen der Unverzagte, Nr. 101 und der Schulmeister von Eßlingen, Nr. 99, 100).

Literatur

Horst BRUNNER: VL² V (1985) Sp. 272–304.

Christian SCHMID-CADALBERT (Hrsg.): Das ritterliche Basel. Zum 700. Todestag Konrads von Würzburg. Basel 1987.

Horst BRUNNER (Hrsg.): Konrad von Würzburg. Seine Zeit, sein Werk, seine Wirkung (Tagung Würzburg 1987). In: Jahrbuch der Oswald-von-Wolkenstein-Gesellschaft 5 (1988/89) S. 1–442.

Johannes Hadlaub

Autor/Überlieferung: Als Verfasser der in Hs. C überlieferten 3 Leichs und 51 Lieder (ohne Noten) gilt der Zürcher Stadtbürger Johannes Hadeloube, der dort um 1300 mehrfach urkundlich bezeugt ist, unter anderem 1302 als Käufer eines Hauses. Hadlaub, der in seinen Texten zahlreiche geistliche und weltliche Honoratioren der Stadt Zürich und der Umgebung nennt, stand in Zürich offenbar in Kontakt mit einem Kreis hochgestellter Literaturfreunde. Der in Lied 2 und 8 (dort zusammen mit seinem Sohn) von Hadlaub genannte und als Liedersammler gepriesene Rüdiger II. Manesse, ein Zürcher Stadtpatrizier (1252–1304) gilt seit Bodmer/Breitinger – wohl nicht zu Unrecht – als wichtige Person für das Zustandekommen, wenn nicht sogar als Auftraggeber der Hs. C, die seitdem auch den Namen Manessische Lieder-Hs. trägt; Hadlaub spielte offenkundig dabei gleichfalls eine wichtige Rolle. – Mit dichterischer Freiheit hat dies alles Gottfried Keller in seiner Novelle *Hadlaub* (1878) dargestellt, ferner Walter Schenker in dem Roman *Manesse* (Zürich 1991).

Edition: SMS 30.

107 *Ich diene ir* 2: Diese Strophen sind ein in sich abgeschlossener Teil einer längeren ›autobiographischen Minne-Novelle‹ in Lied-Form. Die von Hadlaub angeführten Honoratioren lassen sich alle nachweisen; von Rüdiger Manesse sagt der Autor im Preislied (8) auf diesen und seinen Sohn in Str. 1:

Wa vunde man sament so manig liet?
man vunde ir niet in dem künigrîche,
als in Zürich an buochen stât.
Des prüevet man dike da meister sang.
der Manesse rank darnâch endelîche,
des er diu liederbuoch nu hât.
Gegen sim hove mechten nîgin die singaere,
sîn lob hie prüeven und andirswâ,
wan sang hât boun und würzen dâ.
und wisse er, wâ guot sang noch waere,
er wurbe vil endelîch darnâ.

Wo findet man so viele Lieder auf einer Stelle?
Man findet nirgends im ganzen Königreich so viele,
wie in Zürich in Büchern stehen.
Daher versteht man sich dort sehr gut auf meisterlichen Liedsang.
Der Manesse hat sich zielstrebig darum bemüht,
so daß er jetzt die Liederbücher besitzt.
Seinen Hof sollten die Sänger ehren,
sein Lob hier und dort verkünden:
denn dort hat Liedsang Stamm und Wurzeln.
Und würde er wissen, wo es sonst noch gute Lieder gibt,
dann würde er sich auch um diese eifrig bemühen.

108 *Wol der süezzen wandelunge* 35: Das fünfstrophige Lied erinnert (ebenso wie Lied 41) deutlich an das berühmte *Linden-Lied* Walthers von der Vogelweide (L 39,11: Nr. 47); in Stimmung und Aussage besteht allerdings ein beträchtlicher Unterschied.

Literatur

Herta E. Renk: Der Manessekreis, seine Dichter und die Manessische Handschrift. Stuttgart 1974.
Günther Schweikle: VL² III (1981) Sp. 379–383.
Max Schiendorfer (Hrsg.): Johannes Hadlaub. Die Gedichte des Zürcher Minnesängers [Text und Übersetzung]. Zürich/München 1986.
Max Schiendorfer (Hrsg.): Johannes Hadlaub. Dokumente zur Wirkungsgeschichte. Göppingen 1990.
Claudia Brinker / Dione Flüher-Kreis (Hrsg.): Die Manessische Liederhandschrift in Zürich. Ausstellungskatalog. Zürich 1991.

109

Frauenlob (Heinrich von Meissen)

Autor/Überlieferung: Über Heinrich von Meißen, der den ehrend gemeinten Beinamen »Frauenlob« trug (entweder wegen seines Eintretens für die Ehre der Frauen allgemein oder *der* Frau = Maria), ist man durch Erwähnungen bei anderen Autoren und durch Hinweise in seinen eigenen Texten vergleichsweise gut informiert: Er stammte wohl aus Meißen, ist in Verbindung mit vielen Königen und Fürsten seiner Zeit zu finden, ist weit gereist und hat seine letzten Jahre offenbar im Dienst des Erzbischofs Peter von Aspelt in Mainz verbracht, wo er am 29. 11. 1318 starb und unter größter Anteilnahme der Mainzer Frauen im dortigen Dom beigesetzt wurde. Er stand nicht nur zu Lebzeiten in hohem Ansehen, sondern wurde auch später viel nachgeahmt und war der wichtigste unter den »Alten Meistern« der Meistersinger. In Frauenlobs umfangreichem lyrischem Werk, welches 3 Leichs und zahlreiche Strophen und Melodien umfaßt und das durch Gelehrsamkeit und komplizierten (»geblümten«) Stil gekennzeichnet ist, dominieren die Themenkomplexe *wip/vrouwe/minne*, Maria/Gott sowie Probleme der richtigen Lebensführung (Ethik/Moral). Der Autor war auch in mehrere Polemiken (Sängerkriege) mit Kollegen verwickelt. Die Überlieferung seiner Texte und Melodien ist reichhaltig und höchst verwickelt. Bis heute ist umstritten, was von ihm selbst stammt und was in seiner Nachahmung entstanden ist.

Edition: Die neue grundlegende Edition ist: Karl STACKMANN / Karl BERTAU (Hrsg.): Frauenlob (Heinrich von Meißen). Leichs, Sangsprüche, Lieder. 2 Tle. Göttingen 1981. Sie enthält aber – »aufgrund der Vorarbeiten von Helmuth Thomas« – nur das angeblich »Echte«. Weitere unter Frauenlobs Namen überlieferte Werke stehen entweder in der alten Edition von Ludwig ETTMÜLLER (1843) oder sind noch unveröffentlicht. Zur umfangreichsten Sammlung von Frauenlob-Texten, nämlich der Weimarer Lieder-Hs. F (aus der Mitte des 15. Jh.s) vgl. jetzt: Elisabeth WERNER-MORGENSTERN (Hrsg.): Die Weimarer Liederhandschrift Q 564 (Lyrik-Hs. F). Göppingen 1990.

Die hier als Beispiele ausgewählten drei Strophen entstammen alle dem »Langen Ton« Frauenlobs, dessen Melodie in der Kolmarer Lieder-Hs. überliefert ist.
Die gemeinte Aussage der beiden Strophen (V 102/106) ist zwar einigermaßen ersichtlich, doch ist der genaue Wortlaut sehr kompliziert (evtl. durch die Überlieferung gestört?). Dementsprechend beruht jede Übersetzung manchmal mehr auf Vermutungen als auf gesichertem Wissen. Die Begriffs-Akrobatik beider Strophen ist im Grunde nicht übersetzbar, und daher werden die mittelhochdeutschen Kernbegriffe beibehalten.

Maget, wip und vrouwe V 102: Str. 102, die außer in J auch noch in A und in der Kolmarer Lieder-Hs. überliefert ist, definiert und preist drei Entwicklungsstufen des weiblichen Geschlechts, nämlich *»maget = virgo, wip = deflorata, vrouwe = parens«* (WACHINGER, 1973, S. 196). Auffällig ist dabei die Verwendung der Bezeichnung *vrouwe* für ›Mutter‹, da *vrouwe* ja sonst eher ›Herrin, Dame‹ meint.

Lobe ich die wip V 106: Die in C/J überlieferte Strophe nimmt ganz ersichtlich unmittelbar auf Str. 102 Bezug, wenn sie auch nicht in direkter Nachbarschaft dazu in den Hss. steht: In geradezu scholastischem Jonglieren mit den Begriffen wird dargelegt, daß *vrouwe* (wie schon in Str. 102 ausgeführt) die höchste positive Bezeichnung für das weibliche Geschlecht ist, *unwip* die entsprechend umfassende negative Bezeichnung.
Frauenlobs Strophen sind eindeutig angeregt durch Walthers (und damit letztlich auch durch Reinmars) vergleichbare Preis- und Definitions-Strophen (Nr. 32, 48), doch definieren und argumentieren sie anders als Walther. Diese »Walther-Polemik ist Teil eines Versuches, die eigene Zeit und die eigene Dichtung gegen die übermächtige und als höherwertig eingeschätzte Tradition der mittelhochdeutschen Klassik zu behaupten« (WACHINGER, S. 203).
Frauenlobs Strophen waren auch ihrerseits Ausgangspunkt für Polemik gegen ihren Verfasser, nämlich den sog. *wip-vrouwe*-Streit: Nach Ausweis der Überlieferung waren daran die Sänger Regenbogen, Rumelant sowie ein weiterer, ungenannter Autor beteiligt; vgl. dazu ausführlich WACHINGER, S. 188–246.

Swaz ie gesang Reimar V 115: In Hs. C überliefert. In ihr formuliert Frauenlob, mit teilweise sehr gesuchten und überraschenden Bildern, ein extremes Eigenlob, und es ist nicht verwunderlich, daß andere Sänger polemisch darauf reagierten (vgl. WACHINGER, S. 247–269).

Literatur

WACHINGER (1973).
Karl STACKMANN: VL[2] II (1980) Sp. 865–877.
Karl STACKMANN / Jens HAUSTEIN (Hrsg.): Wörterbuch zur Göttinger Frauenlob-Ausgabe. Göttingen 1990.

110

Wizlaw von Rügen

Autor/Überlieferung: Die in Hs. J unter dem Namen »Wizlav« überlieferten Texte (46 Strophen) und die dazugehörigen 13 Melodien werden allgemein dem Fürsten Wizlaw III. von Rügen (um 1265 bis 8. 11. 1325) zugeschrieben; möglicherweise käme aber auch ein sonstiger norddeutscher Sänger mit dem dort häufigen Namen »Wizlaw« in Frage. In jedem Falle handelt es sich um einen der nördlichsten und spätesten Lyriker, dessen Werke in eine der damaligen großen Sammel-Hss. aufgenommen wurden. Gennrich hat die besondere Qualität der Melodien hervorgehoben, die im Falle des *Winter-Liedes* XII fast als ›Ohrwurm‹ (herrührend von ihrem modernen Moll-Charakter) bezeichnet werden kann (Aufnahme: Binkley, 1966). – Die hier gebotene Textfassung (Thomas/Seagrave, Lied XII) behält die besondere Orthographie der Jenaer Lieder-Hs. bei; doch haben wir sie mit einer modernen Interpunktion versehen.

Edition: W. Thomas / B. G. Seagrave (Edit.): The Songs of the Minnesinger. Prince Wizlaw of Rügen. Chapel Hill [1967].

Literatur

Friedrich Gennrich: Zu den Melodien Wizlaws von Rügen. In: ZfdA 80 (1943) S. 86–102.

Birgit Spitschuh: Wizlav von Rügen. Eine Monographie. Diss. Greifswald 1988. [Masch.]

111

Reinhart von Westerburg

Werk/Überlieferung/Autor: Das Lied und die dazugehörige Erzählung sind in der »Limburger Chronik« überliefert (hrsg. von Arthur Wyss, Monumenta Germaniae Historica, Deutsche Chroniken IV/1, 1883). Deren Verfasser ist wahrscheinlich der in Limburg (Lahn) als Notar und Stadtschreiber urkundlich nachweisbare Tilman Elhen, der 1347/48 in Wolfhagen (bei Kassel) geboren wurde und nach 1411 starb. Seine Chronik erzählt in zeitlicher Folge und vorwiegend in

Episodenform Ereignisse der Geschichte Limburgs und der angrenzenden Territorien in der Zeit von 1335 bis 1398. Kennzeichnend ist unter anderem, daß er häufig von jeweils wichtigen Liedern berichtet, etwa den ›Schlager des Jahres‹ erwähnt und zitiert. In diesen Zusammenhang gehört auch die kleine Geschichte um Reinhart von Westerburg und Kaiser Ludwig den Bayern: Sie spielt im Berichtsjahr 1347, also kurze Zeit vor dem Tod des gebannten Kaisers (gest. 11. 10. 1347), und sie ist weniger wegen des Liedtextes selbst, sondern wegen der dazu berichteten Umstände interessant (ob diese im einzelnen stimmen oder nicht). Reinhart von Westerburg, ein treuer Gefolgsmann Kaiser Ludwigs, hatte damals im Kampf gegen Erzbischof Balduin von Trier, der den 1346 gewählten Gegenkönig Karl IV. unterstützte, die mit jenem verbündeten Koblenzer vor der Burg Grenzau am 20. 4. 1347 vernichtend besiegt – bis ins späte 18. Jh. gab es in Trier eine jährliche Gedenkfeier für die Gefallenen.

Edition: Thomas Cramer III (1982) S. 139, 545.

Literatur

Hellmuth Gensicke: Reinhard Herr von Westerburg 1315–1353. In: Hessisches Jahrbuch für Landesgeschichte 1 (1951) S. 128–170.

Peter Johanek: Elhen (Ehlen), Tilemann, von Wolfhagen. In: VL² II (1980) Sp. 474–478.

Burghart Wachinger: Reinhard von Westerburg. In: VL² VII (1989) Sp. 1179.

112

Anonym

Vor allem unter dem Eindruck der verheerenden Pestepidemie von 1348/54, die die Bevölkerung Europas um ein Drittel dezimierte und gegen die damals kein auch nur hinlängliches Mittel bekannt war, entstand die Bewegung der Geißler. Von Stadt zu Stadt ziehend exekutierten diese organisierten Büßergruppen von Laien ein öffentliches Kasteiungs-Ritual, das dem Heil und der Rettung der Beteiligten und der Zusehenden dienen sollte und in dem vor allem zur Einhaltung der Sonntagsruhe und des Freitagfastens aufgerufen wurde. Beschreibungen dieser Geißelungen sind, zusammen mit den dabei gesungenen Liedern, mehrfach erhalten, vor allem in verschiedenen Stadtchroniken. Die ausführlichste davon gibt der Straßburger Kleriker Fritsche (Friedrich) Klosener in seiner 1362 fertiggestellten »Straßburger Chronik«: Im Jahre 1349, zur Zeit der Messe, waren etwa 200 Geißler in die Stadt gekommen. Der abgedruckte ›Leich‹ (zu dem Hugo von Reutlingen auch die Melodien mitteilt) ist der Schlußteil der umfangreichen und von Fritsche Klosener genau beschriebenen Liturgie der Geißler.

Edition: C. Hegel (Hrsg.): Die Chroniken der Stadt Straßburg. In: Die Chroniken der deutschen Städte. Bd. 8: Straßburg. Tl. 1. Leipzig 1870. Nachdr. Göttingen 1961. S. 110 f. [Nach der einzigen Hs.: Paris. Bibl. Nat. ms. all. 91.]

Literatur

Arthur Hübner: Die deutschen Geißlerlieder. Studien zum geistlichen Volksliede des Mittelalters. Berlin/Leipzig 1931.
Georg Steer: VL^2 II (1980) Sp. 1153–56.
Gisela Friedrich / Klaus Kirchert: VL^2 IV (1983) Sp. 1225–35.

113

Peter von Arberg

Autor/Überlieferung: In der »Limburger Chronik« (siehe zu Nr. 111) wird auch berichtet, im Jahre 1356 sei das *Tagelied von der heiligen Passion* (»O starcker Got ...«) eines namentlich nicht genannten Ritters viel gesungen worden. Text und Melodie dieses Lieds sind in zahlreichen Hss. des 14. und vor allem 15. Jh.s überliefert, unter anderem in der Kolmarer Lieder-Hs. (cgm 4997), wo als Verfasser ein »Graf Peter von Arberg« (Bl. 824^r) genannt wird; gemeint ist damit möglicherweise der Schweizer Graf Peter II. von Aarburg (bezeugt 1324–57). Zur umstrittenen Autorschaft und komplizierten Überlieferung vgl. Steer (1973).

Edition: Thomas Cramer II (1979) S. 444–465. Von den dort edierten Fassungen ist im vorliegenden Band die (rheinfränkische) Version der ehemals Straßburger Hs. (S 1) abgedruckt.

III: Das Lied, möglicherweise die Kontrafaktur eines (geistlichen) Tageliedes, bittet in Art eines Gebetes und unter Verwendung üblicher Formeln und Bilder um Gottes Gnade und Marias Beistand, heute und bis zum Lebensende.

Erläuterungen: 1,9 f.: Simeon/Schwert: Judith. 9,2. – 17 f.: Wurzel Jesaias: Jes. 11,1 ff. – 19 f.: Der Teufelsbündler Theophilus wurde, so berichtet die entsprechende Legende, auf Marias Fürbitte aus den Verstrickungen Satans befreit. – 3,21 f.: Hinweis auf die »Letzte Ölung« (heute »Krankensalbung«).

Literatur

Georg Steer: *Dat dagelyt von der heiligen passien.* Die sogenannte ›Große Tageweise‹ Graf Peters von Arberg. In: Ruh/Schröder (1973) S. 112–204.

Volker Mertens: VL[2] VII (1989) Sp. 426–429.

114

Anonym

Überlieferung/Werk: Der niederdeutsche Liedtext findet sich, wahrscheinlich in einer später stark bearbeiteten Form, in der »Brandenburger Chronik« des Zacharias Gracaeus (*Successiones familiarum et res gestae praesidum Marchiae Brandenburgensis ab 927 ad 1582*, Frankfurt an der Oder 1729). Es behandelt im damals üblich werdenden Balladen-Stil eines politischen Erzählliedes ein Ereignis des Jahres 1372: Im Kampf um die Neumark (Hauptstadt: Königsberg), zwischen dem bayerischen Markgrafen Otto von Brandenburg sowie den Herzögen von Pommern und Mecklenburg, war der pommersche Herzog Casimir III. tödlich verwundet worden. Das Lied steht deutlich auf seiten des Brandenburger Markgrafen (Str. 8/9), verzichtet aber (infolge späterer Bearbeitung?) auf die in solchen Liedern sonst häufige Verunglimpfung des Gegners. – Ein Jahr später (1373) trat der bayerische Markgraf, mittlerweile mit dem (luxemburgischen) Kaiser Karl IV. verschwägert, die gesamten Marken gegen Geld an diesen und damit an die Luxemburger ab, die dort bis 1415 herrschten.

Edition: LHL I, S. 82–84: Nr. 23.

115

Anonym

Werk/Überlieferung: Dieses »Schweizer-Lied« berichtet Ereignisse des Jahres 1388: Nach der siegreichen Schlacht von Sempach (9. 7. 1386) setzten die Eidgenossen ihren Kampf gegen die österreichischen Habsburger und deren Verbündete fort; die Glarner (Kanton Glarus) eroberten am 6. 8. 1386 den Ort Wesen (am Walensee), doch wurde ihre kleine Besatzung während der Februar-Fasttage 1388 von den Gegnern überfallen. Diese (im Lied als »die adligen Herren« bezeichnet) zogen anschließend gegen die Glarner in den Kampf, wurden aber am 9. 4. 1388, nach anfänglichem Geländegewinn, von den zahlenmäßig unterlegenen Eidgenossen beim Dorf Näfels vernichtend besiegt. Der überraschende Sieg von Näfels wurde alljährlich gefeiert, und möglicherweise ist das vorliegende Lied erst später für diesen Anlaß entstanden. Der in Chroniken überlieferte Text vertritt in seinem balladenhaft-verdichtenden Stil den Typ des spätmittelalterlichen Kampfliedes; vom Inhalt her gehört es zu den »Schweizer-Liedern«, die eine eigene Gruppe solcher politischer Lyrik bilden.

Edition: Wehrli (1959); LHL I, S. 145–147: Nr. 35.

Erläuterungen: 1,1 *fronfasten*: die Quatember-Fastenzeit; im Jahr 1388 vom 19.–21. Februar. – 11,2 *mit hempflichen steinen*: Gemeint sind wohl Steine, die man gerade noch in die Hand nehmen konnte.

Literatur

Max Wehrli: Das Lied von der Schlacht bei Näfels. In: Schweizerische Zeitschrift für Geschichte 9 (1959) S. 206–213. [Ed., Komm.]
Rattay (1986).

116 – 118

Heinrich von Mügeln

Autor/Überlieferung: Heinrich von Mügeln, der gelehrte Verfasser von verschiedenen großen theologisch-religiösen Werken, einer Chronik sowie mehreren hundert Liedstrophen wirkte im wesentlichen zur Zeit Karls IV. (1346–78). Ihm widmete er auch sein großes Mariengedicht (*Der Meide Kranz*). Drei Orte in der Umgebung von Meißen mit Namen Mügeln kommen für die Herkunft des Autors in Frage. Seine an Gelehrsamkeit reichen Werke machen es wahrscheinlich, daß er eine geistliche Ausbildung, wenn vielleicht auch kein geistliches Amt hatte. Stilistisch steht er in der Tradition des »geblümten Stils«. – Mügelns umfangreiches lyrisches Werk ist in zahlreichen Hss. (mit Melodien) überliefert: In der Göttinger Hs., der umfangreichsten und zuverlässigsten Sammlung von Mügelns Lyrik, finden sich 407 »Sangspruch«-Strophen; die auf 1463 datierte Hs. gliedert die Texte ungewöhnlicherweise in 16 »Bücher«. Mügelns Werk, vor allem seine Lyrik, hatte eine starke Wirkung, vor allem im Meistersang, wo er zu den »Alten Meistern« zählte.

Edition: Karl STACKMANN: Die kleineren Dichtungen Heinrichs von Mügeln. Erste Abt.: Die Spruchsammlung des Göttinger Cod.philos. 21. 3 Bde. Göttingen 1959–62.

116 *Ein gans, die sprach* IV,3 = 58: Fabel im »Langen Ton«.

117 *Durch minn gein Kriechen quam Paris* IX,25–27 = 218–220: Das dreistrophige Lied im »Hofton« beweist die Gewalt der ›maßlosen‹ Liebe an vier Exempeln, nämlich (1) Paris und Helena (Untergang von Troja), (2) Tarquinius und Lucretia (Ende der römischen Königszeit und Beginn der Republik) sowie – aus dem Alten Testament – (3/4) König Salomon und Samson. Das Lied führt also das im Spätmittelalter beliebte Motiv der »Minnesklaven« aus.

118 *Ein frouwe sprach* XVI,19–21 = 402–404: Das dreistrophige Lied, in einem nur hier verwendeten Ton, ordnet sich in die Tradition der mittelhochdeutschen Falkenlieder ein, die erstmals beim Kürenberger und Dietmar von Aist greifbar ist (vgl. Nr. 9, 14): im Gegensatz zu Kürenbergers Lied ist hier das Falken-Symbol genau ausgeführt und ausgedeutet. Zum Lied Mügelns und des Mönchs von Salzburg (Nr. 125) vgl. zuletzt BENNEWITZ-BEHR, in: McDonald (1983) S. 1–20.

Literatur

Karl STACKMANN: Der Spruchdichter Heinrich von Mügeln. Vorstudien zur Erkenntnis seiner Individualität. Heidelberg 1958.

Johannes KIBELKA: *der ware meister.* Denkstile und Bauformen in der Dichtung Heinrichs von Mügeln. Berlin 1963.

Jörg Hennig: Chronologie der Werke Heinrichs von Mügeln. Hamburg 1972.
Brunner (1975).
Karl Stackmann: VL[2] III (1981) Sp. 815–827.
Schanze (1983/84).

119–120

Eberhard von Cersne

Autor/Überlieferung: Von Eberhard von Cersne, urkundlich 1408 als Kanonikus in Minden belegt, sind in der Wiener Hs. (Cod. Vind. 3013) ein umfangreicher Minne-Traktat (*Der Minne Regel*, laut Schlußnotiz 1404 beendet) sowie 20 Texte von Liebesliedern überliefert; außerdem enthält die Hs. 4 Melodien, aufgezeichnet in einem »notationstechnischen Unikum« (Lomnitzer, 1981), nämlich mit Hilfe von Tonbuchstaben.

Edition: Danielle Buschinger / Helmut Lomnitzer: Eberhard von Cersne. Der Minne Regel. Edition. Göppingen 1981. (Einschließlich Liedtexte und Melodien.)

119 *Ich gruße dich* VIII: Die Liebeslieder Eberhards sind nicht genau datierbar (vor, während oder nach dem Minne-Traktat?). Sie stehen durchaus in der Tradition der älteren Liebeslyrik, die allerdings auch parodiert wird, so etwa in diesem Dialoglied.

120 *Frouwe dich frouwlichir frucht* X: Die Einzelstrophe preist eine Dame unter Verwendung vieler Marien-Motive, so daß es nicht völlig eindeutig ist, ob hier eine Frau oder Maria oder gar – spielerisch – beides gemeint ist.

Literatur

Brunner (1978).
Ingeborg Glier: VL[2] II (1980) Sp. 269–273.

Mönch von Salzburg

Autor/Überlieferung: Wer sich hinter dem Namen »Mönch von Salzburg« verbirgt, ist bis heute umstritten. Er ist sicherlich der bedeutendste deutschsprachige Liederdichter und Komponist des 14. Jh.s, hinsichtlich seiner geistlichen Lieder nach Ausweis der Überlieferungsbreite sogar der erfolgreichste des gesamten Mittelalters. Die unter seinem Namen überlieferten Lieder wurden mit ziemlicher Sicherheit von einem einzigen Autor verfaßt (Spechtler, Edition 1972); dieser war offenbar Hofdichter bei Erzbischof Pilgrim II. von Salzburg (reg. 1365–96), nach einer Vermutung von Michael Korth (Auswahledition 1980) sogar mit diesem identisch. Seine 49 geistlichen Lieder sind in über 100, die 57 weltlichen Lieder dagegen nur in wenigen Hss. überliefert; am wichtigsten davon ist die Mondsee-Wiener Lieder-Hs. (Österreichische Nationalbibliothek, Wien, Cod. Vind. 2856; Faksimile: Graz 1968, mit einem Kommentar von Hedwig Heger). Zu den meisten Liedern sind auch die Melodien überliefert; darunter befinden sich die ersten Beispiele für Polyphonie, die aus dem deutschsprachigen Raum überliefert sind (dazu ausführlich Renate Hausner, 1984/85).

Edition: Die geistlichen Lieder sind vorbildlich ediert durch Franz Viktor Spechtler, Die geistlichen Lieder des Mönchs von Salzburg, Berlin 1972; danach hier auch die Textabdrucke (zit. als: Spe).

Für die weltlichen Lieder ist nach wie vor die ältere und in vieler Hinsicht unbefriedigende Edition von F. Arnold Mayer / Heinrich Rietsch maßgebend (Die Mondsee-Wiener Handschrift und der Mönch von Salzburg, Berlin 1896); die weltlichen Lieder werden hier daher, in Text *und* Übersetzung (mit einigen kleinen Änderungen), aus der Auswahlausgabe von Franz Viktor Spechtler / Michael Korth / Johannes Heimrath / Norbert Ott (zit. als: SKH) abgedruckt: Der Mönch von Salzburg: *ich bin du und du bist ich*. Lieder des Mittelalters, München 1980. Dort sind auch die dazugehörigen Melodien neu übertragen. Vgl. ferner die dazugehörige Schallplatte der Gruppe »Bärengäßlin«, 1980, sowie ergänzend dazu die von Cesar Bresgen geleitete Einspielung von Eberhard Kummer / Elisabeth Kummer-Guy u. a. (um 1982) und die Sammelaufnahme des Ensembles »Tandaradrei« (1992).

121 *Christe, du bist liecht* Spe 43: Das in verschiedenen Hss. (mit Melodie) überlieferte Lied ist eine Übersetzung des Hymnus »Christe, qui es lux et dies«, unter den Übersetzungen des »Mönchs« eine der wörtlichsten (zu den zahlreichen Übersetzungen des »Mönchs« vgl. BÄRNTHALER, 1983). Der im Mittelalter sehr bekannte und mehrfach ins Deutsche übersetzte Hymnus (SPECHTLER/WACHINGER, in: VL² I, 1978, Sp. 1211–1213; lateinischer Text bei SPECHTLER, 1972) wurde zum Abendgebet (Complet), meistens während der vorösterlichen Fastenzeit, gesungen; für entsprechende Andachten wurden wohl auch die Übersetzungen verwendet, etwa von den weniger bzw. gar nicht lateinkundigen Nonnen oder von Laien. – Melodieübertragung bei SPECHTLER/KORTH/HEIMRATH, S. 153. – Zur Übersetzung und Interpretation eines weiteren beim »Mönch« häufigen geistlichen Liedtyps, nämlich eines Marienliedes, vgl. MÜLLER (1983) S. 140 bis 144.

122 *Joseph, lieber nefe mein* Spe 22: Dieses Weihnachtslied ist eines der ältesten heute noch lebendigen Lieder in deutscher Sprache; es kontrafaziert die Melodie des lateinischen Weihnachts-Cantus »Resonet in laudibus« (erstmals belegt: 1345). Beischriften in zwei der vier Manuskripte zeigen, in welcher Weise das Lied gesungen und verwendet wurde: In verteilten Rollen wurden jeweils zuerst die Partien von Maria und Joseph gesungen, dann sangen jeweils anschließend die ›Knechte‹ (= Chor) eine der folgenden Strophen (= 3a–f), so daß sich die Reihenfolge 1/2/3a–1/2/3b–1/2/3c usw. ergab; dies konnte dann durch eingefügte lateinische *Cantiones* weiter ergänzt werden. Das Ganze stellt den Brauch des sog. Kindelwiegens dar, der vor allem in Nonnenklöstern beliebt war; die Szene und besonders die beiden ersten Strophen wurden auch in die im Spätmittelalter beliebten Weihnachtsspiele eingebaut. Vgl. dazu ausführlich Franz Viktor SPECHTLER, Lied und Szene im mittelalterlichen deutschen Spiel, in: Tiroler Volksschauspiel. Beiträge zur Theatergeschichte des Alpenraums, hrsg. von Egon Kühebacher, Bozen 1976, S. 337–348. – Im »Hessischen Weihnachtsspiel« (zu einem Aufführungsversuch vgl. U. MÜLLER, ebd., S. 190–193) findet sich in der »Kindelwiegen-Szene« auch das ähnlich alte Lied *In dulci jubilo* (vgl. Nr. 127).
»Neffe« und »Muhme« bezeichneten damals allgemein nahe Anverwandte; vielleicht wollte der Dichter in Anbetracht der besonderen ›Vaterschaft‹ die Bezeichnungen Mann/Frau vermeiden. Spätere Fassungen der beiden Strophen wiederholen jeweils die Namen.

In Str. 3c beziehen sich V. 1–3 auf folgende Bibelstellen: Jes. 7,14; Lk. 1,26 ff.; Ez. 37,22 u. ö. – Aufnahme: »Bärengäßlin«, 1980.

123/124 *Das Khühorn – Ain enpfahen* SKH 3/4: Die beiden Lieder gehören in der Mondsee-Wiener Lieder-Hs. in eine fünfteilige Variationskette zum Thema ›Tagelied‹. Das »Kuhhorn« (SKH 3) ist, wie bereits Steinmars Lied (Nr. 103), eine Transponierung ins Bäuerliche (hier außerdem in die Zeit des Mittagsschlafes). Das *Enpfahen* ist ein abendliches Einlaßlied (okzitanisch: *serena*; vgl. z. B. Otto von Botenlauben, Nr. 63), schildert also sozusagen den ›Anfang‹ jener Liebesnacht, von der ein ›normales‹ Tagelied nur das morgendliche Ende berichtet; die Worte des Mannes und der Frau sind in der Hs. deutlich markiert und werden als eine Art Duett jeweils zusammen, und zwar leicht versetzt, gesungen. Vgl. Müller/Spechtler, in: Mück (1978) S. 205–225, und Hausner (1984/85). – Einspielungen: »Bärengäßlin«, 1980; »Tandaradrei«, 1992; Kummer (ca. 1982).

125 *Ich het czu hannt geloket mir* SKH 22: Das mit einem Refrain versehene Lied gehört in die Gruppe der mhd. Falkenlieder (Nr. 9, 14, 118). Vgl. dazu ausführlich Bennewitz-Behr (1983). – Einspielungen: »Bärengäßlin«, 1980; Kummer (ca. 1982).

126 *Ain radel von drein stymmen* SKH 26: Dieser Text, mutmaßlich nach einer von Peter Kesting gefundenen lateinischen Vorlage gedichtet (Martine Christi famule, in: Ruh/Schröder, 1970, S. 98 bis 111), gehört zum ersten deutschen Kanon, der überliefert ist; die wohl richtige Melodieübertragung gelang erst durch Johannes Heimrath / Michael Korth (so auch auf deren Schallplatte!). Der Mönch von Salzburg hat noch weitere Lieder ähnlichen Inhalts verfaßt. Solche vorwiegend vom Essen und Trinken handelnde ›Martinslieder‹ wurden zum Martinsfest (11. November) gesungen, d. h. am Ende des bäuerlichen Jahres, und ähnliche Funktionen hatten wohl auch die »Herbstlieder« (vgl. Wachinger, Martinslieder, in: VL² VI, 1987, Sp. 166–169; zur Gattung ›Trinklied‹ im Spätmittelalter ausführlich: Haas, 1991). – Einspielungen: »Bärengäßlin«, 1980; »Tandaradrei«, 1992.

Literatur

Burghart Wachinger: VL² VI (1987) Sp. 658–670.

Burghart Wachinger: Der Mönch von Salzburg. Zur Überlieferung geistlicher Lieder im späten Mittelalter. Tübingen 1989.

127

Anonym

Werk/Überlieferung: Das erstmals in der »Vita« des Heinrich Seuse (um 1295–1366) als himmlisches Tanzlied (!) erwähnte Lied ist wohl Mitte des 14. Jh.s entstanden, vielleicht im Umkreis der damaligen Frauen- und Nonnenmystik; es ist seit Ende des 14. Jh.s in mehreren Versionen (mit unterschiedlicher Anzahl der Strophen) bezeugt und findet sich bis heute in Gebrauch. Im Gegensatz zu vielen anderen zweisprachigen Liedern ist die Mischung Latein/Deutsch hier natürlich nicht satirisch-parodistisch gemeint.

Edition: Philipp Wackernagel II (1867) Nr. 642. (Nach der Hs. der Bayerischen Staatsbibliothek München clm 2992, 15. Jh.)

Literatur

Cluytus Gottwald: *In dulci iubilo*. Morphogenese eines Weihnachtsliedes. In: Jahrbuch für Liturgik und Hymnologie 9 (1964) S. 133–143.

Burghart Wachinger: VL² IV (1983) Sp. 368–371.

128

Hugo von Montfort

Autor/Überlieferung: Graf Hugo V. (VIII.) von Montfort-Bregenz (1357 – 5. 4. 1423) spielte in seiner Heimat Vorarlberg, in der habsburgischen Schweiz und später in der Steiermark eine bedeutende politische Rolle, zumeist in engem Kontakt und gutem Einvernehmen mit seinen habsburgischen Landesherren. 1413–15 war er Landeshauptmann der Steiermark. Durch drei vorteilhafte Heiraten gelang es ihm, seinen Besitz stark zu vergrößern. Hugo betätigte sich auch als Dichter von (gesungenen) Liedern sowie von (gesprochenen) »Reim-Reden« und »Briefen«; die Melodien verfaßte ihm Burk Mangolt aus Bregenz (eine damals sonst unübliche Arbeitsteilung!). Seine Werke ließ er in einer Pracht-Hs. (heute: Universitäts-Bibliothek Heidelberg cpg 329) sammeln, die 1414/15 während seiner Tätigkeit in der Steiermark fertiggeschrieben und dann durch Heinrich Aur-

haym, einen bedeutenden Buchmaler jener Zeit, illuminiert wurde (Franz V. SPECHTLER, 1978); zu den meisten der Lieder sind dort auch die Melodien überliefert.
Hugos Werk, d. h. seine Lieder, Reden und Briefe, kreisen um Minne/Liebe, allgemeine Didaxe und vor allem Religiöses (Sündenklage, Weltabsage u. a.), und es enthält – hierin neu – viel Autobiographisches; seine Dichtung, die einen Zug ins Selbstquälerische besitzt, wurde lange Zeit zu Unrecht geringgeschätzt.

Edition: Die gesamte Überlieferung, insbesondere die Texte und Melodien der Heidelberger Hs., sind durch Faksimile (schwarz-weiß, leicht verkleinert), Transkription und Verskonkordanz erschlossen: Hugo von Montfort I–III, hrsg. von Eugen THURNHER, Franz Viktor SPECHTLER, Ulrich MÜLLER, George F. JONES, Rudolf UMINSKY, Göppingen 1978–81. Ältere Ausgaben stammen von Karl BARTSCH (1879) und J. E. WACKERNELL (1881). – Im Kommentarband zum Vollfaksimile (Verlag Ludwig Reichert, Wiesbaden 1988) hat Franz V. SPECHTLER alle Montfort-Texte übersetzt; der hier abgedruckte Text sowie die Übersetzung sind Spechtlers Transkription (1978; von jenem nachträglich orthographisch leicht normalisiert und mit einer modernen Interpunktion versehen) und seiner erwähnten Übersetzung (1988) entnommen.

XI: Das mit Melodie überlieferte Lied ist aller Wahrscheinlichkeit nach vor 1401 entstanden. Wie auch in anderen Liedern (VIII, X, XII, XXXVII) verwendet Hugo darin Motive des Tageliedes: Er sagt, im Dialog mit einem Tagelied-Wächter, dem Verfassen von (leichtlebigen) Tanzliedern ab, verteidigt aber das Dichten von Frauenpreis-Liedern.

Literatur

Bernd WIEDENMANN (Hrsg.): Die Grafen von Montfort. Geschichte und Kunst. Ausstellungskatalog. Friedrichshafen 1982.
Burghart WACHINGER: VL² IV (1983) Sp. 243–251.
Elke KETTER: Hugo von Montfort (1357–1423). Eine Biographie. Diss. Salzburg 1987. [Masch.]
Albrecht CLASSEN (1991).

Muskatblüt

Autor/Überlieferung: Die meisten Texte dieses Liederdichters finden sich in einer Papier-Hs., die laut Notiz im Januar 1434 von dem Geistlichen Hermann von Ludesdorf (aus dem Zisterzienserkloster Himmerod/Eifel) in Trier beendet wurde und sich heute im Stadtarchiv Köln (W 4°,8*) befindet; daneben gibt es eine umfangreiche Streuüberlieferung (einschließlich der 2 erhaltenen Melodien). Als Autor dieser Lieder, die am Schluß alle mit einer Namensnennung (Signatur) des Verfassers versehen sind, gilt ein fahrender Berufssänger »Muskatbluot« (nhd.: Muskatblüt), der im Dienste der Mainzer Erzbischöfe stand und in mehreren süddeutschen Städten als Empfänger von ›Honoraren‹ bezeugt ist; ob die Muskatblüt-Urkunden der Jahre 1424–58 sich auf einen oder zwei Sänger dieses Namens beziehen, ist nicht genau geklärt, doch spricht mehr dafür, daß sie alle denselben Sänger (Conrad Muskatblut) meinen. Das unter seinem Namen überlieferte Werk, zum größeren Teil im »Hofton« des Autors geschrieben, enthält Lieder zu den Themen Religion (darunter viele Marien-Lieder), Liebe/Frauen, Moral/Ethik und Politik. Muskatblüt genoß zu Lebzeiten und später, vor allem bei den Meistersingern, einen hervorragenden Ruf.

Edition: E. von Groote: Lieder Muskatblut's. Cöln 1852 [auf der Grundlage der Trier-Kölner Hs., aber gänzlich unzureichend]. Faksimile der Hs., einschließlich der gesamten Melodieüberlieferung hrsg. von Eva Kiepe-Willms unter Mitw. von Horst Brunner. Göppingen 1987.

Die beiden abgedruckten Lieder verwenden den »Hofton«, den Muskatblüt in Lied 60, Str. 2, nennt; die Texte sind gegenüber Grootes Edition gelegentlich anders interpungiert.

129 *So gar subtil ich singen wil* 18: Das auch in anderen Handschriften überlieferte geistliche Lied preist Maria als jungfräuliche Gottesmutter unter Verwendung von vielen, im Marienlob üblichen Bildern und Metaphern (vgl. dazu ausführlich Salzer, 1886–94): **2,11** f.: ›Gefäß‹ (lat. *vas*): Salzer, S. 17 f. u. ö. – Il (bzw. El): alte semitische Gottesbezeichnung (vgl. Elohim, arab. Ilah/Allah). – **2,13** f.: vgl. Ez. 44,2. – **4,7** Aarons Stab: 4. Mos. 17,7 f. – **4,8** ff.: Der Vogel Strauß (mit seinem scharfen Blick), der Pelikan (der seine Jungen mit dem

eigenen Blut ernährt), der Löwe (der seine totgeborenen Jungen durch sein Gebrüll zum Leben erweckt) sowie der Phönix (der im Feuer neu ersteht) waren gemäß christlich-mittelalterlicher Überzeugung nicht nur (angebliche) Erscheinungen der Natur, sondern sie ›bedeuteten‹ in symbolisch-allegorischer Weise gleichzeitig Christus und seine Erlösungstat (zu welcher auch Maria gehört). In den gleichen Zusammenhang gehören auch Adler und Elefant (**5**,1 ff.).

130 *Hör werlt, ich wil* 60: Das Lied tadelt nicht nur, wie viele andere, den schlimmen »Lauf der Welt«, sondern es gibt auch Einblicke in die Aufführungsumstände solcher Lieder und deren mögliche Gefahren für den Sänger; Michel Beheim (welcher Muskatblüt als Vorbild preist: 358,56 f. und 425,52 f.) berichtet ähnliche Erlebnisse (Beheim, Lied 248, 323, 324; ferner im *Buch von den Wienern* 326,10 ff., 342,10 ff.).

Literatur

Eva Kiepe-Willms: Die Spruchdichtungen Muskatbluts. Vorstudien zu einer kritischen Ausgabe. München 1976.
Frieder Schanze (1983/84).
Eva Kiepe-Willms: VL^2 VI (1987) Sp. 816–821.

131

Heinrich Laufenberg

Autor/Überlieferung: Heinrich Laufenberg ist als Geistlicher in Freiburg i. Br. bezeugt (woher er wohl auch stammte), und er starb am 31. März 1460 im Johanniterkloster in Straßburg, in welches er 1445 eingetreten war. Unter seinen Werken wurde vor allem seine Gesundheitslehre (*Regimen*) bekannt. Seine zahlreichen Lieder haben fast ausschließlich geistlichen Inhalt, und sie werden in Einzelfällen bis in die Gegenwart verwendet. Hauptquelle war eine Hs. der Straßburger Stadtbibliothek (der ehemaligen Klosterbibliothek), die etwa 120 Lieder mit mindestens 17 Melodien überlieferte; die von Wackernagel für seine Kirchenlieder-Edition ausgewertete Hs. ist 1870 beim Beschuß Straßburgs durch preußische Truppen verbrannt.

Edition: Philipp Wackernagel II (1867).

Literatur

Burghart Wachinger: VL² V (1985) Sp. 614–625.

132 – 137

Oswald von Wolkenstein

Autor/Werk/Überlieferung: Oswald von Wolkenstein (um 1377 bis 1445), Angehöriger einer Südtiroler Landadelsfamilie, gilt neben bzw. nach Walther von der Vogelweide als der herausragende Lieder-Autor des deutschen Mittelalters. Er ist in mehrfacher Weise ein Autor der Superlative: höchste Qualität von Dichtung und Musik, darunter zahlreiche mehrstimmige Kompositionen, viele davon Bearbeitungen aus dem Französischen und Italienischen; einzigartige Vielfalt von Themen und Formen, darunter bis heute eindrucksvolle autobiographische Lieder; reiche Bezeugung durch über 1000 Urkunden; erstes Dichterporträt der deutschsprachigen Literatur; fast authentische Überlieferung der Texte und Melodien, vor allem in den beiden in seinem Auftrag geschriebenen Liedersammlungen mit 124 Liedern (einschließlich aller Melodien) und zwei Reimpaar-Reden (A = Österreichische Nationalbibliothek Wien Cod. Vind. 2777 / B = Universitätsbibliothek Innsbruck, ohne Signatur).

»Mit großer sprachlicher, rhythmischer und klanglicher Begabung ausgestattet hat er in einer Mischung aus Kompensationsbedürfnis, Rechtfertigungsdrang, Exhibitionismus und – Angst sich und seine Umgebung dargestellt, pessimistisch und illusionslos zugleich. Er stammte zwar aus einer angesehenen Landadelsfamilie, er besaß wenigstens die unbedingt notwendigen wirtschaftlichen Voraussetzungen zur Entfaltung seiner Persönlichkeit und seiner großen Begabung, getrieben aber wurde er vom sozialen Erfolgs-Ehrgeiz des Zweitgeborenen, vom Anerkennungsdrang des körperlich Benachteiligten. Er zeigt in seinen Liedern ein zwischen Sinnlichkeit und Schuldgefühlen schwankendes, gleichzeitig sensibles und gewalttätiges Ich, das sich im stetigen aufreibenden Kampf mit einem mächtigen Über-Ich und einem ebenso mächtigen Es befindet. Seine Lieder erweisen deutlich, daß ihr Autor einen Drang zur vollständigen künstlerischen Erprobung aller sich bietenden thematischen und formalen Möglichkeiten hatte, dem er ohne Rücksichten auf die Wünsche und Empfindlichkeiten eines zahlenden Publikums nachgeben konnte, gesteuert und gehemmt nicht vom Zwang des täglichen Broterwerbs eines Berufskünstlers, sondern allein zum Zweck der möglichst wirkungsvollen, Erfolg und Anerkennung verschaffenden Selbstdarstellung. Dies alles hat er in Wort und Musik umgesetzt, seinen Zuhörern und späteren Lesern dabei den Eindruck vermittelnd, als würde er in ganz ungewöhnlichem Umfang aus seinem eigenen Leben und von seinen eigenen Problemen erzählen, und damit zur Identifizierung einladend. Und zur Art und Weise seiner besonderen künstlerischen Produktivität kommt die Tatsache, daß wir aus den vielen Urkunden tatsächlich mehr von ihm und über ihn wissen als über jeden anderen Dichter und Komponisten des deutschsprachigen Mittelalters, daß seine Lebensgeschichte zwar nicht außergewöhnlich, aber doch bunt und abenteuerreich genug ist« (MÜLLER, Hrsg., Oswald von Wolkenstein, 1980, S. 480 f.).

Edition: Karl Kurt KLEIN unter Mitw. von Walter WEISS und Notburga WOLF. Tübingen 1962. [2]1975; auf der Grundlage der Innsbrukker Hs. B (geschrieben etwa zwischen 1431 und 1438), die neben den Texten und zugehörigen Melodien auch das berühmte und oft abgebildete Porträt enthält. – Die gesamte Überlieferung liegt jetzt in Schwarz-weiß-Faksimiles vor: Hrsg. von Hans MOSER / Hans-Dieter MÜCK / Ulrich MÜLLER / Franz Viktor SPECHTLER (A: Privatdruck, Stuttgart 1974; B, c, Streu-Überlieferung: Reihe ›Litterae‹, Bd. 12, 16, 36. Göppingen 1972/73/85). Die Wiener Hs. A (hrsg. von Francesco DELBONO, Graz 1977) auch als Farbfaksimile; Hs. B (beschrieben von Walter NEUHAUSER) als farbige Microfiches (München 1987). – In unseren Textabdrucken wird, abweichend von der genannten Edition, handschriftliches /ü/ als /ú/ wiedergegeben; es kann die Lautwerte u, ue, üe oder ü haben; außerdem interpungieren wir gelegentlich etwas anders.

Übersetzungen: Oswalds Texte wurden mehrfach übersetzt, in Auswahl zuletzt von Burghart WACHINGER (Ebenhausen bei München 1964; Stuttgart 1967 [u. ö.]), Hubert WITT (Leipzig 1968 [u. ö.]) und Dieter KÜHN (1977 u. ö.), vollständig von Klaus J. SCHÖNMETZLER (München 1979) und Wernfried HOFMEISTER (Göppingen 1989; mit der unten erwähnten Stellenbibliographie). Ferner entstanden auch mehrere Übersetzungen einzelner Lieder. Es war unvermeidlich (und auch sinnvoll), daß wir in unseren eigenen Übersetzungen immer wieder auf gelungene frühere Formulierungen zurückgegriffen haben.

So wie bei keinem anderen mittelhochdeutschen Lyriker ist es bei Oswald völlig unmöglich, mit einer Auswahl einen auch nur hinlänglichen Eindruck von der Vielgestaltigkeit seines Werkes zu vermitteln, ganz zu schweigen von der dazugehörigen Musik (es sei daher ausdrücklich auf die genannten Übersetzungen und Aufnahmen verwiesen).

132 *Es fúgt sich* 18: Das 1416 entstandene Lied, in dem der 38jährige Autor im Stil eines Altersliedes auf sein bisheriges Leben zurückblickt und eine Bilanz versucht, ist einer der Höhepunkte seines Schaffens. Wie bei jeder autobiographischen Darstellung sind auch hier Dichtung und Wahrheit, wirklich Erlebtes sowie poetische Umformung und Ausgestaltung fast unentwirrbar miteinander vermischt. Die sieben Strophen erzählen von (**1**) angeblich schwerer Jugend und ritterlicher Ausbildung in der Fremde; von (**2**) Reisen, Sprach- und Spielmannskünsten sowie einem glimpflich verlaufenen Schiffbruch (in der ›schwarzen See‹ oder im »Schwarzen Meer«?); von (**3**) einer hohen Auszeichnung (1415) durch die aragonesische Königinwitwe Margarethe von Prades, nämlich die Aufnahme in den aragonesischen Kannen- oder Greifenorden (dessen Abzeichen Oswald sowohl auf dem Vollbild der Hs. A als auch dem Porträt der Hs. B trägt); von (**4**) einem nutzlosen Versuch, durch eine Reise als Wandermönch, Pilger und Minne-Narr die Gunst einer Dame zu gewinnen; von (**5** und **6**) den unzähligen Nöten dieser Liebe; sowie (**7**) von den beiden einzigen Auswegen, die der Autor sieht: nämlich eine Familie zu gründen und nach dem Tod auf Gottes Gnade zu hoffen. – Einspielungen (nicht immer vollständig): 1956/72/78/79/88.

133 *Wol auff, wol an* 75: Das Lied ist überreich an Reimklängen und Diminutiva, und eine neuhochdeutsche Übersetzung wirkt notgedrungen stets etwas unbeholfen. Der Autor verwendet hier Motive des traditionellen Frühlingsliedes und verbindet diese mit einer autobiographisch-erotischen Bade-Szene (*Ösli/Gredli* = Oswald und seine Frau Margarethe von Schwangau; Eheschließung wahrscheinlich 1417).

134 *Los, frau – Sag an, herzlieb* 49 (Textfassung und Übersetzung: WACHINGER, 1964/67): Zweistimmiges Tagelied, in welchem der Tenor (Unterstimme: ›Er‹) und Discantus (Oberstimme: ›Sie‹, evtl. mit dem Wächter alternierend) in Form eines Duettes parallel singen. Vgl. MÜLLER (1983) S. 104–107; HAUSNER (1984/85). – Einspielungen: 1956/74/88 (instrumental).

135 *Wol auff, wir wellen slauffen* 84: Das zweistimmige Trinklied hat Oswald, gemäß einer Vermutung von Mück, um 1427/28 für seinen Freund, den Heidelberger Pfalzgrafen Ludwig III. geschrieben; der in Str. **4**,1 erwähnte »Fürst« kann sowohl den ›Fürst Wein‹ als auch den gichtkranken Kurfürsten meinen. Vgl. zum Lied: Lambertus OKKEN / Hans-Dieter MÜCK: Die satirischen Lieder Oswalds von Wolkenstein wider die Bauern. Göppingen 1981. S. 464–486. – Einspielungen: 1978/79/88.

136 *"Nu huss!" sprach der Michel von Wolkenstain* 85: Das siegestrunkene Kriegslied, hier in der Fassung der Innsbrucker Hs. (B), feiert einen (folgenlosen) Sieg der Wolkensteiner, den sie im Kampf zwischen Landadel und Landesherr (dem Tiroler Herzog Friedrich IV.) 1423 mit einem Ausfall aus der Burg Greifenstein (bei Meran) errungen hatten; doch mußten sich die Adligen noch im gleichen Jahr, Oswald dann schließlich 1427, dem Herzog wieder unterwerfen. Den politischen Hintergrund klärte Norbert MAYR (1978), die verwickelte Überlieferung (mit mehrfachen Fassungen!) untersuchte zuletzt MÜCK (1981). Vgl. dazu die Zusammenfassung bei MÜLLER (1983) S. 188–191. – **6**,4 *dächer unde meuss*: Schutzdächer und Rammböcke. – Einspielungen: 1965/72/78/79.

137 *Ich spúr ain tier* 6: Das geistliche Lied ist mutmaßlich im Frühjahr 1427 im Zusammenhang von Oswalds Gefangenschaft durch Herzog Friedrich entstanden. Es verwendet die für solche Alters- und Weltabsagelieder üblichen Motive (Totentanz: **1**,13 ff.; ›Abrechnung‹: **1**,16 ff.; Reinigungsbad: **2**,15 ff.; Absage an die Welt und deren Lohn: **3**,13 ff.; vgl. etwa Walther von der Vogelweide 100,24 oder Neidhart, Winterlied 30: Nr. 61); es kombiniert sie aber neu und bringt überdies zu Anfang das überraschende und eindrucksvolle Ungeheuer-Bild. Vgl.: Sieglinde HARTMANN: Altersdichtung und Selbstdarstellung bei Oswald von Wolkenstein. Die Lieder Kl 1–7 im spätmittelalterlichen Kontext. Göppingen 1980. – Einspielungen: 1977/78/88.

Literatur

Für ausführliche und eingehende Informationen vgl. Anton SCHWOB, Oswald von Wolkenstein, Bozen 1977 [u. ö.] (eine wissenschaftliche Biographie) sowie Dieter KÜHN, Ich Wolkenstein, Frankfurt a. M. 1977 [u. ö.] (eine ganz eigene Textsorte, welche wissenschaftliche Biographie, Interpretation und persönliche Recherche kombiniert). – Zur Forschungsgeschichte und zu einzelnen Problemen, jeweils mit

ausführlichen bibliographischen Hinweisen, die Aufsatz-Sammlung: Oswald von Wolkenstein, hrsg. von Ulrich MÜLLER, Darmstadt 1980 (WdF 526), und die Jahrbücher der Oswald-von-Wolkenstein-Gesellschaft 1 ff. 1980/81 ff.; des weiteren die Monographien von Walter RÖLL, Oswald von Wolkenstein, Darmstadt 1981; Dirk JOSCHKO (Göppingen 1985); von Karen BAASCH / Helmuth NÜRNBERGER (Reinbek bei Hamburg 1986) sowie den Forschungsbericht von Karen BAASCH / Helmuth NÜRNBERGER, in: Literatur in Wissenschaft und Unterricht 17 (1984) S. 241–269. Eine Stellenbibliographie zu den einzelnen Liedern findet sich in HOFMEISTERS Übersetzung (1989); vgl. außerdem die Zusammenfassung von Burghart WACHINGER in: VL^2 VII (1989) Sp. 134–169; zu den Besonderheiten der Überlieferung MÜLLER (1992) und Günther SCHWEIKLE (demn. in: editio).
Zahlreiche Einspielungen: Deutsche Grammophon Gesellschaft, Archiv-Produktion (1956); Studio der frühen Musik / Thomas BINKLEY, Electrola, Reflexe (1972); Kurt EQUILUZ, Geschwister ENGEL [u. a.] / Othmar COSTA, Telefunken (1974); Wilfried JOCHIMS / Dieter KÜHN [u. a.], Aulos (1977); Gruppe »Bärengäßlin«, Pläne (1978); Hans-Peter TREICHLER, Gold Records (1979); »Ensemble für frühe Musik Augsburg«, Christophorus (1988); ferner Einspielungen einzelner Lieder. – Vgl. dazu Helmut LOMNITZER in: WdF 526, S. 453–477. Ferner Walter RÖLL (1981) S. 12–17.

138

ANONYM

Werk/Überlieferung: Das in der *Schweizerchronik* des eidgenössischen Historikers Aegidius Tschudi überlieferte Lied (ohne Melodie, aber mit einer einleitenden Vorbemerkung) handelt von einem Ereignis des Jahres 1443 und ist unmittelbar danach auch entstanden: 1440 hatten sich die Zürcher, vorwiegend auf Betreiben ihres Bürgermeisters Rudolf Stüssi, mit den Habsburgern verbündet. Sie erlitten aber vor den Toren der Stadt (an der Sihl) im Juli 1443 gegen die Eidgenossen eine vernichtende Niederlage, wobei auch Stüssi fiel. Das Lied vertritt die habsburgische Partei. Es wirft, im Stil eines Kreuzliedes, den Schweizern unchristliches, hinterlistiges und grausames Verhalten vor und ruft zum Kampf gegen sie auf.

Edition: LHL I, S. 392–394: Nr. 81.

Erläuterungen: **1,3** König Friedrich III. – **2,3** ff. Vgl. zu dieser Kriegslist die Vorbemerkung von Tschudi: Ein weißes Kreuz auf rotem Grund war (und ist bis heute) das Zeichen der Eidgenossen, das rote dasjenige der Gegenpartei. – **3,5** Der »Pfauenschwanz« gehörte zum Wappenschmuck der österreichischen Herzöge und wurde zur sprichwörtlichen Bezeichnung der Österreicher-Habsburger. – **4/7** Rudolf Stüssi war in der Schlacht auf nicht ganz geklärte Weise gefallen; die Schändung seiner Leiche ist keine Greuelpropaganda, sondern sie wird auch von dem engagierten Eidgenossen Tschudi zugegeben. – **6,2** »König von Schwyz«: der Schweizer Landammann Itel Reding. – **8,3** ff.: Hostien-Schändung war ein besonders wirkungsvoller (und gern verwendeter) Vorwurf. – **13,7** Erkennungsruf der habsburgischen Partei.

Literatur

Ulrich Müller: Ein habsburgisches Kreuzlied gegen die Eidgenossen. In: Horst Wenzel (Hrsg.): Adelsherrschaft und Literatur. Bern [u. a.] 1980. S. 259–286.

Rattay (1986).

139

Anonym

Werk/Überlieferung: Das erstmals in der Mitte des 15. Jh.s bezeugte Lied ist in mehreren Versionen von unterschiedlicher Aussage überliefert; die Allegorie des landenden Schiffes wird dabei unterschiedlich ausgedeutet, doch stets mit Bezug auf Maria. Der Protestant Daniel Sudermann aus Straßburg (um 1626) brachte das Lied mit dem Mystiker Johannes Tauler in Verbindung und bearbeitete es, durch Eliminierung des Marienpreises, zum reinen Weihnachtslied: dies ist dann die bis heute übliche Deutung geworden.

Edition: Wackernagel II Nr. 458 (nach einer Hs. aus dem Augustinerinnenkloster Inzighofen bei Sigmaringen, um 1470/80).

Literatur

Burghart Wachinger: VL² II (1980) Sp. 625–628.

Aus dem »Liederbuch der Clara Hätzlerin«

Werk/Schreiberin/Überlieferung: Die in Augsburger Steuerbüchern zwischen 1452 und 1476 nachweisbare Clara Hätzlerin ist die einzige mit Namen bekannte Frau aus dem deutschen Mittelalter, die berufsmäßig Hss. kopierte. Im Auftrag des Augsburgers Jörg Roggenburg, eines wahrscheinlich mittelständischen Kaufmanns, schrieb sie im Jahr 1471 das heute nach ihr benannte *Liederbuch* (Hs. seit Beginn des 19. Jh.s im Tschechischen Nationalmuseum, Prag); diese Hs. enthält nicht nur die Texte zahlreicher Lieder (zumeist Liebeslieder; leider ohne jegliche Melodien), sondern außerdem auch Reimpaargedichte, in den meisten Fällen ohne Namensnennung des Autors.

Edition: Carl Haltaus: Liederbuch der Clara Hätzlerin. Quedlinburg/Leipzig 1840. [Sehr unzureichend; vgl. dazu das Nachwort von Hanns Fischer im Nachdruck Berlin 1966.]

Die beiden folgenden schlichten Liebeslieder stammen mutmaßlich von verschiedenen Verfassern.

140 *Mit senen bin ich überladen* 90: Das nur hier überlieferte, im Text wohl nicht mehr ganz einwandfreie Lied beklagt die Hartherzigkeit der Geliebten sowie die »Klaffer«, d. h. die übelredenden ›Aufpasser‹ (mhd. *die merkaere; diu huote*); solche »Klaffer-Schelten« sind durchaus häufig.

141 *Hett ich nur ain stüblin warm* 96: Das auch im Liederbuch des Martin Ebenreuter (geschrieben 1530 in Würzburg; heute: Berlin mgf 488) überlieferte Lied ist hinsichtlich Metrik und Reimen offenkundig nicht mehr völlig intakt.

Literatur

Horst Dieter Schlosser: Untersuchungen zum sogenannten lyrischen Teil des Liederbuchs der Klara Hätzlerin. Diss. Hamburg 1965.

Ingeborg Glier: VL² III (1981) Sp. 547–549.

Sittig (1987).

Aus dem »Lochamer-Liederbuch«

Werk/Überlieferung: Diese zwischen 1450 und 1455 in Nürnberg geschriebene Sammlung von großenteils anonym überlieferten Liebesliedern (mit 44 Melodien, neun davon mehrstimmig) gehörte um 1500 dem dortigen Bürger Wolflein von Lochamer (Lochaim) und befindet sich heute in der Berliner Staatsbibliothek (Mus. Ms. 40 613); die Hs. enthält außerdem auch das lateinische Orgellehrbuch des blinden Nürnberger Organisten Konrad Paumann (gest. 1473). Hauptschreiber, erster Besitzer und vielleicht Autor einiger Lieder war Frater Judocus von Windsheim, möglicherweise ein Schüler Paumanns, der Lied Nr. 42 mit einer persönlichen Bemerkung und einem Datum (5./6. 2. 1460) versah.

Edition des Liederbuch-Teiles: Walter Salmen / Christoph Petzsch, Wiesbaden 1972; Faksimile der ganzen Handschrift, hrsg. von Konrad Ameln, Berlin 1925, Kassel/Bern 1972. – Einige der Lieder sind mehrfach eingespielt worden und gehören zum Kernbestand vieler Mittelalter-Konzerte.

142 *All mein gedencken, die ich hab* 39: Dieses gefühlvolle Abschiedslied ist seit seiner ›Wiederentdeckung‹ im frühen 19. Jh. sehr populär. Zur »Verlobungsformel« in der 5. Strophe vgl. Nr. 7. – Von der gleichen Hand ist das folgende Lied in die Hs. eingetragen (Cramer II, S. 501).

143 *Ich spring an disem ringe* 42: Das Lied, mit einer wahrhaft gassenhauerischen Melodie überliefert (und entsprechend beliebt in Konzerten und für Einspielungen), bringt das bekannte Motiv der erotischen Länderschau und verwendet die gleichfalls beliebte Technik, bestimmte Fachausdrücke mit erotischem Hintersinn zu verwenden; vgl. dazu *Carmina Burana* 185 (Nr. 40), Gottfried von Neifen (Nr. 66) (oder Oswald von Wolkenstein Kl 76/83). Der eingefügte Ruf wurde möglicherweise im Chor mitgesungen. – Zur Nachschrift vgl. oben.

Literatur

Christoph PETZSCH: Das Lochamer-Liederbuch. Studien. München 1967.
Christoph PETZSCH: VL² V (1985) Sp. 888–891.
SITTIG (1987).

144

AUS DEM »SCHEDELSCHEN LIEDERBUCH«

Werk/Überlieferung: Das Lied findet sich erstmals, mit einem dreistimmigen Satz, im sog. Schedelschen (oder: Münchener) Liederbuch: Diese Sammlung legte der Nürnberger Arzt und Humanist Hartmann Schedel, der Autor der berühmten *Weltchronik* (Druck 1493), als Student bzw. als junger Magister artium 1460/62 in Leipzig an. Der letzte Nachtrag stammt von 1467. Die heute in der Bayerischen Staatsbibliothek München (cgm 810) aufbewahrte Hs. im Kleinstformat (15 × 10,5 cm) enthält 150 Stücke (127 Musikstücke, davon 50 in deutscher Sprache; 23 Lieder ohne Melodien).

Edition: MOSER / MÜLLER-BLATTAU (1968) S. 292 f., 350.

Literatur

Heinrich BESSELER in: Musik in Geschichte und Gegenwart 11 (1963) Sp. 1609–12.
SITTIG (1987).

145 – 147

AUS DEM »ROSTOCKER LIEDERBUCH«

Werk/Überlieferung: Diese Sammel-Hs. der Universitätsbibliothek Rostock ist »nach 1465« (HOLTORF) geschrieben worden (Nachtrag: 1487), wahrscheinlich für einen Freundeskreis an der Universität Rostock; sie enthält – neben einigen Kleindichtungen und Prosatexten – 51 deutsche und lateinische Lieder mit 30 Melodien (zu den Themen: Liebe, Trinken, Religion, Politik). Das Rostocker Liederbuch ist die älteste Sammlung niederdeutscher Lyrik.

Edition: Friedrich RANKE / J. M. MÜLLER-BLATTAU: Das Rostocker Liederbuch. Halle 1927. Nachdr. Leipzig/Kassel 1987 (mit Faksimile).

154–156 *Ich habe den mantel – Ligge stille – Vader myn* Die hier abgedruckten (niederdeutschen) Einzelstrophen (48, 54, 55) sind, jeweils mit Melodie, nur im Rostocker Liederbuch überliefert; unter Umständen handelt es sich um die Anfangsstrophen von längeren Liedern.

Literatur

SITTIG (1987).
Arne HOLTORF: VL² VIII (1992) Sp. 253–257.

148

AUS DEM »GLOGAUER LIEDERBUCH«

Werk/Überlieferung: Erstmals im »Glogauer Liederbuch«, einer um 1480 wohl in Glogau, Schlesien, geschriebenen Sammlung von meist dreistimmigen Sätzen (ehemals: Berlin Mus.ms 40098), wird die »Elslein-Strophe« zitiert, und zwar mit ihrem Incipit. Diese Klage-Strophe über die Trennung eines Liebespaares durch »zwei tiefe Gewässer« stammt wohl aus einem Liebeslied, und sie wurde später zu einer Ballade erweitert, die in mehreren Fassungen überliefert ist; sie gehört in den Umkreis der *Zwei Königskinder*, einer der populärsten deutschen Volksballaden, und sie verarbeitet ein in der Weltliteratur beliebtes Motiv. – Einspielung: »Tandaradrei«, 1992.

Edition: Die hier abgedruckte Fassung stammt aus dem »Ottschen Liederbuch« (Nürnberg 1534): Text nach MOSER / MÜLLER-BLATTAU (1968) S. 300, 351–353 (mit Melodie).

Literatur

Otto HOLZAPFEL: Elslein-Strophe. In: VL² II (1980) Sp. 514 f.
Paul SAPPLER: Glogauer Liederbuch. In: VL² III (1981) Sp. 57–59.
SITTIG (1987).

Michel Beheim

Autor/Überlieferung: Der 1416 oder 1421 in Sulzbach bei Weinsberg geborene Michel Beheim stand als Berufssänger im Dienste von Städten und vor allem zahlreichen Fürsten (vgl. Lied 24: Nr. 149), kam in dieser Eigenschaft weit herum und starb vielleicht 1474/78 als Schultheiß seines Heimatortes durch Mord. Seine 452 Lieder (in 11 eigenen Weisen) und 3 singbaren Reimchroniken sind zum größeren Teil völlig authentisch, d. h. als Autographe überliefert (einschließlich der Melodien). Immer wieder ist dort eindeutig etwas zu beobachten, was sonst nur vermutet wird: nämlich daß der Autor einzelne Texte änderte und in verschiedenen Versionen vortrug. Die Lieder behandeln folgende Themenbereiche: Religiöses (dies in der Mehrzahl), allgemeine Fragen der Moral und Ethik, Politisches, Liebe, Kunst; außerdem findet sich sehr viel Autobiographisches, und zwar sowohl in den Liedern als auch in den vom Autor selbst stammenden Überschriften, die immer wieder Einblicke in seine Lebenswirklichkeit vermitteln. Die besondere Überlieferung sowie die reichlichen Informationen über ihn machen Beheim zu einem einzigartigen Musterbeispiel eines mittelalterlichen Berufssängers: Bei ihm ist vieles von dem authentisch zu beobachten, was bei anderen Autoren Vermutung bleiben muß (vgl. Müller, 1992).
Wiewohl Beheim nicht dem städtischen, in Singschulen zunftmäßig organisierten Meistersang zugerechnet werden kann, gibt es zu jenem vielerlei stilistische und inhaltliche Beziehungen.

Edition: Hans Gille / Ingeborg Spriewald (Hrsg.): Die Gedichte des Michel Beheim. 3 Bde. Berlin 1968–72.

149 *von Michel Pehams gepurt* 24 (»Zugweise«): Dieses autobiographische Lied, in dem der Autor über Herkunft und Laufbahn Auskunft gibt, ist nicht nur in seiner Art etwas Einmaliges, sondern es gibt auch interessante Einblicke in die Arbeitsweise eines solchen Berufsdichters. Es ist nämlich in mindestens drei Fassungen Beheims überliefert, zwei von Beheims eigener Hand: Dazu ausführlich: Müller (1974) S. 277–283, Abb. 8/9; ders. (1983) S. 182–186; ders. (1992); parallele Transkription der drei Fassungen in: Ders. (Hrsg.), Politische Lyrik des deutschen Mittelalters, Texte II, Göppingen 1974, S. 316, sowie in: Kühebacher (1974) S. 167–181.
Eine erste Fassung nennt König Ladislaus noch als lebend (Auto-

graph: Heidelberg cpg 312: = Version A 1). Nachdem der erst 17jährige Ladislaus am 23. 9. 1457 überraschend an der Pest gestorben war (es gab allerdings auch Gerüchte hinsichtlich einer Vergiftung), fand Beheim in Kaiser Friedrich III. für längere Zeit (bis 1466?) einen neuen Herren. Er aktualisierte durch Korrekturen den Text noch in seinem ersten Autograph (cpg 312: Version A 1 > A 2), und diese von ihm selbst geänderte Version übernahm er dann, als er das Lied nochmals abschreiben ließ (cpg 334 = Beheim-Hs. C: also: Version A 2 = C). – Der abgedruckte und übersetzte Text folgt der letzten Fassung, also der Beheim-Hs. C (geschrieben vom Autor und Jorg von Clein).

150 *von den Türken* 446 (»Lange Weise«): Das Lied beklagt die Katastrophe des Jahres 1453, nämlich die Eroberung Konstantinopels durch die Türken, nennt die Uneinigkeit der christlichen Fürsten als Grund und ruft diese zu Gegentaten auf. Beheim und andere Sänger der Zeit haben zahlreiche solche durch Klage und Aufrufe gekennzeichnete »Türkenlieder« geschrieben.

151 *Dises getic ht sagt von dreien rosen* 306 (»Hofweise«): Das kleine Lied mit der Allegorese der drei Rosen ist deswegen von Bedeutung, weil man hier ausnahmsweise die Entstehungsumstände erfährt. Beheim war allerdings bereits früher, angeblich aufgrund von Intrigen eines Landsmannes (so erzählt er in Lied 245), von Ladislaus entlassen worden.

152 *Das ist ain loic* 88 (»Osterweise«): Das religiöse Mahnlied ist ein syntaktisches Kunststück: es spielt sozusagen mit der Blasphemie.

Literatur

Müller (1974). (Mit Abb.)

Ulrich Müller: VL^2 I (1978) Sp. 672–680.

William McDonald: Whose Bread I Eat: The Song-Poetry of Michel Beheim. Göppingen 1981.

Schanze (1983/84).

Manfred Günter Scholz: Zum Verhältnis von Mäzen, Autor und Publikum im 14. und 15. Jahrhundert: Wilhelm von Österreich – Rappoltsteiner Parzifal – Michel Beheim. Darmstadt 1987.

Müller (1992).

Hans Folz

Autor/Überlieferung: Der Barbier und Wundarzt Hans Folz, in Worms geboren, seit 1459 Nürnberger Bürger und dort 1513 gestorben, gehörte der Nürnberger Singschule (der bedeutendsten von allen) an und ist der wichtigste Nürnberger Meistersinger vor Hans Sachs. Sein sehr umfangreiches Werk (etwa 100 Meisterlieder, mindestens 12 Fastnachtspiele, zahlreiche Reimpaar-Reden verschiedensten Inhaltes, 2 Prosa-Traktate), das er teilweise in seiner eigenen Druck-Offizin publizierte (vgl. das nicht abgedruckte Lied 68: Lob des Buchdrucks), zeigt eine außergewöhnliche Bildung und brachte ihm großes Ansehen ein. Seine Lieder (vorwiegend mit geistlichem Inhalt), die vorwiegend in zwei Teilautographen überliefert sind, entstanden im letzten Drittel des 15. Jh.s, und sie verwenden teils ›alte‹, zum größeren Teil aber eigene Melodien.

Edition: August L. Mayer: Die Meisterlieder des Hans Folz. Berlin 1908. Neudr. Dublin/Zürich 1970.

153 *O arms elend* 7: Das religiöse Mahnlied verwendet die »Flammweise«; dieser Ton wurde von den Meistersingern Wolfram von Eschenbach zugeschrieben.

154 *O Got, wie rein und zart* 40: Das Lied verwendet den »Kurzen Ton« des Heinrich von Mügeln (Schanze II, S. 5); es gehört in »eine Liedreihe [Nr. 39–49] ..., in der sich Folz polemisch mit Sängerkonkurrenten auseinandersetzt« (Janota), und zwar in einer sehr umgangssprachlichen Redeweise.

Literatur

Brunner (1975) [Reg.].
Johannes Janota: VL² II (1980) Sp. 769–793.
Schanze (1983/84).

155

ANONYM

Überlieferung: Das Lied, dessen Text und Melodie in Georg FORSTERS großer Liedsammlung (Frische Liedlein I, 1539: Nr. 31) überliefert ist, stammt wohl noch aus dem späten 15. Jh. Heinrich Isaac (gest. 1517), der Hofkomponist Kaiser Maximilians I., hat Lied und Melodie berühmt gemacht, zuerst durch Übernahme als Tenorlied in seine wohl kurz vor 1500 entstandene *Liedermesse* (*Missa Carminum*), dann aber vor allem durch seine »Harmonisierung« (H.-J. MOSER, 1920, S. 381: »Ein Wunderwerk«) als vierstimmiges homophones Diskantlied. Ältere Tradition sieht in dem Lied entweder einen »Handwerksburschengruß« (MOSER, S. 381) oder sogar ein von Maximilian selbst gedichtetes Abschiedslied aus seinem geliebten Innsbruck: Für beides gibt es keine Anhaltspunkte. – Die Melodie wurde später mit geistlichen Texten kontrafaziert: »O Welt ich muß dich lassen« (laut: WACKERNAGEL, Kirchenlied III, S. 392, von Johann Hesse, gest. 1547); sowie vor allem von Paul GERHARDT (*Nun ruhen alle Wälder*, 1648), und auf diese Weise lebt die Melodie ohne Unterbrechung bis heute.

Edition: Ludwig ERK / Franz BÖHME (Hrsg.): Deutscher Liederhort. Bd. 2. Leipzig 1893. Nachdr. Hildesheim / New York 1972. S. 546 f. Nr. 743a.

Verwendete Siglen

Beiträge — Beiträge zur Geschichte der deutschen Sprache und Literatur
DVjs — Deutsche Vierteljahrsschrift für Geistesgeschichte und Literaturwissenschaft
GRM — Germanisch-Romanische Monatsschrift

Handschriften (Sammel-Hs. zur Lyrik) Hs., Hss., hs.
- A — Kleine Heidelberger Liederhs., Heidelberg cpg 357
- B — Weingartner / Stuttgarter Liederhs., Stuttgart HB XIII poet. germ. 1
- C — Große Heidelberger / Manessische Liederhs., Heidelberg cpg 848
- c — Neidhart-Hs. c, Berlin mgf 779
- D — Heidelberg cpg 350
- E — Würzburger Liederhs., Universitätsbibliothek München, 2° Cod. Ms. 731
- F — Weimarer Liederhs., Weimar quart. 564
- J — Jenaer Liederhs., Jena Ms. El. f. 101
- M — Carmina Burana-Hs., München clm 4660
- N — Stiftsbibliothek Kremsmünster, Cod. 127
- p — Burgerbibliothek Bern, Cod. 260
- s — Haager Liederhs., Haag Cod. 128 E 2

HMS — Zählung der Gedichte in der Ausgabe von Friedrich Heinrich von der Hagen (1838, Nachdr. 1962–63)
HW — Zählung der Lieder Neidharts in der Ausgabe von Moriz Haupt / Edmund Wießner (1923, Nachdr. 1986)
Kl — Zählung der Gedichte Oswalds von Wolkenstein in der Ausgabe von Karl Kurt Klein (1962 u. ö.)
KLD — Zählung der Gedichte in der Ausgabe von Carl von Kraus (1952, ^{2}1978)
LHL — Zählung der Gedichte in der Ausgabe von Rochus von Liliencron (1865–69, Nachdr. 1966)
L — Zählung der Gedichte Walthers von der Vogelweide in der Ausgabe von Karl Lachmann (1827 u. ö.)
MF — Des Minnesangs Frühling, Zählung in der Ausgabe von Karl Lachmann / Moriz Haupt (1857 u. ö.)

MF–MT	Des Minnesangs Frühling, neue Bearbeitung von Hugo Moser und Helmut Tervooren (1977 u. ö.)
P	Zählung der Gedichte Walthers von der Vogelweide in der Ausgabe von Hermann Paul (1882)
SM	Sammlung Metzler
SMS	Zählung der Lieder in der Ausgabe von Max Schiendorfer (1990)
VL²	Die deutsche Literatur des Mittelalters. Verfasserlexikon. 2. Aufl. Hrsg. von Kurt Ruh [u. a.]. Berlin / New York 1978 ff.
WdF	Wege der Forschung
ZfdA	Zeitschrift für deutsches Altertum und deutsche Literatur
ZfdPh	Zeitschrift für deutsche Philologie

Literaturhinweise

Editionen und Publikationen zu einzelnen Autoren oder Werken sind in den entsprechenden Erläuterungen aufgeführt; Sammelbände sind hinsichtlich ihrer einzelnen Beiträge nicht verzeichnet.

Zur Literatur des Hochmittelalters sei verwiesen auf zwei Bibliographien: eine Auswahl-Bibliographie in der von Ursula HENNIG bearbeiteten 10. Auflage von: Helmut DE BOOR: Die höfische Literatur. Vorbereitung, Blüte, Ausklang 1170–1250. München 1979; für den Zeitraum 1975–1985 auf eine weitgehend vollständige Bibliographie von Barbara BARTELS in: Bräuer (1990) S. 841–908; für einzelne Autoren bzw. Werke auf die jeweiligen Artikel in der 2. Auflage des *Verfasserlexikons* (VL[2]).

ASHCROFT, Jeffrey / HUSCHENBETT, Dietrich / JACKSON, William Henry (Hrsg.): Liebe in der deutschen Literatur des Mittelalters. St. Andrews Colloquium 1985. Tübingen 1987.

BACKES, Martina: Tagelieder des deutschen Mittelalters. Mhd./Nhd. Stuttgart 1992.

BÄRNTHALER, Günther: Übersetzen im deutschen Spätmittelalter. Der Mönch von Salzburg, Heinrich Laufenberg und Oswald von Wolkenstein als Übersetzer lateinischer Hymnen und Sequenzen. Göppingen 1983.

BEC, Pierre: Burlesque et obscénité chez les Troubadours. Le contretexte au Moyen Âge. Paris 1984.

BEHR, Hans-Joachim: Literatur als Machtlegitimation. Studien zur Funktion der deutschsprachigen Dichtung am böhmischen Königshof im 13. Jahrhundert. München 1989.

BENNEWITZ-BEHR, Ingrid: Von Falken, Trappen und Blaufüßen. Kein ornithologischer Beitrag zur Tradition des mittelhochdeutschen Falkenliedes. In: McDonald. 1983. S. 1–20.

BENNEWITZ, Ingrid: *vrouwe/maget*. Überlegungen zur Interpretation der sogenannten Mädchenlieder im Kontext von Walthers Minnesang-Konzeption. In: Mück. 1989. S. 237–252.

BENNEWITZ, Ingrid: Das Paradoxon weiblichen Sprechens im Minnesang: Zur Funktion der sogenannten ›Frauenstrophen‹. In: Mediävistik 4 (1991) S. 21–36.

BENNEWITZ, Ingrid: Die ›Schrift‹ des Minnesangs und der ›Text‹ des Editors. Studien zur Minnesang-Überlieferung im »Hausbuch« des Michael de Leone (Minnesang-Hs. E). Habil.-Schr. Salzburg 1993. [i. Vorb.]

BENNEWITZ, Ingrid / MÜLLER, Ulrich (Hrsg.): Deutsche Literatur. Eine Sozialgeschichte. Bd. 2: Von der Handschrift zum Buchdruck: Spätmittelalter–Reformation–Humanismus 1320–1572. Reinbek bei Hamburg 1991.

BENARY, Eleonore: Liedformen der deutschen Mystik im 14. und 15. Jahrhundert. Diss. Greifswald 1936.

BERGNER, Heinz (Hrsg.): Lyrik des Mittelalters. 2 Bde. Stuttgart 1983.

BERTAU, Karl Heinrich: Sangverslyrik. Über Gestalt und Geschichtlichkeit mittelhochdeutscher Lyrik am Beispiel des Leichs. Göttingen 1964.

BESSELER, Heinrich: Musik des Mittelalters und der Renaissance. Potsdam 1937.

BESSELER, Heinrich / GÜLKE, Peter: Schriftbild der mehrstimmigen Musik. Leipzig 1973.

BOLDUAN, Viola: Minne zwischen Ideal und Wirklichkeit. Studien zum späten Schweizer Minnesang. Frankfurt a. M. 1982.

BRACKERT, Helmut: Minnesang. Mittelhochdeutsche Texte und Übertragungen. Frankfurt a. M. 1983 [u. ö.].

BRÄUER, Rolf (Hrsg.): *Der helden minne, triuwe und êre.* Literaturgeschichte der mittelhochdeutschen Blütezeit. Berlin 1990. (Geschichte der deutschen Literatur. 2.) (Mit einer umfangreichen Bibliographie 1975–1985 von Barbara Bartels.)

BRINKMANN, Sabine Ch.: Die deutschsprachige Pastourelle. 13. bis 16. Jahrhundert. Göppingen 1985.

BRUNNER, Horst: Die alten Meister. Studien zur Überlieferung und Rezeption der mittelhochdeutschen Sangspruchdichter im Spätmittelalter und in der frühen Neuzeit. München 1975.

BRUNNER, Horst: Das deutsche Liebeslied um 1400. In: Mück / Müller. 1978. S. 105–146.

BRUNNER, Horst: Die derzeit bekannten Handschriften zur Melodieüberlieferung Walthers von der Vogelweide. In: Brunner [u. a.]. 1977. S. 49*–98*. Abb. 208–254.

BRUNNER, Horst / MÜLLER, Ulrich / SPECHTLER, Franz Viktor (Hrsg.): Walther von der Vogelweide. Die gesamte Überlieferung der Texte und Melodien. Abbildungen, Materialien, Melodietranskriptionen. Mit Beiträgen von Helmut Lomnitzer und Hans-Dieter Mück. Geleitwort von Hugo Kuhn. Göppingen 1977.

BUMKE, Joachim: Mäzene im Mittelalter. Die Gönner und Auftraggeber der höfischen Literatur in Deutschland 1150–1300. München 1979.

BUMKE, Joachim: Höfische Kultur. Literatur und Gesellschaft im hohen Mittelalter. 2 Bde. München 1986.
BUMKE, Joachim: Geschichte der deutschen Literatur im hohen Mittelalter. München 1990.
Classen, Albrecht (Hrsg.): Medieval German Literature. Proceedings from the 23rd International Congress on Medieval Studies Kalmazoo 1988. Göppingen 1989.
CLASSEN, Albrecht: Die autobiographische Lyrik des europäischen Spätmittelalters. Studien zu Hugo von Montfort, Oswald von Wolkenstein, Antonio Pucci, Charles d'Orléans, Thomas Hoccleve, Michel Beheim, Hans Rosenplüt und Alfonso Alvarez de Villasandino. Amsterdam/Atlanta 1991.
Classen, Albrecht (Hrsg.): Women as Protagonists and Poets in the German Middle Ages. Göppingen. 1991.
Codex Manesse. Katalog zur Ausstellung vom 12. Juni bis 4. September 1988. Universitätsbibliothek Heidelberg. Hrsg. von Elmar Mittler und Wilfried Werner. Heidelberg 1988.
CRAMER, Thomas (Hrsg.): Die kleineren Liederdichter des 14. und 15. Jahrhunderts. 4 Bde. München 1977–85.
CRAMER, Thomas: Geschichte der deutschen Literatur im späten Mittelalter. München 1990.
DINZELBACHER, Peter: Über die Entdeckung der Liebe im Hochmittelalter. In: Saeculum 32 (1981) S. 185–208.
EDWARDS, Cyril W.: Die Erotisierung des Handwerks. In: Ashcroft [u. a]. 1987. S. 126–148.
EHLERT, Trude: Konvention–Variation–Innovation. Ein struktureller Vergleich von Liedern aus ›Des Minnesangs Frühling‹ und Walther von der Vogelweide. Berlin 1980.
FINSCHER, Ludwig (Hrsg.): Die Musik des 15. und 16. Jahrhunderts. 2 Tle. Laaber 1989–90.
FISCHER, Karl-Hubert: Zwischen Minne und Gott. Die geistesgeschichtlichen Voraussetzungen des deutschen Minnesangs mit besonderer Berücksichtigung der Frömmigkeitsgeschichte. Frankfurt a. M. 1985.
FRANK, István / MÜLLER-BLATTAU, Wendelin (Hrsg.): Trouvères et/und Minnesänger. 2 Bde. Saarbrücken 1952–56.
FROMM, Hans (Hrsg.): Der Deutsche Minnesang. Aufsätze zu seiner Erforschung. 2 Bde. Darmstadt 1961 [u. ö.] / 1985. (WdF 15/608.)
GRIMM, Gunter E. / MAX, Frank Rainer (Hrsg.): Deutsche Dichter. Bd. 1: Mittelalter. Stuttgart 1989.
HAAS, Norbert: Trinklieder des deutschen Spätmittelalters. Philo-

logische Studien anhand ausgewählter Beispiele. Göppingen 1991.

HAGEN, Friedrich Heinrich von der (Hrsg.): Minnesinger. Deutsche Liederdichter des 12., 13. und 14. Jahrhunderts ... 4 Tle. 3 Bde. Leipzig 1838. Nachdr. Aalen 1963.

HAHN, Reinhard: Meistergesang. Leipzig 1985.

HÄNDL, Claudia: Rollen und pragmatische Einbindung. Analysen zur Wandlung des Minnesangs nach Walther von der Vogelweide. Göppingen 1987.

HATTO, Arthur T. (Ed.): EOS. An Enquiry into the Theme of Lovers' Meetings and Partings at Dawn in Poetry. London 1965.

HAUBRICHS, Wolfgang: »Reiner muot« und »kiusche site«. Argumentationsmuster und situative Differenzen in der staufischen Kreuzzugslyrik zwischen 1188/89 und 1227/28. In: Krohn [u. a.]. 1978. S. 295–324.

HAUSNER, Renate: Thesen zur Funktion frühester weltlicher Polyphonie im deutschsprachigen Raum (Oswald von Wolkenstein, Mönch von Salzburg). In: Jahrbuch der Oswald-von-Wolkenstein-Gesellschaft 3 (1984/85) S. 45–78.

HAUSNER, Renate: Thearchia–König–Frouwe. Verbindungen zwischen Theologie, Politik und Kunst im 12. und 13. Jahrhundert. Ein Beitrag zu einem neuen Verständnis der mittelalterlichen Liebeslyrik, insbesondere der Stauferzeit. Habil.-Schr. Salzburg 1986. [Masch.]

HAUSNER, Renate (Hrsg.): *Owe do tagte ez*. Tagelieder und motivverwandte Texte des Mittelalters und der frühen Neuzeit. Bd. 1. Göppingen [2]1987.

HAUSNER, Renate: Der hohe Minnesang: Literarischer Ausdruck erotischer Frustrationen oder poetische Form sakraler Herrscher-Legitimation? In: Johann Zegermayer [u. a.] (Hrsg.): 100 Jahre Körnerschule. 100. Jahresbericht 1988/89. Linz 1989. S. 124–130.

HEINEN, Hubert: Mutabilität im Minnesang. Mehrfach überlieferte Lieder des 12. und frühen 13. Jahrhunderts. Bd. 1: Texte. Göppingen 1989.

HINDERER, Walter (Hrsg.): Geschichte der politischen Lyrik in Deutschland. Stuttgart 1978.

HINDERER, Walter (Hrsg.): Geschichte der deutschen Lyrik vom Mittelalter bis zur Gegenwart. Stuttgart 1983.

HÖLZLE, Peter: Die Kreuzzüge in der okzitanischen und deutschen Lyrik des 12. Jahrhunderts. Göppingen 1980.

HÖVER, Werner / KIEPE, Eva (Hrsg.): Gedichte von den Anfängen bis 1300. Nach den Handschriften in zeitlicher Folge. München 1978.

JACKSON, W. T. H.: The challenge of the medieval text. Studies in genre and interpretation. Ed. by Joan M. Ferrante and Robert W. Hanning. New York 1985.

JACKSON, William E.: Reinmar's Women. A Study of the Woman's Song (»Frauenlied« and »Frauenstrophe«) of Reinmar der Alte. Amsterdam 1981.

JAMMERS, Ewald (Hrsg.): Die sangbaren Melodien zu Dichtungen der Manessischen Liederhandschrift. Unter Mitarb. von Hellmut Salowsky. Wiesbaden 1979.

JANOTA, Johannes: Studien zu Funktion und Typus des deutschen geistlichen Liedes im Mittelalter. München 1968.

JUNGBLUTH, Günther (Hrsg.): Interpretationen mittelhochdeutscher Lyrik. Bad Homburg v. d. H. [u. a.] 1969.

KAISER, Gert: Minnesang–Ritterideal–Ministerialität. In: Horst Wenzel (Hrsg.): Adelsherrschaft und Literatur. Bern [u. a.] 1980. S. 181–208. Auch in: Fromm. 1985. S. 160–184.

KAISER, Gert / MÜLLER, Jan-Dirk (Hrsg.): Höfische Literatur, Hofgesellschaft, höfische Lebensformen um 1200. Kolloquium am Zentrum für Interdisziplinäre Forschung der Universität Bielefeld. Düsseldorf 1986.

KASTEN, Ingrid: Frauendienst bei Trobadors und Minnesängern im 12. Jahrhundert. Zur Entwicklung und Adaption eines literarischen Konzepts. Heidelberg 1986.

KASTEN, Ingrid (Hrsg.): Frauenlieder des Mittelalters. Zweisprachig. Stuttgart 1990.

KIEPE, Eva und Hansjürgen (Hrsg.): Gedichte 1300–1500. Nach den Erstdrucken und Handschriften in zeitlicher Folge. München 1972.

KIPPENBERG, Burkhard: Der Rhythmus im Minnesang. Eine Kritik der literar- und musikhistorischen Forschung. München 1962.

KLESATSCHKE, Eva: Meistergesang. In: Bennewitz/Müller. 1991. S. 70–80.

KÖHLER, Erich: Vergleichende soziologische Betrachtungen zum romanischen und deutschen Minnesang. In: Karl-Heinz Borck / Rudolf Henß (Hrsg.): Der Berliner Germanistentag 1968. Heidelberg 1970. S. 61–76.

KRAUS, Carl von (Hrsg.): Deutsche Liederdichter des 13. Jahrhunderts. 2 Bde. 2. Aufl. Durchges. von Gisela Kornrumpf. Tübingen 1978.

KRAUS, Carl von: Des Minnesangs Frühling. Untersuchungen. Leipzig 1939. Nachdr. in: MF III/1. Stuttgart 1981.

KROHN, Rüdiger / THUM, Bernd / WAPNEWSKI, Peter (Hrsg.): Stauferzeit: Geschichte, Literatur, Kunst. Stuttgart 1978.

KROHN, Rüdiger (Hrsg.): Liebe als Literatur. Aufsätze zur erotischen Dichtung in Deutschland. Fs. Peter Wapnewski. München 1983.

KÜHEBACHER, Egon (Hrsg.): Oswald von Wolkenstein. Beiträge der philologisch-musikwissenschaftlichen Tagung in Neustift bei Brixen 1973. Innsbruck 1974.

KÜHNEL, Jürgen: Zum deutschen Minnesang des 14. und 15. Jahrhunderts. In: Deutsche Literatur des Spätmittelalters. Greifswald 1986. S. 86–104.

KUHN, Hugo: Minnesangs Wende. Tübingen 1952. [2]1976.

KUHN, Hugo: Kleine Schriften I–III: Dichtung und Welt im Mittelalter / Text und Theorie / Liebe und Gesellschaft. Stuttgart 1959. 1969. 1980.

KUHN, Hugo: Entwürfe zu einer Literatursystematik des Spätmittelalters. Tübingen 1980.

LIEBERTZ-GRÜN, Ursula: Zur Soziologie des *amour courtois*. Umrisse der Forschung. Heidelberg 1977.

LIEBERTZ-GRÜN, Ursula (Hrsg.): Deutsche Literatur. Eine Sozialgeschichte. Bd. 1: Aus der Mündlichkeit in die Schriftlichkeit: Höfische und andere Literatur 750–1320. Reinbek bei Hamburg 1988.

LILIENCRON, Rochus von (Hrsg.): Die historischen Volkslieder der Deutschen vom 13. bis 16. Jahrhundert. 4 Bde. Leipzig 1865–69. Nachdr. Hildesheim 1966.

LOMNITZER, Helmut: Geliebte und Ehefrau im deutschen Lied des Mittelalters. In: Xenia von Ertzdorff / Marianne Wynn (Hrsg.): Liebe–Ehe–Ehebruch in der Literatur des Mittelalters. Gießen 1984. S. 111–124.

MCDONALD, William C. (Hrsg.): Spectrum Medii Aevi. Essays in Early German Literature in Honor of George Fenwick Jones. Göppingen 1983.

MF-MT = Des Minnesangs Frühling. Unter Benutzung der Ausgaben von Karl Lachmann und Moriz Haupt, Friedrich Vogt und Carl von Kraus bearb. von Hugo Moser und Helmut Tervooren. I: Texte. 38., erneut rev. Aufl. Stuttgart 1988. II: Editionsprinzipien, Melodien, Handschriften, Erläuterungen. 36., erneut rev. und erw. Aufl. Stuttgart 1977. III 1/2: Kommentare: Untersuchungen (Carl von Kraus, 1939). Anmerkungen. Stuttgart 1981.

MÖLLER, Hartmut / STEPHAN, Rudolf (Hrsg.): Die Musik des Mittelalters. Laaber 1991.

MOHR, Wolfgang: Gesammelte Aufsätze. Bd. 2: Lyrik. Göppingen 1983.

Moser, Hans Joachim: Geschichte der deutschen Musik von den Anfängen bis zum Beginn des Dreißigjährigen Krieges. Stuttgart/Berlin 1920.

Moser, Hugo (Hrsg.): Mittelhochdeutsche Spruchdichtung. Darmstadt 1972. (WdF 154.)

Moser, Hugo / Müller-Blattau, Joseph (Hrsg.): Deutsche Lieder des Mittelalters von Walther von der Vogelweide bis zum Lochamer Liederbuch. Texte und Melodien. Stuttgart 1968.

Mück, Hans Dieter (Hrsg.): Walther von der Vogelweide. Beiträge zu Leben und Werk. Stuttgart 1989.

Mück, Hans Dieter / Müller, Ulrich (Hrsg.): Gesammelte Vorträge der 600-Jahrfeier Oswald von Wolkenstein. Seis am Schlern 1977. Göppingen 1978.

Müller, Jan-Dirk: Gedechtnus. Literatur und Hofgesellschaft um Maximilian I. München 1982.

Müller, Ulrich: Ovid *Amores – alba – tageliet*. Typ und Gegentyp des ›Tageliedes‹ in der Liebesdichtung der Antike und des Mittelalters. In: DVjs 45 (1972) S. 451–480. Wiederabgedr. in: Fromm. 1985. S. 362–400.

Müller, Ulrich: Untersuchungen zur politischen Lyrik des Mittelalters. Göppingen 1974.

Müller, Ulrich: Ein Beschreibungsmodell zur mittelhochdeutschen Lyrik – ein Versuch. In: ZfdPh 98 (1979) S. 53–73.

Müller, Ulrich: Liedermacher der Gegenwart und des Mittelalters, oder: Walther von der Vogelweide im Rock-Konzert. In: James F. Poag / Gerhild Scholz-Williams: Das Weiterleben des Mittelalters in der deutschen Literatur. Königstein 1983. S. 193–212.

Müller, Ulrich: Die Ideologie der Hohen Minne: Eine ekklesiogene Kollektivneurose? Überlegungen und Thesen zum Minnesang. In: U. Müller (Hrsg.). 1986. S. 283–315. Gekürzt auch in: Albrecht Schöne (Hrsg.): Kontroversen, alte und neue. Akten des 7. Internationalen Germanisten-Kongresses Göttingen 1985. Tübingen 1986. Bd. 6. S. 231–239.

Müller, Ulrich (Hrsg.): *Minne ist ein swaerez spil.* Neue Untersuchungen zum Minnesang und zur Geschichte der Liebe im Mittelalter. Göppingen 1986.

Müller, Ulrich: Neidharts Pastourellen der ›Manessischen Handschrift‹. Unechter »Schmutz« oder die Kehrseite einer Medaille? In: Poag/Fox. 1989. S. 73–88. (Dazu dort auch Eberhard Lämmert. S. 279.)

Müller, Ulrich: Exemplarische Überlieferung und Edition. Mehrfassungen in authentischen Lyrik-Handschriften. In: editio 6 (1992) S. 112–122.

MÜLLER, Ulrich: [Überblicksdarstellungen:] Mittelalter. In: Hinderer. 1978. S. 43–69 / Das Mittelalter. In: Hinderer. 1983. S. 20–48 / Die mittelhochdeutsche Lyrik. In: Bergner. 1983. Bd. 2. S. 7 bis 227 / Musik und Literatur, Sangspruchdichtung. In: Liebertz-Grün. 1988. S. 158–163. 185–192 / Klassische Lyrik des deutschen Hochmittelalters. In: Bräuer. 1990. S. 503–610 / Sangverslyrik. Reimreden. In: Bennewitz/Müller. 1991. S. 46–69. 220–224.

NELLMANN, Eberhard: Saladin und die Minne. Zu Hartmanns drittem Kreuzlied. In: Philologie als Kulturwissenschaft. Studien zur Literatur und Geschichte des Mittelalters. Fs. Karl Stackmann. Hrsg. von Ludger Grenzmann, Hubert Herkommer, Dieter Wuttke. Göttingen 1987. S. 136–148.

NEUREITER-LACKNER, Sigrid: Schöpferische Rezeption mittelalterlicher Lieder und Dichtersänger in der Gegenwart 1945–1989. Analyse und Dokumentation. Diss. Salzburg 1990. [Druck i. Vorb.]

PADEN, William D.: The Medieval Pastourelle. Transl. and ed. 2 vols. New York / London 1987.

PILLET, Alfred / CARSTENS, Henry: Bibliographie der Troubadours. Halle 1933.

PLUMMER, John (Hrsg.): Vox feminae. Studies in Medieval Women's Songs. Kalamazoo (Mich.) 1981.

POAG, James F. / FOX, Thomas C. (Hrsg.): Entzauberung der Welt. Deutsche Literatur 1200–1500. Tübingen 1989.

RÄKEL, Hans-Herbert S.: Der deutsche Minnesang. Eine Einführung mit Texten und Materialien. München 1986.

RANAWAKE, Silvia: Höfische Strophenkunst. Vergleichende Untersuchungen zur Formentypologie von Minnesang und Trouvèrelyrik. München 1976.

RATTAY, Beate: Entstehung und Rezeption politischer Lyrik im 15. und 16. Jahrhundert. Die Lieder im Chronicon Helveticum von Aegidius Tschudi. Göppingen 1986.

G. RAYNAUDS Bibliographie des alfranzösischen Liedes neu bearb. und erg. von Hans Spanke. Tl. 1. Leiden 1955.

REUSNER, Ernst von: Kreuzzugslieder: Versuche, einen verlorenen »Sinn« wiederzufinden. In: Krohn [u. a.]. 1978. S. 334–347.

ROETHE, Gustav (Hrsg.): Die Gedichte Reinmars von Zweter. Leipzig 1887. Nachdr. Amsterdam 1967.

ROSTOCK, Fritz: Mittelhochdeutsche Dichterheldensage. Halle 1925.

RUH, Kurt / SCHRÖDER, Werner (Hrsg.): Beiträge zur weltlichen und geistlichen Lyrik des 13. bis 15. Jahrhunderts. Berlin 1973.

SALISBURY, Joyce E.: Medieval Sexuality. A Research Guide. New York / London 1990. (Primär für englischsprachige Publikationen.)

SALZER, Anselm: Die Sinnbilder und Beiworte Mariens in der deutschen Literatur und lateinischen Hymnenpoesie des Mittelalters. Schulprogramm Seitenstetten 1886–1894. Nachdr. Darmstadt 1967.

SAYCE, Olive: The Medieval German Lyric 1150–1300. The development of its themes and forms in their European context. Oxford 1982.

SAYCE, Olive: Plurilingualism in the Carmina Burana. A Study in the Linguistic and Literary Influences on the Codex. Göppingen 1992.

SCHANZE, Frieder: Meisterliche Liedkunst zwischen Heinrich von Mügeln und Hans Sachs. 2 Bde. München 1983/84.

SCHIENDORFER, Max: Ulrich von Singenberg, Walther und Wolfram. Zur Parodie in der höfischen Literatur. Bonn 1983.

SCHIENDORFER, Max (Hrsg.): Die Schweizer Minnesänger. Nach der Ausgabe von Karl Bartsch neu bearb. und hrsg. Bd. 1: Texte. Tübingen 1990.

SCHMIDTKE, Dieter: Mittelalterliche Liebeslyrik in der Kritik mittelalterlicher Moraltheologen. In: ZfdPh 95 (1976) S. 281–303.

SCHNELL, Rüdiger: Causa Amoris. Liebeskonzeption und Liebesdarstellung in der mittelalterlichen Literatur. Bern/München 1985.

SCHOLZ, Manfred Günther: Zu Stil und Typologie des mittelhochdeutschen Wechsels. In: Jahrbuch für Internationale Germanistik 21/1 (1989) S. 60–92.

SCHWEIKLE, Günther: Die mittelhochdeutsche Minnelyrik. Bd. 1: Die frühe Minnelyrik. Texte und Übertragungen, Einführung und Kommentar. Darmstadt 1977 / Stuttgart 1993. (Zwei weitere Bände sind angekündigt.)

SCHWEIKLE, Günther: Die *frouwe* der Minnesänger. Zu Realitätsgehalt und Ethos des Minnesangs im 12. Jahrhundert. In: ZfdA 109 (1980) S. 91–116. Wiederabgedr. in: Fromm. 1985. S. 238–272.

SCHWEIKLE, Günther: Minnesang. Stuttgart 1989. (SM 244.)

SCHWEIKLE, Günther: Neidhart. Stuttgart 1990. (SM 253.)

SITTIG, Doris: *Vil wonders machet minne*. Das deutsche Liebeslied in der ersten Hälfte des 15. Jahrhunderts. Versuch einer Typologie. Göppingen 1987.

SPECHTLER, Franz Viktor (Hrsg.): Lyrik des ausgehenden 14. und 15. Jahrhunderts. Amsterdam 1984.

Stäblein, Bruno: Gemeindegesang. A. Mittelalter. In: Musik in Geschichte und Gegenwart 4 (1955) Sp. 1636–49.

Stäblein, Bruno: Schriftbild der einstimmigen Musik. Leipzig 1975.

Stackmann, Karl / Bertau, Karl (Hrsg.): Frauenlob (Heinrich von Meißen): Leichs, Sangsprüche, Lieder. 2 Bde. Göttingen 1981.

Tervooren, Helmut: Bibliographie zum Minnesang. Berlin 1969.

Tervooren, Helmut: Das Spiel mit der höfischen Liebe. Minneparodien im 13.–15. Jahrhundert. In: ZfdPh 104 Sonderh. (1985) S. 135 bis 157.

Tervooren, Helmut (Hrsg.): Interpretationen zur mittelhochdeutschen Lyrik. Stuttgart [1993].

Thum, Bernd: Aufbruch und Verweigerung. Literatur und Geschichte am Oberrhein im Hohen Mittelalter. Aspekte eines geschichtlichen Kulturraums. Waldkirch 1980.

Thurnher, Eugen: Politik und Dichtung im Mittelalter. Wien [u. a.] 1988.

Touber, Anthonius Hendrikus: Deutsche Strophenformen des Mittelalters. Stuttgart 1975.

Wachinger, Burghart: Sängerkrieg. Untersuchungen zur Spruchdichtung des 13. Jahrhunderts. München 1973.

Wackernagel, Philipp: Das deutsche Kirchenlied von der ältesten Zeit bis zu Anfang des 17. Jahrhunderts. 5 Bde. Leipzig 1864–77. Nachdr. Hildesheim 1964.

Wallman, Katharina: Minnebedingtes Schweigen in Minnesang, Lied und Minnerede des 12. bis 16. Jahrhunderts. Bern 1985.

Wapnewski, Peter: *Waz ist minne*. Studien zur mittelhochdeutschen Lyrik. München 1975. ^{2}1979.

Weil, Bernd: Die Rezeption des Minnesangs in Deutschland seit dem 15. Jahrhundert. Frankfurt a. M. 1991.

Willms, Eva: Liebesleid und Sangeslust. Untersuchungen zur deutschen Liebeslyrik des späten 12. und frühen 13. Jahrhunderts. München/Zürich 1990.

Wolf, Alois: Variation und Integration. Beobachtungen zu hochmittelalterlichen Tageliedern. Darmstadt 1979.

Einspielungen
(Schallplatten, Kassetten, Compact Discs)

Das Verzeichnis enthält ausgewählte Aufnahmen, die nach unserer Meinung wichtig sind.
Da Schallplatten-Einspielungen sehr oft entsprechend dem Stand der Technik immer wieder in neuer Form und unter anderen Nummern veröffentlicht werden, sind in der folgenden Liste nur die Interpreten, Firma und – sofern festzustellen – das mutmaßliche Jahr der Erstveröffentlichung angegeben. Über die neuesten Kataloge muß dann eruiert werden, ob die jeweilige Einspielung als Platte, Kassette oder Compact Disc angeboten wird. Einige wichtige Aufnahmen (insbesondere der Firma »Pläne«) sind derzeit nicht mehr im Handel.

Sammelprogramme

Bärengäßlin

Alte deutsche Weihnachtslieder. Harmonia Mundi / EMI 1984.
Waere die welt alle min. Minnelied und Herrscherlob am Hof der Stauferkönige. Harmonia Mundi / EMI 1986.

Urs Böschenstein / Fritz Hauser

Wie man zer werlte solte leben / Musik der Ritter, Mönche und Gaukler. PAN (Schweiz) 1980.

Urs Böschenstein / Max Schiendorfer

Minne gebiutet mir, daz ich singe: Schweizer Minnesang und Spielmannsmusik um 1300. Zürich um 1985. (Erhältlich u. a. durch: Dr. Max Schiendorfer, Zentralstr. 3, CH 8003-Zürich.)

Boston Camerata / Joel Cohen

Deutsche Musik aus Mittelalter und Renaissance. Telefunken 1978.
Tristan et Iseut. Erato 1989.

Concentus Musica Wien / Nikolaus Harnoncourt

Innsbruck ich muß dich lassen: Musik der Hofkapelle Kaiser Maximilians I. Archiv-Produktion / Deutsche Grammophon Gesellschaft 1964.

Dulamans Vröudenton

Unterhaltsame Alte Musik aus acht Jahrhunderten. Domino 1988. (CD-Version zweier früherer Platten bzw. Kassetten: ... *will zu meinem Buhlen gahn / brügge zuo gestern.*)
Sinnliches Mittelalter. Domino 1990.

Early Music Consort London / David Munrow

Music of the Crusades. Decca 1971.
The Triumphs of Maximilian I. Decca 1973.

Ensemble für frühe Musik Augsburg

Et in terra pax / Geistliche Musik des Mittelalters. (Eigenvertrieb) 1985.
Trobadors, Trouvères, Minnesänger / Lieder und Tänze des Mittelalters. Helmer-Records 1985 / Christophorus 1986.

Estampie. Münchner Ensemble für frühe Musik

A chantar: Lieder der Frauenminne. Christophorus 1990.

Folger Consort

Carmina Burana and other Spirited Songs from the German Middle Ages (Oswald von Wolkenstein, Glogauer Liederbuch, Ludwig Senfl). Bard Records 1989.

Kummer, Eberhard

Das Nibelungenlied, Kürenberger, Walther von der Vogelweide. Koch-Records 1983.

Les Menestrels, Wiener Ensemble für alte Musik

Musik aus Österreichs Vergangenheit von 1200 bis 1550. Mirror Music 1973.
Liebe und Minne. Mirror Music 1977.

Sequentia

Spruchdichtung des 13. Jahrhunderts. Harmonia Mundi / EMI 1983.

Studio der frühen Musik München / Thomas Binkley

Minnesang und Spruchdichtung um 1200–1320. Telefunken 1966.

Andréa von Ramm [u. a.] Basel

Die meister habent wol gesungen: Konrad von Würzburg (und andere Autoren). Deutsches Seminar / Universität Basel 1987.

Ensemble Tandaradrei

Spielleut' auf der Burg. Böheimkirchen 1992. (Erhältlich u. a. durch: Christian Schwetz, A 3071 Böheimkirchen, Weisching 83.)

Karl Wolfram

Alte deutsche Weihnacht. Liberty 1968 / Carmina 1982.
Ich spring an diesem Ringe / Lieder aus dem Mittelalter. Carmina 1982.

Goldene Lieder des Mittelalters

Solisten und Ensemble / Wendelin Müller-Blattau. MPS 1968/69. (Ursprünglich 3 LPs; sehr gute Auswahl, aber großenteils antiquierte und hölzerne Ausführung!)

14 Lieder und Spielstücke aus dem Lochamer Liederbuch und dem Fundamentum Organisandi des Conrad Paumann / Hans Sachs: Fünf Lieder. Archiv-Produktion / Deutsche Grammophon Gesellschaft 1963.

Besonders zahlreiche Einspielungen gibt es zur Gregorianik, zu Liedern der Trobadors und Trouvères und zu den verschiedenen Epochen mittelalterlicher Mehrstimmigkeit (insbesondere in Frankreich und Italien). Ganz speziell sei verwiesen auf: Andalusische Musik aus Marokko: Harmonia Mundi / EMI 1984.

Einspielungen zu einzelnen Autoren/innen bzw. Werken

Carmina Burana

Studio der Frühen Musik München / Thomas Binkley. EMI 1964 bis 1968. (Ursprünglich 2 LPs.)
Capella antiqua München / Konrad Ruhland. Christophorus um 1965.
Clemencic Consort Wien / René Clemencic. Harmonia Mundi 1975–78. (Ursprünglich 5 LPs.)
Bärengäßlin. Pläne 1980.

New London Consort / Philipp Pickett. Decca / L'Oiseau-Lyre I–IV. 1987–89.
Berry Hayward Consort. BNL Productions / Auvidis 1989.

Hildegard von Bingen

Ordo Virtutum: Sequentia. Harmonia Mundi 1982.
Sequences and Hymns: Gothic Voices / Christopher Page. Hyperion Records 1984.
Symphoniae (Geistliche Gesänge): Sequentia. Harmonia Mundi / EMI 1985.
Hildegard von Bingen und ihre Zeit: Ensemble für Frühe Musik Augsburg. Christophorus 1990.

Walther von der Vogelweide

Bärengäßlin. Pläne 1980.

Neidhart

Eberhard Kummer. Koch-Records 1975.
Ensemble für frühe Musik Augsburg. Christophorus 1991.

Tannhäuser

Leich IV / Lied IX / Bußlied. Kümmerle 1974.

Wolfram von Eschenbach, *Titurel*

Reinhold Wiedenmann / Osvaldo Parisi. Koch-Records 1993. [In Vorb.].

Heinrich von Meißen, genannt Frauenlob

Sequentia: Marienleich [in Vorb.].

Mönch von Salzburg

Eberhard Kummer, Elisabeth Kummer-Guy [u. a.]. Help Austria Records um 1982.
Bärengäßlin. Pläne 1980.

Oswald von Wolkenstein

Archiv-Produktion / Deutsche Grammophon-Gesellschaft 1956.
Studio der frühen Musik / Thomas Binkley. Electrola/Reflexe 1972.
Kurt Equiluz / Geschwister Engel [u. a.] / Othmar Costa. Telefunken 1974.

Wilfried Jochims / Dieter Kühn [u. a.]. Aulos 1977.
Bärengäßlin. Pläne 1978.
Hans-Peter Treichler. Gold Records 1979.
Ensemble für frühe Musik Augsburg. Christophorus 1988.
Zahlreiche Einspielungen einzelner Lieder.

Zur modernen Rezeption vgl. unter anderem:

Dulamans Vröudenton (s. ›Sammelprogramme‹).

Franz Josef Degenhardt: Kommt an den Tisch unter Pflaumenbäumen. Polydor 1973. – Wildledermantelmann. Polydor 1977.

Joana: Lieder von der Bühne. Intercord 1978. – Mit ungebrochenen Schwingen. Intercord 1981.

Ougenweide: Liederbuch. Polydor um 1980. (Aufnahmen von 1973 bis 1979.)

Dazu ausführlich: Sigrid Neureiter-Lackner (1990).